Am - SE - II - 80

Forschungen zu Lateinamerika
ISSN 0177-0918

Herausgegeben von

Prof. Dr. Peter Waldmann, Augsburg
Prof. Dr. Andreas Boeckh, Essen
Prof. Dr. Ernesto Garzón Valdés, Mainz
Prof. Dr. Gerd Kohlhepp, Tübingen
Prof. Dr. Dieter Nohlen, Heidelberg
Prof. Dr. Hans-Werner Tobler, Zürich

Forschungen zu Lateinamerika

Band 26

Harald Moßbrucker

Dorfstruktur und Migration in Peru
Eine vergleichende Fallstudie aus dem Departement Lima

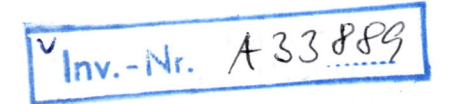

Verlag **breitenbach** Publishers
Saarbrücken · Fort Lauderdale 1991

CIP-Titelaufnahme der Deutschen Bibliothek

Mossbrucker, Harald:
Dorfstruktur und Migration in Peru: eine vergleichende Fallstudie aus dem Departement Lima / Harald Mossbrucker. – Saarbrücken; Fort Lauderdale: Breitenbach, 1991.

(Forschungen zu Lateinamerika; Bd. 26)
Zugl.: Berlin, Freie Univ., Diss., 1990
ISBN 3-88156-495-0
NE: GT

ISBN 3-88156-495-0

© 1991 by Verlag **breitenbach** Publishers
Memeler Str. 50, D-6600 Saarbrücken, Germany
P.O.B. 16243, Fort Lauderdale, Fla. 33318-6243, USA
Printed by **arco**-druck gmbh, Hallstadt

Inhaltsverzeichnis ....Seite

Vorwort 1

I. Grundannahmen zur Erklärung menschlichen Handelns 2
1. Der kollektivistische Ansatz zur Erklärung menschlichen Handelns .3
2. Der individualistische Ansatz zur Erklärung
   menschlichen Handelns 6
2.1 Rational Choice 10
3. Theoretische Prämissen der vorliegenden Arbeit 15

II. Theoretische Ansätze zur Erklärung der rural-urbanen Migration ..19
1. Theorien zur Makro- und Mikroebene der Migration 21
2. Der entscheidungstheoretische Ansatz 31
3. Einige Ansätze zur Erklärung von Migration in Lateinamerika 35
4. Einige Thesen zum Verständnis von Migration 45

III. Die ökonomische Entwicklung Perus im 20. Jahrhundert.
     Ein Überblick 50
1. Die Entwicklung Perus bis 1883 50
2. Ansätze einer Industrialisierung: Peru von 1890-1930 53
3. Die Agroexportwirtschaft: Peru von 1930-1948 59
4. Vom Agroexport zum Fischmehlboom: Peru von 1948-1968 64
5. Staatskapitalismus und Gegenreform: Peru von 1968-1980 74
6. Verfall einer Ökonomie: Peru in den 80er Jahren 83
7. Anmerkungen zum Konzept des "informellen Sektors" 91

IV. Santiago de Quinches 99
1. Zur Geschichte 100
1.1 Reducción, Ortsteil, Distrikthauptort, comunidad 100
1.2 Wirtschaftsgeschichte 101
1.3 Bevölkerungsentwicklung bis 1940 103
2. Daten zur Bevölkerung 105
2.1 Demographie 105
2.2 Heiratsmuster in Quinches 110
2.3 Schulen und schulische Bildung 113

3.	Wirtschaft	114
3.1	Ackerbau	114
3.2	Viehzucht	121
3.2.1	Kleinvieh	122
3.2.2	Die Rinderzucht	123
4.	Sonstige Einkommen	129
5.	Migrationsgründe in Quinches	131
V.	Abwanderung an die Küstenstädte Mala, San Antonio und Cañete	133
1.	Die Küstenregion um Mala und Cañete	133
2.	Historische Bindungen Hochland - Küste in der Region Mala/Cañete	138
3.	Definitive Migration von Quinches nach Mala/Cañete	140
3.1	Vier Fallbeispiele	140
3.2	Die Migranten	144
VI.	Migration nach Lima	154
1.	Zur Geschichte	154
2.	Migranten aus Quinches in Lima - zwei Lebensgeschichten	158
3.	Quantitative Erfassung und Auswertung	162
4.	Zur Zusammenarbeit der Quinchinos in Lima	179
4.1	Handelsnetze und Verwandtschaft	181
4.2	Kooperation mit Quinches	185
5.	Zur Bedeutung der Migrantenklubs	187
5.1	Die Migrantenorganisationen der Quinchinos	194
6.	Ernteteilhabe: Das Konzept in der Literatur	197
6.1	Migranten als Landeigentümer	202
VII.	San Miguel de Vichaycocha	211
1.	Zur Geschichte von Vichaycocha	212
1.1	Vorspanische- und Kolonialzeit	212
1.2	Republikanische Zeit bis 1950	214
2.	Demographische Daten	217
2.1	Schulische Bildung	223
3.	Die comunidad San Miguel de Vichaycocha	224

4.	Die Wirtschaft	227
4.1	Die Viehzucht	228
4.2	Der Ackerbau	238
4.3	Sonstige Beschäftigungen	243
5.	Rückkehrmigration und Migrationsgründe	245
VIII.	Die Vichaycochanos in Huaral	252
1.	Das Delta des Río Chancay	252
2.	Huaral	253
3.	Definitive Migration Vichaycocha - Huaral	254
IX.	Migranten aus Vichaycocha in Lima	260
1.	Die Migration bis 1965	261
2.	Eroberung einer ökonomischen Nische: Das Bekleidungsgeschäft	263
2.	Die Kooperation der Cochanos in Lima	271
2.1	Die "Asociación Cultural San Miguel de Vichaycocha"	271
2.2	Alltägliche Kooperation	272
X.	Quinches und Vichaycocha im Vergleich	275
1.	Dorfstruktur und Migration: Quinches	275
2.	Dorfstruktur und Migration: Vichaycocha	283
3.	Dorfstruktur und Migration: ein Vergleich	293
4.	Zusammenfassung	300
XI.	Schlußbemerkungen	304
	Anhang	313
	Anhang I	314
	Anhang II	317
	Glossar	324
	Literaturverzeichnis	329

Verzeichnis der Tabellen, Karten und Graphiken .... Seite

Kapitel I
Graphik: Schema des handelnden Individuums 16

Kapitel II
Tabelle I:	Wertanteile und Index der Exportgüter zwischen 1880 und 1910	.54
Tabelle II:	Gesamtexporte (Index) 1928-1948 (1933 = 100)	59
Tabelle III:	Wertanteile der Exportgüter (1930-1950)	60
Tabelle IV:	Industrieproduktion 1938-1950	.62
Tabelle V:	Wertanteile der Ausfuhrgüter (1950-1974)	65
Tabelle VI:	Anteil in % am Bruttosozialprodukt (1950-1975)	.68
Tabelle VII:	Beschäftigte nach Wirtschaftssektoren (%)	69
Tabelle VIII:	Export-Import Balance 1969-1978 (Mio. US$)	.78
Tabelle IX:	Öffentliche Verschuldung 1968-1977 (Mio. US$)	.78
Tabelle X:	Demographie Perus und Limas 1940 - 1981	82
Tabelle XI:	Wirtschaftsdaten 1980 - 1987	84
Tabelle XII:	Lohn/Einkommensverteilung in % 1980-1987	.85
Tabelle XIII:	Wachstum der Manufakturproduktion 1981-1989	87
Tabelle XIV:	Bevölkerungskurve 1984-1986 (Einw. in Tsd.)	88

Kapitel IV
Karte I:	Die Region der Provinzen Yauyos und Cañete	.98
Tabelle I:	Familienvorstände und Ehefrauen	105
Tabelle I.a:	Sonstige Familienmitglieder	106
Tabelle I.b:	Im Zensus enthaltene Kinder	106
	Alterspyramide	106
Tabelle II:	Tätigkeit abgewanderter Personen	108
Tabelle III:	Landbesitzverteilung in Quinches	117
Tabelle IV:	Vieh und Landbesitz in Quinches	126
Tabelle V:	Verhältnis Viehbesitz/Landkontrolle	127

Kapitel V
Tabelle I:	Haushaltsvorstände in Mala und Imperial	145

Kapitel VI

Tabelle I:	Entwicklung der Einwohnerzahlen von Lima	158
Tabelle II:	Migrationsmotive (Nur Haushaltsvorstände)	163
Tabelle III:	Berufe der Haushaltsvorstände	165
Tabelle IV:	Alter, Bildung, Wohnung	167
Tabelle V:	Wohnviertel und Ankunft	169
Tabelle VI:	Herkunft und Beschäftigung	173
Tabelle VII:	Zusammensetzung der Haushalte	175
Tabelle VIII:	Herkunft der Ehepartner	175
Tabelle IX:	Berufe der Migranten	177
Tabelle X:	Migrantenklubs und Mitglieder	196
Tabelle XI:	Ernteteilhabe	204
Tabelle XII:	Feldeigentum und Pacht der Bauern	205
Tabelle XIII:	Feldeigentümer (Alter/Beruf)	207
Tabelle XIV:	Feldbesitz und Ankunft in Lima	208

Kapitel VII

Karte II:	Die Region des Valle de Chancay	210
Tabelle I:	Saisonale Migration Vichaycocha 1917-1977	216
Tabelle II:	Minen/Arbeiter	217
Tabelle III:	Verweildauer	217
Tabelle IV:	Demographische Entwicklung in Vichaycocha	217
	Alterspyramide	218
Tabelle V:	Altersstruktur in Vichaycocha/Departement	219
Tabelle VI:	Haushaltsvorstände in Vichaycocha	219
Tabelle VII:	Ehefrauen	221
Tabelle VIII:	Kinder und sonstige Familienmitglieder	222
Tabelle IX:	Kinder außerhalb des Haushalts	223
Tabelle X:	Entwicklung der Viehwirtschaft	230
Tabelle XI:	Besitzverteilung 1987	233
Tabelle XII:	Durchschnittlicher Viehbesitz pro Spezies 1987	234
Tabelle XIII:	Variationen im Viehbesitz zwischen 1980 und 1987	235
Tabelle XIV:	Verteilung der Parzellen	240
Tabelle XV:	Relation von Vieh- und Landbesitz	240
Tabelle XVI:	Migration und Rückkehr nach Vichaycocha	246
Tabelle XVII:	Alter, Migrationszeit und Dekade der Rückkehr	248

Kapitel VIII

Tabelle I:	Bevölkerung des Distrikts Huaral	253
Tabelle II:	Haushaltsvorstände und Ehefrauen in Huaral	257
Tabelle III:	Angehörige der Migranten in Huaral	258

Kapitel IX

Tabelle I:	Migranten vor 1966	262
Tabelle II:	Migranten nach 1965	266
Tabelle III:	Beziehung Viehbesitz - Beruf von Migranten	268
Tabelle IV:	Alter, Geschlechterverteilung und Berufe	269
Tabelle V:	Wohnviertel in Lima	270
Tabelle VI:	Herkunftsregion	270

Vorwort

Die Arbeit "Dorfstruktur und Migration" ist das Ergebnis einer längeren Feldforschung in Peru, die ich in den Jahren 1987 und 1988 durchführte. Während dieser Zeit hielt ich mich zunächst vier Monate in Quinches auf, einem Dorf am Westabhang der Anden, wo ich durch Zensen, Archivforschung und offene und standardisierte Interviews versuchte, einen möglichst umfassenden Einblick in die sozialen und wirtschaftlichen Verhältnisse der Bewohner zu bekommen.

Daran schloß sich eine einmonatige Forschungsphase in den Küstenstädten Mala und Cañete an, während der ich die dort ansässigen Migranten aus Quinches nach Möglichkeit vollständig zu erfassen versuchte und durch Tiefeninterviews meine aus standardisierten Interviews gewonnenen Erkenntnisse vertiefte.

In der dritten Forschungsphase (zwei Monate) machte ich Umfragen in Lima, die Vorgehensweise war hier ähnlich der Forschungsphase zwei gestaltet.

Im zweiten Teil meiner Feldforschung hielt ich mich - analog zu dem Schema Quinches - Mala/Cañete - Lima - zunächst in Vichaycocha auf (zwei Monate), das ebenfalls am Westabhang der Anden liegt. Danach schlossen sich eine einmonatige Forschung in Huaral und schließlich drei Monate in Lima an. So weit als möglich war der zweite Teil der Feldforschung dem ersten angeglichen.

Die Feldforschung wurde im Rahmen einer Dissertation am Fachbereich Altertumswissenschaften der Freien Universität Berlin aufgearbeitet.

An dieser Stelle möchte ich den Menschen aus Quinches und Vichaycocha sowie den aus diesen Dörfern abgewanderten Migranten für ihre Geduld und für die Hilfe, die sie mir zukommen ließen, meinen aufrichtigen und tiefen Dank aussprechen. Danken möchte ich auch all jenen, die sich mit meinem Mansukript beschäftigt haben und es in eine lesbare Form brachten.

I. Grundannahmen zur Erklärung menschlichen Handelns

Jede sozialwissenschaftliche Arbeit hat die Erklärung menschlichen Handelns zum Inhalt. Deshalb sollte auch in jeder Arbeit verdeutlicht werden, von welchen Prämissen her die Autoren Wissenschaft verstehen und wie sie ihre Daten interpretieren. Für die vorliegende Studie ist dies aus zwei Gründen notwendig: erstens aus dem eben formulierten Anspruch an die Wissenschaftlichkeit (und damit Nachvollziehbarkeit) einer Arbeit; sodann aber auch, weil hier Thesen formuliert werden, die ein bestimmtes menschliches Handeln - die rural- urbane Binnenwanderung in Peru - einsichtig machen sollen. Die im folgenden dargelegten Prämissen können jedoch nur angerissen werden, da für eine ausführliche Diskussion weder Platz noch, in diesem Rahmen, Bedarf besteht.

Die Prämissen zur Erklärung menschlicher Handlungen lassen sich auf zwei Theorietraditionen eingrenzen:
a) holistische Erklärungen, die Handlungen von Menschen immer in einem Zusammenhang mit einer dem Individuum übergeordneten Einheit verstehen, sie oft als von dieser determiniert betrachten;
b) individualistische Erklärungen, die das Wirken kollektiver Einheiten als Grundlage der Erklärung menschlicher Handlungen ablehnen, ohne immer einen kollektiven Einfluß auf die Handlungen des Individuums leugnen zu müssen.

Beide Grundströmungen können auf eine lange Philosophiegeschichte verweisen, beide gehören ihrerseits wieder unterschiedlichsten Traditionen ethisch-weltanschaulicher Schulen an.[1]

Ohne hier allzu ausführlich auf die Vor- und Nachteile der einzelnen Auffassungen einzugehen, sollen einige bekannte Autoren herangezogen werden, um die nachfolgend getroffene Entscheidung einsichtig zu machen.

---

[1] So kann man meiner Meinung nach die gesamte marxistische Schule mit ihren unterschiedlichen Ausprägungen in die Kategorie der "Kollektivisten" einordnen (die ihrerseits wiederum, aufgrund der gemeinsamen teleologischen Weltauffassung, die eine glückliche Endzeit [hie Kommunismus, dort Weltgeist] postuliert, stark vom Hegelschen Erbe belastet ist); aber auch Theoretiker des französischen Strukturalismus, wie etwa C. Levi-Strauss. Von diesem Punkt aus betrachtet - und nur von hier aus - scheint mir die Verbindung, die M. Godellier zwischen Marxismus und Strukturalismus versuchte, einsichtig. Eine Auseinandersetzung zu den beiden Richtungen findet sich u.a. bei Jarvie (1974 [1972]).

1. Der kollektivistische Ansatz zur Erklärung menschlichen Handelns

Für die kollektivistische Auffassung wird oft Durkheim als einer der Vorläufer für die moderne Soziologie (und Kulturanthropologie) in Anspruch genommen. Er formulierte in seinen "Regeln der soziologischen Methode", u.a.:

> "*Ein soziologischer Tatbestand ist jede mehr oder minder festgelegte Art des Handelns, die die Fähigkeit besitzt, auf den Einzelnen einen äußeren Zwang auszuüben; oder auch, die im Bereiche einer gegebenen Gesellschaft allgemein auftritt, wobei sie ein <u>von ihren individuellen Äußerungen unabhängiges Eigenleben besitzt.</u>*"(1984 [1895]:114).[2]

Durkheim wollte die "soziologischen Tatbestände" wie Dinge verstanden wissen, da letztere Gegenstand der Naturwissenschaften, erstere in Analogie dazu Gegenstand der Sozialwissenschaften seien. Die Besonderheit dieser Tatbestände (er faßt darunter Gesetze, Regeln, Normen genauso wie eingeübte alltägliche Verhaltensweisen, z.B. die Ausstattung mit einer bestimmten Kleidung) liegt eben darin, daß sie <u>außerhalb</u> des Individuums liegen, also in einer Kollektivität angesiedelt werden.

In der Folge Durkheims entwickelte sich eine sich auf ihn berufende Schule, die ihre prominentesten Vertreter in Marcel Mauss und Lévi-Strauss hat, welche beide für die Ethnologie stehen. Mauss begriff Austausch zwischen Menschen als "totalen sozialen Fakt", als ein Prinzip, dem alle Sozialbeziehungen unterworfen sind (Mauss 1984). Lévi-Strauss dagegen stellt den Akt selbst, den Austausch als Struktur, in den Vordergrund.[3] Struktur ist für ihn v.a. die dem menschlichen Gehirn innewohnende Eigenschaft, in Analogien und Differenzen zu denken; dieses Denken ordnet die Welt in ein Set von Strukturen und Gegensatzpaaren.[4]

Auch die Schule des britischen Strukturfunktionalismus läßt sich unter den kollektivistischen Ansatz einordnen. Ihr Begründer Radcliff Brown war

---

[2] Gesperrt gedruckt vom Autor, Unterstreichung vom Verfasser.
[3] Er macht dies besonders deutlich in seinem Werk "Die elementaren Strukturen der Verwandtschaft" (1984 [1949]), wo er den Austausch von Frauen als den Eckpfeiler für die Verwandtschaftssysteme und damit für menschliche Kultur an sich nimmt.
[4] Vgl. z.B. Lévi-Strauss (1973), insbes. das Kapitel: "Geschichte und Dialektik", in welchem er deutlich macht, daß für ihn neben Strukturen weder Individuen noch Geschichte einen eigenständigen Platz haben. Hier findet sich z.B. der Satz: "Aber damit die Praxis als Denken gelebt werden kann, muß zunächst (in einem logischen und nicht historischen Sinn) das Denken existieren: seine Ausgangsbedingungen müssen also in der Form einer objektiven Struktur des psychischen Mechanismus und des Gehirns gegeben sein, ohne die es weder Praxis noch Denken geben würde."(:303,304).

vornehmlich an Sozialstrukturen interessiert, in denen sich das Individuum zu bewegen hat. Er schreibt:

> "...the function of culture as a whole is to unite individual human beings into more or less stable social structures, i.e. stable systems of groups determining and regulating the relation of those individuals to one another and providing such external adaptation to the physical environment, and such internal adaptation between the component individuals, as to make possible ordered social life."(1931:62).

Bei Radcliff Brown sind es somit die stabilen sozialen Strukturen und die sich aus ihnen ergebenden stabilen Gruppensysteme, die die Beziehungen der Individuen untereinander und zu ihrer Umwelt determinieren. Die Strukturen werden auf diese Weise als unabhängig gegenüber dem Individuum gedacht, da sie sonst nicht in der Lage wären, sein Handeln zu determinieren.

Endlich findet sich der kollektivistische Ansatz in der nordamerikanischen Anthropologie deutlich ausgeprägt bei den Boas-Schülern Kröber und White. Kröber schreibt z.B. in seinem Artikel "The Superorganic":

> "But a thousand individuals do not make a society. They are the potential basis of a society; but they do not themselves cause it;"(1952:41).

Und

> "The social or cultural, on the other hand, is in its essence nonindividual. Civilization, as such, begins only where the individual ends;"(:40).

White äußert zum selben Thema:

> "...it is, therefore, culture that determines the behavior of man, not man who controls culture" (1948:213).

Die Äußerungen dieser beiden Autoren bedürfen, was das Verhältnis Individuum versus Gesellschaft anbelangt, kaum einer Erläuterung. Für sie ist die Gesellschaft - oder die "Kultur" - das bestimmende Moment.

Der kollektivistische Ansatz fand auch Anhänger in der Wirtschaftsanthropologie, wo er heute unter dem Begriff "Substantivismus" bekannt ist. Ihren Vorläufer hat diese Schule in Polanyi. Er unterschied spezifische Formen des Güteraustauschs für spezifische Gesellschaften (Reziprozität, Redistribution und Marktaustausch), die zwar alle einer je eigenen Logik gehorchten, jedoch nur aufgrund ihres gemeinsamen Charakters, nämlich als Institution, begreiflich seien (Polanyi 1979:220ff.). Die entscheidende Größe ist also auch hier die Institution, der "soziologische Tatbestand", nicht das individuelle Handeln. Ersteres ist Voraussetzung und Determinante für letzteres.5

Allen kollektivistischen Auffassungen ist demnach gemeinsam, daß sie eine Entität außerhalb des Individuums annehmen, durch welche dieses strukturiert bzw. determiniert wird. Ihre Wissenschaftlichkeit beruht für die diesem Ansatz zuneigenden Autoren gerade auf der "Überindividualität", die für sie regelmäßig zusammenfällt mit der "Objektivität", welche der als vorwissenschaftlich verstandenen "Subjektivität" des Individuums entgegengehalten wird.

Der kollektivistischen Auffassung muß aber entgegnet werden, daß sie entscheidende Schwachpunkte hat, die sie bisher nicht entschärfen konnte. Sie muß, um überhaupt aussagefähig zu sein, kollektive Wünsche und Ziele, ein kollektives Bewußtsein und ein kollektives Handeln annehmen. Es gelang indessen bisher nicht zu zeigen, wo die Kollektivität ihren Sitz hat (manchmal sind es Institutionen, manchmal soziale Normen und Werte [Sozialstrukturen] und manchmal die "Kultur" als das Gebilde gemeinsamer Vorstellungen) und v.a., wie sie zu Entscheidungen gelangen kann. Kurz, die Kollektivität, in welcher Form auch immer, bleibt eine metaphysische Annahme, die schon an solchen Fragestellungen scheitert wie etwa jener, warum ein bestimmtes Individuum eine bestimmte Handlung ausgeführt hat, ein anderes nicht.6 Mit großer Regelmäßigkeit sind Erklärungsmuster nach dem kollektivistischen Ansatz stark mit idealistischen Annahmen bezüglich der menschlichen Natur durchsetzt und führen deshalb mit ebensolcher Regelmäßigkeit zu (teils groben) Fehlschlüssen.7

---

5 Einen guten Einblick in die Argumentationsweise substantivistischer Wirtschaftsanthropologie bietet der von Halperin/Dow (1977) herausgegebene Reader: "Peasants and Peasant Societies".
6 Ein drastisches, deshalb erhellendes Beispiel für die Probleme eines kollektivistischen Ansatzes findet sich in La Barre. Er schreibt über die Aymara in Bolivien: "If the Aymara, as evidenced in their folktales (and indeed throughout the rest of their culture) are apprehensive, crafty, suspicious, violent, treacherous, and hostile, one important reason for this may be that such a character structure is an understandable response to their having lived for perhaps as long as a millenium under rigidly hierarchic and absolutist economic, military, and religious controls."(1966:143); zitiert nach Harris (1979:261). Diese Auffassung ist solange "gut", solange die Aymara so sind, wie sie hier charakterisiert werden. Finden sich jedoch Personen dieser Ethnie, die friedlich, zutraulich etc. sind, gerät man mit La Barres Ansicht schnell in Erklärungsnotstände.
7 Als paradigmatisches Beispiel seien hier die diversen Auffassungen zur "comunidad andina" erwähnt. Dieses Konzept enthält unterschiedlichste Ansätze der kollektivistischen Art. Für eine Kritik aus individualistischer Perspektive vgl. Moßbrucker (1989).

Bis hierher der kurze Abriß über die kollektivistische Auffassung. Daß sie sich in unzähligen Schriften findet, teils als solche formuliert, teils implizit in den (dem jeweiligen Autor nicht immer deutlichen) Prämissen, braucht nicht sonderlich betont zu werden.[8]

2. Der individualistische Ansatz zur Erklärung menschlichen Handelns

Die individualistische Auffassung hat unter dem von Joseph A. Schumpeter geprägten Namen "methodologischer Individualismus", der in der Folge von ihm und seinen Kollegen der Wiener Schule entwickelt und vertreten wurde, seine Anfänge der modernen Ausformulierung.[9] Er wurde als Paradigma für die Soziologie von K. Popper[10] und seinem Schüler J. Watkins weiterentwickelt.[11] Heute läßt sich dieser Ansatz sozialwissenschaftlicher Untersuchung in zwei Richtungen unterteilen:

a) Der methodologische Individualismus, der aus Gründen der Erkenntnisstrategie das Individuum als zu untersuchende Einheit setzt. Aus dessen Handlungen ergibt sich erst so etwas wie Gesellschaft, "Kultur" oder Institutionen.

b) Der ökonomistische Utilitarismus, dessen Postulat besagt, daß Menschen stets auf ihren eigenen (ökonomischen) Vorteil bedacht sind. Für die ökonomistische Variante des individualistischen Ansatzes ist die wohl verbreitetste Version jene, derzufolge Menschen sich knapper Mittel bedienen müssen, um konkurrierende Ziele zu erreichen (Becker, 1986:108,109).

---

[8] Es genügt hier darauf hinzuweisen, daß sich die kollektivistische Auffassung auch im alltäglichen Sprachgebrauch manifestiert, wenn z.b. gesagt wird, der Kapitalismus mache dies oder das, der Staat handle etc. Natürlich bedürfen wir, insbesondere zur Vereinfachung der alltäglichen Kommunikation, solcher Konzepte. Werden sie aber innerhalb des wissenschaftlichen Diskurses gebraucht, sollte ausdrücklich kenntlich gemacht werden, daß es sich um eine Vereinfachung handelt, die Handlungsträger (z.B. Regierung) jedoch Individuen sind.
[9] Ich stütze mich bei dieser Aussage auf Wolfgang Heine (1983:11ff.), der in seiner Arbeit die Vorgeschichte und die philosophischen Fundamente des methodologischen Individualismus herausgearbeitet hat.
[10] In den beiden Schriften: "The Open Society and its Enemies"; Princeton (1950 [1945]) und "Das Elend des Historizismus"; Tübingen (1974).
[11] Vgl. z.B. "The Principal of Methodological Individualism. In: British Journal for the Philosophy of Science 3.

Die unter b) ausgeführte Annahme ist in dieser Form trivial. Es gab dementsprechend eine unübersehbare Anzahl von Arbeiten, die versuchten, dieses Manko durch die Angabe von Bedingungen, unter denen Menschen nach ihrem Vorteil streben können, zu beseitigen. Andere versuchten, den Gegensatz von methodologischem Individualismus versus methodologischem Holismus zu überwinden, indem sie aufzeigten, wie eine Verbindung zwischen individuellem Handeln und den Auswirkungen von Institutionen (etwa dem Staat) denkbar sind. Aus diesen Arbeiten sollen hier die Ideen einzelner Autoren umrissen werden, um einen Einblick in die Denkweise der Vertreter dieser Theorierichtung zu erhalten.

Aus dem Gebiet der Kulturanthropologie lassen sich für eine individualistische Auffassung kaum Beispiele finden. Dies mag damit zusammenhängen, daß der methodologische Individualismus verlangt, das Verhalten von Individuen zu erfassen und von ihnen ausgehend auf Sozialstrukturen und Gesellschaften zu schließen. Ethnologen sind dagegen allzuoft damit beschäftigt, über "Schlüsselinformanten" Mythen, Institutionen, Verwandtschaftssysteme und endlich Gesellschaften zu erfassen.[12]

Eine der wenigen Richtungen, die vom Individuum ausgehend Gesellschaft und Kultur untersuchen will, ist die materialistische Kulturanthropologie, wie sie von M. Harris und seinen Schülern in den USA vertreten wird. Harris schreibt in seiner Arbeit "Cultural Materialism" (1979), die nach der von ihm vertretenen Richtung anthropologischer Theorie benannt ist, daß menschliches Verhalten auf individueller Ebene erklärt werden müsse, nicht jedoch mit abstrakten "pushes, pulls, pressures, and other metaphysical `forces'"(:60). Die Annahme "metaphysischer Kräfte" ist für Harris, der diesen Ausdruck polemisch gebraucht, gleichbedeutend mit "unwissenschaftlich". Für ihn ist folglich eine wissenschaftliche Analyse menschlicher Handlungen an das Individuum gebunden.

---

[12] Es wäre von großem Interesse zu erforschen, woher die Vorliebe der Ethnologen für kollektivistische Auffassungen stammt. Neben der oben geäußerten Vermutung mag sie daher rühren, daß Ethnologen zu gerne das "Andere" suchen. Da unsere Gesellschaft sich als jene des "freien Individuums" begreift, liegt es nahe, den Gegenstand der Ethnologie in Kollektivitäten zu sehen. Mir scheinen beide Prämissen äußerst zweifelhaft. Weder ist ausgemacht, daß die westliche Gesellschaft das "freie Individuum" hervorgebracht hat (man denke an die allgegenwärtige Uniformität der Verhaltensnormen, der Kleidung etc., die selbst in ihrer Andersartigkeit das immer Gleiche hervorhebt - vgl. hierzu Horckheimer/Adorno in "Dialektik der Aufklärung" [1981]) noch, daß "vorindustrielle" Menschen in Kollektivitäten befangen gewesen wären.

In der Wirtschaftsanthropologie dagegen hat der methodologische Individualismus durchaus seinen Platz. Er wird hier v.a. repräsentiert durch die Ansätze der Entscheidungstheorie. Diese Theorie untersucht, wie Menschen unter bestimmten Bedingungen, bei Vorhandensein mehrerer Optionen, zu den getroffenen Entscheidungen gelangen. P. Barlett gibt eine kurze, aber treffende Charakterisierung:[13]

> "Decision making involves the evaluation of different options, usually followed by an assessment that one option is preferable."(1980:137).

S. Ortiz (1983) stellt die individualistische Perspektive in einen Zusammenhang mit der Theorietradition in der Kulturanthropologie. Obwohl sie in ihrem Artikel anmerkt, daß Entscheidungsanalysen theoretisch nicht ausgereift seien, ist sie der Auffassung, dies sei kein hinreichender Grund, diesen Ansatz zu verwerfen (1983:283).

Einen der interessantesten Ansätze neuerer Zeit, die versuchen, den Gegensatz zwischen Kollektivität und Individualismus dialektisch aufzuheben, stellt der "Entwurf einer Theorie der Praxis" von P. Bourdieu (1979) dar. Die Aufhebung des Gegensatzes versucht er mittels einer Synthese, die er als Verbindung zwischen der individuellen Handlung und den Strukturen der "strukturierten Wirklichkeit" begreift. Er kritisiert in seiner Schrift zunächst die Personifizierung von Kollektiven, die dazu führe, ein Kollektivbewußtsein zu postulieren. Dann führt er aus:

> "Indem Gruppen oder Institutionen Dispositionen zugeschrieben werden, die sich, selbst wenn sie das Resultat kollektiver Bedingungen sein mögen, wie das Bewußtwerden von Klasseninteressen, allein im individuellen Bewußtsein bilden können, dispensiert man sich von der Analyse dieser Bedingungen und im besonderen auch jener, die den objektiven wie subjektiven Homogenitätsgrad der jeweiligen Gruppe und den Bewußtseinsstand ihrer Mitglieder determinieren."(1979:163).

Bourdieu ließe sich also, bis hierher, als methodologischer Individualist auffassen, da für ihn äußerliche Bedingungen nur im individuellen Bewußtsein des Einzelnen umgesetzt werden können. An anderer Stelle führt er aber aus:

---

[13] Eine Auswahl an Themen, die durch den "Decision Making"-Ansatz erfaßt werden, bietet der Reader von P. Barlett (1980).

"Vom Habitus einer Klasse (...) zu sprechen, heißt also, wider alle Formen okkasionalistischer Illusion, die darin besteht, die Handlungen unmittelbar auf die in der Situation eingeschriebenen Eigenschaften zu beziehen, in Erinnerung zu bringen, daß die >interpersonalen< Beziehungen niemals, es sei denn zum Schein, Beziehungen eines *Individuums* zu einem anderen *Individuum* sind, und daß die Wahrheit der Interaktion nie gänzlich in dieser selbst gründet -..."
"Denn ihre gegenwärtige wie vergangene Position innerhalb der Sozialstruktur tragen die als physische Personen verstandenen Individuen überall und allezeit in Gestalt der Habitusformen mit sich herum, die erst die soziale Person mit allen ihren Dispositionen ergeben,..."(:181).

Hier grenzt sich Bourdieu sehr deutlich gegen den methodologischen Individualismus ab, indem er zwischen Individuum und "Kollektiv" die Habitusformen der Praxis stellt ("Der Habitus stellt die universalisierende Vermittlung dar..."[:179]), die sich gleichzeitig als die sozialen Bedingungen des Individuums in der Gegenwart wie in der Vergangenheit erweisen. Diese vermittelnde Instanz der Habitusformen erklärt und definiert der Autor so:

"Die für einen spezifischen Typus von Umgebung konstitutiven Strukturen (etwa die eine Klasse charakterisierenden materiellen Existenzbedingungen), die empirisch unter der Form von mit einer sozial strukturierten Umgebung verbundenen Regelmäßigkeiten gefaßt werden können, erzeugen *Habitusformen*, d.h. Systeme dauerhafter *Dispositionen*, strukturierte Strukturen, die geeignet sind, als strukturierende Strukturen zu wirken, ..." (:165).[14]

Das interessante an Bourdieus Ausführungen ist, daß er, ungleich vielen Vertretern des individualistischen Ansatzes, nicht vergißt, daß Menschen eine Geschichte haben, die sie nicht in jeder neuen Situation vergessen, so daß sie ihre Entscheidungen gleichsam "neutral" treffen würden (dies unterstellen "reine Utilitaristen"). Zudem wird bei ihm herausgestellt, daß Menschen immer in einem sozialen Umfeld interagieren, welches von anderen Menschen, Institutionen, Normen und Erwartungen angefüllt ist. Seine Einführung aber der Habitusformen als "strukturierter Strukturen", die als solche wiederum nur losgelöst vom Individuum gedacht werden können, die also, auch wenn Bourdieu dies nicht sagt, "außer ihm" sind, erweisen sich gerade deshalb als problematisch. Denn was anderes können sie sein als Dispositionen im Individuum, die dort nur solange dauerhaft sind, solange sie dem Einzelnen aus irgendwelchen Gründen vorteilhaft scheinen? Und, wo "dauerhafte Dispositionen" ihre Ursache haben, läßt sich allemal an der materiellen und sozialen Umwelt ablesen.

---

14 Gesperrt gedrucktes in den Zitaten vom Autor.

Trotz dieser Kritik wird sich Bourdieus Ansatz, insbesondere bezüglich der "Geschichte" des Individuums, in Teilen im unten vorgeschlagenen Modell menschlicher Handlungen wiederfinden.

2.1 Rational Choice

In jüngster Zeit gewinnt die individualistische Betrachtungsweise an Raum. Dies mag damit zusammenhängen, daß der oben beschriebene kollektivistische Ansatz in etlichen Bereichen keinerlei Antworten zu bieten hat. Beispiele wurden bereits oben genannt, finden sich in der Anthropologie zudem reichlich in den Studien über bäuerliches Wirtschaften und den Theorien zur Erklärung von interner Migration.

Im folgenden soll mit dem Ansatz einer bestimmten Richtung der "rational choice"-Theorien der Boden bereitet werden, auf dem eine theoretische Skizze der Erklärung menschlichen Handelns aufgebaut werden kann. Die Entwicklung dieses sozialwissenschaftlichen Paradigmas hier darzulegen, würde zu weit führen.[15] In der folgenden Darstellung wird, der Kürze wegen und auch deshalb, weil die Ausarbeitung der "rational choice"-Theorien dort mit am weitesten gediehen ist, hauptsächlich auf die von J. Elster verfaßten und/oder herausgegebenen Schriften Bezug genommen.

Die Grundannahme des Paradigmas ist das "egoistische" Individuum, dessen Handlungen deshalb und dann als rational definiert sind, wenn und solange es die vorhandenen knappen Mittel zum bestmöglichen eigenen Nutzen einsetzt.

In "Subversion der Rationalität" arbeitet Elster den Unterschied des Gegenstands der Biologie und dem der Sozialwissenschaften heraus. Er behauptet, die Biologie habe es mit einer parametrisch-rationalen Umwelt zu tun. Demgegenüber habe die Sozialwissenschaft als Untersuchungseinheit den Menschen, der ein strategisch rationaler Akteur sei (1987:36ff.). Dies besagt, daß Menschen ihre Umwelt als dynamisch betrachten und sie deshalb die Handlungen anderer in ihre eigenen Aktionen miteinbeziehen. Menschen treffen, lt. Elster, Entscheidungen aufgrund von a) Zukunftserwartungen, b) Erwartungen über die Erwartungen anderer. Dieses Handeln

---

[15] Ein kurzer Überblick findet sich bei Wiesenthal (1987:434-449). Bezüglich der Anwendung von "rational choice" in der Kulturanthropologie s. u.a. M. Banton (1983) und eine kritische Auseinandersetzung mit dessen Hypothesen durch diverse Autoren in der Zeitschrift "Ethnic and Racial Studies", Vol.8, No.4, Oktober 1985; auf den Seiten 465-547.

nennt er "strategische Interaktion", die es im Tierreich nicht gebe (:48ff.). Der Mensch habe weiterhin den Vorteil (oder Nachteil, je nach Situation), indirekte Strategien anwenden zu können. Sie bestehen darin, daß jemand eine vor ihm liegende vorteilhafte Situation verstreichen läßt, um danach einen größeren Vorteil für sich zu verbuchen. Die Devise der indirekten Strategie ist also: "ein Schritt rückwärts ist für zwei Schritte vorwärts nötig" (:44).

In der Einleitung zu "Rational Choice" unterscheidet Elster Wahlsituationen nach zwei Dimensionen:

> "First, there is a distinction between perfect and imperfect information about the outcomes that will follow from the alternative courses of action."(1986:5).

Und

> "The other main distinction that applies to rational-choice situations is that between parametric and strategic decision."(:7)

Die erste Dimension der Wahlsituationen - der Zustand der Informationen bezüglich der Ergebnisse einer Handlung - ist (in Ergänzung zu der von Barlett behaupteten Evaluierung verschiedener Optionen) der Hauptgegenstand der oben kurz erwähnten Entscheidungstheorie. Sie befaßt sich insbesondere mit Entscheidungen von Menschen in Situationen, die ein Risiko implizieren.

Der von Elster behauptete "strategische Akteur" wirft ein Problem auf, das in der Literatur unter dem Konzept des "Gefangenendilemmas" bekannt ist.[16] Das Gefangenendilemma, dessen zentrales Thema die Möglichkeit von Kooperation egoistischer Individuen (die wiederum die zentrale Prämisse darstellen) ist, ließe sich kurz so zusammenfassen: Ausgangspunkt ist eine Situation, in der zwei Gefangene separat, ohne Kommunikationsmöglichkeit, zu einem Verbrechen befragt werden. Die Annahme ist, daß derjenige, der gesteht und damit den anderen belastet, freigelassen wird, während der Belastete, wenn er nicht gesteht, 12 Jahre Gefängnis erhält. Gestehen beide, erhält jeder von ihnen zehn Jahre. Schweigen dagegen beide, erhält jeder von ihnen zwei Jahre. Das Dilemma läßt sich graphisch so darstellen:

---
[16] Dieses Konzept stammt aus der Spieltheorie. Viele Autoren haben sich mit dem Problem befaßt. Allein "Rational Choice", hrsg. von Elster (1986) - auf diese Schrift stützt sich meine Darstellung - enthält vier Beiträge dazu (Elster, Parfit, Sen, Harsanyi). Am Problem Interessierte mögen sich dort Anregungen und Literaturhinweise holen.

	A sagt aus c)	A schweigt b)	
B sagt aus/ c)	Jeder erhält zehn Jahre	B kommt frei A erhält 12 J	b)
B schweigt/ a)	B erhält 12 J A kommt frei	Jeder erhält zwei Jahre	d)
	a)	d)	

Man erkennt: Variante a) ist für A optimal und sollte von ihm gewählt werden. Variante b) ist für B optimal, weshalb auch B gestehen sollte. Dieses Verhalten hat aber c) zur Folge (beide erhalten zusammen 20 Jahre), während die Option d) ihnen lediglich vier Jahre Gefängnis einbringt.

Von einer "supraindividuellen Perspektive" aus betrachtet wäre d) die optimale Variante, nicht so jedoch aus der Sicht des jeweilig Handelnden. Er muß damit rechnen, daß der andere ebenso auf seinen Vorteil bedacht ist wie er selbst und wird deshalb gestehen. Daraus resultiert letztlich jenes Ergebnis, welches für beide Beteiligten zwar nicht das schlechteste (jeder lief ja Gefahr, zwölf Jahre zu erhalten), aber auch nicht das Ergebnis ist, das unter der Voraussetzung kooperativen Verhaltens erreichbar gewesen wäre.[17]

Die Problemlösung Elsters, die gleichzeitig die Richtung für ein Verständnis der Möglichkeit von Kooperation egoistischer Akteure weist, hängt eng mit dem Faktor Zeit zusammen. Elster schreibt:

"In strategic situations, the time element can make an important difference for what is considered rational. In a one-shot Prisoner's Dilemma, defection is unambiguously, if perversely, rational. In repeated play between the same individuals, however, cooperation may become the rational choice. Repetition creates the possibility of using implicit threats and promises, so that cooperation is motivated by fear of retaliation, hope of reciprocation or both."(1986:12).

Ein an das Gefangenendilemma angelagertes Problem, das ebenfalls das Verständnis der Kooperation rationaler Egoisten erschwert (und gleichzeitig ein sehr starkes Argument gegen viele Varianten der kollektivistischen Auffassung ist), ist das Problem des "Trittbrettfahrers". Hier geht es darum, daß bei der Kooperation rationaler Egoisten ständig die Gefahr besteht, daß Einzelne (eben die Trittbrettfahrer) auf Kosten der Allgemeinheit leben. Ei-

---

[17] Die Darstellung des Dilemmas ist im vorliegenden Fall entnommen aus Parfit (1986:34,35).

nige Autoren haben das Motiv des Trittbrettfahrers dazu verwendet zu erklären, warum eine "Moralökonomie" nicht funktionieren kann und eine Kooperation zwischen Menschen stattdessen abgesichert sein muß durch Normen, Gesetze und Vorschriften, die bei regelmäßiger Überschreitung das Verhalten des Trittbrettfahrers sanktionieren, so daß dessen Kosten die daraus resultierenden Vorteile aufwiegen.[18]

Bisher haben wir folgende Elemente der "rational choice" Theorie isoliert:

a) Menschen handeln als strategische Akteure.
b) Die Akteure verfügen bezüglich der Wahl von Alternativen über unvollständige Informationen.
c) Aufgrund des Problems des "Gefangenendilemmas" und des daraus resultierenden Problems des "Trittbrettfahrens" birgt die theoretische Erfassung kollektiven Handelns konzeptionelle Schwierigkeiten in sich.
d) Die unter c) genannten Schwierigkeiten lassen sich teilweise überwinden, indem das Problem so umformuliert wird, daß nun die "rationalen Egoisten" aufgrund von Wiederholungen lernen können, daß kooperatives Verhalten die vorteilhaftere Variante ist.

Weitergehende Ausformulierungen dieser Theorie beziehen andere Aspekte mit ein. So machen Tversky/Kahneman darauf aufmerksam, daß die jeweilige Wahl bei alternativen Möglichkeiten davon abhängt, wie diese vom Entscheidungsträger wahrgenommen werden; sie nennen das "the framing of decision". Bei einem von ihnen durchgeführten Test gab es z.B. die Möglichkeit, durch ein bestimmtes Programm entweder 200 von 600 erkrankten Menschen zu retten; oder mit einer 1/3 Wahrscheinlichkeit 600 Menschen, mit 2/3 Wahrscheinlichkeit niemanden zu retten. In diesem Test sprachen sich 72% für die erste Variante aus, obwohl sie sich von der zweiten ledig-

---

[18] In "Rational Choice" finden sich zwei gute Beispiele, die die Grundlage für obige Argumentation bilden. Sen zeigt am chinesischen Experiment des "großen Sprung vorwärts" das Scheitern der Moralökonomie in großem Stil. Die Politik des großen Sprung vorwärts bestand Sen zufolge darin, Leistungsanreize in den landwirtschaftlichen Kommunen zurückzunehmen, was zum Ergebnis hatte, daß: "In the absence of what the chinese called `socialist consciousness', a system of this kind produces precisely the prisoner's dilemma type of problem. Each may prefer that others should work hard, but given the actions of others may prefer to take it easy oneself..." (1986:77). Popkin versucht, unter Voraussetzung der Existenz des "Trittbrettfahrer-Problems", nachzuweisen, daß bäuerliches Wirtschaften generell weniger profitabel ist, als es dies bei einer allgemeinen Kooperation sein könnte, weil jeder zuerst auf seinen eigenen Vorteil bedacht ist und Ansätze zur Kooperation oft gefährdet sind durch die Furcht vor Trittbrettfahrern; vgl. Popkin (1986:197-247).

lich darin unterscheidet, daß Variante Eins die geretteten Menschen angibt, während Variante Zwei die nicht zu rettenden betont (Tversky/Kahneman, 1986:124ff.). Die Autoren erklären dieses Ergebnis so:

> "The change is accompanied by a pronounced shift from risk aversion to risk taking. We have observed this reversal in several groups of respondents, including university faculty and physicians. Inconsistent responses to problems 1 and 2 arise from the conjunction of a framing effect with contradictory attitudes toward risks involving gains and losses."(1986:125).

Mit ihrem Beitrag wollen Tversky/Kahneman die psychologischen Prinzipien verfolgen, die die Wahrnehmung von Entscheidungsproblemen und die Evaluierung von Optionen regulieren.

Ebenfalls psychologisch argumentierend versucht Weinreich (1985) sich der Frage zu nähern, wie die in der "rational choice" Theorie postulierten Präferenzen einer individuellen Wahl entstehen. Er findet eine Antwort darauf mit Hilfe des Konzepts der "personal identity", die die Präferenzen der Handelnden beeinflußt. Diese Präferenzen

> "...are associated with value systems, which arise out of the individual's positive identifications with highly regarded reference models, or contra-identifications with bogey men or unfortunate objects of derision."(:504).

Die Entstehung und Veränderung von Präferenzen

> "...derives from the individual's identity development within the socio-historical context." (:507).

Die Addierung der psychologischen Aspekte der "rational choice" Theorie zu den obigen vier Punkten läßt folgende Erweiterung zu:

e) Die Art, wie das rational handelnde Individuum ein Problem wahrnimmt und seine Abwägung trifft, sollte soweit als möglich berücksichtigt werden.
f) Individuen entsprechen nicht in jeder neuen Situation einer "tabula rasa"; d.h. Individuen sind geformt und werden ständig neu- und umgeformt (Weinreichs "personal identity") durch ihr materielles und soziales Umfeld.

Zum Schluß dieser Ausführungen muß nochmals darauf hingewiesen werden, daß der individualistische Ansatz nicht mit "Atomismus" gleichgesetzt werden darf und kann, der das handelnde Subjekt in einen von Geschichte und Gesellschaft entleerten Raum stellt. In einer Auseinandersetzung mit der Figurationssoziologie von Norbert Elias macht H. Esser deutlich, daß der methodologische Individualismus nicht die ihm oft unterstellten Annahmen zu machen gezwungen ist sondern:

> "Der MI [methodologische Individualismus; H.M.] wendet sich exakt *gegen* die auch von der FS [Figurationssoziologie; H.M.] beklagten Mängel bestimmter Traditionen und Tendenzen in der Gegenwartssoziologie: Atomismus, Statik, Voluntarismus und Psychologismus (neben der unkontroversen Kritik an allen soziologistischen Ansätzen). Und der MI enthält sogar *programmatisch* ... exakt die von der FS genannten Elemente: figurative Interdependenzen, dynamische Prozessualität einschließlich der Möglichkeit ihrer historischen Gerichtetheit, emergente Effekte und unintendierte Folgen absichtsvollen Handelns."[19]

Mit diesen Sätzen hat Esser das theoretische Programm umrissen, das auch Grundlage der nachfolgenden Ausführungen sein wird.

3. Theoretische Prämissen der vorliegenden Arbeit

Aus der vorangegangenen Diskussion dürfte deutlich geworden sein, daß für die vorliegende Arbeit kollektivistische Erklärungen nicht herangezogen werden. Ihre Ablehnung begründet sich aus den Schwächen, die oben benannt wurden.

Die individualistische Auffassung verfügt zwar über ein ausgearbeitetes Paradigma (die ökonomistische Variante); wie wir anhand der Diskussion zu "rational choice" sehen konnten, sind dessen Grundannahmen jedoch zu einfach, um menschliches Handeln hinreichend erklären zu können. Ergänzt durch die Einsichten der Autoren von "Rational Choice" und mit der von Bourdieu entworfenen Kritik an beiden Auffassungen als Stütze, ist es indessen möglich, skizzenhaft die Grundannahmen der vorliegenden Arbeit deutlich zu machen.

Im folgenden wird davon ausgegangen:

a) Menschen handeln als strategische Akteure.
b) Menschen streben nach Optima des Wohlbefindens bzw. Glücks.

---
[19] Esser (1984:667-702). Gesperrt gedrucktes vom Autor.

c) Menschliches Handeln geschieht aufgrund unvollständiger Informationen.
d) Jede Handlung beeinflußt zukünftige Möglichkeiten.
e) Ein Individuum ist zu keinem Zeitpunkt "nur Individuum" - d.h. seine Entscheidungen sind immer schon durch seine Umwelt beeinflußt, die sozialer, historischer und physischer Natur ist.

Diese fünf Punkte lassen sich graphisch darstellen:

<u>GRAPHIK I.: Schema des handelnden Individuums</u>

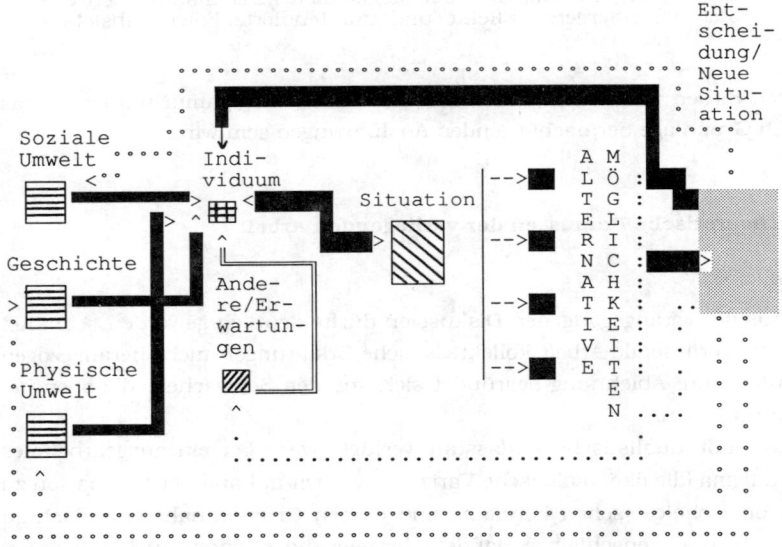

Die Graphik zeigt auf der linken Seite den "Inhalt" des Menschen, nämlich seine soziale- und physische Umwelt sowie seine Geschichte.

Die soziale Umwelt besteht aus den Regeln, Normen und Werten, die eine Gesellschaft besitzt. Sie entstanden aus der Notwendigkeit bzw. Vorteilhaftigkeit kooperativen Verhaltens und verstärken bzw. vereinfachen dessen Aufrechterhaltung. Die soziale Umwelt, die auch unter dem Begriff "Sozialstrukturen" gefaßt werden könnte, ist keine Entität an sich. Sie gleicht eher einem Plan, der der leichteren Orientierung des Einzelnen dient. Ähnlich dem Plan einer wachsenden und/oder sich verändernden Stadt, verändert sich die so gefaßte Sozialstruktur ständig.

Die Geschichte ist - darin der sozialen Umwelt gleich - ein Plan, der dem Einzelnen bei der Orientierung in der Welt hilft. Nur handelt es sich hierbei um die Vergangenheit, um Ereignisse, welche als vorteilhaft bzw. schädlich begriffen (erinnert) werden und die in diesen Eigenschaften als Vorbild bzw. Warnung bezüglich künftiger Entscheidungen herangezogen werden und diese dadurch beeinflussen. Ebenso wie die Sozialstrukturen einer Gesellschaft ist die Geschichte keine unveränderliche und feststehende Entität, sondern das je Erinnerte im Menschen, das sowohl gegenwärtig (indem es die Handlungen beeinflußt) als auch veränderbar ist (indem Vergangenes ständig neu interpretiert wird und andere Schlüsse daraus gezogen werden).

Die physische Umwelt ist der außermenschliche Teil der Welt. Mit ihr haben die Menschen sich auf mannigfaltige Weise auseinanderzusetzen - z.B. zum Zweck der Nahrungsgewinnung oder um sich zu schützen etc. Genauso wie die soziale Umwelt wird die physische Umwelt durch jede Aktion der Menschen beeinflußt und verändert.

Es muß nochmals auf die Relativität dieser drei Handlungsdeterminanten hingewiesen werden, die sich einerseits aus der tatsächlichen Veränderung der Determinanten durch Handlungen, andererseits aus ihrer veränderten Wahrnehmung durch die handelnden Individuen ergibt.

Neben diesen drei sich generell langsam wandelnden Faktoren der Bestimmung menschlicher Handlungen findet sich die Erwartung der Mitmenschen, die zwar teilweise mit den drei Faktoren zusammenstimmt, teilweise durchaus anders geartet sein kann. Auch hier gilt, wie im obigen Fall, die Relativität und Dynamik von Erwartungen Anderer an das Individuum und der Wahrnehmung dieser Erwartungen durch Individuen. Allerdings können Erwartungen Einzelner sich u.U. sehr rasch ändern, soweit sie nicht in engem Zusammenhang mit den obigen Faktoren stehen.

Vor diesem Hintergrund wird ein Mensch mit Situationen konfrontiert, in denen er zu entscheiden hat; ohne diesen Hintergrund ist ein Individuum nicht denkbar. Der Fehler einiger individualistischer Ansätze (und ihrer kollektivistischen Kritiker) liegt, wie Bourdieu sehr zu Recht herausstellt, darin, ein Individuum zu setzen, das frei von allen Bedingungen kühl kalkulierend nach seinem Vorteil trachtet. Was er jedoch meinte als eigenständige Habitusformen setzen zu müssen - weshalb er die Vorstellung eines konsequent individualistischen Ansatzes ablehnt - löst sich dann auf, wenn man das Individuum nicht als "tabula rasa", sondern als historisch-soziologisches Subjekt in einer bestimmten physischen Umwelt begreift. Denn auch die von Bourdieu konstatierten Habitusformen haben keine andere Grundlage als die Interaktion zwischen dem handelnden Individuum und den seine Handlungen wesentlich bestimmenden Faktoren.

Jede Situation bietet Möglichkeiten der Entscheidung, das handelnde Subjekt muß wählen. Will man nicht das psychoanalytische "Unbewußte" annehmen, muß man zugestehen, daß jede Wahl mit mehr oder weniger Bewußtsein abläuft. Allerdings ist es nicht notwendig, von kühl kalkulierenden Akteuren auszugehen. Entscheidungen können aufgrund mannigfaltiger, sich gegenseitig ausschließender Abwägungen zustande kommen und sind deshalb weder unbedingt in allen Einzelheiten nachvollziehbar, noch dienen Entscheidungen, die derart getroffen wurden, immer dem "objektiven" (d.h. von einem Forscher feststellbaren) Vorteil des Akteurs.[20]

Jede getroffene Entscheidung beeinflußt in einem gewissen Grad alle vorhergehenden Faktoren (Umwelt, Geschichte, Erwartungen Anderer und eigene Erwartungen) und damit die neu sich bietenden Möglichkeiten. Dabei jedoch, wie Bourdieu, von einer Dialektik zu reden wäre irreführend: handelt es sich bei ihr immer um zwei sich im Widerspruch befindliche Seiten, die sich in einer Synthese ausbalancieren und damit aufheben, liegt der Schwerpunkt hier auf dem Netzwerk sich gegenseitig beeinflussender Faktoren, deren Beitrag zur "Synthese" (d.h. zur neuen Konstellation) je verschieden ist.

Nach diesen sehr allgemeinen Feststellungen will ich nun dazu übergehen, einige Theorien zur Erklärung des Phänomens der Migration in den armen Ländern der Welt zu untersuchen und sie auf den eben entworfenen theoretischen Hintergrund zu beziehen. Es wird sich dadurch die Möglichkeit ergeben, einige Ansätze als unzutreffend zurückzuweisen und deutlich zu machen, was in dieser Arbeit bewiesen werden soll.

---

[20] Zur Auseinandersetzung mit dem Problem bewußter, sich widersprechender Präferenzen und den daraus folgenden Handlungen vgl. die Beiträge in dem Reader von Jon Elster: "The Multiple Self" (1985).

II. Theoretische Ansätze zur Erklärung der rural-urbanen Migration

Seit den 50er Jahren hat sich das Wachstum der Megastädte der armen Länder der Welt in ungeheurem Tempo beschleunigt. Städten wie Sao Paulo, Mexiko, Kairo oder Kalkutta, um nur einige zu nennen, droht aufgrund der enormen Probleme, die eine solche Massierung von Menschen mit sich bringt, schon heute der Kollaps. Daran trägt nicht nur die Ansammlung von Millionen Menschen auf engstem Raum die Schuld; wenn auch dies allein schon in der Versorgung mit Wasser und Elektrizität, der Einrichtung von Verkehrs- und Abwassernetzen und vor allem der Bereitstellung von Wohnraum schier unlösbare Aufgaben stellt. Aus heutiger Sicht zeigt sich das Wie der Besiedlung der Megastädte als das größte Hindernis für eine geplante, die Bedürfnisse der Menschen berücksichtigende Stadtstruktur.

Dieses Wie nämlich ist geprägt von einem Strom interner Migration, hauptsächlich vom Land in die Stadt. Im Zeitraum von 1950 bis 1980 etwa stieg der Anteil der städtischen Bevölkerung der ärmeren Länder der Welt von 275.218.000 auf 972.408.000 Menschen.[1] Städte wie Mexiko oder Sao Paulo, die 1975 noch 11,9 bzw. 11,6 Mio. Einwohner hatten, werden im Jahr 2.000 eine geschätzte Bevölkerung von 31.0 bzw. 25.8 Mio. Menschen beherbergen.[2] Es wachsen aber nicht nur die schon existierenden Metropolen ins unermeßliche; ständig entstehen neue Riesenstädte. Von den Städten mit über vier Millionen Einwohnern werden sich zur Jahrtausendwende 25 in den Industrieländern befinden (1950 waren es acht), aber 61 in den armen Ländern (hier waren es 1950 lediglich drei!).[3]

Schon an diesen Zahlen läßt sich erahnen, welch enorme Herausforderung die Bildung dieser Konglomerate darstellt. Herausgefordert ist die internationale Staatengemeinschaft, der es im Interesse einer Konfliktvorbeugung bzw. -verhinderung nicht gleichgültig sein kann, ob die Menschen in Mexiko-Stadt oder Lima morgen noch genügend Trinkwasser haben werden. Herausgefordert sind auch die nationalen Regierungen; verstärkt noch dadurch, daß sich in den armen Ländern der Welt in einer Nation oft nur eine einzige Stadt herausbildet, welche die Hauptlast des Wachstums zu tragen hat (generell ist es die Hauptstadt). Dadurch wird die jeweilige Regie-

---
[1] Quelle: UN, Patterns of Urban and Rural Population Growth. Entnommen aus Todaro (1983:249).
[2] Quelle: ebda. (:251).
[3] Quelle: UN, Patterns of Urban and Rural Population Growth. Entnommen aus Goldscheider (1983:6).

rung unmittelbar mit den Problemen und Forderungen der Bevölkerung der Megastadt konfrontiert, was ihr Entscheidungen gegen deren weiteres Wachstum oft schwer macht. So ist es nahezu unmöglich, die Attraktivität der Megastädte durch Erhöhung der Preise für Lebensmittel, Verkehrsmittel etc. einzuschränken, da der Protest der Menschen die Regierung unmittelbar bedroht. Desgleichen ist eine Regulierung der Zahl der Zuwanderer äußerst schwierig, weil die Neuankommenden generell über verwandtschaftliche Beziehungen und/oder ausreichend Information verfügen, so daß sie bereits eine "Lobby" in der Stadt haben. Planungen bezüglich eines regulierten Wachstums der Megastädte sind deshalb oft schlicht nicht durchsetzbar.

Die größte Herausforderung stellt dies jedoch für die Bewohner der Riesenstädte dar, in besonderem Maße für jene, die in immer neuen Wellen aus ländlichen Regionen dorthin ziehen. Auf sich allein gestellt (d.h. ohne Unterstützung staatlicherseits) müssen sie sich um Wohnung, Arbeit, Infrastruktur etc. kümmern. Anders als etwa bei der Entstehung der Millionenstädte in Europa (London, Paris, Berlin, Moskau), wo die jeweiligen Regierungen zumindest marginale Angebote bezüglich Wohnungen und Arbeitsplätzen machen mußten, fehlt es in den Großstädten der ärmeren Länder meist völlig an Wohnraum; Arbeit im Bereich der Industrie oder des offiziellen Dienstleistungssektors ist nur für wenige vorhanden. Hier liegt der Grund für die immer noch fortschreitende Ausbreitung dessen, was als "informeller Sektor" Eingang in die sozialwissenschaftliche Diskussion gefunden hat.[4]

Das skizzierte Szenario ist der Hintergrund, auf dem sich innerhalb der Sozialwissenschaften eine an Umfang zunehmende Debatte um die Gründe, Richtungen und Auswirkungen von interner Migration herausbildete. Die Sozialwissenschaften, ihrem eigenen Selbstverständnis nach dazu berufen, die Gesetze des Handelns der Individuen und der Gesellschaften zu ergründen, finden in der Migrationsforschung eine lohnende Aufgabe, sollen doch durch neue Erkenntnisse unerwünschte Entwicklungen gestoppt und die Migrationsströme so umdirigiert werden, daß sie einer allgemeinen Entwicklung förderlich sein können. Im folgenden soll diese Debatte skizzenhaft nachvollzogen werden, um damit zu einer Perspektive zu gelangen, wel-

---

[4] Mit "offiziellem Sektor" sind hier Dienstleistungen gemeint, die von den entsprechenden Behörden statistisch erfaßt, besteuert und im Bruttosozialprodukt ausgewiesen werden. Das Konzept des "informellen Sektors" werde ich in Kap. III.7. behandeln.

che die empirische Aufarbeitung des in der vorliegenden Arbeit vorgestellten Materials leiten wird.

1. Theorien zur Makro- und Mikroebene der Migration

Einer der frühesten Autoren, die sich auf theoretischer Ebene mit Migration beschäftigten, war E.G. Ravenstein. Er formulierte im letzten Jahrhundert in zwei Arbeiten seine "Gesetze der Migration" ("The Laws of Migration"). Ihnen zufolge ist der Umfang der Migration abhängig von der Distanz zwischen Ursprungs- und Zielort; geht die Migration in Etappen (von kleineren zu größeren Städten) vor sich; produziert jeder Hauptstrom von Migranten einen Gegenstrom; migriert v.a. die rurale Bevölkerung; dominiert bei Frauen die Migration über kurze Distanzen; schwillt die Zahl der Migranten mit dem Wachstum von Handel und Industrie an und ist Migration auf den Wunsch nach materieller Verbesserung zurückzuführen (1885:198ff./1889:288). Die Grundlage für Migration sieht bereits Ravenstein in der Knappheit an Arbeitskraft in den Städten, ihrem Überschuß auf dem Land.

Daß Ravensteins "Gesetze" sich nicht als solche erwiesen, deutete schon er selbst in seinem zweiten Beitrag zum Thema (1889) an, und später wurden viele der sich aus seiner Arbeit ergebenden Thesen empirisch widerlegt. Doch wurde in seiner Nachfolge nützliche empirische und theoretische Arbeit geleistet, und noch in den heute üblichen Erklärungsmodellen kann man seine Spuren erkennen. In den beiden letzten Thesen von Ravenstein kann man, nebenbei bemerkt, schon jene bis heute sich durch die Diskussion ziehende Dichotomie der "push"- und "pull" -Faktoren ausmachen. Sie besagt, daß es am Ursprungsort der Migranten Faktoren gibt, welche die Menschen zu einer Wanderung veranlassen (to push them), bzw. daß es am Zielort Faktoren gebe, welche sie anziehen (to pull them).

Spätere Migrationsstudien blieben v.a. auf die USA beschränkt; offenbar deshalb, weil dies zu Anfang des Jahrhunderts jenes Land war, das enorme (internationale und nationale) Migrationsströme zu verkraften hatte.[5] Erst in den 50er Jahren wächst, im Zusammenhang mit den damals gängigen Vorstellungen bezüglich der Möglichkeiten der Industrialisierung nicht industrialisierter Länder (allgemein unter dem Begriff "Modernisierung" be-

---

[5] Eine Übersicht über verschiedene Ansätze zu Migrationsstudien unterschiedlicher theoretischer Herkunft findet sich bei De Jong/Fawcett (1981).

kannt), erneut ein breiteres Interesse am Thema. Als einer der Hauptvertreter jener Richtung kann A. Lewis (1954) gelten. Seine Theorie der ökonomischen Entwicklung begriff interne Migration als einen natürlichen Prozeß, in dessen Verlauf überschüssige Arbeitskraft aus ländlichen Gebieten (der "push"-Faktor) an die durch industrielles und urbanes Wachstum charakterisierten Städte abgegeben wird (der "pull"-Faktor) und damit den Entwicklungsprozeß unterstützt und beschleunigt. Das Wachstum der Städte in den armen Ländern wurde von dieser Forschungsrichtung somit als ein positives, die Probleme lösendes Phänomen gesehen. Folglich ging es ihnen nicht um eine Eindämmung der Zuwanderung, sondern um eine Produktivitätssteigerung im Agrarsektor, um so möglichst viele Arbeitskräfte von dort für die postulierte industrielle Entwicklung der Städte frei zu bekommen.

B. Herrick macht in seiner Studie Arbeitskraftmobilität zur zentralen Erklärung von Migration. In seinen Worten:

"Internal migration can be thought of as part of a more general phenomenon: labor mobility." (1965:10).

Binnenwanderung ist bei ihm, hierin Lewis ähnlich, lediglich ein Vorgang des Ausgleichs von Angebot und Nachfrage bezüglich Arbeitskraft. Er unterscheidet sich allerdings hinsichtlich der Schlußfolgerungen, da er eine Planung insoweit fordert, als er durch eine Landreform die ländliche Arbeitskraft besser ausnutzen und freiwerdende Arbeiter in die zu entwickelnden regionalen Zentren leiten möchte, um damit eine ausgeglichenere Wirtschaftsstruktur zu erreichen, in welcher Santiago (Herricks Studie handelt von Chile) nicht mehr das alles dominierende Zentrum wäre (:102-104).

Im Zuge der Differenzierung der Vorstellungen zur wirtschaftlichen Entwicklung und der wachsenden Einsicht in die Komplexität dieser Prozesse verließ G. Germani den rein ökonomisch orientierten Ansatz der Arbeitskraftmobilität. Für die Entwicklungsländer nimmt er zwar ein Überwiegen der "push"-Faktoren für die Migrationsentscheidung an (1965:160), bemüht sich aber dennoch um eine Erweiterung und Vertiefung der bis dahin gängigen Modelle. Er schlägt vor, Migration auf drei verschiedenen Ebenen zu analysieren: der objektiven, der normativen und der psychosozialen Ebene. Die erstgenannte ist die Ebene außerhalb des Individuums; die zweite jene der institutionalisierten Rollen, Erwartungen und Verhaltensweisen; die dritte die des jeweiligen Individuums mit seinen subjektiven Fähigkeiten, Verhaltensweisen und Erwartungen (:160-162). Germani unterläßt es jedoch, deutlich zu machen, wie diese verschiedenen Ebenen zusammenspielen, was eine Umsetzung seiner konzeptionellen Vorschläge schwierig macht.

Sein Ansatz wurde von E. Lee (1966) weiterverfolgt und verfeinert. Dieser Autor schlägt erstmals ein Erklärungsmodell vor, in welchem an beiden Orten (Ursprungs- und Zielort) eine Reihe von positiven, negativen und neutralen Faktoren angenommen werden, die als "push-" und "pull" -Kräfte wirksam werden. Beide Orte sind durch "intervening obstacles" voneinander getrennt (diese können sowohl physische - "the Berlin Wall" - als auch persönliche Hindernisse sein); sie müssen überwunden werden, um die Wanderung erfolgreich abschließen zu können. Aus diesem Schema entwickelt Lee eine Reihe von Hypothesen zu den Themenkomplexen: Migrationsvolumen, Migrationsstrom und Gegenstrom und Charakteristik der Migranten (:50-57), die von Geschlecht, Ausbildung, Alter, Persönlichkeit etc. des Migranten ausgehen.

Mit Lees Thesen ist der enge ökonomische Rahmen definitiv verlassen. Der Zugewinn an Erkenntnis, der daraus resultieren könnte, birgt aber zugleich schwere Nachteile. Ökonomische Faktoren (insbesondere Geldeinkommen) lassen sich relativ leicht messen und werfen keine gravierenden methodologischen Probleme auf. Lees Modell fordert dagegen vom Forscher die Berücksichtigung von Faktoren, die außerhalb des eng definierten ökonomischen Bereichs liegen und von daher nur schwer quantifizierbar sind. Im übrigen sind nicht alle Hypothesen Lees brauchbar.[6]

Ein ehrgeiziges Modell wurde von Harris/Todaro[7] (1983[1970]) entworfen. Ihr Ausgangspunkt sind die konventionellen, ökonomisch orientierten Modelle, wie sie von Lewis und Herrick vertreten werden. Harris/Todaro bemerken aber dann, daß in den Großstädten der armen Länder zwar eine hohe Arbeitslosenrate existiere, der Strom ländlicher Zuwanderer indessen trotzdem unvermindert anhalte. Die erwähnten Modelle hätten deshalb Schwierigkeiten, Erklärungen zu liefern, die auf der Prämisse rational handelnder Individuen basierten (:199,200). Aufgrund dieser Beobachtung se-

---

6 Hier ist v.a. Hypothese sieben bezüglich der Charakteristik der Migranten zu nennen: "The characteristics of migrants tend to be intermediate between the characteristics of the population at origin and the population at destination."(1966:57). Wenn die so viel beredete Hegelsche Dialektik überhaupt ein Feld hat, dann hier in den Prozessen der Akkulturation, die niemals eine einfache Entwicklung von A nach B ist, sondern immer in einem unablässigen Prozeß von These, Antithese und Synthese ständig neue Formen sozialen und kulturellen Lebens hervorbringt.
7 Vgl. auch Todaro (1969).

hen sich die Autoren gezwungen, das Modell des "erwarteten Einkommens" anzunehmen:

> "The crucial assumption to be made in our model is that rural-urban migration will continue so long as the *expected* urban real income at the margin exceeds real agricultural product - i.e., prospective rural migrants behave as maximizers of *expected* utility." (:201)

In einer anderen Arbeit (1985) macht Todaro nochmals deutlich, um was es in obigem Modell geht:

> "*Migration is stimulated primarily by rational economic considerations* of relative benefits and costs, mostly financial but also psychological." (:261).[8]

Todaro bleibt somit eng an das ökonomische Modell angelehnt und versucht, die sich bei Lees Hypothesen ergebenden Nachteile bezüglich der Meßbarkeit von Entscheidungsgründen dadurch zu beheben, daß er wiederum nur die Prämisse des Einkommens zum Eckpfeiler der Erklärung macht. Die Einführung des (teilweise psychologisch motivierten) Aspekts der "Erwartung" von Einkommen macht die Meßbarkeit zwar komplizierter, nicht aber unmöglich.

Rein auf ökonomischer Grundlage basierende Modelle haben aber einen anderen, ebenfalls entscheidenden Nachteil zur Erklärung von Migrationsverhalten. Bei ihnen entsteht nämlich der Eindruck einer mechanischen Ursache - Wirkung Kausalkette, die spätestens dann in Bedrängnis gerät, wenn gezeigt werden kann, daß Menschen nicht migrieren, obwohl sie um die (potentiell oder real) höheren Einkommen in der Stadt wissen. Um dies zu zeigen, braucht man nur die Frage vom anderen Ende her aufzuwerfen und zu fragen, warum so viele Menschen nicht migrieren, obwohl ihre Nachbarn oder Familienmitglieder dies tun.

Wie deutlich die angesprochene Bedrängnis sich äußert, mag man an S. Amins Ausführungen (1974) erkennen. Amin wendet sich sehr heftig gegen das oben angesprochene Modell der ungleichen Verteilung von Arbeitskraft,[9] aus der angeblich die interne Migration eines Landes resultiert. Diese Theorie nehme die Verteilung der Produktionsfaktoren als a priori an

---

[8] Gesperrt gedrucktes in beiden Zitaten von den Autoren.
[9] Unter anderem explizit gegen Todaro, dessen Auffassung er (stellvertretend für andere Autoren der "conventional economic theory") für tautologisch hält, weil sie nichts erklären könne, was wir nicht schon wüßten; d.i. daß Menschen dahin ziehen, wo sie mehr Chancen eines Erfolges sehen (:90).

und berücksichtige nicht, daß es sich hierbei um eine Entwicklungsstrategie handle, die vom internationalen Kapital zum Zwecke der besseren Ausbeutbarkeit der dritten Welt ersonnen worden sei. Deshalb könne diese Theorie davon ausgehen, daß der Faktor Arbeit sich dahin zu bewegen hätte, wo der Faktor Kapital vorhanden sei (85ff.). Seine Alternative geht dahin, die Gesellschaft als Ganzes zu untersuchen, um darüber Auskunft zu erlangen, wo Kapital zu welchem Zweck angelegt wird. Amin gelangt zu dem Ergebnis, daß die Dominierung der armen Länder durch die kapitalistischen Industrieländer, vermittelt durch deren Investitionspolitik, die Migrationsströme lenke. Er schreibt:

> "Foreign capital which moves into regions where the development of an exportoriented economy is possible - the only one in which it is interested - itself causes the flows of migration, i.e. labour shifts to areas determined by the needs of capital and not the reverse."(:107).

Es wäre also das Auslandskapital und die von ihm geschaffene Exportökonomie, welche die ungleiche Entwicklung hervorrufen würden. Diese verstärke sich noch ständig, indem Menschen aus bestimmten Regionen abgezogen würden, um für den Export zu arbeiten; die Ursprungsregionen würden damit der Verarmung preisgegeben, wodurch neue Wanderungswellen entstünden, die ihrerseits zu mehr Verarmung führten (vgl.:98-110).

Amin kann zwar für sich in Anspruch nehmen, auf einen bis dahin wenig beachteten Aspekt nachdrücklich aufmerksam gemacht zu haben: Die Rolle der internationalen politischen und ökonomischen Entscheidungen für die Wirtschaft und die Bevölkerungsverteilung der armen Länder. Sein Ansatz birgt aber gleich mehrere Probleme. Zunächst faßt er, wie andere Dependenztheoretiker auch, Abhängigkeit zu statisch und dualistisch auf. Es ist nicht, wie es diese Theorie unterstellt, das internationale Kapital als Organisation, das die armen Länder knebelt und ausbeutet. Vielmehr handelt es sich bei dieser Beziehung um ein Interessengeflecht, bei dem unterschiedliche Gruppen mit unterschiedlicher ökonomischer Macht ihre Möglichkeiten in die Waagschale werfen. Richtig ist an Amins Erkenntnis, daß sich daraus sehr ungleiche Chancen ergeben.[10]

---

[10] H. Safa (1975), die in ihrer Einleitung zum Reader "Migration and Development" auf die negativen Entwicklungen aufmerksam macht, die sich aus der Abhängigkeit der ökonomischen und politischen Systeme der armen Länder ergibt, läßt dennoch keinen Zweifel daran, daß auch dort Gruppen existieren, die durchaus ein Interesse an der Aufrechterhaltung des Status quo haben (vgl.:3-4).
Ein Gang durch die Stadtviertel der Reichen in jenen Ländern macht ebenfalls deutlich, daß nicht allein die Konspiration des Kapitals der Industrieländer zu den beklagten Ent-

Amin meint, die Migranten seien zur Abwanderung gezwungen, weil sie aus Gründen der Armut keine andere Wahl hätten (1974:93,100,103). Damit stellt sich das Problem, zu erklären, warum es Menschen gibt, die nach nationalen Standards nicht arm sind, aber trotzdem migrieren. Ein gravierenderes Problem für den von ihm vertretenen Ansatz ist der Umstand der rasanten Entwicklung der großen Städte, wie er oben angesprochen wurde, da viele von ihnen gerade nicht vom Exportsektor dominiert werden. Endlich hat Amin, obwohl er gerade diesen Punkt an anderen kritisiert (vgl.:97), nichts anzubieten, was als Erklärung dafür dienen könnte, warum ein Teil der Menschen eines Gebietes migriert, andere nicht. Daß sein Ansatz darüberhinaus lediglich Systeme, nicht aber Menschen in ihrem Handeln berücksichtigt, ist eindeutig.

Auf einem ähnlichen theoretischen Hintergrund, nämlich der Annahme der grundsätzlichen Abhängigkeit der Wirtschaft "peripherer Länder" vom internationalen Kapital, argumentieren Mayer/Schmidt (1978), die anhand der Wanderungsbewegungen in Westafrika zeigen, wie die sich verändernde Einbeziehung der betroffenen Länder und ihrer Bevölkerung in den Weltmarkt von Gütern und Arbeitskraft die Migrationsgründe und -ströme verändert. Allerdings gestehen sie zu, daß Migration das Ergebnis von Einkommensunterschieden ist, wodurch zumindest die Möglichkeit offen bleibt, daß relativ reiche Menschen ebenso migrieren können wie Menschen, die als einziges Motiv die Bedrohung durch den Hunger haben (vgl.:138). Das Ergebnis ihrer nicht uninteressanten Analyse, bezogen auf die heutige Situation, fassen die Autoren so zusammen:

"Die formelle Dekolonisation nach dem 2.Weltkrieg bedeutet für die Vertiefung der kapitalistischen Durchdringung keinen Einschnitt. Durch die gleichzeitig einsetzende Industrialisierung, die ganz unter dem Vorzeichen der Importsubstitution steht, wird das nach außen gerichtete Entwicklungsmuster lediglich erweitert, aber nicht grundlegend verändert." (:146).
"Die Arbeitsmigration in Westafrika ist nicht nur durch die abhängige Integration der Peripherie-Ökonomie in die Weltwirtschaft bestimmt, sondern wird selbst zu einem wichtigen Element dieser Strukturen."(:147).

Mit ihrer vergleichbaren theoretischen Ausrichtung fallen die beiden Autoren unter dasselbe Verdikt, das schon auf Amin Anwendung fand. Sie machen zwar nachvollziehbar, warum es eine statistische Größe an Migranten gab und gibt, die die ruralen Gebiete des weiten Hinterlands der

---

wicklungen führt, sondern daß es dort Menschen gibt, die ein handfestes Interesse an einer Fortsetzung der hergebrachten "Entwicklungsmuster" haben.

westafrikanischen Küste (Mali, Obervolta) verlassen und an die Küste ziehen, um dort zu arbeiten. Sie können jedoch nicht deutlich machen, was den einzelnen Menschen zu diesem Handeln verleitet oder ihn in seiner Heimat verweilen läßt.

Der Ansatz, Migration auf dem Hintergrund der weltwirtschaftlichen Abhängigkeitsbeziehungen zu betrachten und unter diesem Aspekt die nationalen sozioökonomischen Verhältnisse des einzelnen Landes in die Analyse miteinzubeziehen, ist begrüßenswert, kann aber nur ein Aspekt einer umfassenderen Analyse des Migrationsverhaltens sein.

In einer Studie zur rural-urbanen Migration in Indien zeigen J. Connell et al. (1976) auf, daß Binnenwanderung ein äußerst komplexes Phänomen darstellt, welches nicht auf eine oder zwei Variablen reduziert werden kann. Sie untersuchen sie nach: ökonomischen und sozialen Faktoren, Ausbildung, Zielort, Rückflüsse ökonomischer Art in die Ursprungsregion durch die Migranten, Dauer der Migration und Rückkehr sowie den Einfluß, den das Migrationsverhalten auf die Dörfer hat. Aufgrund dieser Studie kommen sie zu Ergebnissen, die später ähnlich auch von anderen Autoren vorgetragen wurden:

"It is from the village where land is most unequally distributed that migration rates are highest, though it is both the rather poor and the rather rich who migrate, rather than, in general, the very poorest, the middle, or the very richest. Migration, however, is also the father of inequality."(:197).

Daraus entwickeln sie die Hypothese:

"That *intra-rural inequality is at once the main cause, and a serious consequence, of rural emigration* is the main hypothesis we wish to present..." (:200).[11]

Sie entwickeln daraus weitere Hypothesen, z.B.: a) Ländliche Armut als Ursache für Migration ist eher brauchbar, um Ungleichheit im Migrationsverhalten zwischen Dörfern (Dörfer mit einer geringen Bewohner/Land-Proportion stellen mehr Migranten als andere Dörfer), weniger, um eine solche zwischen den Dorfbewohnern zu erklären (die ländliche Armut erklärt nicht, warum auch reiche Individuen aus armen Dörfern abziehen). b) Es ist unwahrscheinlich, daß Zahlungen der Migranten in die Heimatdörfer deren Prosperität erhöhen, solange es dort keine breitgefächerten Investitionsmöglichkeiten gibt. c) Zunehmende Distanz zwischen Ur-

---

11 Gesperrt gedruckt von den Autoren.

sprungs- und Zielort reduziert sowohl die Migrationsbereitschaft als auch, einmal migriert, die Rückkehrbereitschaft (1976:200,201).

Mit ihrer Betonung der dörflichen Seite des Phänomens machten die zitierten Autoren erstmals nachdrücklicher auf einen Aspekt aufmerksam, der in anderen Studien oft ausgelassen wurde: den dörflichen Hintergrund der Migranten. Dieser klang zwar bei fast allen zuvor genannten Autoren an, aber lediglich als abstrakte Größe der "Armut auf dem Land" (verursacht durch Bevölkerungswachstum oder durch die Struktur der internationalen Abhängigkeit) oder der Anziehungskraft der Städte auf die rurale Bevölkerung. Connell et al. bringen in ihrer Studie eine Fülle von Belegen dafür, daß die jeweilige Dorfstruktur (ökonomische, soziale und demographische Beschaffenheit, Einkommensverteilung, Schulausbildung etc.) einen erheblichen Einfluß sowohl auf die statistische Größe der Migration als auch auf die Entscheidungen des Einzelnen für oder gegen eine Wanderung hat.

Ebenfalls vergleichend arbeitet C. Goldscheider (1983). Sein Interesse ist jedoch v.a. auf die Eingliederung der Migranten in die sie aufnehmenden Städte gerichtet. Die Beiträge dieser Studie fußen auf Untersuchungen in vier Großstädten in Asien und Lateinamerika. Goldscheider ist insbesondere an der Frage interessiert, ob die Migranten starke Anpassungsschwierigkeiten zu überwinden haben oder ob, im Gegenteil, der Anpassungsprozeß ohne größere Reibung vonstatten geht. In seiner Einleitung umreißt er das Problem, ohne eine explizit theoretische Orientierung zu geben. In der Zusammenfassung kommt er dennoch zu Schlüssen, die einer theoretischen Ebene entsprechen.

So fragt er, ähnlich wie Todaro, warum immer noch Migranten in Städte strömen, in denen eine starke Konkurrenz um die knappen Verdienstmöglichkeiten existiert. Seine Antwort:

"The reconciliation of this paradox lies in several directions: (a) Jobs may be scarce in urban areas but there are fewer in places of origins. Hence, we need to emphasize relative opportunities. (b) People move to urban places not only because of actual job opportunities but for potential employment. It is the aspiration for jobs that motivate, not the job market per se. (c) Not all migrants find jobs in urban areas; the unsuccessful return. (d) Migration is selective of the more skilled and highly motivated; they do well in the competition in urban areas for scarce resources. Other migrants become self-employed, working in the tertiary sector in traditional markets."(1983:238).

Der Autor führt weiterhin aus, daß die Selbstbeschäftigung im tertiären Sektor nicht, wie oft angenommen wird, mit Armut, Marginalität und Ausgrenzung zusammenfällt. Wo die Migranten arm bleiben, ist dies eher auf mangelnde Ausbildung zurückzuführen, die wiederum auf fehlende Möglichkeiten in den Herkunftsdörfern und damit auf einen Migrationsgrund verweist. Aus demselben Grund, nämlich einer Differenz in der Ausbildung zwischen Migranten und in der Stadt geborenen, können sich Unterschiede im Status der Beschäftigung ergeben - nicht jedoch daraus, daß eine Person Migrant ist, eine andere nicht (vgl.:239ff.).

Goldscheider faßt die Ergebnisse der vergleichenden Studie so zusammen:

"...migrants are not disadvantaged relative to the urban native population. To the extent that any disadvantage appears, it is confined to the initial period, subsequent to arrival in the city. The sources of disadvantage are imbedded in the background baggage migrants bring with them - their education, prior urban exposure, and the type of community they come from."
"The overwhelming impression from these studies, contrary to some portions of the research literature, is that migration is positive for the migrants"(1983:250).

Goldscheider legt damit ebenfalls das Schwergewicht der Migrationsentscheidung auf die ökonomischen Gründe; kulturelle Unterschiede, psychischer Streß etc. sind für ihn wenig relevant. Ebenso weist er damit die Vorstellung zurück, derzufolge Migration schlicht der allgemeinen Armut in den ruralen Gebieten geschuldet ist. Da vorwiegend die besser ausgebildeten und die jüngeren Menschen migrieren, ist klar, daß es sich um jene handelt, die ihren ökonomischen und sozialen Status verbessern wollen, unabhängig davon, ob sie in ihrer Heimatregion arm oder reich waren. Die Frage danach, welche Auswirkungen Migration auf die Ziel- und Herkunftsorte der Migranten hat, läßt der Autor offen. Durch die vergleichende Arbeit über mehrere Kontinente und unterschiedliche Länder hinweg hat er indessen dazu beigetragen, das Problem vorurteilsfrei zu betrachten und neue Fragen zu stellen.

Die bisher genannten Ansätze lassen sich in zwei große Bereiche unterscheiden, nämlich in Makroansätze und Mikroansätze.

Die Makroansätze erklären (sowohl Binnen- als auch internationale) Migration damit, daß sie die ökonomischen, sozialen und politischen Verhältnisse einer Gesellschaft beschreiben und diese möglichst in einen internationalen Kontext stellen. Aus den daraus sich ergebenden Strukturen sollen dann, dieser Auffassung zufolge, die geographische Verteilung der Menschen und damit, wo notwendig, Wanderungsprozesse einsichtig werden. Es wurde schon angedeutet, wo das Hauptproblem dieser Perspektive liegt: wohl kann sie Argumente zur Erklärung statistischer Größen liefern, zu Phänomenen wie solchen, daß immer ein Teil der Menschen in ihren Heimatregionen verbleibt, hat sie wenig anzubieten.

Ein weiteres Problem dieses Ansatzes, das aber nicht seiner Logik innewohnt, sondern eher der ideologisch-ethischen Ausrichtung seiner Vertreter entspringt, ist, daß er oft mit der Vorstellung verknüpft wird, Migranten seien zum größten Teil Menschen, die aus purer Armut aus ihren Ursprungsorten vertrieben würden (hierunter fallen v.a. die Dependenztheoretiker, von den oben genannten also Amin und Mayer/Schmidt). Mit dieser Annahme ist aber unvereinbar, daß reiche Individuen und Familien aus ruralen Gebieten abwandern, wie dies die Studien von Goldscheider[1] und Connell et al. überzeugend nachweisen. In denselben Studien wird weiterhin dargelegt, daß es den Migranten nach ihrer Ankunft in der Stadt generell besser ergeht als vorher, d.h., daß der Ortswechsel vorteilhaft für sie war. Auch dies widerspricht der Auffassung vieler Dependenztheoretiker, die in den Migranten lediglich die (marginale) Manövriermasse des internationalen Kapitals erkennen können.

Die Mikroansätze, zu denen so unterschiedliche Autoren wie Connell et al., Goldscheider und Todaro gezählt werden können, nehmen die entgegengesetzte Perspektive zum Ausgangspunkt. Für sie ist das einzelne Individuum, oder ev. noch seine Familie, entscheidend. Migranten verlassen, ihnen zufolge, ihre Ursprungsregionen entweder aufgrund erwarteter Lohndifferenzen (Todaro, auch Goldscheider), aufgrund ihres dörflichen Hintergrunds (Armut bzw. relativer Reichtum, gute Ausbildung; so Connell et al., Goldscheider, Corno) und/oder der Attraktivität der Orte, an die die Migranten wandern.

Die unter dieser Perspektive entwickelten Ansätze haben den Vorteil, daß sie die Abwanderung von Menschen aus ihren Heimatregionen erklären können, ohne auf so plakative Erklärungen wie Armut zurückgreifen zu müssen. Sie erlauben auch eine stärkere Differenzierung des Phänomens dahingehend, daß sich aus ihrer Perspektive gewisse Gruppen herauskristallisieren lassen, die eine relativ hohe Wahrscheinlichkeit der Migration

---

[1] Vgl. hier Goldscheider (1983) Kapitel 7; und z.B. die Studie von R. Corno im selben Band zu Bogotá (:141-184), der darin ausführt, daß die Migranten nach einer Anlaufzeit von ca. fünf Jahren in vielen Fällen ökonomisch besser dastehen, als die in der Stadt geborenen Menschen; einen der Gründe für die starke soziale Mobilität sieht er in der guten Ausbildung der Migranten.

aufweisen (wie z.B. junge- und/oder gut ausgebildete Menschen etc.). Allerdings mangelt es ihnen oft an der ausreichenden Analyse der Umstände und spezifischen Strukturen, die eine Entscheidung zu Migration erst ermöglichen oder erzwingen.

2. Der entscheidungstheoretische Ansatz

Den in der letztgenannten Perspektive anspruchsvollsten Versuch zur Entwicklung einer Migrationstheorie machten De Jong/Gardner in ihrem Reader: "Migration Decision Making" (1981). Explizit befaßt sich diese Arbeit mit dem Mikrolevel des Migrationsphänomens, sie versucht jedoch eine multidisziplinäre Annäherung.

In ihrem Beitrag entwerfen De Jong/Fawcett ein "Value-Expectancy Model of Migration Decision-Making Behavior" (:53ff.), dessen Hauptkomponenten sind:

a) Demographische Charakteristika des Individuums und des Haushalts (Lebenszyklus, Familiengröße, sozioökonomischer Status, Hauseigentum, Ethnizität, Migrationserfahrung etc.). Diese Variablen, generell als Motivationen für Migration interpretiert, werden hier als differente "Werte" - Erwartungsvariablen betrachtet, welche ihrerseits intervenierende Variablen in der Analyse des Migrationsverhaltens darstellen.
b) Soziale und kulturelle Normen sind eine weitere Kategorie, welche die "Werte" und Erwartungen der Migranten beeinflussen. Hierunter fallen Normen der dörflichen Gemeinschaft, Geschlechterrollen, Erwartungen, die die Gemeinschaft an Ausbildung und Erfahrung (z.B. Migration) stellt etc.
c) Persönliche Züge wie Risikofreudigkeit, Effizienz und Adaptionsvermögen des Migranten sind weitere Variablen des Werte-Erwartungs-Modells. Demzufolge besagt die Hypothese, "... that individuals whose perception of themselves includes personal efficacy, adaptability to change, and the ability to take risks are more likely than others to express values and expectancies favoring spatial mobility."(:55).
d) Differenzen in den Opportunitätsstrukturen zwischen Regionen sind die vierte generelle Kategorie; sie sind einer der Hauptfaktoren für die Entstehung von Erwartungen bezüglich der Umsetzung von Zielen in der Ursprungs- bzw. Zielregion. Diese Differenzen beziehen sich nicht nur

auf Lohnunterschiede und Beschäftigungschancen, sondern umfassen auch Ausbildung, Unterhaltung und Annehmlichkeiten.
e) Information bzw. Nichtinformation über Regionen modifiziert den Effekt, den Opportunitätsstrukturen auf eine Migrationsentscheidung haben können. Deshalb ist der Informationsfluß eine entscheidende Größe insbesondere für potentielle Migranten. Im übrigen können falsche Informationen ebenso zu Migration führen wie richtige.[13]

Soweit eine Kurzfassung der Hypothesen von De Jong/Fawcett, die die Grundlage für ihr "Value-Expectancy Model" bilden. Das vorgeschlagene Modell ist allgemeiner Natur, bezieht sich also auf Migration in den Industrieländern genauso wie auf jene in den armen Ländern. Natürlich kann es nur dort Verwendung finden, wo tatsächlich etwas zu entscheiden ist. Wenn Krieg, politische Gewalt, Naturkatastrophen etc. das Leben für Menschen in bestimmten Regionen unmöglich machen, bedarf es keiner elaborierten Erklärungen für Mobilität.

In demselben Reader (De Jong/Gardner [1981]) versuchen Brown/Sanders eine Konkretisierung des Mikrolevel-Ansatzes speziell für die Länder der nicht-industrialisierten Welt. Sie legen dabei Gewicht auf die Existenz großer informeller Arbeitsmärkte in den Städten, die aufgrund ihrer leichten und allgemeinen Zugänglichkeit eine große Attraktivität für ländliche Zuwanderer ausübten (:161). Eine weitere Besonderheit, welche sich in diesen Ländern beobachten ließe, sei die "Kettenmigration". Sie ergäbe sich aus dem Umstand, daß die potentiellen Abwanderer ihre Information über mögliche Zielorte generell durch Familienangehörige, sonstige Verwandte oder Freunde erhielten und demzufolge die Wahrscheinlichkeit hoch sei, daß sie ebenfalls an diese Orte zögen (:164ff.).

Diese Konkretisierung macht auf Aspekte aufmerksam, die auch von anderen Autoren bemerkt wurden (so z.B. Connell et al.); Brown/Sanders verankern sie explizit auf dem Mikrolevel der Migrationsentscheidung. Im Hinblick auf das Modell von De Jong/Fawcett und darauf, daß der Gegenstand der vorliegenden Arbeit Migration in Peru sein soll, sind die Beobachtungen der beiden Autoren von Bedeutung.[14]

---

[13] Vgl. De Jong/Fawcett (1981:53-56; insbesondere auch deren Graphik auf Seite 54).
[14] Im selben Reader plädiert S. Harbison für eine stärkere Berücksichtigung der Familie bei den Migrationsstudien in den ärmeren Ländern. So sei besonders deren Altersstruktur, Sozialisation, Größe etc. zu berücksichtigen. Auch sie stellt die Informationsfunktion der Familie und der weiteren Verwandtschaft heraus und erklärt damit die Kettenmigration: "...people tend to migrate to places about which they have information and where they can expect some aid or support in adapting to the new place. Information received about a new area from family members who have already migrated increases the cognitive availability of

In derselben Richtung argumentiert G. Hugo (1981:186-224), der die kommunalen Bindungen, die dörflichen Normen und die ethnischen und sozialen Netzwerke, denen er v.a. für die Migrationsprozesse in den ärmeren Ländern große Wichtigkeit beimißt, zum Angelpunkt seines Aufsatzes macht. Vorläufer seiner Hypothesen sieht er u.a. in dem oben erwähnten Germani. Hugo (:196-204) stellt Hypothesen auf, die die nichtökonomischen Gründe für Migration bzw. Nicht-Migration zum Inhalt haben:

a) Die Affinitätshypothese (Bindungshypothese), die besagt, daß die Präsenz von Verwandten und Freunden in einer Kommune die Migration entweder begrenzt oder, bei bereits migrierten Individuen, deren Bindungen an den Ursprungsort erhält.

b) Die Informationshypothese, derzufolge die an einem Migrationsziel sich befindenden Verwandten und Freunde eine Migration wahrscheinlicher machen und darüberhinaus die Richtung der Abwanderung bestimmen. Zu berücksichtigen ist hier, daß Informationen über den Zielort generell über persönliche, vertraute Kontakte ausgetauscht werden. Diese Hypothese erklärt im wesentlichen das Phänomen der Kettenmigration.

c) Der Konflikthypothese zufolge steigern intrafamiliäre bzw. intrakommunale Konflikte die Bereitschaft zur Migration.

d) Die Hypothese der familiären Entscheidung besagt, daß in einigen Fällen Familien aktiv die Migration eines ihrer Mitglieder betreiben, um dadurch Geld für den Familienunterhalt zu verdienen oder zumindest einen Esser weniger in der Familie zu haben.

Bezüglich des Einflusses der dörflichen Normen auf die Migrationsentscheidung ist sich Hugo nicht sicher; er führt aber an, daß in einigen Regionen Migration für junge Menschen eine Art *rite de passage* darstelle, durch dessen erfolgreiche Absolvierung sich der Jugendliche zum Vollmitglied der dörflichen Gemeinschaft qualifiziere,[15] und zieht generell den Schluß:

> "...the relative importance of norms ... is very difficult to unravel, but the literature would seem to suggest that in many cases normative factors of themselves do have a role in retarding, facilitating, or chaneling population movements." (:208).

---

the migration decision. The assurance of aid and support in the new environment increases the expectation of success."(:244).
15 Er nennt in diesem Zusammenhang die Studie von P.C. Lloyd (1972) über Westafrika.

Als letzten Punkt untersucht der Autor die Bedeutung der ethnischen Netzwerke, die für ihn wiederum v.a. in den Hilfeleistungen von schon abgewanderten Personen für die Nachkömmlinge liegen und mit dem Phänomen der Kettenmigration in Verbindung zu bringen sind.

"The importance of kinship and ethnic networks in rural-urban mobility in Third World contexts is of major significance not only in Southeast Asia but also in a wide variety of African, Asian, and Latin American contexts."(:212).

Hugo hat mit seinen Hypothesen den Ansatz, der sich aus dem Modell von De Jong/Fawcett ergibt, weiter spezifiziert und versucht, Beiträge zu einer Theorie der Migration unter besonderer Berücksichtigung der armen Länder zu leisten. Wir werden auf die von ihm aufgestellten Hypothesen zurückkommen.

Die hier vorgestellten Ansätze haben alle die Mikroperspektive gemeinsam.16 Sie kamen ausführlich zur Sprache, weil diese Perspektive eine der entscheidenden Ebenen zur Erklärung von Migration ist. Nur sie ist in der Lage, Hypothesen darüber zu liefern, warum Migrationsprozesse nicht ein einheitliches Phänomen sind, sondern sich nach Regionen, Alter der Migranten, Familienverhältnissen, "Kultur" etc. unterscheiden - Ansätze, welche mit der allgemeinen Armut oder vergleichbaren Determinanten der Makroebene argumentieren, können dies nicht leisten.

Dennoch muß eine vollständige Theorie, auch wenn sie nur hypothetischer Art sein soll, natürlich die Makroebene einbeziehen. Ohne sie würde nicht einsichtig, wie Individuen überhaupt dazu gelangen können, vor eine Entscheidung für oder gegen Migration gestellt zu sein. Offenbar gibt es Situationen, in welchen die Wahrscheinlichkeit größerer Bevölkerungsbewegungen relativ gering ist, in anderen ist sie relativ hoch. Dies einsichtig zu machen, dient die Analyse der Makroebene.

---

16 Lediglich Gardner versucht in einem Kapitel, die Verbindungen zwischen Makrofaktoren und den Entscheidungen des Individuums zu analysieren. Mir scheint sein Beitrag dennoch zu sehr von der Mikroperspektive determiniert, als daß er wirklich zur Aufhellung der Verbindung beider Ebenen beitragen könnte. Er macht jedoch auf einen sehr wichtigen Aspekt aufmerksam: daß Migrationsstudien möglichst zeigen sollten, wie das Individuum Informationen bezüglich der Konditionen der Makroebene erhält. So ist beispielsweise ein wirtschaftliches Wachstum für Menschen nicht unmittelbar als solches wahrnehmbar; erst wenn die Person z.B. über Angehörige Informationen über Arbeitsmöglichkeiten erhält, hat sich der Einfluß der Makroebene im Individuum als Migrationsmöglichkeit niedergeschlagen (vgl. dazu Gardner :72ff.).

3. Einige Ansätze zur Erklärung von Migration in Lateinamerika; speziell Peru

Da die vorliegende Arbeit sich mit Migration in Peru beschäftigt, ist es notwendig, einige der Arbeiten heranzuziehen, die sich spezifisch mit Lateinamerika und v.a. mit Peru selbst befassen. Es wäre aber sowohl unmöglich als auch überflüssig, auch nur den größeren Teil der Schriften zu berücksichtigen, die sich zu diesem Thema äußern.[17] Da es hier in erster Linie um theoretische Hintergründe geht, werden lediglich einige Arbeiten bemüht, die implizit oder explizit Aussagen zu Ursachen und Richtung von Migration enthalten.

Einer der früheren Autoren, der sich mit Migration in Lateinamerika beschäftigte (mit Fallbeispielen aus Peru), ist D. Butterworth. In einem Artikel (1971:85-105) faßt er die wesentlichen Erkenntnisse zusammen, die bis zu jenem Zeitpunkt seiner Ansicht nach bezüglich der Migration bekannt waren. Er unterteilt seine Ausführungen in mehrere Abschnitte, die sich nacheinander mit den "push"- und "pull"- Faktoren, der Selektivität und der Art der Migration (direkt bzw. in Etappen) befassen. In einem vierten Abschnitt wird die Anpassung der Migranten an die Verhältnisse in den Städten untersucht; da sie aber nicht Thema des gegenwärtigen Kapitels ist, bleibt sie unberücksichtigt.

Bei den "push"- und "pull"- Faktoren merkt der Autor an, es genüge nicht, Migration mit der allgemeinen Armut ländlicher Regionen zu erklären, da in den heute armen Regionen auch früher generell keine Prosperität geherrscht habe. Deshalb schlägt er vor:

"Una razón de éxodo repentino del campo debe apoyarse en las expectativas nacientes rurales, resultado de la prosperidad nacional general y de las conveniencias modernas en las áreas urbanas, además de las mejores comunicaciones entre la ciudad y sus *hinterlands*."(:88)

Zusätzlich führe die häufige Unsicherheit, die alltägliche Gewalt in ländlichen Regionen, zum Exodus. Dieser Situation gegenüber erscheine die Stadt als umso angenehmer. Zwar sei hier die Zahl der Arbeitsplätze begrenzt; trotzdem sei wenig qualifizierte Arbeit in den lateinamerikanischen

---

17 Für eine bibliographische Übersicht sei auf Hector Martinez (1980) verwiesen.

Städten immer noch gefragt, und auch die Präsenz von immer mehr Migranten schaffe neue Möglichkeiten der Beschäftigung.

Bezüglich der Selektivität der Migration findet Butterworth zwei wichtige Merkmale: a) das Alter; es migrieren die jungen Erwachsenen, während die Alten im Dorf bleiben; b) die Ausbildung; die besser Ausgebildeten gehen in die urbanen Zentren (in seinem Beispiel Chimbote und Lima), während die schlechter Ausgebildeten in kleinere Städte gehen oder im Dorf bleiben.

Endlich stellt er fest, rural-urbane Migration fände typischerweise in Etappen statt, wobei Dorfbewohner zunächst in kleine, und erst von da aus in große Städte ziehen würden.

Butterworth erklärt also Binnenwanderung durch die Anziehungskraft der Stadt, die gegenüber früheren Zeiten gewonnen habe; durch die Jugend der Migranten, deren bessere Ausbildung und endlich dadurch, daß Migration in Etappen stattfände.

Ganz ähnlich argumentieren R. Cardona/A. Simmons (1975). Sie wollen mit ihrer Arbeit explizit ein Modell der Migration in Lateinamerika aufstellen. Einleitend fassen sie zusammen, was sie als gesicherte Erkenntnis behaupten:

"In effect, we know that migration has been selective, that a substantial proportion of the migrants are young and innovative, and that their economic resources and their education are greater than those of persons who have remained in their place of origin."(:19).

Diese Affirmation, die mit der Auffassung von Butterworth identisch ist, schließt die Hypothese der Armut, die die Menschen zur Migration treiben soll, für Lateinamerika aus. Es sind gerade die Armen, die auf dem Land verbleiben. Eine Alternative zum Verständnis von Migration wird von den Autoren in ihrem Modell vorgeschlagen, das v.a. folgende Punkte beinhaltet:

a) Beide Orte, Ursprungs- und Zielort, weisen eine Reihe von positiven und negativen Faktoren auf, die für eine Migrationsentscheidung wesentlich sind.
b) Arbeitsmöglichkeiten in der Stadt, oft in Verbindung mit ruralem Bevölkerungswachstum, sind die hauptsächlichen Gründe für Migration.
c) Physische und psychische Hindernisse sind dafür verantwortlich, daß die tatsächlich bestehenden Vor- bzw. Nachteile bezüglich der Arbeitsmöglichkeiten zwischen beiden Orten nicht immer zum Ortswechsel führen müssen.

Der Prozeß der Migration geht auch diesen Autoren zufolge in Etappen vor sich. Die Aufnahmefähigkeit der Stadt in bezug auf Arbeitsmöglichkeiten werde durch den "tertiären Sektor" erheblich gesteigert, da hier Verdienstmöglichkeiten lägen, die keine Spezialisierung erforderten und relativ leicht zugänglich seien (vgl.:22,23,29).

Endlich sind sie der Auffassung, in Lateinamerika könnten zwei hauptsächliche Charakteristika der Migration ausgemacht werden:

> "...first, the more numerous movements are from the poorer and less developed regions toward the richer and more urbanized areas; and second, although the movements include migrants from all social classes, the men at least have higher levels of education."(:35).

Die Ausführungen von Cardona/Simmons beinhalten v.a. zwei Punkte, die eines Kommentars bedürfen.

In ihrem Modell lehnen sie sich stark an jenes von Lee[18] an, ohne diesen zu erwähnen. Die von ihnen genannten negativen und positiven Faktoren am Ursprungs- und Zielort sind im übrigen Allgemeinplätze, die nicht falsch, aber eben auch keine Originalbeiträge sind. Dort, wo Lees Modell verlassen wird, bei den Arbeitsmöglichkeiten, ähnelt das Modell wieder einem unikausalen, ökonomisch determinierten Ansatz, wie er u.a. von Todaro vertreten wird.[19] Um dem Problem zu entgehen, erklären zu müssen, warum nicht alle Menschen mit derselben ökonomischen Situation migrieren, führen sie die physischen und psychischen Hindernisse ein, die sich in dieser Form ebenfalls bei Lee finden. Ihr Modell beinhaltet, sieht man von der stärkeren Gewichtung ökonomischer Gründe einmal ab, gegenüber jenem von Lee nichts eigentlich neues, und es fällt schwer zu verstehen, warum es speziell für Lateinamerika gelten sollte.

Dort jedoch, wo spezifische Aussagen zur Migration in Lateinamerika gemacht werden, zeigen sich bis ins Detail reichende Übereinstimmungen mit Butterworths Ausführungen, auch dieser Autor taucht aber nirgends auf.[20] Der Umstand, daß in beiden Arbeiten dasselbe behauptet wird, macht es indessen noch nicht wahr. Generalisierungen, die für Lateinamerika einen Migrationsprozeß in Etappen behaupten, oder feststellen, es wanderten nur die besser ausgebildeten und die Reichen ab, erweisen sich als nicht haltbar. Belege gegen einzelne der behaupteten Punkte finden sich bei den un-

---
18 Lee (1966); vgl. vorhergehendes Kapitel.
19 Harris/Todaro (1983) und Todaro (1985); vgl. vorhergehendes Kapitel.
20 Es erübrigt sich wohl eine Zusammenfassung der gemeinsamen Punkte zwischen Butterworth und Cardona/Simmons, sie sind augenfällig.

ten aufgeführten Autoren sowie im empirischen Teil der vorliegenden Arbeit.[21] Endlich müßten, wäre die Aussage bezüglich der Verteilung der (gut ausgebildeten und reichen) Migranten, die sich in den "fortgeschrittenen" Regionen eines Landes und den in jeder Beziehung "Zurückgebliebenen" in dessen ländlichen Regionen, korrekt, sich eine ständig verschärfende Dualität zwischen armen und reichen/dynamischen Regionen innerhalb der Länder Lateinamerikas zeigen. Mag es solche Entwicklungen in einigen Regionen geben, in anderen stimmt dies mit Sicherheit nicht.[22]

Die Arbeiten von Cardona/Simmons und Butterworth wurden hier u.a. deshalb diskutiert, um an ihnen zu demonstrieren, daß eine vorschnelle Formulierung von Modellen und Verallgemeinerungen bezüglich der Migrationsprozesse in Schwierigkeiten führen kann.

C. Aramburú und A. Ponce, die sich nicht ausdrücklich theoretisch mit Migration beschäftigten, treffen in einer Studie zu Familie und Arbeitskraft im ruralen Peru einige für unser Thema interessante Aussagen (vgl.1983:180-182):

a) Zu Beginn eines Migrationsstroms dominieren die Männer; erst später ziehen die Frauen nach und finden meist Arbeit im "informellen Sektor".
b) Zwischen 70% und 80% der Männer migrieren aus ökonomischen Gründen, während 45% der Frauen aus familiären Gründen nachziehen.
c) Ältere Personen migrieren meist aus wirtschaftlichen Gründen, jüngere mehr wegen der Ausbildung. Frauen migrieren in jüngerem Alter als Männer.
d) Junge Migranten ziehen eher in die Städte, die Älteren eher in andere rurale Regionen.
e) Migranten mit höherer Bildung und mehr ökonomischen Ressourcen wandern eher in die großen Städte, andere Migranten eher in ländliche Regionen.

---

21 Eine in ihrer Klarheit eindringliche Arbeit über den Zusammenhang von Ressourcen im Dorf und Migration ist jene von C. Hess (1986), die von einem Dorf der Provinz Chimborazo (Ecuador) und seinen Migranten handelt.
22 In diesem Zusammenhang müßte z.B. das Valle de Mantaro mit seinem Zentrum Huancayo in Gegensatz zur Stadt Lima untersucht werden. Meinen Informationen zufolge ist die Situation dort so, daß eine Entwicklung der Landwirtschaft, eine stürmische Entwicklung der Stadt Huancayo und eine starke Migrationsbewegung zwischen Lima und Huancayo sich nicht gegenseitig ausschließen. Hinweise auf diesen Prozeß findet man u.a. bei: M. de la Cadena (1988), Golte/Adams (1987), Altamirano (1984) u.a.m.

Die Studie von Aramburú/Ponce beruht auf empirischen Daten, hat also nicht die Formulierung theoretischer Prinzipien zum Inhalt. Deshalb sagt sie auch wenig über die Gründe von Migration (es lassen sich nur Hinweise auf Gründe finden, so z.b., daß Migranten oft aus Familien mit vielen Mitgliedern stammten [:182]). Dennoch hatten die Autoren natürlich Hypothesen aufgestellt, die sie mit ihrer Arbeit bestätigen bzw. widerlegen wollten. Insofern können die Punkte a) bis e) als theoretisches Programm verstanden werden. Insbesondere Punkt e) scheint die oben geäußerte Kritik an Cardona/Simmons und Butterworth zu widerlegen. Die folgende Studie wird jedoch ein anderes Ergebnis bringen.

Ähnlich der Arbeit von Aramburú/Ponce kann die Studie von D. Cotlear (1984:435-475) eingeordnet werden. Er untersucht darin sieben Dörfer der peruanischen Sierra, um folgende Fragen beantworten zu können:

"¿En qué medida afecta la diferenciación a los flujos migratorios? ¿Más diferenciación incrementa la emigración de las comunidades?" (:436).

Um diese Fragen zu beantworten, untersucht er die Familien der Dörfer auf Einkommen und die Verteilung des Landes, wobei er von folgenden möglichen, aber sich widersprechenden Hypothesen ausgeht (:441,442):

1) In den Dörfern mit großer Ungleichheit ist die Bereitschaft zur Migration am stärksten, weil die Armen durch die Armut aus den Dörfern getrieben werden, die Reichen durch die ihnen sich bietenden Möglichkeiten in der Stadt von dieser angezogen werden.
2) Migration ist mit Kosten (Transport, Unterkunft, Opportunitätskosten etc.) verbunden. Deshalb sind die armen Familien in den Anden eingeschlossen, weil sie die Kosten einer Migration nicht tragen können; die reichen Familien sind mit dem Leben in den Anden zufrieden, weshalb sie eher in ihren Dörfern verbleiben.

Cotlear diskutiert im folgenden verschiedene Möglichkeiten der Kombination von Einkommensunterschieden, familiärer Situation und Migration und kommt zu folgenden Ergebnissen:

a) Die Dörfer mit der größten Ungleichheit in der Verteilung der Ressourcen weisen den höchsten Anteil an Migranten auf.

b) Die empirischen Daten stützen keine der beiden obigen Hypothesen. In den untersuchten Dörfern sind die armen Familien nicht diejenigen, die am häufigsten migrieren. Ebensowenig sind es die Reichsten. In sechs der sieben Dörfer sind letztere jene Gruppe, die am wenigsten häufig abwandert. Die Verbindung zwischen Einkommen und Migration ist nicht direkt, die Migrationsentscheidung wird von anderen Faktoren überlagert und beeinflußt (:469,470).

Unter den unter b) genannten Faktoren erwähnt Cotlear die Unsicherheit bezüglich des Landbesitzes:

"La forma como la incertidumbre en el polo rural y migración se relacionan, depende del carácter de los derechos de propiedad de la tierra en las comunidades campesinas. Estos derechos son inciertos y existe el riesgo de perderlos al migrar. Es esto lo que convierte a la propiedad en un disuasivo contra la migración y es su debilitamiento en las comunidades más desiguales lo que lleva a un aumento en la propensión a migrar."(:471).

Die von Cotlear eingangs genannten Hypothesen haben einiges Gewicht in der Diskussion um die Ursachen von Migration, weshalb seine Konzentration auf sie und ihre Verifizierung bzw. Falsifizierung gerechtfertigt ist. Das Ergebnis des Autors zeigt, daß Migration kein einfacher Prozeß mit zwei Variablen ist. Da der Autor sich auf diese zwei Variablen beschränkt, kann er nichts über Prozesse aussagen (etwa, warum früher kaum jemand migrierte), nichts darüber, ob junge oder alte Menschen migrieren etc.

Für die von ihm untersuchten Aspekte ist Cotlears Arbeit jedoch von Bedeutung, und wir werden sehen, wie insbesondere die in obigem Zitat getroffenen Feststellungen auch für die anschließend diskutierten Dörfer Quinches und Vichaycocha zutreffen.

T. Altamirano (1984) beschäftigt sich in seiner Arbeit "Presencia Andina en Lima Metropolitana" zwar hauptsächlich mit den Klubs der Migranten. Er macht jedoch auch Ausführungen darüber, weshalb überhaupt Menschen aus ihren Dörfern nach Lima abgewandert sind. Da er zwei geographisch, ökonomisch und sozial unterschiedliche Dörfer untersucht, unterscheidet er die Migrationsgründe für beide ebenso wie die jeweiligen historischen Umstände. Für Ongoy gibt er an:

"Se pueden resumir en tres las razones para la creciente migración hacia Lima a partir de los años 40: a) el incremento relativo de la población campesina y la consiguiente escasez de tierra; b) el mejoramiento del sistema de comunicaciones a través de la ampliación de carreteras hasta diversas comunidades a fines de la década del 50 e inicios de la del 60; c) la creación de escuelas en las comunidades en los años 50 y 60, lo que estimuló la adopción de patrones de comportamiento urbanos; además del creciente reconocimiento de la educación formal como uno de los medios de movilidad social más importantes."(:41).

Anders schätzt Altamirano den Prozeß für das Valle de Mantaro ein. Er weist darauf hin, daß hier schon früh eine starke Markteinbindung, verbunden mit einem beachtlichen ökonomischen Wachstum, eingesetzt hatte. Zudem war die Region sehr früh durch die Eisenbahn mit Lima und den am Anfang dieses Jahrhunderts expandierenden Minenzentren verknüpft. Diese Faktoren erleichterten die Mobilität der Bevölkerung enorm. Deshalb kommt der Autor zu dem Schluß:

"La migración en el Valle del Mantaro desde el principio fue un proceso organizado, más que un simple movimiento de individuos como respuesta a las nuevas oportunidades económicas que ofrecían la ciudad de Lima, las plantaciones y las minas. La comunidad no perdía el control de los migrantes, porque éstos conservaban sus derechos como comuneros y seguían manteniendo la posesión sobre las tierras."(:59).

Für das von ihm untersuchte Dorf fügt er noch hinzu:

"Adicionalmente, los matahuasinos tenían un elevado nivel de educación formal en comparación a otros del mismo Valle, además todos eran hispano-hablantes."(:66).

Zusammenfassend läßt sich aus den Gründen, die Altamirano für die verstärkte Binnenwanderung angibt, folgendes herauskristallisieren:

Migration ist verursacht durch a) Bevölkerungswachstum, b) Verbesserung der Infrastruktur, v.a. Verkehrswege, c) Möglichkeiten der ökonomischen Verbesserung am Zielort, d) Ausweitung der Ausbildung auf große Teile der Bevölkerung, wodurch deren Erwartungen an ihre Lebensumstände in Richtung Stadt verändert werden sowie Ausbreitung der spanischen Sprache. Die Migranten sind ferner nicht endgültig losgelöst von ihrem Ursprungsort, sondern stehen zu ihm in vielfältigen Beziehungen.

Altamirano traf mit seinen Ausführungen Punkte, die für die Erklärung von Migration in Peru von Belang sind. Allerdings reichen sie in keiner Weise aus, um zu einem Verständnis des Migrationsprozesses insgesamt zu gelangen und sind darüberhinaus zu undifferenziert. Wenn ökonomisches

Wachstum einer Region (wie z.B. des Valle de Mantaro) zu verstärkter Migration führt, dürften gerade arme Regionen keine hohe Migrationsrate zeigen. Aber schon sein eigenes Beispiel, Ongoy, suggeriert genau das Gegenteil - und Altamirano stellt deshalb auch die These auf, daß die Menschen aus Ongoy wegen der dort herrschenden Armut und Übervölkerung abzogen. Interessant ist der auch in anderen Schriften erwähnte Punkt,[23] demzufolge eine bessere Ausbildung die Bereitschaft zur Migration steigert, anstatt sie zu senken.

Eine Studie, welche zwar nicht Migration als solche zum Thema hat, aber eine Vielzahl von "testimonios" (Lebensgeschichten) von Migranten beinhaltet, die in den Stadtteil San Martín de Porres in Lima abgewandert sind, ist jene von C. I. Degregori et al.. Die Autoren bekennen sich nicht explizit zu einer Theorie, die Anlage und die Aufarbeitung ihrer Studie zeigt aber, daß hinter ihren Ausführungen eine dezidierte Hypothese bezüglich der rural-urbanen Migration in Peru steckt: Die Annahme, diese sei ein individueller Prozeß, bei dem Menschen sich zur Abwanderung in die Stadt aufgrund von Armut, familiären Schwierigkeiten und Abenteuerlust entschließen. Es wird suggeriert, daß die Migranten zunächst als relativ unwissende, einsame und hilflose Menschen nach Lima kommen, die sich einige Jahre unter großen Entbehrungen durchschlagen müssen, um danach mehr oder weniger erfolgreich zu sein. So zumindest sind die "testimonios" aufgebaut. Die Autoren relativieren dies allerdings gleich zu Beginn mit der Feststellung:

"La migración expresa por tanto, tendencialmente, un cierto ánimo, una cierta actitud psicológica que acentúa la apertura a lo nuevo y la orientación al futuro. Por lo demás, aunque muchas veces se perciban ellos mismos como los más pobres y oprimidos, los que tienden a migrar son los más jóvenes, los más educados y no los más pobres entre los pobres de una comunidad."(1986:22).

Durch solche Aussagen versuchen die Autoren, den Kontext anzugeben, in dem ein Individuum erst migrieren kann. Allerdings bleiben sie in den Anfängen stecken und plädieren abschließend lediglich dafür, die "testimonios" als Indikatoren von Formen der Intersubjektivität der Bewohner des von ihnen untersuchten Stadtteils zu nehmen.

Die genannte Studie hat einen großen Vorteil: sie versteht Migration konsequent als einen Vorgang, der zunächst der Entscheidung eines Individu-

---

[23] Es seien nur Connell et al. (1976) und Goldscheider (1983) in Erinnerung gerufen, aber auch Cotlear in seiner eben zitierten Arbeit.

ums geschuldet ist. Diese Auffassung stimmt mit der in Kapitel I.3. vorgeschlagenen theoretischen Auffassung, derzufolge nur Individuen handeln können, überein. Eher problematisch an dieser Arbeit ist aber, daß sie weder ausreichend erklärt, wie Individuen denn zu ihrer Entscheidung (der Migration) gelangen (was deren Gründe sein können), noch warum einige aus Armut, familiären Schwierigkeiten und Abenteuerlust migrieren, andere aber offensichtlich in ihren Dörfern bleiben. Es wird auch nicht einsichtig gemacht, wie sich eine Person unter so vielen Menschen mit dem gleichen Schicksal und dem gleichen Hintergrund so einsam fühlen kann, d.h., warum anfangs die Beziehungen nicht funktionieren, die doch später, nach Aussage der Autoren, zum Erfolg eben derselben Menschen beitragen, ja sogar ein entscheidendes Moment in der Herausbildung einer peruanischen Nationalidentität sein sollen.[24]

Der oben erwähnte individualistische Ansatz entpuppt sich unter dieser Perspektive als subjektivistischer Ansatz und ist deshalb, sofern die subjektiven Aussagen nicht in einen objektiv kritischen Rahmen gestellt werden, einseitig.

Die letzte Arbeit, die hier Berücksichtigung finden soll, ist die von Golte/Adams (1987). In dieser Arbeit werden zwölf Dörfer aus unterschiedlichen Regionen Perus untersucht auf die Verbindung zwischen Dorfstruktur und Migration, im Dorf Verbleibenden und Migranten in der Stadt und den Einfluß, den die Herkunft der Migranten auf ihr Leben in Lima hat.

Als Ursache der Migration nennen die Autoren zunächst:

"Los excedentes de población, expulsados de regiones transformadas por el efecto de la maquinización o expulsados de regiones atrasadas, tratan de reubicarse regionalmente para lograr de alguna manera los bienes necesarios para su subsistencia; o, porque se ven afectados por las ideologías que acompañan a la gran transformación, tratan de alcanzar los bienes de consumo y el estilo de vida prometidos por los medios masivos de comunicación. Esto globalmente conduce a migraciónes hacia los centros de más afluencia de capital."(:29).

Migration ist demnach das Resultat der technischen und ökonomischen Veränderung der Welt, durch die Menschen versuchen, der Rückständigkeit ihrer Heimatregionen zu entkommen und/oder Anschluß zu erhalten an

---

[24] Vgl. zu diesem Punkt (1986:24). Gerade weil ich die Bildung einer nationalen Identität Perus am ehesten durch die in dieser Arbeit beschriebenen Menschen für möglich halte, fällt es mir schwer zu glauben, daß sie als *waqchas* (Menschen ohne soziale Bindungen) ihre erste Zeit in Lima verbracht hätten.

einen Lebensstil, der sich Kraft seiner Macht als Standard setzt. Für die Migration in Peru hat dies folgende Konsequenz:

> "Si esta reubicación forma parte del proceso global, hay que entenderla ante todo como un proceso de transformación social vinculada al contexto mundial. En este sentido la migración no puede ser analizada únicamente como una suma de traslados individuales, sino como una transformación social, que opera a todos los niveles de agregación social, en la cual el traslado físico resulta ser parte de un proceso cualitativamente mayor."(:31).

Mit diesem Zitat verwerfen die Autoren eine Auffassung, wie sie von Degregori et al. vertreten wurde (s.o.), und wollen die Migration in jenen sozialen Rahmen gestellt wissen, in dem sie tatsächlich stattfindet. Ihr Anspruch ist, wie anhand der Zitate gezeigt wurde, sie sowohl als Prozeß einer allgemeinen Entwicklung der Bevölkerungsverteilung auf der Welt als auch als ein darin eingebundenes spezifisches Phänomen in Peru zu sehen, welches nicht von Individuen zu verantworten ist, die losgelöst von jeglichem sozialen Kontext untersucht werden könnten.

Ist die allgemeine Entwicklung auf der Welt verantwortlich für die globalen Tendenzen, so finden sich auf der Ebene der einzelnen Gesellschaft Besonderheiten, die, neben der ökonomischen Entwicklung des Landes, in eben diesem sozialen Kontext zu suchen sind. Golte/Adams schreiben:

> "La hipótesis central de la cual partió este estudio fue que el carácter de las sociedades campesinas, de las cuales provenían los migrantes, influía fuertemente sobre las formas de su inserción y su desenvolvimiento en la ciudad."(:72).

In dem je spezifischen dörflichen Hintergrund der von ihnen untersuchten Migranten sehen Golte/Adams die Erklärung für die je spezifische Eingliederung der Migranten in Lima. Mit derselben Ursache erklären sie die Ähnlichkeiten der Schicksale von Migranten aus demselben Dorf, die dazu tendieren, in demselben Stadtteil zu wohnen, ähnliche Arbeiten zu verrichten etc.

Die von Golte/Adams hier vorgestellten Thesen bezüglich der Migration (allgemeine Entwicklung auf der Welt, spezifische Entwicklung in Peru, sozialer Kontext der Migranten) werden sich in dem unten aufgestellten Modell zur Migration wiederfinden.

Zusammenfassend läßt sich also bezüglich der Migration in Lateinamerika und insbesondere in Peru folgendes festhalten:

a) Migrationsgründe sind das Bevölkerungswachstum in den ruralen Gebieten, das zur Landknappheit führt und die Menschen zur Arbeit in den Städten zwingt.
b) Migrationsanreiz ist die Entwicklung in den Städten, die den neu einströmenden Menschen Arbeit entweder in der Industrie oder, zunehmend, in einem Bereich der staatlich nicht kontrollierten Wirtschaft sichert. Zusätzlich können die sich verändernden Erwartungen an ein zufriedenstellendes Leben, gefördert durch Information über Medien und Schule, Migration stimulieren.
c) Es migrieren hauptsächlich junge Menschen, anfangs migrieren mehr Männer als Frauen.
d) Bezüglich des ökonomischen Hintergrunds der Migranten existieren unterschiedliche Auffassungen, allerdings tendieren mehr Autoren dazu, die Migranten als eher wohlhabend und gut ausgebildet einzustufen.
e) Migration ist nicht ein Prozeß isolierter, uninformierter Individuen, sondern findet in einem Kontext sozialer Beziehungen statt, die dem Einzelnen Möglichkeiten weisen (was ihn zu einer Migration erst veranlassen kann) und ihm helfen, sich in eine neue Situation einzufinden.

Mit der bisher entwickelten Argumentation ist es möglich, die in Kapitel I.3. entwickelten theoretischen Voraussetzungen der Arbeit mit den im II. Kapitel vorgestellten Migrationstheorien zu verknüpfen und, unter besonderer Berücksichtigung von Arbeiten zur Migration in Peru (II.3.), ein eigenes Modell zu entwerfen, das einerseits die Prämissen offenlegen, andererseits die Aufarbeitung und Interpretation der Daten des empirischen Teils der Arbeit leiten soll.

4. Einige Thesen zum Verständnis von Migration

Zum Zweck des besseren Verständnisses und um meinen eigenen theoretischen Anspruch und Hintergrund offenzulegen, habe ich nachfolgend eine Reihe von Thesen aufgestellt, nach denen das empirische Material aufbereitet und interpretiert wird. Diese Thesen erheben keinerlei Anspruch auf Vollständigkeit, sie sollten eher als Leitfaden aufgefaßt werden, der diese Arbeit verständlich, aber auch kritisierbar machen wird (und soll).

Bei der Formulierung der Thesen stütze ich mich insbesondere auf die Arbeiten der "rational choice" -Theorie, meine eigenen Thesen in Kapitel I.3. und die Ansätze der Entscheidungstheorie.

Migration soll unter folgenden Prämissen verstanden werden:

A: Individuelle Ebene

1) Weil Menschen nach Optima der Befindlichkeit streben, evaluieren sie, insbesondere in einer Umwelt, in der viele Ortsveränderungen vorkommen, ständig ihre Situation in bezug auf Möglichkeiten am Ort bzw. anderswo, wobei "Opportunitätskosten" ebenfalls berücksichtigt werden. Diese Abwägung kann zur Migration führen.[25]
2) Als strategischer Akteur bezieht der Migrant in seine Entscheidung sowohl Handlungen als auch Erwartungen anderer Menschen (seiner Familie, seiner Freunde etc.) in seine Entscheidung mit ein; durch sein "strategisches Verhalten" ist das Individuum damit zugleich als soziales Wesen ausgewiesen. Die Einbeziehung des Verhaltens Anderer in das eigene Handeln - nicht nur in Gegenwart und Zukunft, sondern auch vergangenes Verhalten - schafft die Möglichkeit für Kooperation.
3) In der Analyse von Migration sollten, soweit möglich, die persönlichen Charakteristika der Migranten eine Rolle spielen. Risikobereitschaft und Anpassungsfähigkeit sind einer Abwanderung förderlich.
4) Die Identität des eigenen Ich des handelnden Menschen, seine "Persönlichkeit" (das, woraus das Individuum zum größten Teil besteht), die aus seiner Geschichte, seiner gesellschaftlichen Rolle, seiner Tradition etc. besteht, beeinflußt seine Entscheidung in herausragender Weise.
5) Eine wichtige Rolle bei der Entscheidung für oder gegen Migration spielt das Alter; auf der individuellen Ebene insofern, als der Einzelne abwägen muß zwischen Kosten einer Migration und Nutzen dieser Handlung in der zu erwartenden Lebensspanne. Dies führt oft zu Migration bei jungen Menschen, bei Alten nur dann, wenn sie sich auf enge Verwandte am Zielort stützen können bzw. deren direkte Hilfe benötigen.

---

[25] Dieser Punkt ist identisch mit dem Modell von Lee (1966) und jenem von Cardona/Simmons (1975), die ja beide jeweils Vor- und Nachteile am Ursprungs- und Zielort in ihr Schema von Migration einbezogen hatten. Mir scheint dies eine Grundvoraussetzung für eine Erklärung von Migration zu sein.

6) Endlich ist die schulische Ausbildung ein bedeutender Faktor, entweder als Ursache oder als ein Ziel von Migration oder auch als Möglichkeit der Aufnahme und Verarbeitung von Information über andere Regionen.[26]

B: Die soziale Ebene

1) Hier wird das Individuum v.a. durch seine Stellung in der Familie beeinflußt, die eine Ortsveränderung fördern bzw. verhindern kann.
2) Das System der vorherrschenden sozialen Normen und Werte sowie das politische System des Heimatortes des Individuums können insofern eine große Rolle spielen, als es z.b. eine allgemeine Erwartung der Erwachsenen geben kann, derzufolge Jugendliche in die Stadt gehen sollten, um dort ihre schulische Ausbildung weiterzuführen. Es lassen sich genausogut Faktoren denken, die ein Individuum aktiv an einer Migration behindern. Allerdings unterliegen sowohl die Normen und Werte als auch das politische System ständig der Veränderung.
3) Das Alter spielt auf der sozialen Ebene insofern eine Rolle, als z.B. junge Menschen meist wenig in die Belange der örtlichen Gesellschaft verwickelt sind; d.h. sie sind "freier" in ihrer Entscheidung, ihre Heimat zu verlassen, während die Alten oft in den Dörfern bleiben.
4) Das demographische Wachstum einer Region ist immer dann ein entscheidender Grund für die Abwanderung, wenn das wirtschaftliche Wachstum nicht mit ihm Schritt halten kann. Es ist seinerseits verursacht durch Entwicklungen außerhalb der Regionen (z.B. Einführung besserer Medikamente), aber auch durch lokale Faktoren, indem z.B. eine große Kinderzahl die Chancen einer Familie erhöht.
5) Die Ressourcenverteilung spielt eine wichtige Rolle bei der Evaluierung der Migrationsentscheidung. Allerdings lassen sich keine Schlüsse dahingehend ziehen, ob Menschen mit viel oder solche mit wenig Ressourcen abwandern, solange nicht der Gesamtkontext bekannt ist, in dem die Abwanderung stattfindet.
6) Von zentraler Bedeutung für die Möglichkeit der Abwanderung ist das Vorhandensein eines Netzes sozialer Beziehungen bzw. dessen Abwesenheit am Zielort. Mit ihm ist Migration auch für solche Menschen eine Alternative, für die das Verlassen ihrer Heimat ein größeres Risiko in sich birgt.

---

[26] Es ist sehr wahrscheinlich, daß die in der Schule vermittelten Werte einer Bevorzugung städtischer Lebensweise förderlich sind.

C: Die gesellschaftliche Ebene

1) Die Wirtschaft eines Landes beeinflußt Migrationsströme stark durch die Möglichkeiten, die sie Menschen in verschiedenen Regionen bietet bzw. nimmt. Die Ebene der Ökonomie muß aber auch im Zusammenhang mit der Weltwirtschaft betrachtet werden, da sie wiederum einen bedeutenden Einfluß auf die jeweilige nationale Wirtschaft hat.
2) Der Staat spielt insofern eine Rolle, als administrative Maßnahmen Zu- und Abwanderung aus bestimmten Regionen fördern bzw. erschweren können.
3) Die Infrastruktur eines Landes (Erschließung von Verkehrs- und Informationswegen etc.) spielt eine gewisse Rolle.[27]

D: Die Umweltebene

1) Die physische Umwelt macht sich bezüglich der Migration bemerkbar durch Klima, Geographie und Bodenbeschaffenheit. Die Entscheidung etwa, sich in einer Schilfmattenhütte in Lima anzusiedeln, fällt aufgrund des Klimas viel leichter als die Entscheidung, eine ähnliche Hütte im Hochland zu beziehen.
2) Die Umweltaspekte, die aus den nicht leicht veränderbaren, von Menschen geschaffenen Tatsachen bestehen, spielen ebenfalls ihre Rolle im Migrationsprozeß. Dies können z.B. Nationen sein, die die Migration von einer in die andere Region durch Staatsgrenzen verhindern. Oder gewisse Vorgänge in der Vergangenheit (z.B. Überweidung von Gebieten mit dem Resultat, daß eine landwirtschaftliche Produktion problematisch wird), die mit ihren Auswirkungen in die Gegenwart reichen. Ebenso bestimmte Festlegungen bezüglich eines sozialen Systems, das nur unter starken Spannungen größeren Veränderungen ausgesetzt werden kann etc.

---

[27] Ich bin allerdings der Ansicht, daß die Bedeutung von Straßen für den Prozeß der Massenmigration grundsätzlich überschätzt wurde. Dies mag damit zusammenhängen, daß wir, die wir aus einer hochindustrialisierten Gesellschaft stammen, uns nur schwer vorstellen können, daß man auch in einigen Tagen zu Fuß sehr weit kommen kann. Familien aus den Anden zu unterstellen, sie würden die Migration bis zur Ankunft einer zu bauenden Straße hinauszögern, um dann per Lastwagen oder Bus in die Stadt zu reisen, ist lächerlich. Wenn Menschen (in Peru oder anderswo) migrieren wollten, d.h. wenn es für sie vorteilhaft oder notwendig war, dann taten sie dies schon immer, mit oder ohne maschinelle Fortbewegungsmittel.

Es braucht bei der Aufzählung dieser Punkte nicht weiter betont zu werden, daß sie als interdependentes System sich gegenseitig beeinflussender Faktoren gedacht werden müssen. Den einzelnen Faktoren kommt dabei jedoch, entsprechend der Graphik I in Kap. I.3., unterschiedliches Gewicht bei der Determination der Entscheidung für oder gegen Migration zu.

Diese Punkte machen deutlich, was in dieser Arbeit nicht als Erklärung für Migration als Massenphänomen akzeptiert wird:

a) Unikausale Erklärungen.
b) Die Annahme, es gäbe Menschen, die unabhängig von einem geschichtlich-sozialen Hintergrund agieren würden.
c) Erklärungen auf rein supraindividueller Ebene.

Andererseits ergeben sich daraus Forderungen für den weiteren Aufbau der vorliegenden Arbeit. Demzufolge wird sich das nächste Kapitel mit der wirtschaftlichen und sozialen Situation in Peru - unter Berücksichtigung einiger weltwirtschaftlicher Bedingungen - in diesem Jahrhundert befassen. Da der "informelle Sektor" sowohl in der Diskussion der Sozialwissenschaften als auch - wenn darunter der nicht vom Staat kontrollierte Teil der Wirtschaft gemeint ist - für die Bewohner der Städte in Peru eine immer größere Rolle spielt, wird auch ein kurzer Ausblick darauf gegeben werden müssen.

Danach soll die Vorstellung der beiden untersuchten Orte und ihre jeweiligen Migranten an der Küste erfolgen. Endlich wird ein Vergleich der Wanderungsprozesse der Bewohner aus beiden Orten zeigen, wie weit die obigen Punkte tragen können.

III. Die ökonomische Entwicklung Perus im 20. Jahrhundert: Ein Überblick

Wie bereits in Kapitel II angedeutet wurde, ist zum Verständnis der Massenmigration (die sich ja nicht allein auf Peru beschränkt) die Berücksichtigung wirtschaftlicher Prozesse zentral. Im folgenden soll deshalb ein Überblick über die wichtigsten ökonomischen Veränderungen Perus gegeben werden, die einerseits ihren Ursprung in den nationalen Verhältnissen haben, aber nicht unerheblich durch internationale Vorgänge beeinflußt werden. Diese Darstellung muß indessen partiell bleiben, um die Geduld der Leser nicht allzusehr zu beanspruchen. Da sie sich auf allgemein zugängliche Literatur stützt, deren Verfasser die Materie besser beherrschen als der Autor der vorliegenden Arbeit, sei der darüberhinaus interessierte Leser auf jene Titel verwiesen.[1]

1. Die Entwicklung Perus bis 1883

Spätestens seit der Ausformulierung der Dependenztheorie, die ihre stärksten Vertreter in Lateinamerika hatte, ist es unmöglich geworden, den Zusammenhang zwischen lokalen Ökonomien und der Entwicklung der Weltwirtschaft zu übersehen.[2] Für Peru läßt sich der Beginn dieses Zusammenhangs und damit der Abhängigkeit des Landes von der Weltwirtschaft ziemlich genau datieren: auf das Jahr 1532. Mit der Landung Pizarros in Tumbes war die ökonomische und politische Unabhängigkeit Perus verloren - das Land unwiderruflich dem Diktat oder zumindest dem starken Einfluß der Weltwirtschaft ausgeliefert.

Dies bedeutete für Peru seit den ersten Tagen der *Conquista* die Degradierung als Rohstofflieferant für die europäische Wirtschaft. In der Koloni-

---

[1] Die folgenden Ausführungen stützen sich zum größten Teil auf die Arbeiten von Thorp/Bertram: "Peru 1890-1977" (1978), auf J. Cotler: "Clases, Estado y Nación en el Perú" (1978) und auf E.V.K. FitzGerald: "The political economy of Peru" (1979) sowie derselbe: "State Capitalism in Peru: A Model of Economic Development and Its Limitations" (1983). Weitere Literatur zum Thema kann der Leser den jeweiligen Verweisen entnehmen.
[2] Einen Überblick über Ansätze der Dependenztheorie bieten die von Dieter Senghaas herausgegebenen Schriften: "Imperialismus und strukturelle Gewalt, Analysen über abhängige Reproduktion" Frankfurt (1972) und "Peripherer Kapitalismus, Analysen über Abhängigkeit und Unterentwicklung" Frankfurt (1974), sowie der Reader "Starnberger Studien 4", erschienen im Suhrkamp Verlag, Frankfurt (1980).

alzeit handelte es sich dabei um die Lieferung von Edelmetallen (Gold, das zunächst aus den Gegenständen der Inkas eingeschmolzen wurde, und Silber). Die totale Abhängigkeit der kolonialen Wirtschaft läßt sich am eindringlichsten am Aufstieg und Fall der Silberproduktion in Potosí verfolgen. Das Betreiben dieser Mine absorbierte Ende des 16.- und Anfang des 17. Jhds. große Teile der Wirtschaftskraft des damaligen Vizekönigreichs und hatte enorme Auswirkungen auf die lokale Ökonomie und im Zusammenhang damit auf die demographische Verteilung. Ihr Verfall ab Mitte des 17. Jhd. war der europäischen Wirtschaftskrise geschuldet, durch welche die Aufnahmefähigkeit Europas für Edelmetalle limitiert wurde, sowie dem Abzug spanischen Kapitals infolge des fallenden Feingehalts des Silbererzes und damit der Abnahme der Profite. Die Krise wurde reflektiert in einer Bevölkerungsabnahme der Zentren Potosí und Lima und in einer Reorganisation des peruanischen Wirtschaftsraums.[3]

Die Lösung Lateinamerikas von Spanien brachte zunächst keinerlei Vorteile für Peru. Zwar wurde die spanische Vorherrschaft (gegen den Willen eines Teils der peruanischen Elite) abgeschüttelt, die neue Vormacht der Welt, Großbritannien, finanzierte aber bereits den Unabhängigkeitskrieg und beherrschte im 19. Jhd. die lateinamerikanischen Wirtschaften beinahe vollständig. Zudem hatte der Krieg katastrophale Folgen, die J. Cotler so zusammenfaßt:

"Los levantamientos previos a 1821, las campañas de la Independencia, las que posteriormente encabezaron los jefes militares enfrentándose entre sí y los conflictos con los nuevos países vecinos, a fin de deslindar jurisdicciones territoriales, literalmente acabaron por desarmar los restos del decaído aparato productivo. Las distintas acciones bélicas significaron la destrucción de cultivos, ganado e instalaciones mineras, así como la dispersión de la mano de obra y el abandono de las propiedades." (1978:83).

Diese Situation sollte sich erst durch den Guano-Boom ändern. Der Abbau von Guano - ein als hochwertiger Dünger verwendbarer Vogelmisgft - auf den der peruanischen Küste vorgelagerten Inseln, bescherte Peru von 1840 bis 1879 einen relativen Reichtum. 1866 z.B. machten die Einkünfte aus dem Verkauf von Guano 75% des Staatshaushalts aus. Durch den Einfluß der Exporterlöse erholte sich die Wirtschaft zusehends. Dies erlaubte die Reaktivierung der landwirtschaftlichen Exporte, nämlich Zucker

---

[3] Vgl. Sempat Assadourian (1982:121ff.), dessen Arbeit das koloniale Wirtschaftssystem Perus analysiert. In bezug auf das 18. Jhd. ist auch auf die Arbeit von J. Golte (1980b) zu verweisen.

und Baumwolle, erleichterte die Ausfuhr von Kupfer und Salpeter und führte zum Bau der ersten Eisenbahnen.

Typisch für die peruanische Wirtschaft war der Grund des plötzlichen Reichtums. Er war direkte Folge der Industrialisierung Europas, insbesondere Englands und an zweiter Stelle Frankreichs. Diese Länder waren aufgrund ihres industriellen und demographischen Wachstums sowohl darauf angewiesen als auch in der Lage, ihre landwirtschaftliche Produktion zu steigern. Deshalb wurden nun die natürlichen Düngerlager Perus, die dort schon in vorspanischen Zeiten genutzt wurden, für den Weltmarkt interessant.

Typisch war aber auch der Verlauf des Guano-Verkaufs und die Nutzung der Gewinne. Die Erlöse wurden zum großen Teil für die Konsolidierung des Staatsapparates eingesetzt, der seinerseits die jeweils Herrschenden an der Macht halten sollte. Das Muster, demzufolge ein Präsident ungeheure Staatsschulden auftürmt, um damit ein immer weiter um sich greifendes Klientelnetz einer aufgeblasenen öffentlichen Verwaltung zu schaffen, nahm mit Castillo (ab 1846) seinen Anfang. Gleichzeitig schuf er erstmals eine nationale Armee, die große Summen erforderte. Endlich bereicherte sich am Guano-Export nur eine kleine Schicht von Händlern und Unternehmern, die die Gewinne eher in den Konsum importierter Luxusgüter als in die Produktion investierte (vgl. Cotler, 1978:88ff.).

Lediglich die Exportlandwirtschaft der Küste erlebte einen relativen Aufschwung mit der verstärkten Produktion von Zucker und Baumwolle für den Export. Die Abschaffung der Sklaverei durch Castillo im Jahre 1854 führte denn auch zu Problemen der Arbeitskraftbeschaffung, die von den großen Haziendas durch die Einführung chinesischer *coolies*, welche in einem sklavenähnlichen Verhältnis auf den Gütern arbeiteten, gelöst wurde.[4]

Wenn es in dieser Periode Möglichkeiten einer diversifizierten Entwicklung der nationalen Wirtschaft Perus gegeben hätte,[5] so wurden sie spätestens durch den Konflikt zwischen Chile und Peru restlos zunichte gemacht. Der vierjährige Krieg zwischen beiden Ländern (1879-1883) kostete Peru neben seinen Salpeter-Lagerstätten und einem Teil seines nationalen

---

[4] Schon allein die Einführung von *coolies* ist ein deutliches Indiz dafür, daß es zu jener Zeit keinerlei Anlaß für die Bauern der Sierra gab, sich an der Küste als Arbeiter zu verdingen. Offenbar war der demographische Druck in den Dörfern einerseits, die Attraktivität der Verhältnisse an der Küste andererseits nicht groß genug, um sie in ausreichender Zahl zur (temporären) Migration zu bewegen.

[5] Die Indizien dafür sind allerdings gering; so sank der Export von Guano schon Anfang der 70er Jahre aufgrund von Überausbeutung der Lagerstätten und Ersatz des Düngers durch andere Rohstoffe, v.a. Salpeter. Die zunehmende Bedeutung des Salpeter sollte schließlich zum Krieg zwischen Peru und Chile um die Lagerstätten führen.

Territoriums beinahe seine gesamte Infrastruktur. Was nach 60 Jahren Unabhängigkeit blieb, faßt Cotler so zusammen:

"...el Perú se encontró una vez más económicamente postrado y políticamente segmentado, con una clase propietaria dislocada, sin capacidad para organizar a la población de ese 'espacio geográfico' denominado Perú."(1978:119).

Da der Guano-Boom zwar zu einigen wirtschaftlichen Strohfeuern, nicht aber zu einer langfristigen Entwicklung der Produktivkräfte beitrug, überrascht das zu jener Zeit noch sehr verhaltene Wachstum der Stadt Lima nicht. Die Einwohnerzahl wird für 1856 mit 94.195, für 1862 mit 89.434 und für 1876 mit 101.488 angegeben.[6] Andererseits war auch das Wachstum der Gesamtbevölkerung noch bescheiden,[7] so daß weder eine verstärkte Notwendigkeit noch größere Anreize zur Migration bestanden haben.

2. Ansätze einer Industrialisierung: Peru von 1890-1930

Trotz der teilweise chaotischen Zustände der Nachkriegszeit, die 1884 und nochmals 1895 zu Bürgerkriegen führten, gelang der peruanischen Wirtschaft eine zunächst langsame, dennoch stetige Expansion. Wie schon in der vorhergehenden Periode war sie auch in diesem Fall an die Möglichkeiten gebunden, die der Weltmarkt für eine Exportökonomie bot. Im Unterschied zu früher jedoch waren es nun vor allem die Ausfuhren von Zukker und Baumwolle, die für das Wachstum verantwortlich waren. Dieses Faktum war von entscheidender Bedeutung für die Entwicklung der internen Wirtschaft Perus.

Die nachfolgende Tabelle verschafft einen Einblick in die Exportentwicklung zwischen 1880 und 1910:

---

6 Vgl. M. Haitin (1983:193ff.).
7 Die Bevölkerung Perus wuchs von etwas über 1 Mio. im Jahre 1876 auf 5,4 Mio. im Jahr 1931. Das enorme demographische Wachstum setzte erst mit Beginn dieses Jhds. ein und erreichte seinen Höhepunkt mit 2,9% jährlich in den 60er Jahren.

Tabelle I: Wertanteile in %, Gesamtsumme (£) und Index der Exportgüter zwischen 1880 und 1910

Jahr	1	2	3	4	5	6	7	8	Gesamt	Sum.£	Index
1880	59,7	5,4	3,4	5,1	0,6	24,8	--	1,1	100,1	1.943	116
1885	36,7	4,7	6,6	11,5	1,1	28,8	--	10,6	100,0	1.672	100
1890	28,0	9,0	5,8	9,2	1,6	32,8	0,6	13,0	100,0	1.781	107
1895	34,7	7,4	5,5	9,1	2,2	25,9	1,4	13,9	100,1	1.663	100
1900	31,9	6,6	2,2	5,3	1,0	22,1	18,3	12,8	100,2	3.892	233
1905	34,7	7,5	3,3	7,3	1,0	5,8	20,0	20,4	100,0	4.175	250
1910	21,3	11,6	2,6	5,6	0,2	14,8	24,7	19,3	100,1	6.231	373

Symbole: 1= Zucker, 2= Baumwolle, 3= Schafwolle, 4= Alpacawolle, 5= Kaffee, 6= Silber, 7= Kupfer, 8= Rohgummi
Quelle: Thorp/Bertram (1978:334,335).

Zwischen 1880 und 1910 war Zucker das Produkt mit den höchsten Anteilen am Exporterlös, lediglich im Jahr 1890 wurde er vom Silber auf den zweiten Platz verwiesen. Zusammen machten die Ausfuhren von landwirtschaftlichen Produkten grundsätzlich mehr als die Hälfte aller Ausfuhren aus. Damit unterschied sich diese Exportphase von der Vorherigen durch die Diversifizierung der ausgeführten Produkte, was seinerseits Vorteile für die Wirtschaft des Landes hatte.

Im weiteren Verlauf steigerte sich die Quantität der Zucker- und Baumwollproduktion noch erheblich. 1905 wurden 162.000 Tonnen Zucker und 12.061 Tonnen Baumwolle produziert, 1930 waren diese Zahlen auf 400.000 und 58.695 Tonnen respektive geklettert.[8]

Thorp/Bertram erklären die Wiederbelebung des Zuckerbooms folgendermaßen:

"The rapid expansion of production thus was not a response to local needs; nor, as the price data for the 1890s indicate, was world demand creating an especially strong pull. The key to rapid growth of the industry in the 1890s was the success of Peruvian planters in increasing their yields and cutting costs by means of technical innovation and reorganisation of the relations of production." (1978:44).

Ganz anders im Fall der Baumwolle. Ihr verstärkter Export wurde, nachdem er um 1866 einen kleinen Aufschwung infolge des nordamerikanischen Bürgerkriegs erfahren hatte, erst wieder durch eine technische Innovation der britischen Baumwollindustrie möglich. Die Briten erfanden eine Maschine, die es erlaubte, auch die peruanische langfaserige Baumwolle einfach zu verarbeiten. Dadurch wurden Perus Produzenten auf dem Welt-

---

8 Vgl. Thorp/Bertram (1978:340,341).

markt konkurrenzfähig. Später kamen weitere Anreize dazu. Unter ihnen ist v.a. der erste Weltkrieg zu nennen, der die Nachfrage anheizte, sowie ein Schädlingsbefall der Pflanzungsgebiete in den USA im Jahre 1921, der nochmals zu einer Bonanza führte, bevor dann 1925 der Zusammenbruch der Preise einsetzte.

Die Entwicklung der Exportwirtschaft hatte Konsequenzen für die lokale Wirtschaft. In erster Linie erforderte sie Arbeitskraft. Für 1895 schätzen Thorp/Bertram, gestützt auf Zahlen von Garland, die Zahl der Arbeiter in der Zuckerindustrie auf 24.000, diejenige der in den Minen Beschäftigten auf 66.600 (1978:28). Die Prosperität der Zuckerindustrie führte dazu, daß sich Anfang des Jahrhunderts erstmals eine organisierte Arbeiterschaft bildete. Die Bildung von Arbeiterorganisationen wurde vereinfacht durch die räumliche Konzentration des Zuckeranbaus, der sich mit der Ausweitung der Fläche für den Baumwollanbau zunehmend auf die Nordküste beschränkte.

Die einschneidensten Konsequenzen hatte die Intensivierung des Baumwollanbaus. In den Baumwollpflanzungen waren zwar nur ca. 21.000 (1916) bzw. 41.000 (1923) Arbeiter angestellt, zum großen Teil saisonal beschäftigte Bauern der Sierra. Aufgrund der Arbeitsintensität der damaligen Produktion weitete sich aber auch das *yanacona*-System aus und beschäftigte auf diese Art viele Familien. Dieses System bestand aus einem Vertrag zwischen Landbesitzer und Pächter, bei dem der Pächter einen vorher bestimmten Teil der Ernte abzugeben hatte (also keine feststehende Pacht zahlte). Schließlich entwickelte sich ab 1900 eine nationale Textilindustrie, die größere Kontingente der heimischen Baumwollproduktion aufkaufte und zu Tuchen verarbeitete. 1901 wurden 1.600 Tonnen Baumwolle (17% der Produktion) auf dem heimischen Markt abgesetzt, 1909 waren es 2.500 Tonnen (11%), 1916 3.200 Tonnen (12%). Danach fand nur noch eine leichte Steigerung statt, bis sich der lokale Absatz um die 3.400 Tonnen einpendelte (s. Thorp/Bertram, 1978:340,341).

Der Export von Zucker, Mineralien und insbesondere Baumwolle hatte somit nicht nur eine unmittelbare, sondern sehr viel stärker noch eine mittelbare Beschäftigungswirkung. Die Zuckerindustrie kaufte einen Teil ihrer Mühlen bzw. Bauteile dafür im Land selbst, ähnlich der Minenindustrie, die bis Ende des 19. Jhds. zum größten Teil aus kleinen Silberminen bestand, welche von peruanischen Unternehmern geführt wurden. Die von ihnen benötigten Schmelzöfen kamen oft aus Peru selbst.

Wie erwähnt führte insbesondere die Baumwollproduktion und die damit möglich gewordene Textilwirtschaft zu einem kleinen Boom der lokalen Industrie. Die Textil- und Bekleidungsbranche machte 1891 noch zusammen 36% der gesamten Importe aus, 1907 war ihr Anteil auf 21%, 1919 auf 14% und 1930 auf 13% gefallen. Im Zeitraum von 1902 bis 1933 stieg die Zahl der Fabriken, die im Textil- und Bekleidungsgewerbe arbeiteten von 25 auf 39, die von ihnen beschäftigten Arbeiter zählten 1902 1.450 Personen, 1933 5.290 Personen (s. Thorp/Bertram, 1978:122,123). Diese Zahlen berücksichtigen lediglich die großen Fabriken, eine Zunahme der handwerklich arbeitenden Kleinproduzenten ist aufgrund mangelnder Zahlen schwer nachzuvollziehen. Es ist jedoch davon auszugehen, daß in einer Zeit des allgemeinen Wirtschaftsaufschwungs auch diese Produktionsstätten zahlenmäßig expandierten.

Und es wuchs nicht nur die Textilindustrie. Seit der Jahrhundertwende prosperierten Schuhfabriken, Möbelhersteller, Baumaterialproduzenten, Brauereien und die Nahrungsmittelindustrie. Thorp/Bertram fassen diese Zeit zusammen:

> "It is obvious that the first twenty years of the century were a period of exceptional buoyancy in demand. Both export earnings and returned value displayed sustained long-run growth; and the years of relatively slow export growth (1901-4, 1906-8, and 1913-14) were coincidentally years which witnessed a considerable inflow of foreign investment, at least part of which was spent in the local economy on factor payments, materials, and purchases of property. The leading role in export growth for most of the period 1900 to 1920 was taken by agricultural export sectors which were closely linked to the coastal economy - cotton, sugar, and wool. (...) These export sectors were locally-owned, with quite high returned value; and the rising share of cotton in total export earnings must have accentuated the dynamic impetus to demand, since (...) cotton was the export product with strongest demand effects."1978:113,114).

In den ersten Jahrzehnten ab 1900 verfügte Peru demnach über eine dynamische, ständig wachsende Wirtschaft, die zwar durch den Export angetrieben wurde, aber auch erste Schritte hin auf eine eigene Industrialisierung machte.

In dem eben beschriebenen Prozeß spielten zwei weitere Ausfuhrprodukte, die ein immer größeres Volumen der Erlöse ausmachten, dennoch kaum eine Rolle: Kupfer und Rohgummi.

Der Abbau von Kupfer wurde aus zwei Gründen lukrativ. Um 1895 stiegen die Weltmarktpreise für dieses Mineral, und der Bau der Eisenbahn nach La Oroya machte die Ausbeute der im weiteren Umkreis gelegenen Minen profitabel. 1885, noch nicht auf der Liste der Ausfuhrgüter, machte Kupfer 1910 bereits 24,7% aller Exporteinnahmen aus. Der Abbau des Minerals geriet jedoch sehr schnell unter die Herrschaft ausländischen Kapitals und hatte, in Verbindung mit intensiver Technisierung, für die lokale Wirtschaft sehr wenig Effekte (abgesehen von den Arbeitern, denen Löhne bezahlt werden mußten, kleinen Zulieferern sowie den Steuern an den Staat gingen sowohl die Gewinne als auch die Aufträge für Kapitalgüter an ausländische Adressen).[9]

Rohgummi, der 1880 mit etwas über 1% vertreten war, hatte 1910 mit 19,3% seinen Zenit bereits überschritten. Sein Einfluß auf die peruanische Wirtschaft als Ganzes war gleich null. Das Zentrum des Gummiexports war Iquitos, das keinerlei Landverbindung zur pazifischen Küste (und damit Lima) besaß. Die Arbeit des Gummisammelns wurde im Wildbeuterverfahren (d.h. es gab keine Baumplantagen) größtenteils von lokalen Indianergruppen in sklavenähnlichen Verhältnissen geleistet. Die Ausrüstungsgüter (z.B. Schiffe) kamen aus dem Ausland, die Kontrolle durch den Staat war äußerst beschränkt, weshalb nennenswerte Steuern nicht erhoben werden konnten. So hatte der Gummiboom diesseits der Anden kaum Spuren hinterlassen, die Lebensverhältnisse der Bewohner des Amazonasbeckens aber nachhaltig und extrem negativ beeinflußt.[10]

Die bisherigen Ausführungen zeigen, daß es nun, im Gegensatz zur Situation vor der Jahrhundertwende, sehr wohl Möglichkeiten der Beschäftigung und des beruflichen Weiterkommens an der Küste gab. Ein Bauer der Sierra konnte versuchen, einige Monate auf den Baumwollfeldern als Saisonarbeiter unterzukommen. Er hatte die Möglichkeit, sich in der langsam expandierenden Industrie als Arbeiter zu verdingen und damit definitv sein Dorf zu verlassen, oder er arbeitete für einige Jahre in einer Mine und kehrte beim Tod seiner Eltern wieder in sein Heimatdorf zurück. Alle diese Möglichkeiten wurden, wie sich noch zeigen wird, von den Bewohnern der Sierra genutzt.

Ab 1919 änderten sich die Verhältnisse mit der Machtübernahme durch Leguía. Bereits während des 1. Weltkriegs, verstärkt aber danach, kam es zu starken politischen Unruhen, die meist in Verbindung mit gewerkschaftlichen Forderungen und solchen nach billigen Nahrungsmitteln standen. Dies führte zum endgültigen Zusammenbruch der "Aristokratischen

---

[9] Vgl. Thorp/Bertram (1978:77ff.) und Cotler (1978:154ff.).
[10] Darüber unter anderem K. Rummenhöller: "Vom Kautschukboom zum Goldrausch", Bonn (1985).

Republik", deren Elite sich allen Forderungen des Volkes zu widersetzen suchte.
Leguía übernahm, von der Sympathie breiter Kreise der Bevölkerung getragen, die Regierung in einer kritischen Phase. Zwar stiegen in den zwanziger Jahren die Exporte Perus weiterhin an (mit einem kurzen Einbruch 1920), die Einkommen aus ihnen erreichten jedoch erst 1929 wieder das Niveau von 1920. Die Regierung Leguía ging in dieser Situation zur massiven Kreditaufnahme über, womit sie den ausländischen Kapitalinflux erheblich steigerte und eine künstliche Belebung der Wirtschaft erreichte.

"El desorbitado uso de los préstamos norteamericanos significó que la deuda externa se decuplicara entre 1920 y 1930, pasando de diez a cien milliones de dólares, y si en 1920 los intereses de la deuda comprometían el 2.6% del presupuesto nacional, al finalizar la década los intereses alcanzaban el 21% del mismo. (...) Durante el `oncenio' el presupuesto se cuadruplicó, las inversiones públicas dedicadas a la construcción se duplicaron y la importación de materiales de construcción creció en 70%. Esto, a su vez, favoreció que los capitales inmovilizados de la burgesía nativa, debido a la caída de los precios agrícolas, se emplearan en la especulación urbana, especialmente en Lima."(Cotler, 1978:196).

Durch die Aufblähung des Staatsapparates und die Anheizung der Bauindustrie trug die Regierung dazu bei, daß immer mehr Menschen aus den Provinzen nach Lima zogen, wo sich zunehmend die wirtschaftlichen und beruflichen Möglichkeiten des Landes konzentrierten. Dies drückt sich auch in der Einwohnerzahl der Stadt aus, die im Zeitraum von 1900-1931 von 165.000 auf 376.000 anstieg, was einer Zunahme von 228% entspricht.[11]

Gab es demnach schon vor Leguías Amtszeit vielfältige Anreize, die eine Migration sinnvoll machten, so verstärkte sich dies durch seine Politik erheblich. Nicht ganz zufällig tauchen die ersten Klubs von *provincianos* in den zwanziger Jahren auf. Parallel zur Eröffnung von immer mehr Lebenschancen in Lima ging ein allgemeines Wachstum der Bevölkerung des Landes einher. 1876 betrug die Gesamtzahl der Einwohner Perus 1.097.000, 1931 waren es bereits 5.400.000. Dies entspricht einer Zunahme von 492% in 55 Jahren; Lima wuchs in dieser Periode um 370%

---

[11] Die Zahlen stammen von S. Stein (1986). Stein betont, daß insbesondere in der Amtszeit Leguías eine starke Zunahme der Einwanderung aus der Sierra zu beobachten gewesen sei. Cotler gibt, gestützt auf Capello (1974), die Zahl der Einwohner Limas für das Jahr 1900 allerdings mit 100.000 an, Larson/Bergmann (1969:137) sprechen für 1931 von 444.000 Einwohner für das gesamte Stadtgebiet.

(437% nach den Zahlen von Larson/Bergmann), lag also noch unter dem nationalen Durchschnitt. Dies sollte sich allerdings bald ändern; die wirtschaftlichen Gründe dafür werden im nächsten Abschnitt dargelegt.

3. Die Agroexportwirtschaft: Peru von 1930-1948

Die Weltwirtschaftskrise von 1929 erfaßte auch Peru, umso stärker, als der Staat seine Expansion der vorangegangenen zehn Jahre v.a. auf die Kreditaufnahme auf dem internationalen Kapitalmarkt stützte. Mit dem Bankenkrach von 1929 versiegte diese Quelle abrupt, zusätzlich brach das internationale Preissystem zusammen, was die Exportgewinne Perus auf das Niveau von 1911 zurückwarf. Infolge der Krise blieben die ausländischen Direktinvestitionen aus, so daß die peruanische Wirtschaft sich selbst überlassen war.

Resultat dieser Situation waren starke politische Unruhen, die Anfang der 30er Jahre bürgerkriegsähnliche Ausmaße annahmen und zu Massakern insbesondere an Mitgliedern der immer stärker werdenden Volkspartei APRA (Alianza Popular Revolucionaria Americana) führten. 1933 konsolidierte sich die Lage durch die massive Repression seitens des Staates, der wieder vollständig unter die Kontrolle der alten Elite geriet. Mit demselben Jahr setzt die Erholung der Weltmarktpreise für Zucker und Baumwolle ein, womit sich für Peru neuerlich Exportchancen boten.

Wiederum waren damit die Agroexporte die treibende Kraft der Wirtschaft geworden; die Mineralausfuhr sollte sich erst in den 50er Jahren konsolidieren. Aufgrund ihres hohen Rückflusses von Exporterlösen - d.h. eines hohen Anteils von im Land selbst bleibenden und zirkulierenden Geldes - waren die Erfolge der Agroexportindustrie in dem hier behandelten Zeitraum zum guten Teil für die partielle Verbesserung der wirtschaftlichen Lage nach 1930 verantwortlich. Die Ausfuhren hatten wertmäßig jedoch 1948 noch nicht wieder den Stand von 1928 erreicht, wie folgende Aufstellung verdeutlicht:

<u>Tabelle II</u>: Gesamtexporte (Index) 1928-1948 (1933 = 100)

Jahr	1928	1933	1934	1936	1938	1940	1942	1944	1946	1948
Index	347	100	116	137	123	106	124	138	246	258

<u>Quelle</u>: Thorp/Bertram (1978:151).

Es zeigt sich, daß eine wirkliche Erholung der Exporte bis nach dem 2. Weltkrieg auf sich warten ließ. Die allgemeine Krise der Weltwirtschaft führte aber in allen Ländern Lateinamerikas zu einem Trend der "Entwicklung nach Innen", deren Ziel es war, Importe durch eigene Produktion zu ersetzen. In Peru wurde diese Politik durch die Zusammensetzung der Ausfuhren, in erster Linie Agrarprodukte, gestützt. Die folgende Tabelle zeigt die Wertanteile der einzelnen Ausfuhrgüter:

Tabelle III: Wertanteile der Exportgüter (1930-1950)

Jahr	1	2	3	4	5	6	7
1930	28,5	3,3	--	20,1	6,8	29,7	11,6
1935	34,4	3,0	--	17,7	2,2	37,8	4,9
1940	28,2	5,2	--	22,3	3,1	24,8	16,4
1945	52,9	3,3	0,9	9,6	7,4	12,5	13,4
1950	50,5	4,6	2,9	9,4	11,7	13,1	7,8

Symbole: 1= Baumwolle/Zucker, 2= Wolle/Kaffee, 3= Fischprodukte, 4= Kupfer/Silber, 5= Blei/Zink, 6= Erdöl, 7= Sonstige
Quelle: Thorp/Bertram (1978:153).

Die relativen Anteile im Wert der Gesamtexporte der einzelnen Sparten geben aber lediglich einen Anhaltspunkt zur Einschätzung der ökonomischen Rückeffekte auf die lokale Wirtschaft. So läßt sich erkennen, daß bis 1940 Erdöl einen großen Teil der Ausfuhren ausmacht; bis Mitte der 30er Jahre ist dieses Produkt führend. Erdöl warf aber, ähnlich dem Rohgummi und viel mehr noch als die Extraktion der Minerale, extrem hohe Gewinne ab, hatte aber extrem geringe Rückwirkungen auf die heimische Wirtschaft. Diese Industrie importierte beinahe sämtliche Ausrüstungsgüter und beschäftigte nur wenige Arbeiter. Sie kam damit dem, was als "Enklavenwirtschaft" bezeichnet wird, sehr nahe. Die einzigen Vorteile, die der Staat daraus ziehen konnte, bestanden aus (relativ geringen) Steuern, die erst ab 1946 12,5% der Gesamtproduktion ausmachten.[12]

Das wirtschaftliche Wachstum der Jahre 1930-1948 stützte sich auf den starken Anstieg der Zucker- und Baumwollexporte, wobei die Baumwolle bezüglich der Rückeffekte auf die lokale Wirtschaft führend war.

Der Erfolg der Agroexporte hing, wie bereits früher, mit der Entwicklung außerhalb Perus zusammen. So war in den 30er Jahren der Zuckerexport in die USA und nach Europa nicht bedeutend, weil der Weltmarkt teilweise mit Zucker überschwemmt war. Perus Zuckerproduzenten hielten sich während dieser Zeit in erster Linie durch ein bilaterales Exportabkommen

---
12 Vgl. Thorp/Bertram (1978:168).

mit Chile über Wasser, welches ihnen einige Vorteile einräumte. Mit Beginn des 2. Weltkriegs stieg die Nachfrage und mit ihr die Preise. Allerdings wuchs die Produktion nicht parallel dazu, weil einerseits Ausrüstungsgüter fehlten, die infolge des Krieges nicht aus dem Ausland beschafft werden konnten. Zum anderen wurde der Zuckerexport, zusammen mit anderen Exportprodukten, durch die Regierung Prado (ab 1939) stark besteuert.

Der Erfolg der Baumwollausfuhr hatte seine Ursache in agrarpolitischen Entscheidungen der USA. 1932 hatten die USA, damals der größte Baumwollexporteur der Welt, 70% ihrer Jahresproduktion auf Lager liegen. Angesichts dieser Situation verfügte die Regierung strikte Anbaukontrollen und verringerte dadurch die Produktion erheblich. Gleichzeitig hielt sie die Weltmarktpreise für Baumwolle künstlich hoch, womit andere Produzenten in den Genuß einer verstärkten Nachfrage, in Verbindung mit relativ hohen und stabilen Preisen, kamen.[13]

Die Bedeutung der Baumwolle für die peruanische Ökonomie jener Zeit beschreiben Thorp/Bertram folgendermaßen:

"Given the widespread and rather equal distribution of the gains from cotton, it was of great significance for Peru that cotton was one of the very few commodities to benefit from a successful international price-support scheme during the Depression period." (1978:175).

Dieselben Autoren schätzen, daß noch Ende der 40er Jahre, nach einem starken Rückgang der Baumwollproduktion, um 15% der arbeitenden Bevölkerung der Küste auf den Baumwollfeldern und ein wesentlich höherer Anteil in Bereichen, die mit dem Anbau des Produkts in Verbindung stehen, beschäftigt waren. In den Jahren des Booms, v.a. von 1935-1939, als die Produktion von Rohbaumwolle 227.000 Tonnen betrug, dürften ihr demnach noch erheblich mehr Menschen ihren Unterhalt verdankt haben.

Neben der Exportindustrie erholte sich v.a. aufgrund der Schrumpfung des Welthandels auch die heimische (Konsumgüter-) Industrie, die Anfang der 30er Jahre ein kräftiges Wachstum zu verzeichnen hatte. Zu Mitte des Jahrzehnts verlangsamte sich dieses, um ab 1939 unter einer verstärkten Politik der Importrestriktionen erneut anzusteigen. Wenn man die industrielle Produktion für das Jahr 1942 mit 100 ansetzt, ergibt sich folgendes Bild:

---
13 Vgl. ebda. (:176).

Tabelle IV: Industrieproduktion 1938-1950

Jahr	Gesamt	Güter:Export-	Konsum-	Intermediär-
1938	74	63	79	75
1940	87	72	92	87
1942	100	100	100	100
1944	110	97	114	112
1946	112	95	121	122
1948	124	81	132	141
1950	135	93	144	162

Quelle: Thorp/Bertram (1978:194).

Deutlich läßt sich an dieser Tabelle erkennen, daß die Industrieproduktion für den heimischen Markt gegenüber den Exporten ständig an Boden gewann. Dieser Prozeß führte zwischen 1940 und 1945 zu einer Zunahme der Fabrik-Beschäftigten um 35%.[14] Im gleichen Zeitraum (1939-1945)

>"... los egresos del gobierno crecieron en 238% y fueron dedicados a duplicar el empleo burocrático, de 12,000 a 25,000 trabajadores, y a la construcción de una red vial en la costa peruana dando cumplimiento a convenios internacionales." (Cotler, 1978:256).

Parallel zu den erhöhten Staatsausgaben war es bereits die Politik von Bustamante und Prado, die Preise für Grundnahrungsmittel niedrig zu halten, um Unruhen in den Städten vorzubeugen. Diese Maßnahmen hatten den Nachteil, die Möglichkeiten einer Produktivitätssteigerung für die nicht exportorientierte Landwirtschaft einzuengen, da dort kaum Gewinne möglich waren. Ihre "terms of trades" verfielen zusehends und brachten 1949, im Verhältnis zu den allgemeinen Preisen, lediglich noch 88% des Wertes von 1934.[15]

Zur Finanzierung der enormen Staatsausgaben griff die Regierung Prado, in einer Phase abnehmender Ausfuhren, zum Mittel der verstärkten Besteuerung der Exportwirtschaft. Schließlich geriet der Staat im Zusammenhang mit Nahrungsmittelknappheit und ständig steigenden Preisen in eine Krise. Cotler faßt diesen Prozeß so zusammen:

>"La política de asistencialismo de masas se desarrollaba en un momento en que el valor de las exportaciones descendía, debido a la reorganización comercial producida por el término de la guerra, y las importaciones se incrementaban a fin de satisfacer las necesidades de reposición de equipos obsoletos y del consumo popular.

---
14 Vgl. Cotler (1978:256).
15 Vgl. Thorp/Bertram (1978:198).

En 1946 las exportaciones tuvieron un incremento del 12% en relación al año anterior, mientras que en los dos años siguientes descendieron en 18% y 21% en relación a 1945. En cambio, en relación a 1945, las importaciones de 1946 subieron en 23%, en 36% en 1947 y en 11,7% en 1948. El rápido incremento en los precios de las importaciones, conjuntamente con los aumentos salariales y el mayor gasto público, dieron lugar a que en 1947, en relación a 1944, el costo de vida subiera en 60%." (1978:268).

Die sich entwickelnde wirtschaftliche und politische Krise wurde 1948, zum wiederholten Male, durch einen "starken Mann" gelöst: M. Odria erklärte sich nach einem Militärputsch im Oktober 1948 zum Präsidenten und leitete einen radikalen Wandel in der Politik ein.

Wiederum zeigt sich, daß - trotz der schweren Krise zu Beginn der 30er Jahre - Möglichkeiten für eine Ansiedlung von Sierra-Bewohnern an der Küste, besonders in Lima, vorhanden waren. Bot der Baumwollanbau und die mit ihm verbundene Industrie sowohl den Saison- als auch festangestellten Arbeitern Chancen der Beschäftigung, so tat dies auch die wachsende Industrie. Daneben zeichnet sich immer deutlicher die Bevorzugung der Städte erstens durch die Politik der Preisbindung für landwirtschaftliche Produkte, zweitens durch die Konzentration der Staatsausgaben auf die Bürokratie, die ebenfalls in den Städten (insbesondere Lima) prosperierte, ab. Der beginnende demographische Druck (die Bevölkerung wächst von 1931 bis 1940 um 1.280.500 [24%] auf 6.680.500) wird ein zusätzlicher Anreiz zur Migration aus den Dörfern an die dynamischen Zentren der Küste gewesen sein. So wuchs Lima, nach den Angaben von Larson/Bergmann (1969), von 1931 bis 1940 um 222.600 (50%).

In diese Zeit fällt auch eine Entwicklung, durch die immer mehr Migranten in den Arbeitsmarkt aufgenommen wurden und die ihrerseits ein nicht unbeträchtlicher Anreiz zur Migration gewesen sein dürfte: die Möglichkeit, in nicht staatlich kontrollierten Bereichen zu arbeiten. Diese Bereiche, als "informeller Sektor" bezeichnet,[16] nehmen seit den 20er Jahren an Bedeutung ständig zu. H. De Soto bemerkt dazu bezüglich der Beziehung zwischen fliegenden Händlern und Staat:

"Durante la primera década del siglo, la Municipalidad se había enfrentado básicamente con vendedores de alimentos preparados, estableciendo infructuosamente prohibiciones y penas en su contra o, posteriormente, intentando regularlos. Sin embargo, los ambulantes empezaron a encadenarse económicamente con otras actividades que se realizaban en la ciudad. Fue de esta manera que cada

---

16 S. dazu Abschnitt 7 dieses Kapitels.

vez más ambulantes dejaron de ser los buhoneros de antaño para convertirse en distribuidores minoristas de contrabandistas o industriales formales e informales. Así, a la chichera, el aguatero y la verdulera, vinieron a sumarse el vendedor de ropa, el de perfumes y cosméticos y aun el gasfitero ambulante."(1986:85).

Hatte demnach der unkontrollierte Bereich der Ökonomie schon Anfang des Jahrhunderts soviel Bedeutung, daß immerhin der Staat des öfteren versuchte, Einfluß zu gewinnen, so stiegen der Umfang, die Tätigkeitsbereiche und die Zahl der in dieser Ökonomie arbeitenden Menschen, die generell Migranten waren (und sind), ständig an.

4. Vom Agroexport zum Fischmehlboom: Peru von 1948-1968

Die Regierung Odrias fühlte sich einem neuen Modell der Wirtschafts- und Sozialpolitik verpflichtet. Die folgenden zwanzig Jahre waren geprägt von einer "totalen Integration in das internationale System, mit einer vollständigen Unterwerfung unter dessen Spielregeln".[17] Abermals war das stürmische wirtschaftliche Wachstum, das Peru in den 50er Jahren charakterisierte, wesentlich vom Export getragen. Waren es im zuvor betrachteten Zeitraum Agrarprodukte, die das Rückgrat der Exportwirtschaft bildeten, so wandelte sich der Hauptexportsektor in der nun betrachteten Zeit mehrmals. Anfangs führten noch Baumwolle und Zucker, die aber bald von der extraktiven Industrie in den Hintergrund gedrängt wurden. Letztere behielt zwar ihrerseits während dieser 20 Jahre eine wichtige Rolle bei, daneben trat jedoch ein neuer Exportsektor, der die 60er Jahre entscheidend prägte: Die Fischindustrie. Tabelle V gibt einen Überblick zur Exportentwicklung zwischen 1950-1974.

---

17 Thorp/Bertram (1978:205). Übersetzung vom Verfasser.

Tabelle V: Wertanteile der Ausfuhrgüter (1950-1974)

Jahr	1	2	3	4	5	6	7	8	US $
1950	50,5	4,6	2,9	9,4	11,7	--	13,1	7,8	165
1955	38,8	5,1	4,4	16,9	14,8	3,0	8,2	8,8	231
1960	27,8	5,9	11,5	27,5	8,9	7,6	4,1	6,7	370
1965	18,6	5,7	27,8	24,0	11,1	7,0	1,4	4,4	569
1970	11,2	4,6	32,2	31,5	7,8	6,3	0,7	5,7	894
1974	16,8	3,5	15,6	33,7	14,9	4,0	0,2	11,3	1.297

Symbole: 1= Baumwolle/Zucker, 2= Wolle/Kaffee, 3= Fischprodukte, 4= Kupfer/Silber, 5= Blei/Zink, 6= Eisen, 7= Erdöl, 8= Sonstige. $= Relative Exporterlöse in Dollar; Index 1929= 100
Quelle: Thorp/Bertram (1978:208).

Der in der Tabelle verzeichnete Rückgang des Anteils der Agrarprodukte am Export ist relativ, nicht absolut. In den 50er Jahren wachsen die mit Baumwolle und Zuckerrohr bepflanzten Flächen an der Küste sogar, sie gehen erst in den 60er Jahren zurück. Ihr relativer Rückgang bei den Exportgewinnen erklärt sich aus zwei Faktoren: a) ihr interner Verbrauch nahm ständig zu, b) die anderen Exportartikel stiegen im Umfang der Ausfuhren derart, daß sie die durch die Anbauflächen in ihrem Wachstum limitierten Agrarexporte weit hinter sich ließen.[18]

Der Export von Zucker gestaltete sich nach dem Korea-Krieg schwierig, da die Preise auf dem Weltmarkt fielen. Teilweise konnten die peruanischen Produzenten dem entgegenwirken, indem sie einerseits bilaterale Abkommen mit Chile und dem Commenwealth schlossen, zum anderen konnten sie sich durch den wachsenden heimischen Markt schadlos halten. Diese Situation wandelte sich drastisch mit dem Boykott, den die USA nach der kubanischen Revolution gegen jenes Land verhängten. Cuba, vorher der bevorzugte Lieferant der USA, wurde nun zum Teil durch Peru ersetzt.

Auf dem Weltmarkt für Baumwolle gab es in den 50er Jahren einiges Auf und Ab, die peruanischen Produzenten konnten dagegen aufgrund glücklicher Umstände[19] die Erlöse für dieses Produkt relativ hoch halten.

" Markets for Peruvian cotton were thus fairly consistently favourable during the 1950s, and the response was a rapid expansion of

---

18 Vgl. Thorp/Bertram (1978:230ff.). Die natürliche Grenze der limitierten Anbaufläche existierte für die Agroexportindustrie trotz des Umstandes, daß gerade unter Odria bedeutende Bewässerungsprojekte in Angriff genommen wurden, die die Agrarfläche der Küste nicht unerheblich vergrößerten, zwischen 1952 und 1962 z.B. um 19% (Vgl. ebda. :231).
19 Etwa dem Ausbruch der Suez-Krise 1956, aufgrund derer Ägypten seine Baumwolle in die UDSSR exportierte und damit für hohe Preise für peruanische Baumwolle sorgte; oder dem Umstand, daß der Weltexportanteil der USA von 1950 bis 1956 von 45% auf 17% fiel (s. Thorp/Bertram, 1978:236).

cotton growing which carried cotton back to the leading role among Peru's exports. From the 1947 low point of 120,000 hectares, cotton area had reached nearly 230,000 hectares by 1956, while output increased 75 per cent, the most rapid expansion taking place in the years 1950 to 1954. The early 1960s brought a further expansion to the all-time peak production of 400,000 tons of raw cotton in 1962-3." (Thorp/Bertram, 1978:237).

In den 60er Jahren verlor die Baumwolle jedoch an Attraktivität, da die Preise für Nahrungsmittel zur Versorgung der Städte im Verhältnis zu den Erlösen aus der Baumwolle ständig stiegen, so daß in den frühen 70ern lediglich noch die Hälfte der vordem bebauten Fläche Baumwolle trug.

Wie schon in den voraufgegangenen Abschnitten erwähnt, hatte der Export dieses Produkts starke Rückwirkungseffekte auf die peruanische Wirtschaft. Da aber die Agrarexporte insgesamt Ende der 50er Jahre lediglich noch 28% aller Exporterlöse ausmachten, ist es notwendig, die anderen Branchen zu berücksichtigen.

Nach der Machtübernahme durch Odria wurden die Exportsteuern stark gesenkt, außerdem führte ein Abkommen mit den USA zu weiteren Erleichterungen für die großen Minengesellschaften dieses Landes, die nun immer stärker die extraktive Wirtschaft Perus kontrollierten. Neben den Anreizen für die Großunternehmer stiegen die Preise für Metalle allgemein, insbesondere jedoch für Blei und Zink, die durch die Vorratswirtschaft der USA in den 50ern einen künstlichen Auftrieb erfuhren.

Durch die günstigen Bedingungen für die Minengesellschaften waren deren Rückeffekte auf die peruanische Wirtschaft gering. Davon ausgenommen blieb die Mine Cerro de Pasco, bei der sie im Gegenteil ständig anstiegen. Thorp/Bertram erklären dazu, die dortige Minengesellschaft sei schon lange Zeit tätig gewesen und habe deshalb ausreichende Kontakte zu lokalen Zulieferern gehabt. Die im Land verbleibenden Werte der Mine schätzen die Autoren für den Zeitraum von 1959-1968 auf 76% (:215).

Der Erdölexport fiel in derselben Zeit, in der die Ausfuhren von Mineralien stiegen, auf einen unbedeutenden Anteil. Mehrere erfolglose Bohrungen führten zum Rückzug ausländischer Gesellschaften, zudem stieg die heimische Nachfrage stark an, so daß für Ausfuhren nur noch wenig Volumen vorhanden war.

Die Entwicklung der Exportwirtschaft und des Bruttosozialprodukts werden von Thorp/Bertram so zusammengefaßt:

"The volume of exports rose six per cent a year from 1948 to 1951, 10 per cent a year 1951 to 1959, and 21 per cent a year from 1959 to 1962, before falling back to around five per cent in the mid-1960s. Prices for Peru's main products held up well during the 1950s and 1960s, with the brief exceptions of the international recessions of 1957-9 and 1966-7. GNP grew in real terms 4.7 per cent a year 1950 to 1959, 8.8 per cent a year 1960 to 1962 as the export boom reached its peak, and thereafter at 3.9 percent a year till 1968."(:205)

In diese 20 Jahre fällt auch eine andere Entwicklung, die für die Binnenmigration enormes Gewicht hatte: Die Beschleunigung der Industrialisierung und ein, in Relation dazu, rapider Verfall der andinen Landwirtschaft. Cotler schreibt dazu:

Es decir, que entre 1950-1967 se produce un notable crecimiento del capitalismo urbano y una notoria caída de la importancia relativa del área rural. Además (...) el grupo de asalariados -obreros y empleados- crece de 45 a 54% en la fuerza de trabajo."(1978:280).

Dieselbe Auffassung vertritt FitzGerald, der meint:

"Perhaps the most striking of these has been the secular decline in agricultural activities in relation to the rest of the economy and the rising share of manufacturing."(1979:68).

Odria geriet in den Strudel der politischen Umwälzungen, die dieser Umschwung der peruanischen Wirtschaft mit sich brachte. Seine Regierung, ursrünglich durch jene Oberschicht an die Macht gelangt, die den Status quo beibehalten wollte (die am Export Beteiligten und die Großgrundbesitzer), wurde 1956 abgelöst. Der Druck auf Odria kam aus zwei Richtungen: Einerseits sah sich eine neuentstandene bürgerliche Mittelschicht durch den anachronistischen Anspruch der alten Oligarchie behindert, andererseits verlangten die täglich wachsenden Massen der städtischen Unterschicht nach sozialer Absicherung. So sah sich bereits Odria gezwungen, durch neuerliche massive Ausgaben der öffentlichen Hand Arbeitsplätze durch den Bau von Straßen, Bewässerungsprojekten und Wohnraum zu schaffen.

Unter Prado, der 1956 mit Unterstützung der (sich längst nicht mewhr als revolutionär verstehenden) APRA gewählt wurde, wurde ein noch von Odria eingebrachtes Gesetz verabschiedet, das über Zoll- und Steuererleichterungen den Aufbau einer nationalen Industrie fördern sollte. Zudem wurden die Forderungen der Bevölkerung an die Regierung immer deutlicher. In der Sierra kam es immer häufiger zu Landbesetzungen durch

Bauern, die nicht mehr bereit waren, die absolute Vormacht der Hazienden anzuerkennen. Die städtische Bevölkerung artikulierte v.a. ihre Forderung nach Wohnraum. Dies führte zum rapiden Verfall der alten, auf den Grundbesitz und Klientel-Beziehungen gegründeten Strukturen der Gesellschaft. So sah sich die Regierung Prado gezwungen, eine Kommission einzusetzen, die Möglichkeiten zur Durchführung einer Agrarreform sowie zur Lösung des Wohnungsproblems erkunden sollte. Allerdings war diese Maßnahme Augenwischerei, da die Kommissionsmitglieder selbst von einer Agrarreform betroffen gewesen wären.[20]

Tabelle VI zeigt die Entwicklung der nationalen Industrie:

Tabelle VI: Anteil in % am Bruttosozialprodukt (1950-1975)

Jahr	1950	1955	1960	1965	1970	1975
Landwirtschaft	20,4	19,3	18,5	15,3	15,1	12,7
Fischerei	0,4	0,6	1,4	2,1	2,7	0,7
Bergbau	6,8	7,5	10,4	8,5	8,2	6,0
Manufaktur	16,7	18,0	20,0	22,2	23,8	26,2
Baugewerbe	6,3	7,5	5,0	5,2	4,2	6,1
Grundindustrie	0,6	0,6	0,8	1,0	1,1	1,1
öffentl.Hand	9,1	8,2	8,0	8,3	8,0	7,7
Bankgewerbe	2,3	2,6	2,8	3,0	3,2	5,5
Transport	3,9	4,6	4,3	4,5	6,0	3,5
Handel	11,4	11,1	12,1	15,1	13,2	15,0
Dienstleistung	22,1	20,0	16,7	14,8	14,5	15,5

Quelle: FitzGerald (1979:69), Primärquellen s. ebda.

Deutlich läßt sich die Umschichtung der peruanischen Ökonomie erkennen, insbesondere der starke Rückgang des Anteils der Landwirtschaft sowie die noch stärkere Zunahme der Manufaktur. Wenn man weiterhin berücksichtigt, daß die Dynamik der Landwirtschaft sich lediglich auf die Küste und den tropischen Ostabhang der Anden beschränkte, dagegen die Agrarproduktion der Sierra bei steigender Gesamtbevölkerung relativ konstant blieb,[21] findet man weitere Gründe für eine Migration der Menschen der Sierra.

Die Zahlen der Tabelle VI können jedoch nicht direkt in Arbeitsmöglichkeiten übersetzt werden; sie sollen lediglich Hinweise auf allgemeine Trends der Wirtschaft geben. Daß auch in der Landwirtschaft die relative

---

[20] Der Vorsitzende der Kommission war Pedro Beltran, einer der führenden Köpfe der konservativen Grundbesitzer. Vgl. zu diesem Absatz: Cotler (1978:302) und Thorp/Bertram (1978:274ff.).
[21] Vgl. dazu insbesondere die Arbeit von José María Caballero (1981).

Zahl der Beschäftigten abnahm,[22] obwohl ihr absoluter Anteil hoch blieb, zeigt Tabelle VII. Aus ihr läßt sich ferner entnehmen, daß die wichtigen Wirtschaftssektoren bezüglich ihrer Beschäftigungswirksamkeit weit unterhalb des Anteils liegen, den sie beim Bruttosozialprodukt stellen. Dies kann als Hinweis für die zunehmende Verarmung der in der Landwirtschaft Beschäftigten gedeutet werden.

Tabelle VII: Beschäftigte nach Wirtschaftssektoren (%)

Jahr	1950	1955	1960	1965	1970	1974
Landw.+ Fischerei	58,9	56,2	52,8	50,4	47,2	44,6
Bergbau	2,2	2,1	2,2	2,2	2,2	2,3
Manufaktur	13,0	13,2	13,5	13,7	13,9	14,1
Baugewerbe	2,7	3,0	3,4	3,7	4,1	4,3
Grundindustrie	0,1	0,2	0,3	0,3	0,4	0,4
Transport	2,7	2,9	3,1	3,2	3,4	3,5
Handel	6,6	7,5	8,6	9,4	10,4	11,3
Bankgewerbe	0,4	0,5	0,6	0,6	0,7	0,7
öffentl.Hand	4,0	4,6	5,5	6,0	7,0	7,5
Dienstleistung	9,3	9,8	10,1	10,4	10,7	11,1

Quelle: FitzGerald (1979:87), Primärquelle s. ebda.

Zwei weitere Entwicklungen sind ebenso bedeutend, um den Hintergrund, auf dem sich die Binnenwanderung in Peru abspielt, zu erfassen: 1) Die starke Massierung der wirtschaftlichen Tätigkeiten des Landes auf den Großraum Lima-Callao; und 2) die deutliche Diskrepanz des Einkommensniveaus zwischen Lima einerseits und dem Rest des Landes andererseits.

Zum ersten Punkt schreiben Larson/Bergmann (1969), daß von 1960 bis 1963 der Anteil der Stadt an der industriellen Produktion von 54,4 auf 59,1% gestiegen sei; 1963 seien 73% aller von der Industrie ausbezahlten Löhne dort verblieben. 1968 machte der Anteil Limas am Sozialprodukt 57% aus.[23] Diese Stadt ist neben dem administrativen Sitz des Landes auch dessen Ausbildungszentrum, Hauptumschlagplatz für Waren, Zentrum für Dienstleistungen etc. Diese Konzentration der Wirtschaftstätigkeit auf einen relativ kleinen Raum schaffte jene Möglichkeiten, die von immer mehr Migranten genutzt wurden.

---

[22] Relativ nahm sie zu jenem Zeitpunkt allerdings noch zu; eine absolute Abnahme ist erst seit 1980 feststellbar. Vgl. dazu V. Blum (1989:33ff.).
[23] Vgl. FitzGerald (1979:93).

Zum zweiten Punkt gibt es zwar unterschiedliche Angaben,[1] dennoch ist der Trend klar. Cotler faßt seine Ergebnisse so zusammen:

"A su vez, en 1961, el ingreso personal de los departamentos costeños (donde se concentran la industria y la agricultura de exportación) era equivalente a 260 dólares al año, mientras que en la sierra (donde se concentra la agricultura tradicional y la minería), con el 50% de la población, era de 100 dólares. La ciudad de Lima, que generaba el 42% del ingreso nacional, ofrecía un ingreso de 368 dólares por persona, cuando en el resto del país era de 192."(1978:285).

Mit ihm konform geht die Aussage von FitzGerald, der zu 1961 bemerkt:

"... but even the Lima-Callao area, with only a fifth of the population (as against a quarter in 1972) enjoyed 43 per cent of national income, and a level of income per head double that of the national average - that is, three times that in the rest of the country." (1979:95).

Auch wenn man die sicherlich generell höheren Lebenshaltungskosten in Lima berücksichtigen muß, machen die zitierten Aussagen doch deutlich, in welchem Übermaß die Wirtschaftspolitik im Hinblick auf einen regionalen Ausgleich versagt hat. Und es wird einsichtig, daß, wenn die attraktiveren Beschäftigungen nicht zu den Menschen kommen, diese zu jenen ziehen.

Die starke Zentralisierung der Ökonomie und der Einkommen in Lima bilden den Hintergrund für die zunehmende Bedeutung der unkontrollierten Wirtschaft im Kleinhandel (fliegende Händler) und in der handwerklichen Fabrikation. Durch sie nämlich wurde ein Markt geschaffen, der nicht mehr allein von den Konsummustern westlich orientierter Mittelschichten geprägt war, sondern zunehmend Menschen mit völlig anders gearteten Ansprüchen, aber meist sehr wenig Mitteln, vorfand. In diesem Umfeld konnte prosperieren, was der Staat bis dahin (und auch in Zukunft - jedoch mit abnehmendem Erfolg) versuchte, niederzuhalten: eben jene Bereiche der unkontrollierten Wirtschaft, die ihren Zustrom von Beschäftigten meist über persönliche Beziehungen der Verwandtschaft oder des *paisanazgo* erhalten und schon deshalb für Migranten eine bevorzugte Anlaufstelle bilden. Thorp/Bertram etwa bemerken, daß das industrielle Wachstum keineswegs zur Zerstörung der handwerklichen Produktion geführt habe ("artisan and unregistered sector employment"). Hier arbeiteten im

---

[1] Es würde zu weit führen, die Unterschiede hier zu diskutieren, da es lediglich darauf ankommt zu zeigen, daß der Großraum Lima-Callao im Vorteil war. Für einen Vergleich unterschiedlicher Standpunkte s. Caballero (1981:206), Larson/Bergmann (1969:135ff.) und die dort angegebenen Quellen.

Jahr 1961 66% aller in der Industrieproduktion tätigen Menschen, neun Jahre später absorbierte das Handwerk immer noch 62% der in der Produktion Beschäftigten.

Nach einem Militärputsch im Jahre 1962, mit dem die Übernahme des Präsidentenamtes durch den Führer der APRA, Haya de la Torre, verhindert werden sollte, wurde Belaúnde Terry 1963 in dieses Amt gewählt. In seine Amtszeit fallen zwei wichtige Entwicklungen: der Wechsel Perus von einer Exportnation mit einer diversifizierten Ausfuhrstruktur hin zu einer zunehmenden Monoexportstruktur und eine starke interne Krise, die durch die immer stärker aufbrechenden Widersprüche der Gesellschaft hervorgerufen wurde. Beide Entwicklungen hängen eng zusammen mit der dominanten Rolle, die die fischverarbeitende und -exportierende Industrie in den 60er Jahren spielte.

Ihr dramatischer Aufstieg, dem Anfang der siebziger Jahre ein rascher Verfall folgen sollte, hatte enorme Auswirkungen auf die Ökonomie jenes Jahrzehnts, die von Thorp/Bertram so eingeschätzt werden:

> "In the late 1950s and through the 1960s, fishmeal was the key to the expansion of the export economy. The sector's returned value was extremely high, and it generated backward linkages to the local capital-goods sector on a scale unprecedented in Peru's economic history." (1978:251).

Wie Tabelle V zeigt, expandierte der Wert der Exporte in dieser Zeit rasch, obwohl die Zunahme des quantitativen Wachstums sich verlangsamte. Der Wertanteil der Fischindustrie daran stieg von 1960 bis 1970 von 11,5 auf 32,2%. Infolge der Rückeffekte, die von Thorp/Bertram auf über 90% geschätzt werden (:251), spielte sie in der industriellen Entwicklung des Jahrzehnts eine entscheidende Rolle. Die meisten Kapitalgüter, die zu ihrer Versorgung benötigt wurden, wurden in Peru selbst hergestellt - was z.B. zur Entwicklung einer beachtlichen Werftindustrie in den Docks von Callao führte. Außerdem war in ihr der Anteil des ausländischen Kapitals gering,[25] seinerseits ein Grund für hohe Rückeffekte.

Das plötzliche Auftauchen der Fischindustrie als dominierendem Wirtschaftszweig Perus hat, wie dies schon mit dem Guano, der Baumwolle und anderen Produkten der Fall war, seine wichtigsten Gründe in externen Entwicklungen. Fisch wurde zwar schon in den 40er und 50er Jahren gefangen, zu Konserven verarbeitet und in die USA und nach Europa abge-

---

[25] Zwischen 20 und 30% nach Thorp/Bertram (1978:250).

setzt. Der kometenhafte Aufstieg der Industrie wurde aber erst durch die wachsende Nachfrage nach Fischmehl (vorher lediglich ein Abfallprodukt der Fischkonservenherstellung) ermöglicht. Fischmehl wurde ein auf dem Weltmarkt begehrtes Produkt, weil im Zuge der Erholung der Weltwirtschaft die Mast von Schweinen und Geflügel stark expandierte, beide Tierarten wurden unter Beifügung von Soja- und Fischmehl gemästet. Daneben ist die Einführung von Nylonnetzen, die größere Fangmengen erlaubten (Baumwollnetze brachen leicht) und die ständig abnehmende Bedeutung der Guanoausfuhren (die ihn produzierenden Vögel leben von den Fischen; nimmt ihr Reichtum ab, geht die Zahl der Vögel und damit die Guanoproduktion ebenfalls zurück) erwähnenswert.

Nahmen die Ausfuhren der Fischwirtschaft ständig zu, so sanken die Anteile der Baumwoll- und Zuckerexporte in den 60er Jahren drastisch und machten zu Ende der Dekade lediglich noch 11% der Exporte aus. Die Gründe dafür wurden oben genannt.

Während der Regierung Belaúndes wurden verstärkt Maßnahmen für eine Politik der Importsubstitution ergriffen. 1964 und 1967 traten Gesetze in Kraft, die zum Abbau von Importzöllen für bestimmte Kapitalgüter, zum Aufbau von Zollschranken für Konsumgüter und zu Steuererleichterungen für im Land angesiedelte Industrie führten. Eine wichtige Stütze der Industrie war ferner der feste Wechselkurs, der Importe allgemein und damit auch die Einfuhr von Kapitalgütern, verbilligte. Außerdem vermehrte die Regierung ihre Ausgaben erheblich[26] - wobei Geld zunehmend durch Auslandskredite ins Land floß.

"Entre 1963 y 1967 el país multiplicó su deuda externa, pasando de 237 a 685 milliones de dólares: mientras en 1965 ella constituía el 9% del valor de las exportaciones, en 1968 alcanzó el 18%."(Cotler, 1978:369).

Diese Maßnahmen führten, im Verbund mit einer verstärkten Nachfrage, zu einer zunehmenden Industrialisierung. Der Anteil der Industrie am Bruttosozialprodukt machte 1960 noch 17% aus, 1968 war er auf 20% gestiegen.[27]

Trotz dieser Erfolge geriet die Regierung Belaúnde zunehmend unter Druck. Das Problem der Latifundien war nicht gelöst, weshalb es in der gesamten Sierra immer wieder zu Unruhen und Landbesetzungen durch Bau-

---

[26] Dabei wurde insbesondere für den Bereich der Bildung ein immer größerer Teil der Staatsausgaben bereitgestellt. Vgl. Cotler, (1978:267).
[27] Vgl. ebda. (:269).

ern kam. 1965 formierte sich eine bewaffnete Guerilla, die durch das Militär niedergeschlagen wurde. Nicht zuletzt aufgrund der extremen Ungleichheit in der Verteilung des nationalen Reichtums[28] kam es zu heftigen Streiks und Protesten der Bevölkerung, denen die Regierung durch vermehrte Staatsausgaben beizukommen hoffte.

1967 kam es zu einer Exportkrise, gleichzeitig war ab 1966 ein drastischer Verfall der privaten Auslandsinvestition zu verzeichnen, der politische Gründe hatte. So konnte der Exportrückgang nicht aufgefangen werden. Dem entstehenden Zahlungsbilanzdefizit und anderen negativen Effekten des festen Wechselkurses (bei einer Steigerung der internen Preise um mehr als 80%) suchte die Regierung durch eine Abwertung des Sols um 42% zu begegnen.[29]

In der durch diese Entwicklungen entstandenen politischen Krise bedurfte es nur noch eines Anlasses, um die angeschlagene Regierung zu stürzen. Er wurde im Streit um die Rechte des US-Konzerns "International Petroleum Company" (IPC) gefunden, der eine unrühmliche Rolle in der Erdölförderung und der Gewinnabschöpfung spielte. Belaúnde, der sich der IPC gegenüber als unfähig erwies, peruanische Belange durchzusetzen, wurde im Oktober 1968 vom Militär gestürzt, das mit diesem Schritt sein Experiment zur Modernisierung des Landes begann.

Mit den Ausführungen zu den Jahren von 1948-1968 sollte gezeigt werden, daß in dieser Zeit die Möglichkeiten für Migranten aus der Sierra, sich in der Stadt anzusiedeln und dort Unterhalt zu finden, enorm zunahmen. Insbesondere der Großraum Lima-Callao zeigt immer deutlicher seine Vorherrschaft in der Bündelung der ökonomischen Ressourcen, was zu einer Bündelung auch der Migrationsströme in diese Region führen mußte. Der Umfang dieses Prozesses läßt sich an der Zahl der Zuwanderer ablesen (vgl. Tabelle X). Das Gewicht, welches Lima sowohl für die Wirtschaft als auch für die Bevölkerungskonzentration haben sollte, war damit endgültig festgelegt, und Städte wie Arequipa oder Trujillo, die noch eine Zeitlang mit Lima rivalisierten, blieben weit zurück.

---

[28] Thorp/Bertram geben, gestützt auf Daten von Webb, den Anteil am Nationaleinkommen für die ärmsten 20% der Bevölkerung mit 3,5% an (1978:297).
[29] S. Thorp/Bertram (1978:294).

5. Staatskapitalismus und Gegenreform: Peru von 1968-1980

Die zwölf Jahre von 1968 bis 1980 sind geprägt von zwei Militärregierungen, deren erste unter Velasco Alvarado sich explizit als radikal-reformerisch verstand, während die zweite unter Morales Bermudez offiziell die "peruanische Revolution" fortführte, in Wirklichkeit jedoch eine entgegengesetzte Wirtschafts- und Sozialpolitik betrieb.

Die größten Hoffnungen bezüglich einer Veränderung der Wirtschafts- und Sozialstruktur Perus wurden in die Regierung von Velasco Alvarado (1968-1975) gesetzt. Es waren insbesondere zwei Vorhaben, die diese Hoffnungen begründeten: a) eine eigenständige industrielle Entwicklung Perus sollte durch die Enteignung der ausländischen Großunternehmen sowie durch Investitionslenkung erreicht werden; b) eine durchgreifende Agrarreform, die neben der Enteignung des Großgrundbesitzes zu einer Umstrukturierung der peruanischen Landwirtschaft hin auf kooperative Unternehmen - und in Verbindung damit zu einer Produktivitätssteigerung - führen sollte. Hinsichtlich der rural-urbanen Migration hätte ein Erfolg beider Vorhaben dazu führen können, daß durch den zunehmenden Ausgleich der Lebensverhältnisse zwischen Land und Stadt die Neigung der Landbevölkerung zur Migration abgenommen hätte.

Übereinstimmend mit dem damaligen politischen Klima erließ die Regierung bald nach ihrer Machtübernahme Gesetze, die auf eine Enteignung der großen ausländischen Konzerne sowie einiger inländischer Unternehmen zielten. Nach der entschädigungslosen Übernahme der IPC (eine populistische Maßnahme) wurden auch andere Unternehmen, allerdings gegen Entschädigung, enteignet. Am Ende dieses Prozesses ließ sich folgendes feststellen:

> "The nationalization of mining, fishing, and heavy industry, the agrarian reform, and the expansion of public enterprise after 1968 did, therefore, result in a considerable shift in the pattern of ownership: by 1975, 31 percent of corporate sector output was controlled by the public sector, 17 percent was still in the hands of foreign firms, only 40 percent was accounted for by domestic private business, and 12 percent by the new cooperative sector (mainly as the result of the agrarian reform). In addition, the state became responsible for three quarters of exports, one half of imports, more than half of fixed investment, two thirds of bank credit, and a third of all employment in the corporate sector." (FitzGerald, 1983:70,71).

Wie keine Regierung zuvor fühlten sich die Militärs einer Politik zum Aufbau einer nationalen Industrie verpflichtet. Dies sollten nicht nur die Enteignungen, sondern auch hohe Importzölle ermöglichen. In ihren Bemühungen wurde die Junta durch die vorteilhafte Exportentwicklung gestützt. Zwar ging die Quantität der Exporte ab 1969 zurück, erlebte 1973 sogar einen starken Einbruch.[30] Trotzdem stiegen, aufgrund steigender Weltmarktpreise für die peruanischen Ausfuhrgüter, die Erlöse in Dollar bis 1974 weiter an (s. Tabelle V).

Es waren auch Erfolge zu verzeichnen. So wuchs der Anteil der Manufaktur am Bruttosozialprodukt bis 1976 auf über 26%. Durch die Übernahme des wichtigsten Teils der Wirtschaft ergab sich zudem die Möglichkeit, Investitionen in die gewünschte Richtung zu lenken. Allerdings tauchte ein Problem auf, das wesentlich zur späteren Krise des Modells beitragen sollte: Weder investierte das ausländische Kapital im erwarteten Umfang, noch, und dies zum Erstaunen nicht nur der Militärs,[31] tat dies das Inländische. Deshalb mußten immer mehr Investitionen vom Staat selbst getätigt werden, was nicht nur dessen Bürokratie, sondern auch die finanziellen Mittel überforderte.

Das zweite große Reformvorhaben, die "reforma agraria", war zumindest insoweit ein Erfolg, als sie endgültig die Klasse der Großgrundbesitzer und damit auch deren rückwärtsgerichteten politischen Einfluß beseitigte. Die Reform beabsichtigte, aus den großen Gütern Kooperativen zu bilden, welche von ihren Mitgliedern geleitet werden sollten. Den einzelnen Kooperativen wurde technisches Personal beigeordnet, das die Bauern anfangs in der Betriebsleitung- und Organisation unterstützen sollte.

Die Erfolge der Reform lassen sich, was die umverteilte Fläche und die begünstigten Familien anbelangt, so zusammenfassen:

> "A diez años de vigencia de la ley, los avances son los siguientes. Las afectaciones involucran a 15,826 unidades agropecuarias, que abarcan 10.5 milliones de hectáreas de tierras agrícolas y pastos naturales. Se han adjudicado 7'789,811 Has., con lo que se ha fa-

---

[30] Thorp (1983:41) gibt den Quantum Index der Exporte folgendermaßen an:
Jahr Index Jahr Index Jahr Index
1967 100   1971 102   1975 76
1968 112   1972 110   1976 74
1969 101   1973 81   1977 93
1970 109   1974 81

[31] So meint FitzGerald: "Just why private investment should have fallen off so sharply - from 13 percent of the gross domestic product (GDP) between 1964 and 1968 to 9 percent between 1974 and 1976 and 8 percent between 1977 and 1979 - is not entirely clear." (1983:74).

vorecido a 337,662 familias campesinas." (Matos Mar/Mejía, 1980b:64).

Doch hatte die Reform ihre Probleme. Nur eines davon war, daß die ehemaligen Eigentümer von den Bauern entschädigt werden mußten, was zu einer beachtlichen Dekapitalisierung letzterer und zum Abfluß von Mitteln aus dem Agrarsektor in den Industriellen- oder Konsumgütersektor (wo die ex-Hacendados ihr Geld ausgaben) führte. Ein weiteres Problem ergab sich aus der Verteilung selbst, da in der Präreformzeit nicht lediglich Eigentümer und Arbeiter als zwei Klassen einander gegenüberstanden, sondern eine Reihe unterschiedlicher Formen der Nutzung der Arbeitskraft der Bauern durch die Hacendados bestanden. Dies führte oft zu Konflikten zwischen ehemals angestellten Arbeitern, Pächtern (*yanaconas*) und *comunidades campesinas*, die nicht nur ihre ehemaligen Gebiete zurückforderten, sondern auch Ansprüche aus ihrer Arbeit als Saisonarbeiter ableiteten. Oft waren die Bauern weder mit der Idee der Kooperativen noch mit deren Leitung einverstanden, was zu teilweise gewalttätigen Konflikten zwischen den Bauern und den Vertretern des Staates führte.[32]

Ganz abgesehen davon war der Umfang der Reform zu gering, um nennenswerte Auswirkungen auf das Migrationsverhalten der Landbevölkerung haben zu können. Dabei ist zu berücksichtigen, daß die begünstigten Familien vorher ja nicht ohne Einkommensmöglichkeiten waren, sondern generell auf der Hazienda arbeiteten und durch die Reform lediglich unter besseren Bedingungen produzieren sollten.

Der entscheidende Fehlschlag der Agrarreform liegt indessen auf einem anderen Gebiet: Sie vermochte nicht, die Preisrelation für Agrarprodukte zugunsten der Bauern zu verschieben und somit zu einer Angleichung der Einkommen zwischen Stadt und Land einerseits, zu einer verstärkten Investition in den landwirtschaftlichen Sektor und dadurch zur Produktivitätssteigerung andererseits beizutragen. Im Gegenteil. Durch die Konzentration auf die Industrialisierung des Landes und durch die Niedrigpreispolitik bei Nahrungsmitteln blieb der Agrarsektor weiterhin vernachlässigt. Matos Mar/Mejía kommen deshalb zu dem Schluß:

---

[32] Die Literatur zur Agrarreform in Peru ist schier unübersehbar. Empfohlen sei hier lediglich: Matos Mar/Mejía (1980a); R. Sánchez (1981); D. Garcia Sayan (1982); und J. M. Caballero (1980).

"Por estas razones resulta comprensible que sea fuera del sector agrario donde deba buscarse a los reales beneficiarios de las transformaciones operadas por la reforma agraria."(1980b:127).33

Soweit die Reform der Militärregierung also das Ziel gehabt hatte, einen Beitrag zum Verbleib der ländlichen Bevölkerung in ihren Ursprungsregionen zu leisten, hat sie es verfehlt. Mehr noch, sie hat eher zu verstärkter Migration beigetragen, weil sich für die städtische Bevölkerung neue Möglichkeiten eröffneten.34

War die Agrarreform bezüglich der Verwirklichung ihrer Absichten ein Fehlschlag, so kam die übrige Wirtschaftspolitik ebenfalls relativ rasch in große Schwierigkeiten. Dies hatte mehrere Ursachen.

Auch ein radikaler Wandel hätte nicht vermocht, die peruanische Wirtschaft schnell von der Entwicklung der Ausfuhren unabhängig zu machen. Zwar stiegen die Exporteinnahmen, wie gezeigt, bis 1974 an. Dies konnte jedoch nicht die enormen Probleme verschleiern, die sich hinter diesen Zahlen verbargen. Die Fischindustrie geriet, nachdem sie sich Ende der 60er Jahre auf einem Höhepunkt befand, in eine bis heute anhaltende Krise. Setzt man die Fischmehlausfuhren von 1965-69 mit 100 an, so waren es von 1970-74 noch 78,4, von 1975-76 lediglich noch 42,6 Punkte; ein Rückgang um mehr als 58% (Thorp, 1983:42). Die Gründe dafür werden u.a. im plötzlichen "Verschwinden" der Anchoveta, dem wichtigsten Fisch, gesucht. Dies soll wiederum einerseits auf einen *niño*,35 v.a. aber auf eine totale Überfischung zurückzuführen sein. Letzteres läßt sich schon daran erahnen, daß die peruanische Fischindustrie in den 60er Jahren die zehnfache Fangkapazität dessen besaß, was die offiziellen Fangquoten erlaubten.36 Der Staat, der die völlig bankrotte Fischindustrie übernahm, verzeichnete so statt der erhofften Gewinne aus ihr nur Verluste.

Von den landwirtschaftlichen Exporten stieg lediglich der Zucker noch an, während die Baumwolle aufgrund des Preisverfalls gegenüber den Nahrungsmitteln im Vergleich zu 1960 um mehr als die Hälfte zurückfiel.

---

33 In gleicher Weise argumentiert FitzGerald, der sein Argument allgemein auf die Einkommensverteilung ausweitet und behauptet, eine ausgeglichenere Verteilung sei mit Hilfe der Militärregierung nicht vorgenommen worden (1983:84ff.). Thorp/Bertram sind ebenfalls der Meinung, daß der Nettotransfer vom Agrikultursektor in den industriellen Sektor mit der Reform keineswegs gestoppt worden sei (vgl.1978:306,307).
34 Vgl. dazu auch Matos Mar/Mejía (1980a).
35 "*Niño*" wird das Ausbleiben des kalten Humboldtstroms entlang der peruanischen Küste genannt, das regelmäßig zu Naturkatastrophen infolge starker Regenfälle an der Küste und gleichzeitiger Trockenheit im südlichen Hochland führt.
36 Vgl. Thorp/Bertram (1978:252ff.).

Einen leichten Anstieg konnte die Ausfuhr von Kupfer, Blei und Erdöl, einen kräftigen Anstieg die von Zink verzeichnen. Dies ist um so bemerkenswerter, als gerade in die Suche von Erdöl im Amazonasbecken riesige Summen investiert wurden, der Ertrag daraus aber eher bescheiden blieb. Der größte Teil dieser Investitionen in Großprojekte mußte mit auswärtigen Kapitalgütern getätigt werden. Die Export-Import Balance reflektiert dies teilweise.

Tabelle VIII: Export-Import Balance 1969-1978 (Mio. US$)

Jahr	1969	1970	1971	1972	1973	1974	1975	1976	1977	1978
Exporte	880	1034	889	945	1112	1503	1290	1360	1768	1984
Importe	659	700	730	812	1033	1909	2390	2100	2095	1600
Saldo	+221	+334	+159	+133	+79	-406	-1100	-740	-327	+384

Quelle: Thorp/Bertram (1978:312); Stallings (1983:174).

1975 kam es infolge der angehäuften Probleme zu einer heftigen Wirtschaftskrise und das Zahlungsbilanzdefizit stieg auf 1.537.000 Dollar. Diese Entwicklung ergab sich sowohl aus dem ständig steigenden Kapitalgüterimport für den Aufbau der Industrie (die Militärregierung war an modernen Ausrüstungsgütern interessiert), als auch aus dem Import von Konsumgütern. Zusammen mit den zunehmend von ihm getätigten Investitionen und der ausufernden Bürokratie seines Apparates hatte der Staat ungeheure Kosten zu tragen. Ihre Finanzierung ließ sich noch bis 1971 einigermaßen bewerkstelligen, ab 1972 griff die Regierung zum Mittel der massiven Staatsverschuldung im Ausland, um weitere Ausgaben zu decken.

Tabelle IX: Öffentliche Verschuldung[37] 1968-1977 (Mio. US$)

Jahr	1968	1970	1971	1972	1973	1974	1975	1976	1977
Bruttokredit	199	190	183	286	673	1035	1077	846	993
Zinszahlung	140	167	213	219	433	456	474	533	635
Nettokredit	143	23	-30	67	239	579	603	313	358
Verschuldung	797	945	997	1121	1491	2182	3066	3641	4243
Zinszahlung in % Export	15%	16%	24%	23%	39%	30%	37%	39%	37%

Quelle: Thorp (1983:51).

---

[37] Die private Verschuldung des Landes zeigte eine weit ausgeglichenere Bilanz. Sie schwankte von 1966 bis 1978 zwischen 1.150.000 und 1.340.000 $; stieg 1981 auf 1.507.000 $ und befand sich 1984 bei 1.464.000 $. Vgl. F. Jiménez, E. Nell (1986:57-99).

Für die spätere Entwicklung der nationalen Ökonomie war nicht nur die Verschuldung als solche eine Last. Verstärkt wurde ihr Effekt durch den Umstand, daß Peru infolge der verbalen Radikalität seiner Regierung und der von ihr verfolgten Enteignungspolitik von den USA mit Kreditsperren bestraft wurde. Dieses Land machte seinen Einfluß bei den internationalen Kreditorganisationen (Weltbank, IWF, IDB [Inter-American Development Bank]) geltend, um Peru so zu einer Änderung seiner Haltung zu bewegen. Allerdings war zu jener Zeit, infolge der sich anbahnenden Investitionskrise in den Industrieländern, Geld auf dem internationalen Kreditmarkt leicht zu erhalten. Der Nachteil war, daß diese Kredite zu erheblich schlechteren Konditionen vergeben wurden und deshalb die Zinslast überproportional steigerten.

Gleichzeitig mit der Abnahme der Exporte und den beginnenden Schwierigkeiten der Wirtschaft kam es zu einer starken Steigerung des privaten Konsums, die noch bis 1976 anhielt, um danach wieder etwas zurückzufallen (Thorp, 1983:46). Diese Konsumsteigerung wurde möglich durch das Anwachsen der Reallöhne[38] sowie, in Verbindung damit, einer leichten Verschiebung des Anteils des Nationaleinkommens zugunsten der Löhne und Gehälter. Auf sie entfielen 1965 47,2%, 1970 45,8% und 1973 48,3%, um 1976 wieder auf 46% zurückzufallen. Ebenso stiegen die einheimischen Profite von 16,1% im Jahre 1965 auf 22% im Jahre 1973, während die Einkommensanteile der unabhängig Beschäftigten außerhalb des Agrikulturbereichs konstant blieben, der Anteil der Landwirtschaft hingegen im genannten Zeitraum von 11,5% auf 7,9% fiel.

Den vorläufigen Höhepunkt der immer mehr krisenhaften Entwicklung der politischen und wirtschaftlichen Situation fassen Thorp/Bertram so zusammen:

> "Drawing together these aspects, it will be seen that the combination of a higher debt service ratio, a more serious export situation, and possibly a more rigid import structure, among other aspects, meant that once the panaceas of international prices and lending disappeared, the economy emerged as, if anything, more vulnerable than in earlier years. Not surprisingly, faced with this situation and under pressure from international creditors, the only option appeared to be the even more complete abandonment of innovative policies." (1978:317).

---

[38] Vgl. J. Iguíñiz (1985:61ff.).

Die Abkehr von der innovativen Politik erfolgte durch Morales Bermudez, der sich ebenfalls durch einen Putsch im August 1975 an die Macht gebracht hatte und, obwohl er verbal die "revolución peruana" weiterführte, einen radikalen Wandel der Wirtschaftspolitik vornahm. Dazu wurde die Regierung nicht zuletzt durch die Wucht der Wirtschaftskrise, die über Peru hereinbrach und staatliches Handeln erforderte, gezwungen.

Das dringlichste Problem war die Senkung der Nettokreditaufnahme und die Beseitigung der Zahlungsbilanzdefizite. Zu diesem Zweck verfolgte die Regierung eine orthodoxe Stabilitätspolitik, die in einer drastischen Abwertung der Währung (44%), in Preiserhöhungen, Budgetkürzungen (im Bereich der Sozialausgaben) und Lohnverfall durch Inflation bestanden. Da keine strikten Importkontrollen eingeführt wurden, neigte sich die Import-Export-Balance immer weiter zuungunsten letzterer, sie verbesserte sich erst 1978 durch ein stetiges Absenken der Importe (vgl. Tabelle VIII) und erholte sich 1979 infolge eines unerwarteten Ansteigens der Rohstoffpreise auf den internationalen Märkten.

Das Land blieb somit weiterhin auf die Nettokreditaufnahme angewiesen, die sich zur wachsenden Zinslast hinzuaddierte. Da der IWF mit einer Kreditvergabe einschneidende Auflagen für die Wirtschaft verbunden hätte, suchte die Regierung anfangs noch Rettung bei den privaten Banken, die indessen hohe Zinsen verlangten.

1977 zeigte sich keine Besserung, weshalb Peru auf neue Kredite angewiesen war. Diesmal verlangten die Privatbanken die Beteiligung des IWF, der im folgenden die Wirtschaftspolitik wesentlich mitbestimmte. Unter dem Einfluß dieser Institution kam es zu weiteren Einschnitten in den Sozialetat sowie zu weiteren Lohnkürzungen. Die Vorherrschaft des Staates bezüglich der Investitionen und der Wirtschaftstätigkeit wurde stark zurückgeschraubt, die Unternehmergewinne stiegen auf über 30% des nationalen Nettoeinkommens. Diese Maßnahmen führten zum Nachlassen der internen Wirtschaftstätigkeit und zum Fall des Konsums der Bevölkerung. Zur selben Zeit stiegen die Staatsausgaben weiter, wovon ein immer größerer Teil von den Verteidigungsausgaben beansprucht wurde (sie erreichten 1977 mit 38% Anteil am Staatshaushalt ihren Höhepunkt). Zur Situation während der Regierung Morales schreibt FitzGerald:

> "The alternative possibility of cutting military expenditure was resisted, not only from self-interest, but also because of the growing threat of invasion from Chile. The effect was to drive down real GDP growth, already decelerating because of export stagnation, from the

6 percent per annum average of the 1971-1974 period to 3.2 percent in 1975-1976 and -1.5 percent in 1977 and 1978. Industrial output *fell* by 6 percent in 1977 and 5 percent in 1978, and average income per head dropped by about 4 percent in both years. By 1978 real wages had returned to the level of ten years before." (1983:80).

Der Verfall der Reallöhne war in Lima noch dramatischer und machte dort zwischen 1976 und 1977 27%, im folgenden Jahr weitere 14% aus. Damit entsprach das Lohnniveau 1979 noch 51% dessen von 1973.[39]

Die ökonomisch-soziale Situation der Landwirtschaft verbesserte sich relativ gegenüber jener in den Städten, was aber v.a. der wirtschaftlichen Krise außerhalb des Agrarsektors geschuldet war. FitzGerald stellt für den Zeitraum nach 1975 eine leichte Erholung der internen "terms of trade" zugunsten der Landwirtschaft fest, die indessen nicht zu einer höheren Produktion geführt habe (1983:85,86).

Den Militärs war früh klar, daß sie nicht in der Lage sein würden, die Krise zu lösen. Deshalb beriefen sie 1978 eine verfassunggebende Versammlung ein, die die Grundlagen für freie Wahlen im Jahr 1980 legen sollte. In ihnen wurde der 12 Jahre zuvor aus dem Amt geputschte Belaúnde erneut zum Staatsoberhaupt gewählt.

Die Militärherrschaft brachte im Hinblick auf die Entwicklung der Migrationsmöglichkeiten zwei einander entgegengesetzte Trends hervor. Wurde durch die Aussicht auf eine Nutznießung bei der Landreform vielleicht ein geringer Prozentsatz von Menschen zum Verbleib in ihren Dörfern bewegt oder kehrten einige wieder dahin zurück, so dürfte doch der Anreiz zur Migration überwogen haben. In den ersten Jahren der Militärregierung stiegen die Löhne und Gehälter, neue Arbeitsmöglichkeiten eröffneten sich sowohl in der wachsenden Industrie als auch im staatlichen Bereich. Das Wirtschaftswachstum führte zu einer Zunahme der handwerklichen Produktion von Konsumgütern und zu neuen Chancen, als Verkäufer und Händler tätig zu werden.

Das Gegenteil war während der Regierung von Morales Bermudez der Fall. Die Industrieproduktion, die Löhne, das Konsumniveau sanken, die Wirtschaftstätigkeit ging zurück. Dadurch wurden Arbeitsplätze und -möglichkeiten sowohl im korporierten als auch im "informellen Sektor" vernichtet. Der Anstieg der Lebenshaltungskosten führte demgegenüber zu einer leichten Verbesserung der Situation der Landbevölkerung.

---

[39] S. FitzGerald (1983:80) Fußnote 21.

Wenn ökonomische Vorgänge einen Einfluß auf das Migrationsverhalten von Menschen haben, müßten die eben skizzierten Entwicklungen dort nachweisbar sein. Genau das ist der Fall, wie Tabelle X zeigt:

Tabelle X: Demographie Perus und Limas 1940 - 1981

Bevölkerung	1940	1961	1972	1981
Nation.(Tsd)	6.208	9.906,7	13.538,2	17.005,2
Urban %	35,4	47,4	59,5	65,2
Rural %	64,6	52,6	40,5	34,8
Migration %	10,9	23,7	26,9	?
Lima	645,2	1.845,9	3.302,5	4.608,0
Einheimisch%	71,5	53,7	53,8	57,3
Migranten%	28,5	46,3	46,2	42,7
Lima/Nat. %	10,4	18,6	24,4	27,1
Wachstum%	1940-1981	1940-1961	1961-1972	1972-1981
National	2,5	2,2	2,9	2,6
Urban	4,0	3,7	5,1	3,6
Rural	1,0	1,2	0,5	0,9
Migration	?	6,1	4,1	?
Lima	4,9	5,1	5,4	3,8
Einheimisch	4,4	3,7	5,4	4,5
Migranten	5,9	7,6	5,4	2,8

Quelle: Verdera (1986:135).

Es wird deutlich, daß das Wachstum der Verstädterung, welches zwischen 1940 und 1972 ausgeprägt war, zwischen 1972 und 1981 abnimmt. Da die Urbanisierung an die Land-Stadt Migration gebunden ist, muß folglich auch sie entsprechend zurückgegangen sein. Für Lima ergibt sich eine Verstärkung des allgemeinen Trends. In einer Aufschlüsselung der Migrationsströme für die Jahre 1967-1972 und 1976-1981 kommt F. Verdera (1986:137) zu dem Ergebnis, daß im erstgenannten Zeitraum Lima-Callao 45,1% aller intern migrierenden Menschen aufnahm und nur 14,4% aller Abwanderer stellte. Im zweiten Zeitraum nahm Lima noch 35,8% der Migranten auf und gab gleichzeitig 21% ab. Ähnlich stellen Henriquez/Ponce (1985:13,14) eine Abnahme der Bedeutung der Migration für die Einwohnerzahl Limas fest. Ihnen zufolge waren 1972 60% des Wachstums der Stadt auf Migrationsgewinne zurückzuführen, 1976-1981 war es lediglich noch ein Drittel. Nach Verdera (:134) fiel der Anteil der Migranten an der Bevölkerung von Lima von 46% zwischen 1961-1972 auf nur noch 42% im Jahr 1981.

Dies sind deutliche Verweise auf einen Zusammenhang zwischen wirtschaftlichem Wachstum, Verteilung des Nationaleinkommens und Migration. Allerdings können diese Daten nur immer den Rahmen angeben, in dem Migration stattfinden kann oder auch nicht - die Entscheidung der einzelnen Menschen fällt letztlich aufgrund individueller Überlegungen.

6. Verfall einer Ökonomie: Peru in den 80er Jahren

Die ökonomische Entwicklung der 80er Jahre ist charakterisiert durch heftige Krisen, die sporadisch durch kurze konjunkturelle Strohfeuer abgelöst wurden, um danach in eine umso heftigere Krise zu münden.

Die zweite Regierung Belaúndes verfolgte, die Linie von Morales Bermudez fortsetzend, eine liberale Wirtschaftspolitik, in welcher das "freie Spiel des Marktes" das Gesetz des Handelns vorgeben sollte. Zu diesem Zweck wurden zwischen 1978 und 1982 die Einfuhrzölle stark gesenkt, damit die peruanische Wirtschaft gesunden solle, indem auf dem Weltmarkt nicht konkurrenzfähige Unternehmen eliminiert würden. Zu Beginn der 80er Jahre stiegen deshalb die Importe stark an und führten zu einem Rückgang der internen Manufakturproduktion, die der ausländischen Konkurrenz nicht gewachsen war.

1982 sah sich die Regierung aufgrund der hohen Importe gezwungen, eine Erhöhung der Einfuhrzölle um 15% zu beschließen. Gleichzeitig wurden drastische Austeritätsmaßnahmen eingeleitet, die die Nachfrage nach Konsumgütern senken und so zu einer Entlastung der Importe führen sollten. Ein Ergebnis dieser Politik zeigt Tabelle XII: Die deutliche Verschiebung der Verteilung des Nationaleinkommens weg von den Einkommen der abhängig Beschäftigten und damit das Fallen der Kaufkraft dieser Bevölkerungsgruppe.[40] Ein weiteres Ziel war, die Inflation zu senken. Dieses Ziel wurde verfehlt, die Inflation stieg von 60% im Jahr 1980 auf 158% 1985.

---

[40] Zwischen 1983 und 1985 fiel der Reallohn zuerst auf 80%, dann auf 60% des Lohns von 1980. Vgl. J. Gamero (1988:19).

Die Probleme der Wirtschaft ergaben sich unter anderem aus der enormen Schuldenlast, die Peru in den 70er Jahren aufgehäuft hatte. Der steigende Zinssatz zu Ende der Dekade und zu Beginn der 80er Jahre übte zusätzlichen Druck auf die Zahlungsbilanz aus. Die öffentliche Verschuldung des Landes betrug für die Jahre 1978, 1981 und 1984 5.135 Mio., 6.210 Mio. und 9.775 Mio. US$ respektive. Für die Jahre 1980 bis 1984 mußten für den Schuldendienst folgende Prozentanteile aus den Exporterlösen aufgewendet werden: 28,7%, 43,5%, 39,8%, 50,7% und 1984 56,5%.[41]

Die internationale Wirtschaftsentwicklung war in den 50er und 60er Jahren stark expansiv und wies als Resultat kräftige Auslandsinvestitionen seitens der hochentwickelten Industrieländer auf. In den 70er Jahren nahm, mit dem allgemeinen Rückgang der Investitionen, die Bereitschaft zur Direktinvestition ab und machte einer verstärkten Vergabe von Krediten Platz. Die 80er Jahre führten neuerlich zu einer starken Investitionstätigkeit, diesmal jedoch in den hochentwickelten Ländern selbst, die sich in einem rapiden Umbau hin zur Kommunikationsindustrie befinden. Dies ist einer der Faktoren für den starken Rückgang der Auslandsinvestitionen v.a. in den 80er Jahren. Ein zweiter Grund ist in der Instabilität der Wirtschaftspolitik Perus selbst zu suchen, die einer Investition durch ausländisches Kapital nicht förderlich ist. 1987 entsprach die Nettoinvestition lediglich noch 51% jener von 1982.[42] Diese Entwicklung führte zu einer Verstärkung des ungünstigen Trends in der peruanischen Ökonomie, der in den Wirtschaftsdaten reflektiert wird.

Tabelle XI: Wirtschaftsdaten 1980 - 1987[43]

Jahr	1980	1981	1982	1983	1984	1985	1986	1987
Wachstum	4,5	4,5	0,3	-12,3	4,0	1,4	9,5	6,9
Export *	3916	3249	3293	3015	3147	2967	2537	3535
Import *	3090	3802	3721	2722	2140	1869	2494	4136

* In Millionen US $
Quellen: Carbonetto et al. (1987:56,57); Gamero (1988:16-24); La Nueva Economía (1988:13).

---

41 Vgl. F. Jiménez, E. Nell (1986:63-65).
42 Vgl. Centro Peruano de Estudios Internacionales; Informe de Coyuntura, Vol.1, N°.1, Juni (1988:78).
43 Das Wirtschaftswachstum für 1988 war negativ; es betrug -8,5%. 1989 dürfte ein noch kräftigeres Minus des Bruttosozialprodukts aufweisen; s. dazu w.u.

Tabelle XI zeigt, daß es zu Beginn der 80er Jahre ein moderates Wachstum gab, welches 1982 zum Stillstand kam und 1983 einen starken Einbruch aufweist. Die negativen Daten von 1983 werden allgemein den aus dem Phänomen des *niño* resultierenden Naturkatastrophen zugeschrieben. Die Wirtschaft erholt sich erst 1986 wieder merklich.

Wie erwähnt, folgt die Lohnentwicklung (mit einer leichten zeitlichen Verschiebung) dieser Variation. So fallen die Löhne ab 1984, um 1985 einen vorläufigen Tiefstand zu erreichen. Tabelle XII gibt einen Überblick.

<u>Tabelle XII</u>: Lohn/Einkommensverteilung in % 1980-1987

Jahr	1980	1981	1982	1983	1984	1985	1986	1987
Löhne	38,6	39,7	39,5	39,4	33,9	30,8	31,6	31,4
Einkommen	32,9	29,7	30,0	29,9	35,6	40,9	38,7	40,9

<u>Quelle</u>: Gamero (1988:20).

Die zweite Regierung Belaúnde war somit bezüglich einer Konsolidierung der Wirtschaft nicht sehr erfolgreich. Dies wollte der 1985 gewählte, der APRA angehörende, A. García mit einem sozialdemokratisch gefärbten Programm ändern.

Die neue Regierung verschrieb sich einer "heterodoxen Wirtschaftspolitik". Darunter ist zu verstehen, daß die brachliegenden Kapazitäten der Industrie über eine Ankurbelung des internen Konsums bei gleichzeitiger Importrestriktion und -kontrolle zur Produktion genutzt werden sollten. Emphatisch beschreiben Carbonetto et al. die neue Politik (die auf Devisen für den Ankauf ausländischer Kapitalgüter sowie Nahrungsmittel angewiesen blieb) mit den Worten:

"Para tener esas divisas y ponerlas al servicio del país Alan García y su gobierno tomaron una decisión trascendental: subordinar el pago de la deuda externa (...) a la capacidad de pago del país; se planteó la consigna de destinar al servicio de la deuda tan sólo el 10% de las exportaciones (aproximadamente 300 milliones de dólares).
Simultáneamente, se planteó una política de control y restricción de importaciones, en particular de todos los bienes de consumo, salvo aquellos alimentos o medicinas que requiere el crecimiento del consumo hasta la recuperación de la producción agropecuaria nacional, que había estado postergada largos años por el deterioro de los términos de intercambio ciudad-campo y la consecuente migración y desinversión. Se cerró la importación de calzado, textiles, artículos para el hogar, etc., que resultaban competitivos para la industria nacional." (1987:48).

In diesem Zitat sind die Maßnahmen und die Erwartungen der Regierung zusammengefaßt. Die Devisen, von denen die Rede ist, kamen indessen nicht nur aus der Kürzung der Schuldenzahlungen, sondern entstammten auch den von der vorhergehenden Regierung angesammelten Ersparnissen. Garcías Politik hatte zwei sehr entgegengesetzte Wirkungen auf die peruanische Wirtschaft, wobei dennoch die zweite die logische Folge der ersten ist. Zunächst nämlich zeigt sich ein deutliches Wachstum: Die Inflation geht 1986 auf 62% zurück, die Reallöhne steigen wieder, die Verteilung des nationalen Nettoeinkommens verschiebt sich neuerlich zugunsten der abhängig Beschäftigten, die Nachfrage und die interne Produktion steigen rasch. All dies drückt sich in den Tabellen XI bis XIII aus. Jedoch war die anfänglich stürmische Erholung nur ein konjunkturelles Strohfeuer.

Die relativ ungeplante Verschleuderung der Devisen für Importe von Kapitalgütern (welche für die konsumgüterproduzierende Industrie gebraucht wurden), die ungenügende Überwachung der Importe sowie die Nahrungsmitteleinfuhren einerseits; der durch die lukrativen Möglichkeiten des heimischen Marktes sinkende Export andererseits führten rasch zu einem bis dahin nicht gekannten Devisenmangel. Die (großsprecherisch als Maßnahme gegen den Imperialismus verkündete) einseitige Reduzierung der Schuldenzahlung auf 10% der Exporterlöse (die dann doch höher ausfiel) führte beim internationalen Finanzkapital zu der Neigung, Peru als Abschreckung für eventuelle Nachahmer zu bestrafen. Deshalb ist der Zugang zu neuen Krediten äußerst limitiert, Devisen können lediglich noch über Exporte erlangt werden.

Die Exportindustrie befindet sich allgemein jedoch ebenfalls in einer Krise, die verschiedene Ursachen hat. Es gelang nicht, die Produktion von Fischmehl zu stabilisieren, weshalb sich heftige Ausschläge in der Exportbilanz zeigen. Zucker und Baumwolle, die traditionellen Agrarexportprodukte, sind aufgrund der für Nahrungsmittel vorteilhaften Preisentwicklung auf dem Inlandsmarkt und des zunehmenden internen Konsums inzwischen vernachlässigbare Größen. Kaffee, dessen Ausfuhr in den 80er Jahren zunehmend an Bedeutung gewann, geriet infolge der weltweit fallenden Kaffeepreise seit 1987 in eine Krise. Wegen der seit langem mangelhaften Exploration, in Verbindung mit fallenden Weltmarktpreisen und steigendem internen Verbrauch, ließen die Einkünfte aus dem Verkauf von Rohöl nach. Die Minenindustrie ihrerseits hat insbesondere mit zwei Schwierigkeiten zu kämpfen: einem Nachlassen der Rentabilität und zunehmenden Problemen der politisch-sozialen Stabilität infolge der Zunahme subversiver Aktionen durch die Gruppe des PCP, genannt "Sendero Luminoso".[44]

Das Zusammenspiel dieser Faktoren führte zur schwersten Wirtschaftskrise, die Peru seit den 30er Jahren durchzumachen hat. Dies mag man daran erahnen, daß die Ausfuhr von *pasta básica*, dem Vorprodukt des Kokain, inzwischen zu einem der bedeutendsten Devisenbringer Perus aufgestiegen ist.[45]

Die wirtschaftliche Katastrophe zeigt sich deutlich in der Tabelle XIII, die für 1989 ein Fallen der Manufakturproduktion um 32,2% ausweist. Desgleichen stieg die Inflation, die 1987 noch 114,5% betrug, im folgenden Jahr auf 1.722% und kann für 1989 nur noch geschätzt werden, nämlich auf 5.000%. Gleichzeitig mit dem Fall der Produktion und der Hyperinflation sanken die Reallöhne; im Vergleich zu 1985 entsprachen die Löhne 1989 noch ca. 60%, die Gehälter noch 40% ihrer ehemaligen Kaufkraft. Als Resultat der Entwicklung sank der Anteil der Einkünfte der abhängig Beschäftigten am Nationaleinkommen weit unter den Tiefstand von 1985 ab. Infolge der Absatzschwierigkeiten kam es zu massiven Entlassungen insbesondere in der Industrie, aber auch im Handels- und Dienstleistungssektor.

<u>Tabelle XIII:</u> Wachstum der Manufakturproduktion 1981-1989

Jahr	1981	1982	1983	1984	1985	1986	1987	1988	1989
+/- %	+0,7	-1,0	-16,9	+5,5	+4,9	+16,8	+13,7	-14,2	-32,2

<u>Quelle:</u> C.R. Balbi (1989:13)

Diese Entwicklung hat mehrere Folgen. In Übereinstimmung mit dem in Abschnitt 5 entwickelten Argument müßte sie zu einem Nachlassen der Migration nach Lima sowie zu einer stärkeren Rückmigration in die Ursprungsregionen geführt haben; genau dies zeigt Tabelle XIV.

---

[44] PCP steht für Partido Comunista del Perú. Aus dieser Partei ging eine Gruppe hervor, die sich dem bewaffneten Kampf verschrieben hat und in der internationalen Presse als Sendero Luminoso (Leuchtender Pfad) bekannt ist. Zu Ursprung, Richtung und Ziel der Gruppe, die sich v.a. durch Anschläge terroristischer Natur einen Namen gemacht hat. S. u.a. Carlos Iván Degregori (1986; und ders., 1989).
Zu den Ausführungen bezüglich der Exportindustrie vgl. v.a. Centro Peruano de Estudios Internacionales. Informe de Coyuntura (1988).
[45] J. M. Salcedo (1989:42) schätzt den Wert der Transaktionen des Kokahandels in Peru für 1988 zwischen 1,5 und 2 Mrd. US $, wovon zwischen 600 und 800 Mio. im Land selbst verbleiben sollen. Den vom Kokaanbau abhängenden Anteil am Bruttosozialprodukt des Departments Huanuco schätzt er auf 58%.

Ferner findet eine (in Ziffern leider schwer nachweisbare) "Flucht" in den sogenannten informellen Sektor statt, mit dessen Hilfe die Menschen versuchen, sich ein marginales Einkommen zu sichern und die Krise zu überstehen. Das Nachlassen der produktiven Tätigkeit der nationalen Wirtschaft führt so zu einer starken Zunahme der unproduktiven Tätigkeiten wie Handel, Dienstleistungen und Delinquenz, wobei das schmaler werdende Nationaleinkommen die Gesamtgewinne aus diesem Wirtschaftssektor kürzt und zu zunehmender Konkurrenz führt.

Endlich läßt sich ein rapider Verfall der staatlichen Institutionen feststellen, der sich u.a. darin zeigt, daß der Apparat nicht mehr fähig ist, Steuern einzutreiben[46] und seine Kapazität zur Aufrechterhaltung der öffentlichen Ordnung verloren hat. Die andere Seite derselben Medaille ist die zunehmende Macht, die Sendero Luminoso einerseits, die bewaffneten Kräfte des Staates (die immer weniger einer demokratischen Kontrolle unterliegen) andererseits durch ihre brutalen Aktionen gegen die Bevölkerung gewinnen. Diesem Umstand v.a. dürfte es geschuldet sein, daß trotz der enormen wirtschaftlichen Krise in den Städten immer noch ganze Provinzen durch Abwanderung beinahe entvölkert werden.[47]

Neuere Arbeiten bezüglich des Wachstums von Lima lassen auf eine weitere überdurchschnittliche Zunahme der Bevölkerung dieser Stadt schließen. So gibt Vidaurre Delgado (1987:50), gestützt auf Zahlen des Instituto Nacional de Planificación, die Einwohnerzahlen Perus bzw. Limas folgendermaßen an:

Tabelle XIV: Bevölkerungskurve 1984-1986 (Einw. in Tsd.)

Jahr	1984	1985	1986
Peru	19.197,9	19.697,5	20.207,1
Lima	5.349,2	5.523,6	5.699,2

Quelle: Vidaurre Delgado (1987:50).

Diese Zahlen zeigen einen jährlichen Anstieg der nationalen Bevölkerung um 2,5%, während Lima um jährlich 3,15% wächst. Die Stadt, deren

---
[46] Die Einkünfte des Staates, die (in Intis auf der Basis von 1979 berechnet) 1980 noch mehr als 560 Mio. ausmachten, erreichten 1988 nicht einmal mehr 200 Mio. Vgl. Gamero (1989:25).
[47] Dies ist z.B. der Fall in der Provinz Yauyos, in der auch Quinches liegt. In etlichen Orten der Provinz kam es zu bewaffneten Überfällen von Sendero Luminoso und zu Strafaktionen der Polizei, die viele Menschenleben kosteten (in Quinches wurden im August 1989 sechs Menschen von Sendero Luminoso öffentlich erschossen). Die Dörfer werden von den jüngeren Menschen aus Angst vor Mordaktionen verlassen, so daß oft nur die Alten bleiben, die in der Stadt keinerlei Zukunft für sich sehen.

Wachstumsvorsprung aber gegenüber der Gesamtbevölkerung 1981 noch 1% betrug, wuchs zwischen 1984 und 1986 nur noch um 0,65% schneller. Aufgrund der derzeitigen Wirtschaftskatastrophe ist zu vermuten, daß sich die Angleichung an den nationalen Wachstumsrhythmus noch beschleunigt hat. Ferner deutet diese Entwicklung neben der ständigen Verschlechterung der Lebensbedingungen in einer Stadt, deren Infrastruktur mit jedem Tag mehr Lücken zeigt, auch auf eine Verschiebung der ökonomischen Potenzen weg von Lima.

Den letztgenannten Punkt zu beleuchten, hilft eine vergleichende Untersuchung der Einkommen der Einheimischen versus jener der Migranten. In Lima gab es statistische Erhebungen, deren Ergebnisse Aussagen in dieser Richtung zulassen. J. León Castilla (1987) z.b. analysiert die Einkommensrelationen der beiden genannten Gruppen für die Zeit von 1967 bis 1984. Die Autorin stellt für 1967 noch einen leichten Einkommensunterschied zwischen Migranten und Limeños fest, der 1970 bereits aufgehoben ist. Allerdings sind davon die Migranten mit bis zu einem Jahr Aufenthalt in Lima ausgenommen, da sie oft als Hausangestellte arbeiten und u.a. deshalb geringere Einkommen erhalten. León Castilla ist der Auffassung, daß Einkommensunterschiede am ehesten durch Unterschiede in der Ausbildung, nicht jedoch durch die Herkunft der jeweiligen Person erklärt werden könnten. Mangelnde Ausbildung, nicht Diskriminierung, sei auch der Grund, weshalb Frauen, junge Menschen und neuankommende Migranten zur Gruppe der generell schlechter Bezahlten gehörten (:275).[48]

Bezüglich der Nachfrage nach Arbeitskraft bemerkt sie folgendes:

"Los resultados de las encuestas corroboran las tendencias anteriores. Las ramas relevantes en absorber mano de obra son claramente servicios y comercio; el peso de la industria manufacturera pierde cada vez más importancia y las ramas de prendas de vestir y de productos alimenticios son relativamente las más dinámicas. (...) En términos ocupacionales, se amplía el peso de los trabajadores independientes, en las múltiples subramas de la actividad económica, que operan a una escala muy baja. Es probable que estos cambios hayan intensificado el denominado sector informal, haciéndolo 'evidente' en casi toda la economía."(:260,261).

Läßt sich aus diesen Angaben somit nicht direkt schließen, daß das Einkommen gesunken sei, kann man dennoch vermuten, daß dies geschah, da der Anteil der nichtproduktiven Wirtschaft (Dienstleistungen und Handel)

---

[48] Eine ähnliche Aussage, wenn auch sehr viel vorsichtiger formuliert, findet sich in Galin et al. (1986). Dort heißt es zunächst, daß bei den Arbeitern das Ausbildungsniveau keinen großen Einfluß auf deren Einkommen hätte. Im Durchschnitt der "clases populares" aber sei eine positive Korrelation zwischen beiden Faktoren auszumachen (:98-100).

gegenüber dem Produktionssektor ständig wächst. Dies würde als logische Folge ein tendenzielles Fallen der zu erzielenden Einkommen nach sich ziehen.

Als Ergebnis der Wirtschaftsentwicklung des letzten Jahrzehnts läßt sich eine zunehmende Verarmung feststellen. Da Migranten oft die Möglichkeit haben, in ihr Ursprungsdorf zurückzukehren, müßte man für diese Jahre eine sich verstärkende Rückwanderung dorthin feststellen können. Es gibt auch eine Reihe von Hinweisen auf ein solches Verhalten,[49] und das nachlassende Wachstumstempo Limas selbst ist ein untrüglicher Indikator des selben Vorganges. Dieser allgemeine Trend kann aber nicht auf alle Dörfer bzw. Regionen übertragen werden, da deren interne Faktoren das Wanderungsverhalten von Menschen sehr stark beeinflussen können.

Die schon erwähnten politisch motivierten Gewalttaten in der Provinz Yauyos z.B. machen das Leben dort in solchem Ausmaß unsicher, daß trotz der heftigen Krise in Lima immer mehr Menschen ihre Dörfer verlassen und in diese Stadt ziehen. Im Fall von Vichaycocha, einem der beiden hier untersuchten Dörfer, läßt sich ebenfalls keine Welle von Rückkehrmigranten feststellen. Hier ist dies der internen Organisation des Dorfes geschuldet, die die Wiedereingliederung ehemaliger Migranten schwierig gestaltet. Die folgenden Kapitel werden darüber näheren Aufschluß geben.

Als Resümee der Wirtschaftsgeschichte Perus läßt sich festhalten, daß die ökonomischen Veränderungen zu einem großen Teil von weltwirtschaftlichen Vorgängen determiniert sind. Sie führen in bestimmten Konstellationen dazu, das Land mit seinen Produkten stark in die Weltökonomie zu integrieren. Zumeist bekommt es dann relativ wenig für seinen weggegebenen Reichtum. Ja, dieser zerstörte oft genug die politisch-sozialen Instanzen Perus durch Korruption (im weitesten Sinne) und den Aufbau von Strukturen, die der Weltwirtschaft zum Vorteil, Peru zum Nachteil gereichen. In anderen Konstellationen wiederum hat die Weltwirtschaft kein Interesse an Produkten des Landes oder an Investitionen dort und überläßt es sich selbst. Auch diese Situation ist negativ, da, wie wir oben des öfteren sehen konnten, ein guter Teil der wirtschaftlichen und politischen Strukturen auf eine Einbindung in die internationale Ökonomie ausgerichtet sind und nicht mehr funktionieren können, wenn diese Einbindung verloren geht.

---

[49] In Peru gibt es geradezu einen Trend zur Untersuchung der "migración de retorno"; der herausragende Forscher dieses Phänomens ist Teófilo Altamirano.

Des weiteren wurde in den vorhergehenden Abschnitten nachgewiesen, daß makroökonomische Vorgänge in außerordentlicher Weise dafür verantwortlich sind, den Rahmen zu schaffen, in dem Menschen eine Migrationsentscheidung treffen können. Schreitet die ökonomische Entwicklung eines Landes bzw. einer Region schnell voran, lockt sie Menschen an, die die neuen Möglichkeiten nutzen wollen. Gerät die Ökonomie in eine starke Krise, verlieren die Zentren der Immigration ihre Anziehungskraft und die Menschen orientieren sich in andere Regionen oder kehren zurück bzw. verbleiben in ihren Heimatorten.

Die Ausführungen dieses Kapitel zeigten, daß, will man das Migrationsverhalten der Menschen in der sogenannten Dritten Welt auf der Makroebene beeinflussen, dies nicht nur aufgrund von Planungen auf nationaler Ebene, sondern auch auf internationalem Niveau geschehen muß. Eine radikale Änderung der Kreditvergabepraxis internationaler Institute reicht dabei nicht aus. Auch die Einbindung in den Weltmarkt muß auf eine Basis gestellt werden, die erstens eine kontinuierlichere Entwicklung der einzelnen Länder erlaubte, zweitens deren interne Ökonomie lenkbarer machen würde und so verhindern könnte, daß der gesamte Reichtum abfließt bzw. sich in wenigen Regionen zusammenballt.

7. Anmerkungen zum Konzept des "informellen Sektors"

Wenn von Städten in den armen Ländern der Welt die Rede ist, taucht unweigerlich das Konzept des "informellen Sektors" auf. Nicht so sehr dessen Sinnhaftigkeit als vielmehr seine Verbreitung machen einige kurze Ausführungen auch in dieser Arbeit notwendig.

Hervorgehend aus der dualistischen Schule, die in den armen Ländern auf der einen Seite einen traditionellen, "marginalisierten", auf der anderen Seite einen modernen, industrialisierten Sektor ausmachte, wurde v.a. in den 60er Jahren das Konzept der Marginalität vertreten. Es war sowohl räumlich (die "Elendsgürtel" um die großen Städte) als auch sozial und wirtschaftlich - ja sogar kulturell bestimmt. Als in den 70er Jahren die dualistische Auffassung zunehmend in Schwierigkeiten geriet, wurde auch dieses Konzept immer zweifelhafter.[50]

---
[50] Eine gute Kritik am Konzept der Marginalität am Beispiel eines *pueblo joven* in Lima leistet P. Lloyd (1980:115ff.).

Offenbar aus der Notwendigkeit heraus, Phänomene zu beschreiben und zu analysieren, die mit den herkömmlichen Instrumenten der soziologischen Methode nicht erfaßt werden konnten, wurde der Begriff der Marginalität zunehmend durch den des "informellen Sektors" ersetzt. Allerdings wurde es unterlassen zu definieren, was unter diese Kategorie fallen könnte - eine Unterlassung, die den zentralen Ansatzpunkt zur Kritik bildet, die aber auch dem Gegenstand selbst und seinem Inhalt geschuldet ist.

Bei H. de Soto (1986) beispielsweise ist der Gebrauch des Begriffs der "informalidad" vergleichsweise klar: alles was nicht vom Staat erfaßt, kontrolliert und reguliert wird, fällt darunter. De Soto, ein überzeugter Wirtschaftsliberaler, feiert die Informalität, wie er sie versteht - Kampf gegen die bürokratischen Hürden und gegen staatlich garantierte Monopole sowohl auf Unternehmerseite als auch bei den Arbeitern (Sozialleistungen) - als die Lösung der Probleme Perus. Er versteht sie als die Vorhut einer neuen Wirtschaftsordnung, die aus dem "Merkantilismus" heraus und in einen wahrhaften, dynamischen und fortschrittlichen Kapitalismus führen könne.

E. Chávez (1988) führt zur Definition dessen, was sie "informeller urbaner Sektor" (sector informal urbano) nennt, rein technische Kriterien an. Ihr zufolge ist er charakterisiert durch intensive Arbeit, geringe Technisierung, kleine Betriebsgrößen und geringe Einkommen (:9,10).

R. Grompone liefert seinerseits eine ausführliche Kritik an besagtem Konzept. Er stellt fest, daß eine Aufteilung der Wirtschaft und der Protagonisten in "formell" und "informell" schon deshalb scheitere, weil ein und dieselbe Person z.B. tagsüber in einer Fabrik, abends als Straßenhändler beschäftigt sein könne. Zudem müsse die Kleinfamilie als Ganzes betrachtet werden, da ein Überleben der Menschen in der Stadt nicht nur von einer Person in einer Beschäftigung, sondern von der ganzen Familie mit Personen in vielen Beschäftigungen gewährleistet werde. Grompone lehnt auch die Vorstellung ab, Informalität könne über fehlende Technologie oder fehlende Anforderungen an die formelle Ausbildung der Beschäftigten definiert werden. Endlich kritisiert er die Vorstellung, der informelle Sektor lasse sich an seiner leichten Zugänglichkeit erkennen. Ohne schließlich zu einer eigenen Definition zu kommen, gelangt der Autor zu der Auffassung, daß das, was als informeller Sektor begriffen worden sei, zusammen mit Arbeitern und kleinen Angestellten als "clases populares" zu fassen sei.[51]

Mit den Ausführungen Grompones wird das ganze Dilemma dieses Konzepts deutlich: es existiert etwas, das sich von der vorherrschenden Wirt-

---

51 Romeo Grompone (1985, insbesondere :41-67, :213-231).

schaftstätigkeit in westlichen Industrieländern unterscheidet und deshalb nach eigenen Begrifflichkeiten verlangt, die zur Analyse beitragen können. Dennoch bietet das Konzept des "informellen Sektors" keine Lösung, schon allein weil es zu dualistisch oder rein an die Legalität gebunden ist. Eine Kritik an obigem Begriff, die aus Daten einer anderen Weltgegend (Indonesien) entwickelt wurde, liefern G. Elwert et al. (1983:281-296). Ihrem Verständnis zufolge ist "informeller Sektor" keine analytische, sondern eine deskriptive Kategorie:

"Informell ist jener Bereich der Ökonomie, der von staatlichem Handeln (einschließlich des Handelns aller staatlichen Körperschaften) nicht oder unterdurchschnittlich schwach erfaßt wird." (:283).

In diesen Bereich gehören demnach Tätigkeiten in einer Ökonomie, nicht Personen (sie können in der Tat einmal "formell" und gleichzeitig "informell" arbeiten). Das Entstehen eines "informellen" Bereichs der Ökonomie erklärt sich den Autoren zufolge, aus dem Unterschied zwischen "Kapitalismus" und "Marktwirtschaft".[52] Kapitalismus habe mit dem Einsatz von Machtmitteln (unter anderem dem Staat) zur Sicherung von Vorteilen zu tun, die den Markt gegen allzustarke Konkurrenz schützen sollen. Wenn jedoch der Kapitalismus die grundlegenden Bedürfnisse der Menschen nicht zu befriedigen in der Lage sei, bildeten sich daneben neue Produktionsformen heraus, die bestimmt seien durch die Verbilligung des konstanten Kapitals durch Produktion in Wohnräumen, auf der Straße, etc., Verbilligung der Arbeitskraft durch Mitarbeit von Familienangehörigen, Kreditaufnahme über private Kanäle. Dieser Bereich, der sich um die Kartelle herum ausbilde, trüge das Risiko der Expansion und Kontraktion der Ökonomie, die Kartelle investierten nur in die profitträchtigen Teile der Wirtschaft (:292:293). Die von Elwert et al. vertretene Auffassung läßt keinen Raum für dualistische Vorstellungen, da die Bereiche der formellen und der informellen Ökonomie in symbiotischer Weise ineinander verwoben sind. Dem widerspricht nicht, daß an den beiden Extrempunkten unterschiedliche Handlungsmotivationen vorherrschen: ist das Ziel der kartellartig organisierten Unternehmen die Profitmaximierung, so versuchen jene Menschen, die bar jeglicher Absicherung sind, über eine Mischung ihrer Tätig-

---

[52] Wir werden gleich noch einmal auf dieses Gegensatzpaar stoßen; allerdings schrieb der weiter unten zitierte Autor F. Braudel einige Jahre, bevor die hier genannten Autoren ihren Artikel veröffentlichten (die französischen Originalfassungen datieren aus den Jahren 1985 bzw. 1979).

keiten zuallererst Sicherheit zu erreichen, das Ziel der Einkommensmaximierung nimmt einen sekundären Platz ein (:286).

In ähnlicher Weise argumentiert R. Korff (1986:296-307), auch wenn er über seine Argumentation zu einer Ablehnung des Konzepts des "informellen Sektors" gelangt. Auch er betont den Zusammenhang einer Ökonomie, die nicht künstlich in formelle und informelle Sektoren geteilt werden könne. Ebenso weist er auf die Strategie der Armen hin, ihre Einkommensquellen individuell und im Haushaltsverband zu diversifizieren, um so das Überleben zu sichern (:297,299). Korff versucht aber, das Konzept der Informalität vollständig aufzugeben mit Hilfe des von F. Braudel entworfenen Modells des Kapitalismus.

Braudel hatte in seinem dreibändigen Werk "Sozialgeschichte des 15.-18. Jahrhunderts" (1986b) versucht zu zeigen, daß Kapitalismus als Wirtschaftssystem lange vor dem Industriezeitalter existiert habe. Teils als Ergebnis seiner Untersuchung, teils als Instrument der Analyse macht Braudel eine Unterscheidung der Wirtschaft in drei hierarchisch angeordnete Sphären:

1) Die niedrigste macht das "materielle Leben" aus, jener Bereich, der von anderen Autoren vielleicht als "Subsistenzwirtschaft" bezeichnet würde. Auf dem materiellen Leben beruhen die beiden folgenden Sphären.
2) Der Markt, die dem Austausch dienende Sphäre, die von der ersten gespeist wird und von ihr lebt. Sie basiert auf der Konkurrenz der Produzenten und Anbieter.
3) Die Sphäre des Kapitalismus. Sie wird durch die großen Monopole charakterisiert, die sich durch Absprachen und durch die Nähe zum Staat die größten Profite sichern, welche aus den Sphären 1) und 2) stammen.[53]

Korff nun, der einen Großmarkt in Bangkok untersuchte und daran sein Konzept entwickelt, setzt die Vorstellungen von Braudel in der Interpretation seiner Daten um. Er begreift folglich das, was andere als den informellen Sektor bezeichnen, als die Marktsphäre im Sinne Braudels. Für den Tauschbereich der Wirtschaft lassen sich nach seinem Konzept die beiden Extreme "freie Konkurrenz" und "kapitalistisches Monopol" ausmachen.

---

[53] Vgl. dazu die Schlußbemerkung zu Band 3 der "Sozialgeschichte des 15.-18. Jahrhunderts. Der Handel."(1986a) und "Die Dynamik des Kapitalismus" (1986b, insbesondere die Seiten 48-59 und 97-103).

Zwischen ihnen gibt es eine Unzahl von Abstufungen. So ist auch der Zugang zum Kleinhandel alles andere als frei:

"Macht, die beinhaltet, daß profitable Segmente der Ökonomie kartellisiert werden, setzt sich auch im Kleinhandel fort, indem die Geschäfte die profitablen Segmente des Kleinhandels dominieren und weniger profitable Nischen den Kleinsthändlern überlassen." (:306).

Der Schluß, den der Autor aus seinen Überlegungen zieht, ist folgender:

"Braudels Bild der Marktwirtschaft als Pyramide trifft zu. Mit zunehmender Profitabilität erhöht sich der Grad der Monopolisierung und mit abnehmender Profitabilität nimmt die Zahl der Händler und ihre Spezialisierung zu. Der Klein- und Kleinsthandel ist ein Ergebnis der ökonomischen Entwicklungen an der Spitze der Pyramide, die zur Unregelmäßigkeit der Beschäftigung und geringer Entlohnung führen und Kleinhandel als Einkommensquelle notwendig machen.
Die Vielfalt der Handelsbeziehungen und ihre Verbundenheit zeigt, daß man von einem abgegrenzten 'informellen Sektor' nicht sprechen kann. Die Versorgung der Bevölkerung einer Großstadt wie Bangkok basiert auf dieser Heterogenität miteinander verwobener Austauschbeziehungen. Diese gibt der von Braudel entwickelte Begriff der Marktwirtschaft weitaus besser wieder, als der weder deskriptiv noch analytisch gehaltvolle Begriff des 'informellen Sektor'." (306).

Mit Korffs Ausführungen ist m.E. ein Weg des Verständnisses von schwach regulierten Wirtschaftsvorgängen gewiesen, die sich allgemein in den Ökonomien der sogenannten Dritten Welt finden, in bestimmten Situationen und/oder Bereichen aber auch einigen Einfluß in den westlichen Industriegesellschaften gewinnen können.[54] Der Staat ist dieser Auffassung zufolge wesentlich ein Instrument zur Durchsetzung korporierter und kartellisierter Interessen. Wo der Staat schwach ist,[55] können zwei (sich nicht unbedingt widersprechende) Entwicklungen stattfinden: 1) Die Wirtschaftsbeziehungen der Menschen orientieren sich stark an persönlichen Beziehungen, die die fehlende Sicherheit der staatlichen Garantie ersetzen, oder auch als Agenten für eine andersgeartete Kartellisierung funktionieren können - man denke nur an die Besetzung "ökonomischer Nischen" durch Abwanderer einer bestimmten Region, die sich überall in den Städten der armen Länder findet. 2) Der freie Markt, der keinerlei Preisabsprachen, Sicherheiten etc. kennt, gewinnt an Raum.

---
54 Man denke nur an die üblichen Klagen über die Schwarzarbeit oder den West-Berliner "Polenmarkt".
55 Stärke von Staat und Stärke von Kapitalismus im Braudelschen Sinne sind, soweit ich das verstehe, heute zwei sich gegenseitig bedingende Größen.

Beide Phänomene können für Lima beobachtet werden. Mit der in Abschnitt 6 beschriebenen heftigen ökonomischen Krise geht ein ständiges Wachstum der staatlich nicht oder unzureichend kontrollierten Wirtschaft einher - dies schwächt den Staat weiter und legt die Basis für eine Ausdehnung einer derartigen Wirtschaftsweise.

Die Zunahme des Wachstums der unkontrollierten Wirtschaft in Peru wird allgemein behauptet. Zur Illustration seien hier nur die Zahlen von Chávez angeführt. Ihr zufolge waren es in Lima 1987 41% der aktiven Bevölkerung, die als Hauptbeschäftigung einer Tätigkeit in diesem Bereich nachgingen, die Zunahme der Erwerbsbevölkerung in ihm entsprach in den Jahren 1985-87 8% (1988:19,20). Die Bedeutung dieser Ökonomie läßt sich auch an einem anderen Zitat erkennen:

"De acuerdo con la misma fuente, la producción del sector informal en 1979 representaba alrededor del 14% del Producto Interno Bruto de toda la industria manufacturera. Contribución porcentual que es relativamente superior al 11.3% registrado en 1975 e inferior al 17% que se habría registrado en 1984. De modo similar a la pequeña empresa formal, el sector informal habría ampliado su participación productiva en las fases recesivas del ciclo industrial, como en 1977-78 y 1982-1983; y la habría contraído en las fases de recuperación o expansión, como en 1979-80 y 1984-1986." (:23).

Chávez betont damit die Komplementarität dessen, was hier in Anlehnung an obige Diskussion korporierte versus nichtkorporierte Wirtschaft genannt werden könnte. Dehnt sich infolge einer Boomphase die korporierte Industrie aus, sinkt relativ dazu der Anteil des nichtkorporierten Sektors. In Rezessionsphasen geschieht das Gegenteil. Die hier beobachtbare Spirale ist im übrigen ein Indiz für die Konkurrenzfähigkeit der nichtkorporierten Wirtschaft, deren Arbeitskräfte zum größeren Teil nicht gegen Lohn, sondern zur Absicherung ihrer Reproduktion und oft für das schiere Überleben arbeiten.

Zum Schluß soll nochmals auf die Arbeit von De Soto aufmerksam gemacht werden, die in ihrer Gesamtheit den unaufhaltsamen Vormarsch der nicht staatlich kontrollierten Wirtschaft[56] darstellt (und feiert). Auch sie ist ein Hinweis darauf, daß in Peru ein Prozeß stattfindet, in welchem der Staat mit seinen herkömmlichen Mitteln immer mehr Einfluß auf die nationale Wirtschaft verliert und somit immer größere Freiräume für eine an-

---

[56] Sie soll hier, in Absetzung zum auch geläufigen Begriff der "nichtkorporierten Wirtschaft" so bezeichnet werden, da innerhalb ihrer sehr einflußreiche korporative Gruppen, wie etwa die Transportunternehmer, anzutreffen sind.

dersgeartete Wirtschaftsorganisation einräumen muß. Letztere reicht von den mächtigen Kartellen der Transportunternehmer und eines Teils der *ambulantes*, die so beweglich gar nicht sind, da sie über ihre Organisation die besten Standplätze monopolisieren, oder auch der Drogenhändler, bis hin zum anderen Extrem der Tagelöhner in den großen Märkten, der "Sänger" in den Bussen oder der wirklichen "fliegenden Händler". An die Ideen von Braudel und Korff anknüpfend läßt sich feststellen, daß Wirtschaftstätigkeit offenbar immer zur Bildung von Kartellen neigt, die im Staat nur ihren am weitesten entwickelten Ausdruck gefunden haben, sich aber auf fast allen Ebenen darunter wiederfinden.

Das Konzept des "informellen Sektor" verlangt natürlich nach einer tieferen und genaueren Diskussion, als sie hier geführt wurde und geführt werden konnte. Dennoch dürfte aus den Ausführungen deutlich geworden sein, daß es im folgenden Text keine zentrale Stellung einnehmen kann, weil "Informalität" in dieser Arbeit nicht als eine Qualität an sich begriffen wird, sondern als eine Möglichkeit wirtschaftlichen Verhaltens, die immer dann mit großer Wahrscheinlichkeit von vielen Menschen verfolgt wird, wenn die Administration eines Staates oder anderer großer gesellschaftlicher Korporationen die Versorgung der Bevölkerung mit Infrastruktur und Konsumgütern nicht bzw. schlecht gewährleisten kann. In Peru war - und ist in zunehmendem Maße - eine Situation gegeben, in der es für die meisten arbeitenden Menschen vorteilhafter, oft überlebenswichtig, ist, "am Staat vorbei" zu wirtschaften. Diese Wirtschaftsweise ist weder "archaisch", noch ist sie mit modernem Kapitalismus unvereinbar. Sie ist das Produkt von Kartellbildungen, in denen eine große (und wachsende) Gruppe von Menschen keinen Platz findet, weil sie nicht profitabel genug beschäftigt werden können; oder sie ist Produkt neuer Kartellbildungen, die sich gegen die "alten Mächte" durchzusetzen versuchen, wie dies der Fall der ambulanten Händler und der Transportunternehmer zeigt.

Nachdem in diesem Kapitel das Panorama entworfen wurde, in welchem Menschen migrieren, sollen im folgenden zweiten, empirischen Teil der Arbeit die beiden der Untersuchung zugrundeliegenden Dörfer und deren Migranten an der Küste vorgestellt werden.

Karte I: Die Region der Provinzen Yauyos und Cañete

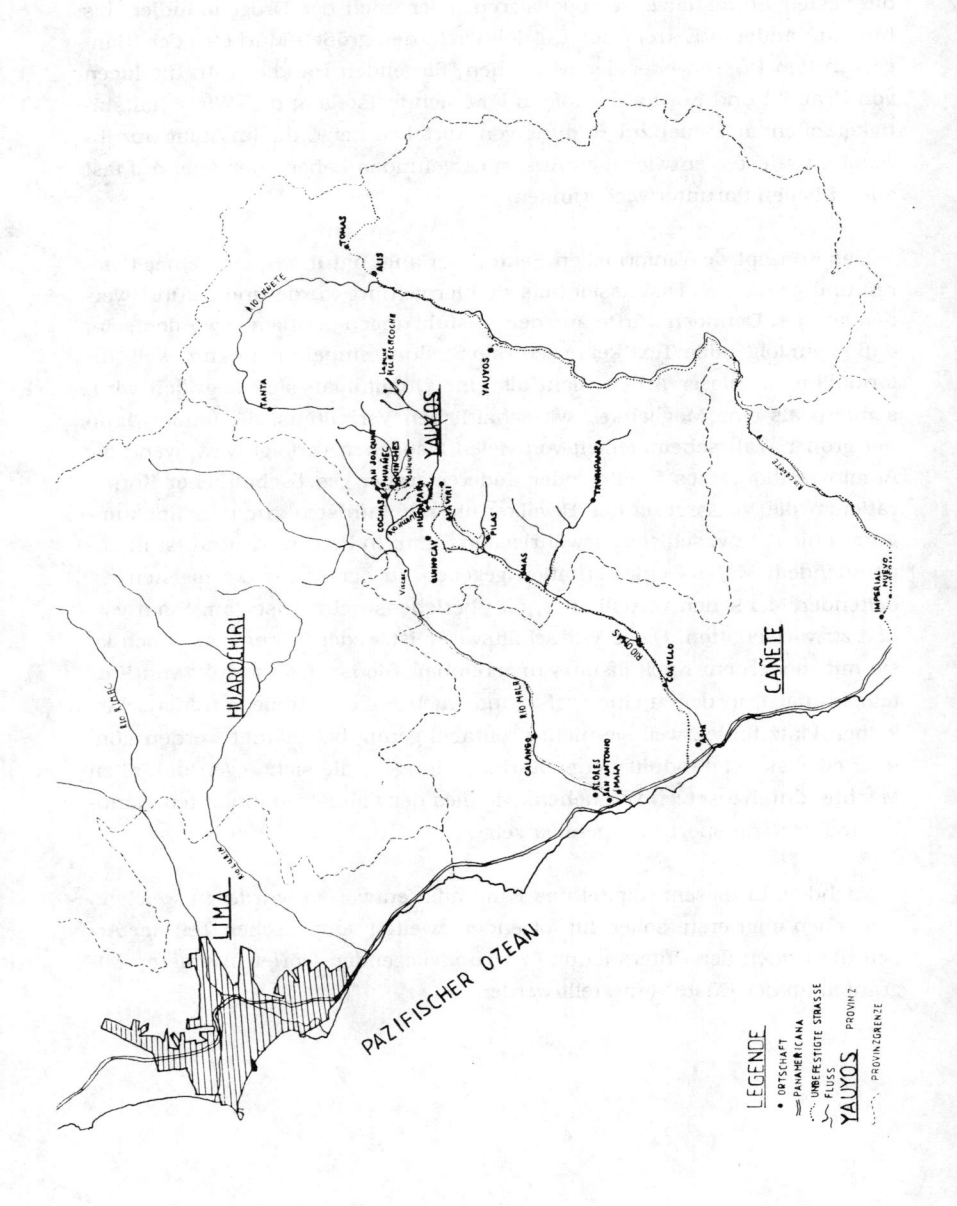

IV. Santiago de Quinches[1]

Santiago de Quinches, auf 2.962 m am Westabhang der Anden, ca. 180 km südlich von Lima gelegen, ist der erste von zwei Orten, in denen das empirische Material dieser Arbeit zur Diskussion um Gründe, Richtung und Auswirkung von Bevölkerungsbewegungen in den peruanischen Anden gewonnen wurde. Quinches ist Distrikthauptort mit zwei unter seine Verwaltung fallenden Weilern[2] (Malleuran und Huacta), von denen der erste beinahe vollständig in das soziale und politische Leben von Quinches integriert ist, während der zweite darin kaum eine Rolle spielt. Die Verwaltungsebene des Dorfes selbst ist die *municipalidad* (Gemeinde). Politisch gehört Quinches zur Provinz Yauyos im Departement Lima.

Das gesamte Gebiet des Distriktes umfaßt 362 km^2. Landwirtschaftlich nutzbar für dessen Bewohner sind 18.650 ha, die von einer Meereshöhe von 2.400 m bis auf 4.800 m reichen. Für den Ackerbau können nur 917 ha genutzt werden, weil dazu, infolge der relativen Küstennähe und damit Trockenheit der Region eine Bewässerung unbedingt erforderlich ist.[3] Aufgrund des starken Gefälles des Terrains sind die Felder zum größten Teil auf kleinen und mittelgroßen Terrassen angelegt. Die restlichen 17.733 ha bilden natürliche Weiden, die für die Viehzucht genutzt werden. Von ihnen sind 6.298 ha in Privatbesitz, während 11.435 ha zu der 1936 gegründeten *comunidad*[4] gehören.

---

[1] Meine Magisterarbeit handelt ausführlich von der Geschichte, der ökonomischen und sozialen Struktur sowie der gegenwärtigen Situation von Quinches; da sie 1987 veröffentlicht wurde und somit frei zugänglich ist, werde ich mich an dieser Stelle auf jene Daten beschränken, die für die hier geführte Argumentation unerläßlich sind. Ich werde allerdings Daten einfügen, die ich bei meinem Aufenthalt 1987/88 gesammelt habe.
Im gesamten zweiten Teil der vorliegenden Arbeit werden öfter die international üblichen englischen Abkürzungen für Verwandtschaftstermini gebraucht, also z.B.: Bruder = B, Schwester = Z, Vater = F, Mutter = M, Sohn = S, Tochter = D, Ehefrau = W.
[2] In Peru *anexos* (etwa: Anhang) genannt; entspricht dem deutschen Ortsteil.
[3] Nach der Klassifikation von Tosi (1960) umfaßt das Gebiet von Quinches die Klimata: "estepa espinosa montano bajo", "estepa montano", "bosque humedo montano" und "paramo muy humedo subalpino". Davon sind die "estepa espinosa" und der "paramo" die flächenmäßig größten Gebiete. Innerhalb des "paramo", wie er von Tosi klassifiziert wurde, finden sich jedoch starke Abweichungen. So ist auch der größte Teil der Gebiete von Vichaycocha unter dieser Rubrik zusammengefasst. Dort sind die Weiden aber von ungleich besserer Qualität, da die Regenfälle wesentlich früher einsetzen und länger dauern als in Quinches.
[4] Der Begriff *"comunidad"* (Dorfgemeinschaft) führt bis heute eher zu Verwirrung denn zu einer Klärung des Gemeinten. In dieser Arbeit werde ich ihn in der Weise verwenden, daß darunter eine Institution von Bauern verstanden wird, die sich zum Zweck der Nutzung von Ressourcen zusammengeschlossen haben. Für eine kritische Auseinandersetzung mit dem Konzept der *"comunidad andina"* vgl. Moßbrucker (1989).

Quinches ist über eine 1980 fertiggestellte, durch das Valle de Omas führende Straße erreichbar. Die Anreise von Lima dauert bis zu 24 Stunden - eine Belastung sowohl für Besucher als auch für den Handel, die zu Überlegungen führte, einen zweiten Zugang zum Ort über das Valle de Mala zu schaffen, auch, um damit das lokale Monopol der beiden einzigen Transportunternehmer brechen zu können.

1. Zur Geschichte
1.1 *Reducción*, Ortsteil, Distrikthauptort, *comunidad*

Quinches, von den Spaniern am 25.7.1534 neugegründet und später von dem königlichen Beamten Davila Briceño in eine *reducción*[5] zusammengefaßt, war bis 1908 Ortsteil von Huañec, einem 2 km entfernten Nachbardorf. 1908 wurde es Distrikthauptort.

Ein für das Verständnis der ökonomischen und sozialen Verhältnisse in Quinches sehr wichtiges Ereignis war die Gründung einer *comunidad* im Jahre 1936. Da diese Geschichte an anderer Stelle ausführlich behandelt wurde,[6] sollen hier nur die wichtigsten Aspekte erwähnt werden.

Ursprünglich standen die heute in der Hand der comunidad befindlichen natürlichen Weiden unter der Verwaltung der *municipalidad*. Im Einklang mit den damaligen Verhältnissen in den peruanischen Anden[7] war diese jedoch auch in Quinches von einer Interessengruppe beherrscht, nämlich den großen Viehzüchtern. Sie monopolisierten den unter der Verwaltung der *municipalidad* stehenden und damit in ihrer Macht befindlichen Zugang zu den Weiden und machten dadurch eine Nutzung dieser Ressource für Besitzer kleinerer Herden schwierig. Im Zuge der für die Gründung von *comunidades* vorteilhaften politischen Konjunktur der 20er Jahre versuchten letztere, unter kräftiger Mithilfe bereits nach Lima abgewanderter Migranten, den in der *municipalidad* organisierten Viehzüchtern die natürlichen Weiden zu entreißen und sie unter die eigene Kontrolle zu bringen. Dies gelang schließlich 1936; 1941 wurde die neugegründete *comunidad*

---
5 Siehe Glossar.
6 Vgl. Moßbrucker (1987:27ff.).
7 Vgl. die Studien zum Valle de Chancay, z.B. Fuenzalida et al. (1982) und Lausent (1983); aber auch die Romane von J.M. Arguedas (insbesondere "Yawar Fiesta" und "Todas las sangres"), die immer noch die für jene Zeit anschaulichsten Schilderungen andiner Verhältnisse bilden.

auch staatlich anerkannt. Ihre Gründung führte jedoch zu heftigen Konflikten innerhalb des Dorfes, die sich schließlich in einer über 30 Jahre währenden Spaltung äußerten. So war es erst seit den 60er Jahren für einen Dorfbewohner wieder möglich, eine Position in der *municipalidad* zu bekleiden und gleichzeitig Mitglied der *comunidad* zu sein. Heute ist es indessen so, daß die Mitglieder der *comunidad*, die nun bis auf zwei Personen mit den Viehzüchtern identisch sind, die *municipalidad* weitgehend beherrschen. Die ehemaligen "*gamonales*"[8] haben sich, soweit sie sich noch in der Region befinden, in den Weiler Huacta zurückgezogen, da sie dort über große Felder mit ganzjähriger Bewässerung verfügen.

1.2 Wirtschaftsgeschichte

Die Bewohner von Quinches betreiben, wie u.a. an den unzähligen, heute teilweise verlassenen Terrassen erkennbar ist, seit vorgeschichtlicher Zeit Ackerbau. Aufgrund des wahrscheinlich bis zur inkaischen Zeit andauernden Gebrauchs der Felder ist es nicht möglich, eine exakte archäologische Datierung dieser Anlagen vorzunehmen. Zudem stammen auch die heute noch genutzten Felder sicherlich aus vorgeschichtlicher Zeit; der große Teil davon vielleicht aus der Zeit vor der inkaischen Invasion. Da auf den Terrassen nur produziert werden kann, solange ihnen Wasser zugeführt wird, gilt diese Feststellung in gleicher Weise für das Bewässerungssystem.[9] Aufgrund der Höhenlage der Felder des Ortes ist anzunehmen, daß in vorspanischer Zeit vor allem Mais und Kartoffel sowie *oca, olluco* und *mashua* angebaut wurden.[10] Nach der Ankunft der Spanier wur-

---

8 Siehe Glossar. Zu diesem Begriff vgl. auch die oben erwähnten Schriften von Arguedas.
9 Auch auf meine oft wiederholten Nachfragen bei den ältesten Dorfbewohnern zum Ursprung der Bewässerungskanäle konnte mir niemand darüber Auskunft geben. Die übereinstimmende Auffassung war, daß diese Anlagen wohl aus der inkaischen Zeit stammten.
10 Murra vertritt die These, daß der Anbau von Mais v.a. auf die Inka zurückzuführen sei, während in vorinkaischer Zeit lediglich Knollenfrüchte angebaut worden seien; ja, er spricht von zwei getrennten Agrarsystemen (vgl. 1975:45-57). Ich vermag nicht, mich seiner Argumentation anzuschließen, v.a. deshalb nicht, weil mir die These von Golte (1980) bezüglich der Notwendigkeit der maximalen Nutzung der vorhandenen Arbeitskraft überzeugend scheint. Wären von den vorinkaischen Ethnien lediglich Knollenfrüchte angebaut worden, hätten sie sich in der Möglichkeit der vertikalen Nutzung der Anden im Sinne der These von Golte erheblich beschnitten und hätten damit ihr physisches Überleben gefährdet. Ich neige deshalb zu der Annahme, daß auch in vorinkaischer Zeit dem Maisanbau eine wesentliche Rolle in der andinen Wirtschaft zukam.

den in Quinches europäische Getreidesorten eingeführt[11] und bis heute ist der Ort für die Qualität des auf seinen Feldern wachsenden Weizens bekannt. Weizen macht immer noch 23% der angebauten Fläche aus, trotz der infolge vermehrter Viehzucht ausgeweiteten Alfalfaproduktion (20% Fläche).[12]

Ebenso wie der Ackerbau dürfte auch die Viehzucht im Lauf der Geschichte einige Veränderungen erfahren haben. Ohne Zweifel wurden in vorspanischer Zeit Lamas und Alpacas gezüchtet. Diese Annahme wird schon gerechtfertigt durch die oberhalb des Ortes sich erstreckende ausgedehnte Puna, die hervorragend zur Zucht dieser Tiere geeignet ist. Aber auch der *visitador* Davila Brizeño, der u.a. Schafe verteilen ließ, deutet darauf hin. Denn er wird nur an jene Orte Tiere gegeben haben, die bereits über Kenntnisse in der Viehzucht verfügten.

Für das 18. Jhd. lassen sich in den "*Libros de Bautizo*"[13] der Pfarrei in Quinches die Ortsnamen Suitucancha und Huascacocha finden. Beide Gebiete liegen auf über 4.000 m Mereshöhe im heutigen Distriktgebiet, und in beiden finden sich keinerlei bauliche Überreste mehr. Auch alte Dorfbewohner können sich nicht mehr an die Existenz der Ortschaften erinnern. Die Familiennamen der für diese Orte erwähnten Eltern von Neugeborenen bzw. der dort Verstorbenen decken sich zum größten Teil mit den Namen heutiger Familien in Quinches. Bedenkt man, daß auf einer solchen Höhe kein Ackerbau mehr möglich ist - weshalb Bewohner solcher Gebiete von Viehzucht leben müßten -, kann die Vermutung nicht gänzlich von der Hand gewiesen werden, daß es sich bei den beiden erwähnten Orten um vom Hauptort (Quinches bzw. Huañec) abhängige Hirtengemeinden handelte, die sich der Wollviehzucht widmeten. Eine hierarchische Teilung zwischen Hirten und Ackerbauern findet sich heute noch in vielen Regionen der Anden. Sie ist selten konfliktfrei und führt oft zu Versuchen seitens der Hirten, bei den Ackerbauern einzuheiraten; oder zu Versuchen seitens der Ackerbauern, die Hirten mit Hilfe von Heiratsbeziehungen zu kontrol-

---

11 Wann das geschah, läßt sich nicht genau rekonstruieren. Der mit der Durchführung der *reducción* von *Atun Yauyos* und damit von Quinches beauftragte *visitador* Diego Davila Brizeño erwähnt, daß er Schafe an die Bauern verteilen ließ; Getreide erwähnt er nicht (in: Jimenez de la Espada, 1965:158,159). Trotzdem läßt sich zumindest vermuten, daß auch Getreide verteilt wurde.
12 Vgl. Moßbrucker (1987:53a).
13 Aus: "Libros de Bautizo"; "Libros de Defunción" de la parroquia de Quinches.

lieren.[14] Ähnliches könnte in Quinches im Laufe des 18. bzw. 19. Jhds. geschehen sein.

Wann mit der Rinderzucht begonnen wurde, läßt sich nicht feststellen. Der italienische Forschungsreisende A. Raimondi stellte für die Mitte des 19. Jhds., anläßlich einer Reise durch die Provinz Yauyos, für Quinches fest: "...también crian un poco de ganado vacuno" (1874-1880:198,199). Die heute festzustellende Spezialisierung auf Rinderhaltung hat demnach eine Vorgeschichte von zumindest mehr als 100 Jahren.

Ein weiterer Zweig der Ökonomie in Quinches war die *arrieraje* (Maultiertreiber-Gewerbe), die auch der Ursprung und/oder der Anreiz für eine erste Intensivierung des Alfalfa-Anbaus gewesen sein könnte. Die *arrieraje*, betrieben von Spezialisten mit relativ großen Herden (bis zu 40 Tieren, die sowohl Eigentum des *arriero* [Maultiertreiber] als auch geliehen sein konnten), hielt sich noch bis in die 70er Jahre, als ihr durch den Bau der Straße die Grundlage entzogen wurde. Die *arrieros* beförderten die verschiedensten Güter von der Küste in die Sierra oder umgekehrt. Dazu gehörten: Käse und Fleisch; Agrarprodukte wie Kartoffeln und Mais, aber v.a. Weizen, die aus der Region sowohl an die Küste als auch ins Valle de Mantaro verbracht wurden. Von dort erhielten sie Produkte, die für ihr Überleben wichtig waren oder die als Prestigegüter zunehmend Bedeutung erlangten. Zu ersterem gehören Salz und Öle, zu zweiterem Nudeln, Reis und Bier, das in Quinches schon lange vor dem Bau der Straße konsumiert wurde.

1.3 Bevölkerungsentwicklung bis 1940

Ähnlich schwierig wie die Rekonstruktion der Wirtschaftsgeschichte gestaltet sich jene der demographischen Entwicklung, v.a. deshalb, weil die Gemeindeverwaltung bis heute über keinerlei Bevölkerungsdaten verfügt. Die einzigen auffindbaren Hinweise stammen aus den *Libros de Bautizo* der Pfarrei.

In diesen Büchern werden für die Jahre 1759 bis 1781 für Quinches und Huañec sowie für die Hacienda Cochas[15] zusammen im Durchschnitt pro

---

14 Erwähnt werden solche Beziehungen zwischen Ackerbauern und Hirten bei Fuenzalida et al. (1982:121ff.) und Degregori und Golte (1973:57ff.); sie finden sich aber auch in Vichaycocha (s. dazu die vorliegende Arbeit und Literaturverweise).
15 Cochas ist heute ein eigenständiger Distrikt mit 183 Einwohnern; Huañec, der ehemalige Distrikthauptort von Quinches, hat heute 567 Einwohner (vgl. Censos Nacionales, Perú, 1981).

Jahr 47 Taufen ausgewiesen. Für die Jahre 1812 bis 1825 sind die Taufen nach Orten getrennt, nun entfallen auf Quinches pro Jahr 46. Demnach hätte es in diesem Zeitraum ein erhebliches Bevölkerungswachstum gegeben, da nun Quinches allein so viele Taufen aufweist, wie vorher alle drei genannten Orte zusammen.[16] Andere Quellen geben Auskunft über die Gesamtbevölkerung der Provinz Yauyos in verschiedenen Jahrhunderten. Kubler (1946:338) gibt ihre indianische Bevölkerung für 1628 mit 15.241 Personen, für 1754 mit 6.835 Personen an, ab 1821 stellt er ein starkes Anwachsen der als *indígenas* erfaßten Personen fest (1946:340, Fig.33). Espinoza Soriano (1980:245) gibt die Gesamtbevölkerung der Provinz für 1792 mit 9.574, für 1827 mit 12.276 Personen an, wobei für 1827 10.981 *indígenas* angegeben sind, also 89,5%. Projiziert man diese Zahl auf die für 1792 angegebene, erhält man 8.569 *indígenas*. Es hätte also bereits zwischen 1754 und 1792 ein starkes Anwachsen der *indígena*-Bevölkerung (um 20%) der Provinz gegeben.

Für die Jahre von 1850 bis 1859 finden sich in den Büchern pro Jahr 53 Taufen, von 1860 bis 1879 sind es 56. Endlich werden für die Jahre 1913 bis 1921 durchschnittlich 57 Taufen im Jahr erwähnt. Diese Zahlen können allerdings nur Annäherungswerte sein, da einmal die Zahl der geborenen Kinder nicht jener der Getauften entsprechen muß, zum anderen die Kindersterblichkeit in der fraglichen Zeit sehr hoch lag.[17]

Die ersten verläßlicheren Angaben zur Bevölkerung finden sich im ersten nationalen Bevölkerungszensus von Peru aus dem Jahre 1940,[18] wonach die Einwohnerzahl von Quinches 1.810 Personen umfaßte. Es hätte also die Bevölkerungszahl, die von 1850 bis 1920 nicht wesentlich zunahm, zwischen 1920 und 1940 einen deutlichen Aufschwung erfahren.

Gab es schon seit Beginn des Jhds. definitiv an die Küste abgewanderte Personen, so fällt die erste "Wanderungswelle" in diese Zeit zwischen 1920 und 1940. Offenbar haben eine Reihe von Faktoren zu einer Entwicklung geführt, die die Kindersterblichkeit senkte und damit zu einem rapiden

---

16 An anderer Stelle (Moßbrucker 1987:24) hatte ich die Bevölkerung von Quinches im Jahre 1795 auf ca. 500 Einwohner geschätzt; anhand der Zahlen aus den Taufbüchern scheint mir diese Schätzung nun auch durch andere Quellen bestätigt zu sein.

17 Ein Auszug aus dem Sterberegister für die Jahre 1840 bis 1845 weist bei einer Gesamtzahl von 113 Sterbefällen 69 Verstorbene unter 15 Lebensjahren aus (wobei offensichtlich nur diejenigen gezählt wurden, die auch vom Priester beerdigt wurden, der kleinere Teil gewesen sein dürfte. Man darf wohl auch annehmen, daß ein Kleinkind eher ohne Priester vergraben wird als ein Erwachsener, was den Anteil der Kinder an den Verstorbenen noch beträchtlich erhöhen würde). Dies entspricht einer Rate von 61% aller Sterbefälle.

18 Die Angaben dieses Zensus stammen aus Kubler (1952).

Wachstum der Bevölkerung führte, welches seinerseits erste Anreize für eine Abwanderung nach Lima bot. Beide Faktoren könnten auch in gegenseitiger Verstärkung derart zusammengewirkt haben, daß die aufgrund des zunehmenden Bevölkerungsdrucks nach Lima migrierten Personen ihren Verwandten in Quinches die Errungenschaften der modernen Medizin zumindest teilweise zugänglich machten.

2. Daten zur Bevölkerung
2.1 Demographie[19]

Wir haben festgestellt, daß um das Jahr 1940 ein Höhepunkt der Bevölkerungsentwicklung erreicht war; schon im Zensus von 1961 werden für den Ort Quinches nur noch 1.454 Personen ausgewiesen (gegenüber 1940 ein Rückgang von 20%); 1972 weist der Zensus 1.265 Personen (-13%) und 1981 1.061 Personen (-16%) auf (die Abnahme für den Zeitraum von 1961 bis 1981 ist 27%). Die bereits lange vor 1940 einsetzende Migration verstärkte sich also bis 1960 und erfuhr noch einmal eine Beschleunigung in den 60er und 70er Jahren.

Für die 80er Jahre liegen lediglich die Daten des Zensus von 1981 vor. Im November 1987 jedoch führte ich, unter Mithilfe der örtlichen Lehrer und Schüler, eine an die Kriterien des nationalen Zensus angelehnte Erhebung im Ort durch. Es ergaben sich folgende Resultate:

Tabelle I: Familienvorstände und Ehefrauen

Alter	Familienvorstände Männer	Frauen	Ehefrauen
-29	16	1	19
30-39	29	5	29
40-49	28	13	31
50-59	37	12	29
60-69	26	8	17
70 +	24	6	9
?	14	4	13
SUMME	174	49	147

Quelle: Eigener Bevölkerungszensus vom 22.11.1987

---

[19] Vgl. zu diesem Punkt auch: Moßbrucker (1987:20-23).

Tabelle I.a: Sonstige Familienmitglieder		
Alter	Männer	Frauen
0- 9	8	11
10-19	8	5
20-29	7	3
30-39	3	4
40-49	0	2
50-59	3	4
60-69	1	6
70+	1	3
?	6	3
Summe	37	41

Tabelle I.b: Im Zensus enth. Kinder/Quinches u. andere Orte

Alter	Quinches		Küste		Andere	
	M	F	M	F	M	F
0- 9	85	73	2	0	0	0
10-19	71	69	24	19	0	0
20-29	23	24	42	54	1	4
30-39	3	10	25	42	2	3
40-49	5	6	22	10	1	2
50 +	0	1	4	5	0	0
?	7	8	13	19	0	2
SUMME	194	191	132	149	4	11

M = Männer / F = Frauen

Quelle für beide Tabellen: s. Tabelle I

ALTERSPYRAMIDE

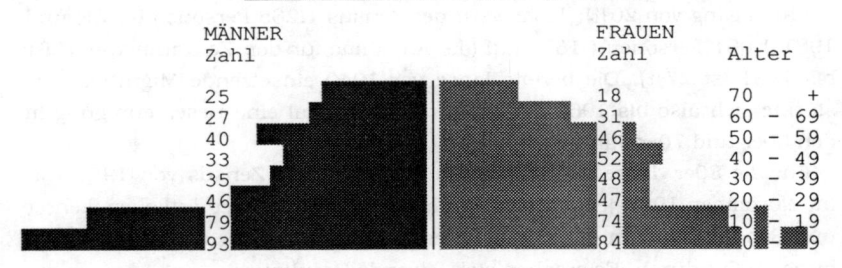

MÄNNER Zahl	FRAUEN Zahl	Alter
25	18	70 +
27	31	60 - 69
40	46	50 - 59
33	52	40 - 49
35	48	30 - 39
46	47	20 - 29
79	74	10 - 19
93	84	0 - 9

Quelle: Eigener Bevölkerungszensus vom 22.11.1987[20]

Ein Vergleich der Bevölkerungszahl von 1981 mit derjenigen von 1987 zeigt eine Abnahme um 228 Personen oder 21,5%. In den 80er Jahren hat sich demnach die Abwanderung, die bereits vorher weit über dem Durchschnitt der Provinz Yauyos lag,[21] noch beschleunigt. Die Gründe hierfür können nicht einfach in der allgemeinen Armut auf dem Lande gesucht werden. Erstens werden nämlich durch die starke Abwanderung immer mehr Felder zur Bearbeitung frei, zweitens müßten die Menschen dann z.B. 1961, als Quinches noch über beinahe die doppelte Einwohnerzahl verfügte, noch sehr viel ärmer gewesen sein. Im folgenden Kapitel soll deshalb

---

20 Dazu kommen 27 Männer und 28 Frauen, die keine Altersangabe machten, fünf Familien verweigerten jegliche Angabe und sind deshalb hier nicht berücksichtigt; auf diese Art ergibt sich die Gesamtzahl von 833 Einwohnern.
21 Auf Provinzebene gab es z.B. von 1972 bis 1981 einen Bevölkerungsrückgang um 8,7%.

ausführlich auf die Geschichte, die Ursachen und den weiteren Verlauf der Migration von Quinches an andere Orte eingegangen werden.

Beachtenswert ist ferner in Tabelle I, daß es neben den 147 "kompletten" Familien (Ehepaar und evtl. Kinder) 49 alleinstehende Frauen gibt, die in der Regel mehrere Kinder bzw. andere Familienmitglieder zu versorgen haben; anteilsmäßig machen sie 25% aller Haushalte aus. Dies in Lateinamerika verbreitete Problem wirkt sich in Quinches dahingehend aus, daß immer mehr Frauen die Felder mit der *trinche* bearbeiten, die Arbeit mit der *chaquitaclla*, einem nur von Männern angewendeten Gerät, dagegen immer mehr abnimmt.[22]

Allgemein läßt sich anhand der Alterspyramide ein deutliches Übergewicht der Frauen in der produktiven Lebensperiode (20-70 Jahre) erkennen. Insgesamt verteilen sich die Geschlechter im Verhältnis von 48,6% Männern zu 51,4% Frauen.[23] Ist das Geschlechterverhältnis zwischen 20 und 30 Lebensjahren noch relativ ausgeglichen, so ergibt sich für das Alter zwischen 30 und 40 Lebensjahren ein Anteil an Frauen von 57,8 %, für das Alter zwischen 40 und 50 Jahren gar von 61,2%.[24] In den Kategorien von 50 bis 59 und 60 bis 69 Jahren nimmt das Ungleichgewicht ab (hier sind es noch jeweils 53,5% Frauen), um sich ab 70 Jahren umzudrehen: nun sind es 58,1% Männer gegenüber 41,9% Frauen.

Zumindest für den Frauenüberhang der Kategorie zwischen 30 und 70 Jahren gibt es ein sehr naheliegendes Argument. Es existieren nämlich eine Reihe von Haushalten, die von verheirateten Frauen geführt werden, deren Männer an der Küste arbeiten und wohnen. Außerdem gibt es einen erheblichen Anteil an Haushalten die von Frauen geführt werden, deren sporadische Beziehungen zu Männern zwar zu Kindern führten, wo die Väter jedoch an andere Orte abgewandert sind. Der deutliche Frauenüberhang in dieser Lebensperiode kann auch als Hinweis darauf betrachtet werden, daß es für Männer lukrativer ist, in den Städten ihr Glück zu versuchen, als dies für Frauen der Fall ist. Es mag darin aber auch die "konservative"

---

22 Das ist insofern von Bedeutung, als die Feldbearbeitung mit der *trinche* aufgrund der sehr viel oberflächlicheren Bearbeitung des Bodens dem ohnehin weitverbreiteten Unkraut *kikuyo* (Pennisetum clandestinum) bessere Verbreitungsmöglichkeiten bietet. Zu den Auswirkungen des *kikuyo* für die Viehzucht in der Region von Yauyos s. auch Fonseca Martell/Mayer, 1978:45.
23 Auf Departementsebene war die Zahl der Frauen noch bis 1972 niedriger als die der Männer, 1981 stieg sie erstmals auf etwas mehr als 50%.
24 In diesem Zusammenhang lohnt es sich, einen Blick in die Bevölkerungszensen des Departements Lima zu werfen. Mit großer Regelmäßigkeit weisen die Dörfer ab einer bestimmten Höhe (um 2.500 m Meereshöhe) dieses Ungleichgewicht auf, während in den tieferen Lagen und in den kleinen Küstenstädten das Verhältnis oft umgekehrt ist; vgl. auch Kap. V - VII.

Tendenz der Frauen ihren Ausdruck finden: sie halten in der Regel, aus dem eben genannten Grund ihrer Benachteiligung an der Küste, länger an Quinches und den herkömmlichen Vorstellungen fest.

Einige Bemerkungen noch zu den "sonstigen Familienmitgliedern". In der Kategorie bis 20 Jahre handelt es sich überwiegend um Enkel des Familienvorstandes. Häufig sind es die Kinder einer ledigen Tochter, die entweder im selben Haushalt wohnt oder sich in Lima befindet und dort u.U. mit einem Mann verheiratet ist, der nicht Vater des/der Kindes/r ist. Bei den Erwachsenen handelt es sich um Geschwister entweder des Haushaltsvorstands oder der Ehefrau. In wenigen Fällen betrifft es Frauen die, ohne eine Ehe oder eheähnliche Gemeinschaft zu führen, mit Männern zusammen leben.

Da die Abwanderung ein zentrales Thema nicht nur dieser Arbeit, sondern auch der Realität des Ortes ist, soll hier aus den aus dem Zensus gewonnenen Daten eine Tabelle gezeigt werden, anhand derer sich erkennen läßt, wohin die Menschen migrieren und welchen Beschäftigungen sie am Zielort nachgehen.

TABELLE II: Tätigkeit abgewanderter Personen

Alter		10-19	20-29	30-39	40-49	50 +	Summe
Personen		43	101	72	35	9	260
B	**A** Zahl	3	16	17	6	-	42
	%	7,0	15,8	23,6	17,1	-	16,2
E	**B** Zahl	29	35	4	-	-	68
R	%	67,4	34,7	5,6	-	-	26,2
U	**C** Zahl	3	23	28	13	7	74
	%	7,0	22,8	38,9	37,1	77,8	28,5
F	**D** Zahl	4	15	11	10	-	40
E	%	9,3	14,9	15,3	28,6	-	15,4
	E Zahl	4	7	4	3	1	19
	%	9,3	6,9	5,6	8,6	11,1	7,3
	F Zahl	-	5	8	3	1	17
	%	-	5,0	11,1	8,6	11,1	6,5
Davon Lima		43	94	57	29	8	231

Symbole: **A** = Hausfrauen, **B** = Studenten, **C** = Geschäftsleute/Händler, **D** = Angestellte/Bedienstete, **E** = Arbeiter/Bauern, **F** = Akademiker (Lehrer, Professoren, Ingenieure)
Quelle: Eigener Bevölkerungszensus vom 22.11.1987

Anhand der Zahlen läßt sich feststellen, daß die Abwanderungsrate junger Menschen zwischen dem 10. und dem 20. Lebensjahr bereits hoch ist. Diese Gruppe verläßt Quinches vor allem, um an der Küste die *secundaria* zu besuchen (67,4% werden als *estudiantes* bezeichnet), denn es ist nicht nur ein Vorurteil, daß die örtliche Schule nicht die besten Voraussetzungen für ein späteres Studium bietet. Es finden sich aber auch schon Arbeiter (9,3%) und Angestellte bzw. Bedienstete (9,3%) in dieser Altersgruppe.

Das größte Kontingent Abgewanderter stellt die Altersgruppe von 20-30 Jahren. In diesem Abschnitt befinden sich noch 34,8% der Männer in Quinches, während 65,2% abgewandert sind; bei den Frauen ist das Verhältnis sogar 29,3% zu 70,7%.[25] Es ist anzunehmen, daß ein Teil der in dieser Kolumne erwähnten Personen schon vor dem 20. Lebensjahr, nach Abschluß der *secundaria*, migrierte. Die Zahlen sind ein Hinweis darauf, daß in diesem Lebensalter weniger Personen in Quinches verbleiben als an andere Orte abwandern. In dieser Spalte sind die Studenten mit 34,7% immer noch die stärkste Berufsgruppe. Damit wird der immense Stellenwert deutlich, den Bildung, insbesondere ein Studium, für die Quinchinos hat.

Durch den hohen Anteil (22,8%) an Geschäftsleuten/Händlern werden wir auf den Haupterwerbszweig der Abwanderer in Lima und Mala hingewiesen: Handel in Fleisch, Lebensmittel u.ä. in den Märkten; "Tante Emma" Läden (meist im eigenen Haus und von der Frau betrieben) oder auch Vieh- und Käsehändler. Der Anteil dieser Berufsgruppe steigt in der folgenden Alterskolumne auf 38,9%, macht für die zwischen 40 und 50 Jahre alten Personen 37,1% aus, um für die über 50jährigen 77,8% zu erreichen.

Neben den Geschäftsleuten spielen die Angestellten/Bediensteten eine wichtige Rolle, die in der Kolumne zwischen 40 und 50 Jahren auf 28,6% Anteil kommen und im Gesamtdurchschnitt mehr als 15% ausmachen. Relativ gering dagegen bleibt der Anteil der Arbeiter und Bauern (letztere wanderten alle ins Valle de Mala) einerseits und der akademischen Berufe (Lehrer, Ingenieur etc.) andererseits. Das Verhältnis der Abgewanderten zu den im Dorf verbleibenden ist bei den 30 bis 40jährigen ähnlich gravierend zuungunsten letzterer. Das hat negative Auswirkungen auf die Entwicklungsfähigkeit des Ortes insoweit, als hauptsächlich Personen bleiben, die nicht zu den innovativen, Veränderungen bewirkenden gehören.

---

25 Dabei ist zu beachten, daß es sich nur um die im Zensus erwähnten Personen handelt; es sind also Fälle, in denen ganze Familien abwandern, nicht berücksichtigt.

An der Tabelle läßt sich auch die mit Abstand bevorzugte Richtung der Migration erkennen: die Küste. Dorthin wanderten 95% der erwähnten Personen, wobei ein kleiner Teil auf Mala, Cañete, und wenige andere Küstenorte entfällt (7,5%); das Ziel aber vor allem (für 89% aller Migranten) Lima war.

2.2 Heiratsmuster in Quinches

Angesichts der starken Migration und damit der Eingebundenheit von Quinches in den regionalen und nationalen Kontext verwundert der hohe Grad innerdörflicher Endogamie. Unter den 147 verheirateten Paaren finden sich lediglich 17 von außerhalb stammende Partner (acht Männer, neun Frauen). Acht Personen müssen davon für eine Berechnung der Exogamie noch abgezogen werden, weil drei Paare von außerhalb zuzogen, also Einwanderer sind. Ein weiteres Paar stammt aus Mala, die Eltern beider Partner waren jedoch ihrerseits Quinchinos. Bleiben also neun Quinchinos, die sich einen Partner außerhalb der Dorfgrenzen suchten. Von diesen stammen fünf aus Nachbarorten (alle sind Bauern), drei aus anderen Gebieten der Sierra und eine Frau von der Küste, sie ist Lehrerin. Demnach finden wir eine innerdörfliche Endogamie von 94% aller Heiraten, bei 3,4% stammen die Partner aus Nachbarorten, lediglich 2,6% kommen aus entfernteren Regionen.

Fragt man die Quinchinos nach dieser Präferenz, so bekräftigen sie einerseits, sich mit einem Partner aus dem Dorf verheiraten zu wollen, weil man sich schon kenne und weil es "Probleme" (sozialer Natur) mit sich bringe, einen Partner aus einem Nachbardorf zu heiraten. Andererseits beharren sie vehement darauf, daß alle Verbindungen zwischen Personen bis zum 4. Grad der bilateralen Kindred-Gruppe[26] inzestuös seien. Die Zurechnung wird von ihnen mit Hilfe des Systems der Nachnamen vorgenommen. Jede Person hat, angelehnt an die spanische Regel, zwei Nachnamen, den ersten vom Vater, den zweiten von der Mutter. Frauen behalten nach der Heirat ihre beiden Namen. Da die Frauen aber jeweils nur den zweiten Nachnamen stellen, verliert sich ihr erster Name bei ihrer Enkelgeneration,

---

[26] Mit "Kindred" wird in der Ethnologie eine Verwandtschaftsgruppe bezeichnet, die sich aufgrund einer Beziehung zweier Egos zu einem gemeinsamen Dritten bildet. Die Kindred steht damit im Gegensatz zur Lineage, deren Mitglieder sich auf einen gemeinsamen Vorfahren beziehen. Vgl. dazu u.a. R. Fox (1967:97-175).

während die väterliche Linie prinzipiell unendlich zurückverfolgt werden kann. B. J. Isbell (1980:211ff.) hat darauf hingewiesen, daß dies zu einer unterschiedlichen Verwandtschaftsstruktur für Männer und Frauen führt, wonach die männliche Linie sehr weit zurück vom Inzestverbot betroffen ist, während dies für die weibliche Linie nach zwei Generationen nicht mehr gilt.

Schon daran läßt sich erkennen, daß die von den Dorfbewohnern genannte Exogamieregel emischen Vorstellungen entspringt, die nicht immer mit der Realität übereinstimmen. Einen weiteren Beleg kann man in der Tatsache finden, daß eine Reihe von Personen zwei identische Nachnamen trägt. Zwar beharren die Quinchinos darauf, es handele sich hierbei um andere *troncos* (Stämme), die aus den Nachbarregionen zugewandert seien. Zweifelhaft sind solche Angaben zur Namensherkunft, weil auch der Ursprung vieler anderer Familiennamen mit Zuwanderung aus dem letzten bzw. Anfang dieses Jahrhunderts erklärt wird, die Taufbücher genau diese Namen aber schon für 1761 aufweisen.[27]

Einen letzten Hinweis auf die Brüchigkeit der emischen Exogamieregel geben die erwähnten Taufbücher. Es finden sich dort um das Jahr 1760 von insgesamt 20 Nachnamen nur drei, die heute nicht mehr vorhanden sind (einer davon ist jetzt in Huañec verbreitet). Die Kontinuität einer solchen Anzahl von Namen ist nur möglich, wenn zumindest die männliche Bevölkerung durch die Jahrhunderte immer von Quinchinos gestellt wurde.[28]

Der extreme Grad an Endogamie findet seine Erklärung in der Strategie der Bauern, ihren ohnehin nicht ausgedehnten Landbesitz (im Durchschnitt 1,48 *peon* pro Familie - s. unten) nicht noch weiter durch Heiratsbeziehungen zu anderen Dörfern zu schmälern. Würden bei einer bilateralen Vererbung regelmäßig Bewohner wegheiraten, würden Teile des Landes von Bauern aus anderen Dörfern kontrolliert; dies müßte zu einer Einengung der Reproduktionsmöglichkeiten der Bewohner des Dorfes füh-

---

27 So wurde mir erklärt, die Namen Mendoza und Saravia stammten von Männern, die aus Huancayo bzw. Chincha zugewandert seien, vorher hätten sie nicht existiert. Auch sie jedoch finden sich schon 1761. Für die Namen Romero, Ramos und Rodriguez wurde mir die These von verschiedenen *troncos* vorgetragen. Ich halte alle diese Erklärungen eher für Rechtfertigungen der Quinchinos vor sich selbst, um die offensichtliche Lücke, die sich zwischen den gedachten Regeln und der Realität auftut, mit Ahnenlegenden zu schließen.
28 Theoretisch wäre es möglich, daß Frauen regelmäßig aus anderen Dörfern nach Quinches eingeheiratet haben, da ihre Familiennamen sich nach der zweiten Generation verlieren. Allerdings sehe ich keinerlei Veranlassung der Annahme einer massiven Einheirat von Frauen in früherer Zeit.

ren. Im Gegensatz zu anderen Regionen würden den Bauern in Quinches aus Allianzbeziehungen zu anderen Dörfern keine Vorteile hinsichtlich der ökologischen Zonen erwachsen, da sich im Gebiet des Dorfes alle in der Region vorhandenen Klimazonen finden. Landbesitz außerhalb würde lediglich zu langen Anmarschwegen und eventuell zu Streitigkeiten führen. Außerdem verfügt Quinches von der Bevölkerungszahl her über genügend heiratsfähige Partner.

Es kann also festgehalten werden: die ausgeprägte Tendenz, den Heiratspartner im eigenen Dorf zu suchen, liegt offenbar in den Vorteilen begründet, welche ein solches Verhalten für die ökonomische, soziale und biologische Reproduktion hat.

Daß Quinches hier kein Einzelfall ist, zeigen eine Reihe von Studien zum Thema. Schon B. Mishkin schreibt:

> "The Quechua community usually tends to be endogamous. (...) Endogamy is, of course, a highly desirable institution for agriculturalists living in constant fear of losing their land, or of being invaded by outsiders who will further diminish the extend of available land. Marrying within the community gives security." (1946:442,443).

Endogamie wird auch von Isbell (1980:239ff.) und K. Paerregaard (1987:46ff.) in den von ihnen untersuchten Dörfern behauptet. Beide stellen eine Zunahme der innerdörflichen Endogamie für die heutige Zeit im Vergleich zu früher fest. Isbell (1980:240) bemerkt dazu lapidar:

> "Comparando los registros matrimoniales de 1661-1685 con los de 1950, 1955, 1965 y 1966 se ve que el pueblo de Chuschi es más endógamo hoy en día."

Paerregaard (1987:50) setzt diese Tendenz (die hier allerdings neueren Datums ist) in Beziehung zu verstärkter Markteinbindung und dem Versuch der Bauern, die daraus resultierenden Gefahren für den Besitz innerhalb des Dorfes abzuwehren: die interkommunale Endogamie existiert

> "... para evitar la fragmentación del patrimonio familiar, peligro que ha aumentado con el proceso de introducción de la agricultura, y el aumento de la población."

Es wäre aber falsch, aus dem Gesagten zu schließen, innerdörfliche Endogamie sei eine in den Anden generelle Erscheinung.

R. Burchard (1980) zeigt, wie lokale Exogamie in Verbindung mit regionaler Endogamie unter bestimmten Bedingungen von den Bauern als Strategie des Zugangs zu unterschiedlichen ökologischen Stufen verfolgt wird. In seinem Beitrag verbindet Burchard explizit die dörfliche Exogamie mit dem Wunsch der Bauern, Zugang v.a. zur *jalga* zu erhalten (:605,606). Denselben Punkt (Zugang zu mehreren ökologischen Höhenstufen) streicht T. Platt (1986) für die Bauern im Norden von Potosí (Bolivien) heraus. Er zeigt den Zusammenhang zwischen "interzonaler" Heirat (Puna - Valle) und vertikaler Produktion auf und benennt die Konsequenz für die so konstituierten Haushalte:

"Los resultados muestran una clara correlación entre el cultivo bizonal y niveles elevados de producción, consumo y participación en el mercado."(:78).[29]

Hier wird deutlich, wie eng die Notwendigkeit, bestimmte ökologische Zonen zu kontrollieren, mit einem bestimmten Allianzsystem zusammenhängt. Dies führt in einem Fall zu betonter innerdörflicher Endogamie, unter anderen Bedingungen zu innerdörflicher Exogamie und regionaler Endogamie. Die Quinchinos gehören eindeutig zur ersten Kategorie.

2.3. Schulen und schulische Bildung

Auf dieses Thema soll nur kurz eingegangen werden. Quinches verfügt heute über eine *primaria* (Grundschule) und eine *secundaria* (Hauptschule). Heute besuchen in der Regel alle Kinder zumindest einige Jahre die *secundaria*,[30] oft versuchen sie anschließend, in Lima eine weiterführende Schule oder eine Universität zu absolvieren. Ja, der Wunsch, Zugang zu den städtischen Bildungseinrichtungen zu haben, ist eines der Motive, das junge Menschen spätestens nach Beendigung der *secundaria* in solcher

---

[29] Daß die Praxis der dörflichen Exogamie zu Schwierigkeiten bei der Kontrolle der Parzellen in anderen Dörfern führen kann, zeigen Ossio/Medina (1985:133,134). In den von ihnen untersuchten Dörfern brachte diese Lage die Bauern oft dahin, ihre Felder in anderen Dörfern zu verkaufen.
[30] Der am "Colegio Nacional Mixto Apostol Santiago de Quinches" unterrichtende T.M. Michuy Baltazar errechnete für diese Schule für die Jahre 1966 bis 1975 einen Jahresdurchschnitt von 125, für 1976 bis 1985 von 137 Schülern. Von ihnen verließen im Gesamtzeitraum durchschnittlich 48,2% die Schule ohne Abschluß. Unter letzteren waren die Mädchen überproportional stark vertreten (Michuy Baltazar, 1986).

Zahl an die Küste ziehen läßt, daß im Ort die Jugend sichtbar fehlt. Dazu mehr im folgenden Kapitel.

Quinches erhielt bereits 1918 aufgrund der Anstrengungen seiner Bewohner die erste Grundschule für Jungen. Einige Jahre später wurde eine Grundschule für Mädchen eingerichtet. Schon früh wurde also der Bildung der Kinder eine hoher Stellenwert beigemessen. Früchte trugen die Bildungsanstrengungen u.a. darin, daß heute fast alle Lehrer des Ortes auch dort geboren wurden; ein für die Zusammenarbeit zwischen Schule und Eltern vorteilhafter Umstand. Es wird sich noch zeigen, daß auch sonst der "Traum" der Quinchinos von Bildung und gesellschaftlichem Aufstieg nicht ganz ohne Fundament war.

Der Zensus von 1981, der auch Angaben über das Bildungsniveau macht, zeigt, daß Analphabeten unter den Männern so gut wie nicht vorhanden, bei den Frauen allerdings ab dem 40. Lebensjahr (bezogen auf 1981) signifikant sind.[31] Man kann demnach behaupten, daß in Quinches der Kampf gegen das Analphabetentum, trotz einiger Rückschläge, Erfolg hatte.

3. Wirtschaft

Um den Ursachen und der Richtung der Migration nachzuforschen, ist es unerläßlich, die wirtschaftlichen Hintergründe des Ursprungsdorfes der Migranten zu kennen. Wie wir bereits oben sahen, beschäftigen sich die Quinchinos mit Ackerbau und Viehzucht; beide Bereiche sollen deshalb vorgestellt und mit Daten aus den Jahren 1987/88 illustriert werden.

3.1 Ackerbau

Für die große Mehrheit der Quinchinos ist Ackerbau entweder die primäre Beschäftigung oder im Verein mit Viehzucht eine der beiden Haupttätigkeiten bzw. Einkommensquellen. Ackerbau ist nur möglich auf den unzähligen Terrassenfeldern, die sich unterhalb und oberhalb des Ortes von einer Höhe von 2.400 m Meereshöhe bis auf ca. 3.800 m erstrecken. Sie lie-

---

[31] Vgl. Censos nacionales, Perú, 1981; auch: Moßbrucker (1987:23).

gen in einer Entfernung von bis zu vier Std. Fußmarsch vom Dorf, so daß die Bauern nach der Arbeit nur selten auf den Feldern in kleinen Strohhütten übernachten, ansonsten kehren sie abends ins Dorf zurück.

Alle Terrassenfelder sind für eine erfolgreiche Produktion auf künstlich zugeführtes Berieselungswasser angewiesen. Mit der Bewässerung wird im April begonnen, da die im Dezember einsetzenden, jedoch oft erst ab Januar ausreichend fallenden Niederschläge bereits Mitte März wieder aussetzen. Das Wasser wird aus einem ausgedehnten, von 19 Hauptkanälen gebildeten Bewässerungssystem herangeführt, das aus vier unterschiedlichen Quellen gespeist wird. Da nicht alle Kanäle das ganze Jahr über Wasser führen, müssen die Bauern vor der Ansaat ihrer Parzellen Absprachen über das anzubauende Produkt treffen. In der Knappheit des Wassers liegt ein wesentlicher Grund, der verhindert, daß sich in Quinches eine reine Viehwirtschaft auf Basis der Alfalfa durchsetzen kann. Alfalfa benötigt ca. alle 20 Tage Wasser, mehr als die Hälfte der Kanäle fallen jedoch schon ab Juli trocken. Im Gegensatz zu Alfalfa benötigt der Weizen lediglich zwei Bewässerungen, der Mais zwei bis drei, um zur Reife zu gelangen.

Der Agrarzyklus beginnt im Oktober mit der Anpflanzung von *oca, olluco* und *mashua* auf den am höchsten gelegenen Feldern. Im November werden ein Teil der Kartoffeln auf hochgelegenen Feldern ausgebracht. Wenn im Dezember die ersten schweren Regenfälle einsetzen, wird mit der Aussaat von Weizen, Gerste und Mais begonnen, die sich bis Anfang Februar hinziehen kann. Dadurch wird der fallende Niederschlag soweit als möglich genutzt. Wir finden somit in Quinches, wie in so vielen andinen Dörfern, die oft beschriebene "vertikale Nutzung" der Anden.[32]

Wie bereits erwähnt, sind die wichtigsten Anbauprodukte heute Weizen, gefolgt von Alfalfa und Mais. Beinahe die Gesamtheit der Agrarprodukte wird für den Eigenkonsum, bzw. für den Tausch mit Bauern aus anderen Dörfern oder mit den Migranten verwand. Ausnahmen bilden die Alfalfa, die als Viehfutter Verwendung findet, und das einzig kommerzielle Agrarprodukt, die Erbsen, die ca. 3,7% der kultivierten Fläche ausmachen. Erbsen werden in Quinches seit geraumer Zeit angebaut, dienten aber vor dem Bau der Straße dem Eigenkonsum. Seit 1980 werden sie, bedingt durch die Vermarktungsmöglichkeiten, zu zwei Dritteln (erste und zweite Ernte) nach

---

[32] Zur vertikalen Nutzung der Anden gibt es eine Fülle von Literatur; da das Thema in dieser Arbeit nochmal erwähnt werden wird, sei hier nur auf die Arbeiten von J. V. Murra (1956 und 1975), C. Fonseca Martell (1972), E. Mayer (1974) T. Platt (für Bolivien; 1982a und 1982b) und J. Golte (1980, 1982 und 1983) verwiesen.

Lima verkauft, die verbleibende dritte Ernte ist zu hart für den Verkauf und wird weiterhin für den Eigenkonsum genutzt.

Zugang zu Land kann ein Bauer auf mehrere Arten erhalten. In der Regel erben die Kinder von ihren Eltern in der Weise, daß die im Ort verbleibenden erwachsenen Kinder bei ihrer Heirat einen Teil ihres späteren Gesamterbes an Feldern (oft auch Vieh) erhalten, während sie den Rest beim Tod ihrer Eltern überschrieben bekommen.[33] Kinder aber, die ihren festen Wohnsitz außerhalb der Region haben, erhalten ihren Anteil am Erbe erst beim Tod des Vaters bzw. der Mutter. In den Anden ist die bilaterale Vererbung verbreitet.[34]

Viele Parzellen werden im System der *compania* genutzt. Diese Art der Nutzung spielt unter den Bewohner des Dorfes selbst kaum eine Rolle, ihre Bedeutung erhält sie jedoch in Verbindung mit der Migration. Ein Teil der Migranten (insg. 217 Personen) behält nämlich die Felder in Quinches und überläßt sie einem (oft nahen) Verwandten, selten einem Fremden.[35] Die Gesamtfläche der in *compania* genutzten Felder beträgt 26,6%, entspricht also mehr als einem Viertel.

Der Kauf bzw. Verkauf von Parzellen ist nur in begrenztem Umfang üblich und findet meist zwischen Verwandten ersten oder zweiten Grades statt. Regelmäßig ist der Käufer jene Person, die das Feld schon viele Jahre in *compania* bebaut hatte. Einer auf einer Umfrage beruhenden Einschätzung zufolge wurden ca. 7% des bebauten Landes von den jeweiligen Eigentümern gekauft.

Die gesamte anbaubare Fläche umfaßt 917 ha. Allerdings rechnen die Bauern nicht in ha, sondern in *peon*, weshalb auch hier durchgängig von *peon* die Rede sein wird.[36] Eine im November 1983 durchgeführte Erhebung ergab 1.100 *peon* bei insgesamt 751 Parzelleneigentümern (entspricht einem durchschn. Eigentum von 1,47). Neu erhobene Daten vom November 1987 ergaben 1059,25 *peon*, die sich auf 716 Eigentümer verteilen (durch-

---

[33] Eine in den Anden übliche Praxis, die sich bei vielen Anthropologen erwähnt findet. Eine gute Zusammenfassung des generellen Systems bezogen auf einen Einzelfall bietet H. Skar (1982:187,188); Ausführungen finden sich aber auch z.B. bei J. Ossio (1983:54,55), R. Bolton (1980:337ff.), N. Sato (1983:161) und Ossio/Medina (1985:133ff.).
[34] Vgl. zu Verwandtschaft und Vererbung den exzellenten Artikel von B. Lambert (1980), in dem sich auch Hinweise darauf finden lassen, daß bilaterale und unilaterale Vererbung möglicherweise mit bestimmten ökologischen Zonen und damit bestimmten Wirtschaftsweisen zusammenhängen (:34ff.).
[35] Vgl. hierzu die Ausführungen in Kap. VI., Abschn.6.
[36] Zur Bestimmung eines *peon* im Verhältnis zu einem ha s. Moßbrucker (1987:41,42). Ein *peon* entspricht nicht einem ha und ist auch nicht irgendein prozentualer Anteil davon!

schn. 1,48 *peon* pro Eigentümer).[37] Den folgenden Ausführungen wurden die Daten von 1987 zugrundegelegt.

Das Eigentum an Anbauland ist sehr ungleich verteilt. Einen Überblick erlaubt Tabelle III, in der sämtliche verfügbaren Daten zu Eigentum und Ernteteilhabe aufsummiert sind.

<u>Tabelle III</u>: Landbesitzverteilung in Quinches

Personen		*peon* / Eigentümer			*peon* / *compania*			Besitzklas-
Zahl	%	Total	(/)	%	Total	(/)	%	sen in *peon*
134	21,2	0,00	0,00	0,00	81,00	0,60	28,8	0,00
93	14,7	23,25	0,25	2,99	11,50	0,12	4,1	0,25
111	17,5	55,50	0,50	7,14	21,00	0,19	7,5	0,50
46	7,3	34,50	0,75	4,44	5,50	0,12	2,0	0,75
46	7,3	46,00	1,00	5,92	15,50	0,34	5,5	1,00
60	9,5	83,50	1,39	10,74	30,25	0,50	10,7	1,25- 1,50
35	5,5	65,00	1,86	8,36	20,50	0,59	7,3	1,75- 2,00
44	7,0	111,75	2,54	14,37	23,00	0,52	8,2	2,25- 3,00
27	4,3	95,75	3,55	12,32	15,75	0,58	5,6	3,25- 4,00
19	3,0	96,25	5,07	12,38	13,50	0,71	4,8	4,25- 6,00
10	1,6	74,75	7,48	9,61	20,25	2,03	7,2	6,25- 8,00
4	0,6	36,75	9,19	4,73	3,75	0,94	1,3	8,25-10,00
3	0,5	34,00	11,33	4,37	20,25	6,75	7,2	10,25-15,00
1	0,2	20,50	20,50	2,64	0,00	0,00	0,0	15,25- X
633	100,2	777,50	1,56	100,01	281,75	0,45	100,2	S U M M E

(/) Landeigentum <u>aller Eigentümer</u> = 1,48 *peon*
(/) Landeigentum der Eigent. mit Wohnsitz außerhalb = 1,30 *peon*
(/) Landeigentum nur der Eigentümer ab 0,25 *peon* = 1,56 *peon*
(/) Bearbeitetes Land pro Bauer = 1,67 *peon*
<u>Quelle</u>: *Padrones de Regantes*, Quinches 1987

Die Tabelle[38] zeigt 134 Personen bzw. Haushalte ohne jeglichen Landbesitz. Teilweise handelt es sich bei ihnen um erwachsene Kinder von landbesitzenden Bauern, somit haben sie ebenfalls Zugang zu Land. Teilweise aber handelt es sich um Personen, die über kein eigenes Land verfügen. Die erstgenannten sind zum Teil, die letztgenannten ständig auf Lohnarbeit als Tagelöhner angewiesen. Aus ihnen rekrutiert sich hauptsächlich jenes Potential, das den wachsenden Bedarf nach Arbeitern innerhalb des Dorfes befriedigt. Sie dürfen jedoch nicht als Lohnarbeiter nach einem in hochindustrialisierten Ländern geläufigen Muster verstanden werden: Jene

---

37 Bei den Daten ist folgendes zu beachten: 1983 war es mir nicht möglich, Eigentümer von Pächtern (*compania*) zu trennen; für die Zahlen von 1987 nahm ich diese Trennung vor. Das durchschn. Eigentum ist nach wie vor unverändert (1,47 bzw 1,48 *peon*), die tatsächlich bearbeitete Fläche pro Bauer aber verändert sich. Dazu s. den weiteren Text.
38 Für die folgende Interpretation vgl. auch die Tabelle A I im Anhang.

nämlich, die einfach aufgrund ihrer Jugend noch nicht über Eigentum verfügen, können sich später selbst in Arbeitgeber verwandeln.[39]

Die Gruppe, die auch in Zukunft über kein Land verfügen wird, tritt, um einigermaßen ökonomische Sicherheit zu gewinnen, zu ihren *patrones* (Arbeitgeber) in Klientelbeziehungen. Dadurch garantieren sie ihr Überleben in Notzeiten, weil der jeweilige *patron* verpflichtet ist, seinem Tagelöhner "Geschenke" bzw. "Darlehen" in Nahrungsmitteln oder auch Geld zu machen, sollte dieser sie benötigen und deshalb darum bitten. Auffällig ist, daß in Quinches nicht, wie dies offenbar für andere Gebiete zutrifft, die Landlosen diejenigen sind, welche die Felder für in die Städte abgewanderte Eigentümer bebauen. Wie die Tabelle zeigt, bebaut die Personengruppe ohne Landeigentum im Durchschnitt 0,60 *peon* in *compania* und liegt damit nur um durchschnittlich 0,15 *peon* über dem Wert von 0,45 *peon*, der sich als Gesamtdurchschnitt aller in dieser Pachtbeziehung stehenden Bauern ergibt. Auch dies ein Hinweis darauf, daß die Tagelöhner in erster Linie von der Veräußerung ihrer Arbeitskraft an andere leben.

Weitere 356 Personen bzw. Haushalte befinden sich unterhalb der Grenze von 1,56 *peon*, die das durchschnittliche Eigentum pro Bauer bezeichnet. Zusammen mit den landlosen machen sie über drei Viertel der Bauern in Quinches aus. Diese 77,5% verfügen über 31,2% der bewässerten Fläche, bearbeiten aber zusätzlich 58,6% allen Landes in *compania*. Zu beachten ist, daß auch in der Gruppe ab 0,25 *peon* nur eine Sparte, nämlich die Bauern mit zwischen 1 - und 1,50 *peon* (also jene, die in dieser Gruppe am meisten Landeigentum haben) über dem Durchschnitt von 0,45 *peon* Land in compania liegen; alle anderen Gruppen liegen weit darunter. Auch in dieser Gruppe findet sich also ein erhebliches Potential an Tagelöhnern für jene, die über überdurchschnittlich viel Land und Vieh verfügen. Andere Bauern dieser Gruppe sichern sich ein zusätzliches Einkommen oft über Tätigkeiten im Handwerk (Zimmerleute, Maurer, Friseure, Schreiner, Weber etc.) oder im Kleinhandel (Zwischenhandel von Käse und Kleinvieh; Betreiben einer *tienda*). Wichtig ist für sie, ihre sekundären Tätigkeiten im Dorf oder in dessen Nähe auszuführen, damit sie ihre Felder bearbeiten und, soweit vorhanden, ihr Vieh beaufsichtigen können. Sie haben nämlich nicht wie die Bauern mit mehr Land die Möglichkeit, ihre Felder über Lohnarbeit bearbeiten zu lassen. Zum anderen sind sie in Beziehungen des Arbeitstausches gestellt, weshalb sie einige Zeit im Jahr auf die Rückgabe der von anderen erhaltenen Arbeitskraft verwenden müssen.

---

[39] Zum Zusammenhang zwischen Alter und Landbesitz vgl. Tabelle A II im Anhang.

Die Gruppe mit 1,75 bis 6,00 *peon* macht 19,8% aller Eigentümer aus, verfügt aber über 47,4% allen Landes. Zusätzlich bearbeitet sie 25,9% allen *compania*-Landes und kommt so auf einen durchschnittlichen Besitz von 3,53 *peon* pro Bauer. In der Landbearbeitung in *compania* liegen sie 0,13 *peon* über dem Durchschnitt und bearbeiten im Schnitt ebensoviel Fläche in dieser Form wie die landlosen Bauern. Bei Betrachtung der einzelnen Sparten kommt die Tendenz, derzufolge (außer der Sparte mit 0 *peon* Eigentum) die Bauern um so mehr Land in *compania* bearbeiten, desto mehr Eigentum sie selbst haben, noch deutlicher zum Ausdruck. Diese Tendenz verstärkt sich noch bei der Gruppe, die ohnehin über das meiste Land verfügt.[40]

Die Gruppe von 1,75 bis 6,00 *peon* beschäftigt bereits eine erhebliche Zahl von Tagelöhnern. Diese Bauern treten üblicherweise nicht in Gegenseitigkeitsbeziehungen, um sich die Arbeitskraft anderer Bauern zu sichern. Sie haben über Geschenke und andere Vorteile einen Stamm fester Arbeiter für sich gewonnen, auf die sie zurückgreifen können, wann immer sie dazu genötigt sind. In dieser Gruppe finden sich eine Reihe von Viehhändlern auf regionaler Ebene, die über gute Kontakte zu *paisanos* in den Schlachthäusern von Mala und Yerbateros in Lima verfügen. Sie machen regelmäßige Reisen an beide Orte, um ihr Vieh persönlich abzuliefern. Ebenso sind hier die Besitzer der drei großen *tiendas* von Quinches, die den ganzen Tag über offen sind, zu finden. Es ist demnach eine Tendenz festzustellen, sich neben der Landwirtschaft anderen, lukrativeren Tätigkeiten zu widmen und die Feldbearbeitung stattdessen unter Nutzung der billigen Arbeitskraft der Tagelöhner zu erledigen. Im übrigen sind sich die Bauern über diesen Zusammenhang durchaus im klaren, ja, er ist für sie die Begründung für die Frage, weshalb sie nicht selbst ihre Felder bestellen oder in Gegenseitigkeitsbeziehungen treten, sondern stattdessen Tagelöhner beschäftigen.[41]

Die oben genannten Tendenzen sind noch verstärkt bei der Gruppe ab 6,25 *peon* Eigentum. Sie verfügt über 21,4% der Gesamtfläche, stellt aber nur 2,9% der Eigentümer. Zusätzlich bearbeiten diese Bauern 15,7% der in *compania* überlassenen Felder. Es ist klar, daß sie diejenigen sind, die ihre

---

[40] Auf das Warum dieses Faktums werde ich in Kap. VI. 6 kommen.
[41] Im Januar 1988 machte ich eine Umfrage auf insgesamt 34 von mehr als drei Leuten bearbeiteten Feldern; auf obige Fragen erhielt ich die besagten Antworten. Andererseits gaben die Bauern mit weniger Landbesitz auf die Frage, warum sie keine Lohnarbeiter beschäftigten, sondern in *turnapeon* (so der örtliche Ausdruck für gegenseitige Arbeitshilfe) arbeiteten, oft die Auskünfte: "no pagamos a nadies", "no hay plata" und "no se consigue peon" (Feldaufzeichnungen Januar 1988).

landwirtschaftlichen Arbeiten nur unter massivem Einsatz von Tagelöhnern erledigen können. Desgleichen sind auch sie im Zwischenhandel beschäftigt. Allerdings läßt sich hier auch eine andere Tendenz erkennen: Jene, die über die meisten Felder (und das meiste Vieh) verfügen, versuchen, möglichst viel Land im Weiler Huacta zu kaufen, weil dort die Flächen groß sind und ganzjährig bewässert werden können; oder Felder in den unteren Lagen von Quinches zu erstehen, weil dort seit einigen Jahren Bauern mit Obstanbau experimentieren und teilweise schon gute Erfolge vorzuweisen haben.

Zum Schluß dieses Abschnitts sei auf die Tabelle A II im Anhang verwiesen. Aus ihr wird deutlich, daß die in der eben geführten Diskussion festgestellten Eigentumsverhältnisse nicht als statische Größen von sich antagonistisch gegenüberstehenden Gruppen verstanden werden können. Es zeigt sich eine Tendenz, derzufolge das Alter der Eigentümer von Land bzw. Vieh positiv korreliert mit dem Umfang des Eigentums. D.h., tendenziell besitzen alte Bauern mehr Land und mehr Vieh als junge, und es gibt eine überdeutliche Tendenz, derzufolge die landlosen Bauern auch die jüngste Gruppe sind.[42] Dadurch relativieren sich die durchaus vorhandenen starken Besitzunterschiede, da ein Teil der nicht-Besitzenden lediglich noch-nicht-Besitzende sind. Trotzdem gibt es an einem Extrem eines gedachten Kontinuums eine Gruppe von Bauern, die sich keine Hoffnung darauf machen können, je zu Landeigentümern zu werden und die deshalb auf Gedeih und Verderb auf die Veräußerung ihrer Arbeitskraft angewiesen sind. Ihnen stehen am anderen Extrem ihre *patrones* gegenüber, die in demselben Maße wie die vorigen auf den Verkauf ihrer Arbeitskraft, auf deren Ankauf angewiesen sind, um ihre Felder produktiv bewirtschaften und ihr Vieh halten zu können.

Bleibt die Frage zu beantworten, weshalb die Bauern sich bis ins Alter an ihr Eigentum klammern. Den Grund für dieses Verhalten sieht z.B. Ossio (1983:54) im dörflichen Sozialsystem, wonach eine Familie mit zunehmendem Alter zunehmend religiöse und politische Pflichten zu übernehmen hat. Die von Ossio genannten Aspekte mögen funktional zusammenhängen,

---

42 Der russische Agrarökonom Tschajanow (1923) machte als erster auf einen Zusammenhang zwischen Lebenszyklus und Besitzgröße bei Bauern aufmerksam. Allerdings müßten seinem "Gesetz" zufolge die Haushalte mit den ältesten Personen wieder über weniger Land verfügen als etwa Haushalte mit einer Reihe erwachsener Kinder im Haus (vgl. Tschajanow 1923). Wie wir sehen, ist in Quinches kein Abknicken der Eigentumskurve nach einem bestimmten Alter festzustellen; eher steigt die Kurve der Korrelation von Eigentum und Alter kontinuierlich an.

sie erklären aber noch nicht, weshalb sie auf diese Weise verbunden sind. Hier bietet Lambert (1980:30) eine Erklärung an:

"El hecho de que los padres mantengan título legal sobre la tierra funciona en ventaja de ellos, como se mencionó anteriormente. Pueden así castigar actos no apropiadamente filiales, mostrar favoritismo, reasignando una misma parcela a otro hijo, o aún al hijo de uno de sus siblings (sobrino), como el caso reportado por Malengreau en Cusipata (departamento del Cuzco)."

Bezüglich der Motivation der Elterngeneration hinsichtlich ihres "überlangen" Klammerns an Besitz ist also festzuhalten: sie sind auf Sicherheit bedacht und wollen das Pfand, welches ihnen die Versorgung und Zuneigung durch ihre Kinder garantiert, nicht vorzeitig aus der Hand geben. Das ist der Grund für die etappenweise Übergabe, das auch der Grund für das Festhalten an jedem Stück Feld und Vieh, welches von alten Bauern noch bearbeitet bzw. verwaltet werden kann.

Sowohl die späte Übergabe der Produktionsmittel als auch die Aufteilung der Bevölkerung in Gruppen mit sehr viel Land und Gruppen mit wenig bzw. überhaupt keinem Land haben einen wesentlichen Einfluß auf das Wanderungsverhalten junger Menschen.

3.2 Viehzucht

In andinen Dörfern findet sich oft eine Skala wirtschaftlicher Situationen,[43] an deren einem Ende man intensive Marktbeziehungen antreffen kann, deren anderes Ende von einer der Subsistenz des Haushalts dienenden Produktion gekennzeichnet ist.

In Quinches ist die Viehwirtschaft auf dieser gedachten Skala insgesamt eher von der Einbindung in den nationalen Käse- und Fleischmarkt geprägt; es muß aber differenziert werden.

---

[43] Ausdrücke wie "Sektoren", "Produktionsweisen", "Wirtschaftssphären" etc. vermitteln oft den Eindruck, es handle sich bei der Agrarwirtschaft im Andenraum um zwei oder mehrere voneinander unabhängige Produktionssysteme. Aus diesem Grund ziehe ich es an dieser Stelle vor, von "wirtschaftlichen Situationen" zu reden. Mit der Frage zum Verhältnis von Subsistenz- versus Marktwirtschaft setzte ich mich bereits an anderer Stelle auseinander (Moßbrucker 1987:147-173).

3.2.1 Kleinvieh

Auch der ärmste Haushalt verfügt zumindest über einige Meerschweinchen. Sie können großenteils von Küchenabfällen ernährt werden, erhalten, wenn vorhanden, jeden Tag eine kleine Ration Alfalfa oder Gras, das an Wegen bzw. zwischen den Feldern wächst. Diese Tiere dienen dem Verzehr im eigenen Haushalt und werden nur in Ausnahmefällen verkauft.

Federvieh ist ebenfalls weit verbreitet. Es werden Hühner, Enten und Truthühner gehalten. Charakteristisch ist die Haltung von zwei bis drei Stück Federvieh pro Haushalt; nur wenige Haushalte verfügen über größere Kontingente von Hühnern zum Zweck des Verkaufs bzw. Tauschs von Eiern im Dorf. Wie die Meerschweinchen dient auch das Federvieh dem Eigenkonsum.

Schweine werden von einem Teil der Haushalte gehalten (einer groben Einschätzung zufolge dürften es aber nicht mehr als 30% sein). Wo sie vorhanden sind, werden sie tagsüber mit anderem Kleinvieh (Ziegen und Schafe) mit auf die Felder getrieben. Nachts werden sie angebunden, vom frühen Morgen bis zur Mittagszeit laufen sie oft frei im Dorf herum, wo sie Abfälle fressen. Ein Haushalt besitzt selten mehr als zwei Schweine. Sie werden ebenfalls zum Konsum im eigenen Haushalt verwendet oder (selten) an Verwandte in Lima verschenkt.

Regelmäßig verbreitet ist die Haltung von einigen Schafen und/oder Ziegen. Nur wenige Haushalte verfügen nicht über diese Tiere, was dann durch die Bindung der familiären Arbeitskraft in anderen Bereichen zu erklären ist. Pro Haushalt schwankt die Anzahl zwischen fünf und zehn Tieren. Lediglich drei der *comunidad* angehörende Bauern bzw. Bäuerinnen verfügen über 80, 30 bzw. 20 Schafe, welche bei der *comunidad* registriert sind. In diesen Fällen halten die Züchter ihre Tiere aus kommerziellen Gründen. Die Schafe werden von ihren Besitzern geschoren, aus der Wolle spinnen die Frauen Garn und stellen damit Kleidungsstücke her (Pullover, Hosen, Hemden) oder lassen sie bei einem der Weber im Dorf zu *bayeta* (gewebter Wollstoff) verarbeiten.[44] Das Fleisch wird ebenfalls zum Eigenkonsum verwendet, daneben ist es eines der regelmäßigen Geschenkgüter an Ver-

---

[44] In Quinches gibt es drei Männer und eine Frau, die sich vorwiegend dem Weben von Decken, Ponchos und *mantas* (Schulterdecken für Frauen) widmen. Sie verkaufen ihre Produkte teilweise auch in angrenzenden Dörfern. Umgekehrt kommen Hirten aus der Puna ins Dorf, um die genannten Produkte zu offerieren.

wandte in Lima. Verkauft werden Schafe und Ziegen nur bei akutem Geldmangel.

3.2.2 Die Rinderzucht

In Quinches gab es noch in den vierziger Jahren dieses Jahrhunderts Lamas und Alpacas, später werden sie nirgendwo mehr erwähnt. Soweit sich rekonstruieren läßt, wurden diese Tiere durch den "Siegeszug" der Rinderhaltung, der zu Anfang unseres Jahrhunderts allmählich begann, verdrängt.

Die in der Einleitung zu diesem Abschnitt angesprochene Zuordnung wirtschaftlicher Situationen mehr zu Markteinbindung hin trifft beinahe ausschließlich auf die Rinderhaltung zu. Die Entwicklung in der Tierhaltung in Quinches ist eng mit dieser Markteinbindung verbunden. Im folgenden soll dies erläutert werden.

Wie bereits hinsichtlich der Geschichte des Ortes erwähnt, hat Rinderhaltung eine längere Tradition und ist seit dem letzten Jahrhundert auch schriftlich belegt. Aus dem Zitat von Raimondi (s. Abschn.1.2) kann man aber auch schließen, daß ihr zu jener Zeit keine besondere Aufmerksamkeit zuteil wurde. Dies dürfte sich spätestens Anfang dieses Jahrhunderts geändert haben. Zu Beginn des Kapitels wurde darauf hingewiesen, daß die *comunidad* in Quinches eine Gründung aus dem Jahre 1936 ist, die eine Reaktion auf die Monopolisierung der Weiden durch große Rinderzüchter war. Außerdem sind im ersten Zensus der neugegründeten *comunidad* 1.027 Rinder, 1.293 Schafe und 269 Ziegen ausgewiesen. Schon damals hatte demzufolge die Rinderzucht den Vorrang vor der Haltung anderer Tiere. Auch die heute noch lebenden Gründungsmitglieder behaupten, daß ihnen durch die *comunidad* erst der Weg zur Haltung größerer Herden geebnet wurde. Demnach war es also der Wunsch nach vermehrter Rinderhaltung - d.i. der Wunsch, ein auf dem Markt lukrativ absetzbares Produkt zu erzeugen -, der die *comuneros* zu ihrer Gründung motivierte.

Die Viehzensen ab den 40er Jahren weisen eine stetige Abnahme der Bedeutung der Schafzucht und eine entsprechende Zunahme der Rinderzucht auf. Im Zensus von 1987 sind die Schafe noch mit 159 Stück (von denen 130 zu den drei schon erwähnten Schafzüchtern gehören) vertreten, während die Zahl der Rinder bei 1.681 (1979 1.434) angelangt war. Es ist also für dieses Jahrhundert eine immer ausgeprägtere Spezialisierung der Viehhaltung auf Rinderzucht hin festzustellen.

Indessen gibt es nur wenig Ansätze, die Qualität des Viehs zu verbessern. Üblich ist "ganado chusco", eine für Fleisch- und Milchproduktion nicht geeignete Rasse, die sich überall im peruanischen Hochland findet. Lediglich der größte Viehzüchter (mit 80 Tieren) hat teilweise erfolgreiche Versuche zur Einkreuzung unternommen. Auch die *comunidad* kaufte 1987 zwei mit der Rasse "Brown Swiss" eingekreuzte Bullen, um zunächst Versuche mit der Herde der *comunidad* anzustellen. Teilweise aufgrund der Unkenntnis der Bauern im Umgang mit solchem Vieh, teilweise schlicht aufgrund der unfreundlichen klimatischen Bedingungen der Puna und des dortigen Nahrungsangebots für Rinder, verendete der erste Bulle nach kurzer Zeit.[45] Dieses Experiment bestätigte bereits in seinem Anfang, was auch eine Analyse der vorhandenen Weidemöglichkeiten ergibt: eine Verbesserung der Viehrasse ist für jene Viehhalter möglich, die über genügend *potreros* in tiefer gelegenen Zonen verfügen; für die Übrigen sind diese Möglichkeiten gering. Allerdings steht deshalb auch eine intensive Rinderzucht in direkter Konkurrenz mit den teilweise schon konkretisierten Plänen, in den tieferen Lagen Fruchtbäume zu pflanzen.

Durch den Bau der Straße von Omas (das bereits seit den 40er Jahren mit Lima verbunden war) nach Quinches erhielt die Rinderzucht zwar einen weiteren Anreiz, dennoch waren die Weichen bereits vorher gestellt. Spätestens zu Beginn des Jahrhunderts nutzten die Bauern die *lomas*[46] an der Küste für ihre Rinderherden. Während der zwei bis drei Monate, die die *lomas* Bewuchs aufweisen, konnten die Viehhirten sowohl Frischmilch als auch Käse in den Küstenstädten - hier vor allem Mala und San Vicente de Cañete - verkaufen. Spätestens aus dieser Zeit resultieren die Kontakte von Bauern aus Quinches mit dem Schlachthaus in Mala bzw. jenem in Callao, das damals noch das einzige für Lima war. Diese Kontakte ermöglichten einem Teil der Viehzüchter, ihre Tiere direkt an Schlachter zu verkaufen und

---

45 Es war für mich erstaunlich, daß die Bauern in einer Versammlung der *comunidad* zwar lang und breit über eine Verbesserung der Rasse ihrer Rinder redeten, aber kaum Vorstellungen vom Wie hatten. Es ist üblich, männliche und weibliche Tiere zusammen auf der Weide zu halten, so daß es für die *comuneros* allein schon zum Problem wurde, wie die beiden Geschlechter der Tiere zu trennen seien, um die neuen Bullen bevorzugt zur Zeugung von Kälbern einsetzen zu können. Da es offenbar niemanden gab, der wußte, wie man einer Kuh anmerkt, ob sie "celosa" ist, wurde ich gebeten, ein "cursillo" darüber zu geben.
46 Die *lomas* werden im folgenden Kapitel ausführlicher behandelt.

so den Gewinn, den ansonsten der Zwischenhändler einstreicht, für sich zu behalten.[47]

Andere Absatzgebiete für Käse und Fleisch fanden sich in den Minen von Yauricocha (Provinz Yauyos) und in den niedriger gelegenen Dörfern der Region (Viscas, Quinocay, Omas), die sich aufgrund fehlender Weiden infolge der Trockenheit schon immer vorwiegend mit Ackerbau beschäftigten. Regelmäßig unternahmen die Quinchinos auch längere Reisen zu Orten an der Küste südlich von Mala bis nach Pisco oder auf die andere Seite der Bergkette ins Valle de Mantaro bis hin nach La Oroya (Erzverhüttungszentrum). Zu Reisen in entfernte Gebiete schlossen mehrere Viehzüchter ihre zu verkaufenden Tiere zu einer großen Herde zusammen und reisten gemeinsam, bewaffnet mit Gewehren und Revolvern, um den überall lauernden Viehdieben begegnen zu können.

Der vor dem Straßenbau produzierte Käse war von anderer Art als der heute übliche. Damals wurden kleine, sehr harte (wenig Wasser enthaltende) Stücke produziert, die von den lokalen Zwischenhändlern aufgekauft und auf Eseln und Maultieren bis zur Haltestelle der Laster transportiert wurden. Mit dem Näherrücken der Straße veränderte sich die Technik der Käseherstellung immer mehr in Richtung auf Frischkäse. Heute werden ca. ein Kilo schwere, sehr wasserhaltige Stücke hergestellt, die schnell vermarktet werden müssen, weil sie sonst ihr Gewicht verlieren.

Wie oben festgestellt, sind Rinderzucht und Käseproduktion der Wirtschaftszweig, der den Bauern Zugang zu Bargeld verschafft. Die bisherigen Ausführungen zeigen somit, daß die Zirkulation von Bargeld und damit die Einbindung in den nationalen Markt seit geraumer Zeit eine Rolle spielt.

Anhand einer Tabelle soll im folgenden die ökonomische Differenzierung der Viehzüchter bezüglich der Zahl der von ihnen gehaltenen Tiere, die Verbindung zwischen Viehhaltung und Landbesitz und der aktuelle Trend näher beleuchtet werden. Es wird dabei auch das Verhältnis zu denjenigen Ackerbauern berücksichtigt werden, die keine Tiere in der *comunidad* registriert haben.

---

47 Nur am Rande sei bemerkt, daß sich weder Bauern noch Schlachter von der Illegalität (weil sie die staatlichen Verordnungen der Fleischüberwachung umgingen) dieser Geschäfte beeindrucken ließen. Die Viehübergabe fand deshalb nicht im Schlachthaus, sondern vor Morgengrauen an einem festgelegten Ort statt (aus Gesprächen mit u.a. C.M.C. [70 Jahre] und J.A.S.[61 Jahre]). Aus solchen Geschäften resultieren jene Kontakte, die dazu führten, daß die Quinchinos bis heute eine beachtliche Zahl von Zwischenhändlern und Schlachtern in den Schlachthöfen von Yerbateros und Mala stellen. Zu diesem Punkt werden wir im folgenden Kapitel noch ausführlich kommen.

Tabelle IV: Vieh und Landbesitz in Quinches

Besitzer Zahl	%	Rinder Zahl	%	Peon Zahl	%	Peon compania Zahl	%	/Rinder- besitzkl.
12	10,3	49	2,9	15,00	5,8	4,25	2,8	1 - 5
35	30,2	281	16,7	56,25	21,6	39,25	25,7	6 - 10
50	43,1	710	42,2	121,75	46,8	57,25	37,5	11 - 20
11	9,5	273	16,2	22,75	8,8	36,50	23,9	21 - 30
7	6,0	288	17,1	23,75	9,1	15,25	10,0	31 - 50
1	0,9	80	4,8	20,50	7,9	0,00	0,0	51 - X
116	100	1681	99,9	260,00	100,0	152,50	99,9	S U M M E

(/) Zahl der Rinder pro Halter = 14,5
(/) Fläche Eigentum pro Halter = 2,2 *peon*
(/) Fläche zusätzl. pro Halter = 1,3 *peon*
(/) Total bearbeitete Fläche pro Halter = 3,5 *peon*
Quelle: Eigene Erhebung aus den *matriculas* des *secretarios* der *comunidad* im Dezember 1987[48]

Ähnlich wie beim Eigentum bzw. Besitz an bewässertem Anbauland läßt sich auch bei der Viehhaltung eine starke Differenzierung der Besitzgrößen feststellen. In den beiden ersten Kolumnen bis 10 Rinder finden sich 40,5% aller Besitzer, sie verfügen aber nur über 19,6% aller Tiere. Andererseits sind es in den Kolumnen ab 31 Tieren nur noch 6,9% Besitzer, die jedoch über 21,9% der Rinder verfügen.

Interessant ist, das Verhältnis von Anzahl der gehaltenen Tiere zur Fläche des bearbeiteten Feldes zu betrachten. Sehr deutlich läßt sich feststellen, daß die Größe der Herde positiv mit dem vom jeweiligen Besitzer kontrollierten Feld korreliert. Dieses Verhältnis verdeutlicht die folgende Tabelle.

---

[48] Die *comunidad* ist relativ desorganisiert, da sich intern diverse Gruppen um Einfluß streiten. Unter anderem ist deshalb der letzte Viehzensus 1979 erstellt worden. Allerdings führt der jeweilige Sekretär der *comunidad* in einer Art Lose-Blatt-Sammlung sogenannte *matriculas*, in denen er festhält, wer wieviele Tiere auf welchen Weiden hält.

Tabelle V: Verhältnis Viehbesitz/Landkontrolle

comuneros Zahl	Peon Eigen(/)	Peon compania(/)	Peon bearb(/)	Rinderbesitz nach Klassen
12	1,25	0,35	1,60	1 - 5
35	1,61	1,12	2,73	6 - 10
50	2,44	1,15	3,59	11 - 20
11	2,10	3,32	5,42	21 - 30
7	3,39	2,18	5,57	31 - 50
1	20,50	0,00	20,50	51 - X
116	260,00	152,50	260,00	S U M M E

Quelle: *Padron comunidad de Quinches, Padrones de Regantes*

Wie sich erkennen läßt, steigt die tatsächlich bebaute Fläche (Eigentum plus *compania*) mit der Zahl der gehaltenen Tiere kontinuierlich an. Dies gilt sowohl für die als Eigentum ausgewiesene Fläche - nur in der Sparte von 21 - 30 Rinder zeigt sich ein leichter Einbruch, der hier allerdings durch überdurchschnittlich viel Land in *compania* aufgefangen wird - als auch für die Fläche des in *compania* bebauten Landes, wieder mit der erwähnten Ausnahme. Und noch eine Auffälligkeit zeigt sich: Während das in *compania* bearbeitete Land im Durchschnitt aller Feldbesitzer 0,45 *peon* und damit lediglich 29% zusätzlich zu den durchschnittlich 1,56 *peon* Eigentum ausmacht, sind es bei den Viehzüchtern zwischen 47% und 158% Fläche, die sie per *compania*-Kontrakten bewirtschaften. Ausnahmen dieses Trends bilden lediglich die erste Sparte der Viehzüchter mit 1 bis 5 Tieren, die nur 28% zusätzlich bebauen (damit also im dörflichen Durchschnitt liegen) und der einzelne Großbesitzer, der aufgrund seiner Finanzmittel versucht, soviel Felder als möglich zu kaufen und deshalb nicht auf *compania*-Kontrakte angewiesen ist bzw. aufgrund seiner relativen Isolation auch keinerlei soziale Verpflichtungen in dieser Richtung zu übernehmen hat.

Aus dem Gesagten lassen sich folgende Schlüsse ziehen:

a) Die in der ersten Spalte enthaltenen Viehhalter befinden sich teilweise noch am Anfang der produktiven Phase ihres Haushalts - sie sind also noch junge Paare, die von ihren Eltern erst einen Teil der Erbschaft erhalten haben.[49] Ein anderer Teil betreibt die Viehzucht quasi als "sekundäre" Tätigkeit. Damit ist gemeint, daß sie die Pflichten, die die Mitgliedschaft in der *comunidad* mit sich bringt und die vor allem Zeit

---

49 Vgl. hierzu die Literaturverweise in Fußnote 33. Gestützt wird diese Feststellung auch durch die Tabelle A II im Anhang.

kosten, in Kauf nehmen, um sich Zugang zu den Weiden zu verschaffen, auch wenn ihnen dies nur ein marginales zusätzliches Einkommen sichert. "Marginales" Einkommen meint hier solches, das nicht den in Geldwerten ausdrückbaren Gegenwert für verausgabte Arbeitskraft erbringt. Bauern, die "marginales" Einkommen für ihre Arbeit in Kauf nehmen, finden sich nicht nur bei jenen Viehzüchtern, deren Arbeit im Dienste der *comunidad* den Effekt hat, daß die Produktion von Fleisch und Käse für die großen Viehbesitzer billiger wird. Auch die als *peones* arbeitenden landlosen Bauern veräußern ihre Arbeitskraft regelmäßig "unter Wert" insofern, als die Entlohnung allein nicht die Reproduktion des Arbeiters sichern könnte.[50]

b) Die Daten zum Verhältnis von Viehbesitz und zusätzlich bebautem Land legen nahe, daß beide in einer positiven Korrelation zueinander stehen. Das heißt, je mehr Vieh jemand besitzt, desto größer seine Bereitschaft (und Notwendigkeit), Land in *compania* zu bebauen. Rinderbesitzer sind, bei steigender Zahl der Tiere, in steigendem Maße auf Alfalfa und damit auf Flächen zu ihrem Anbau angewiesen. Sie benötigen diese Futterpflanze aus mehreren Gründen: 1) zur Mast der Tiere vor dem Verkauf, 2) zur Steigerung der Milchproduktion in Zeiten hoher Käsepreise an der Küste, 3) zur Wiederherstellung der Gesundheit der Tiere nach Futterknappheit (die mit großer Regelmäßigkeit im November/Dezember einsetzt, wenn viele Kanäle nicht mehr mit Wasser versorgt werden können und zusätzlich die natürlichen Weiden das Extremstadium ihrer Trockenheit erreicht haben), 4) wer es sich leisten kann, füttert seine Tiere auch sonst mindestens ein- bis zweimal pro Woche mit Alfalfa, um sie bei Kräften zu halten.

Auffällig ist, daß sich bei der Viehhaltung keine ausgeprägte Tendenz zu Teilhaberkontrakten mit Migranten in Lima, wohl aber mit Verwandten in Quinches findet. Auch vom Rinderbesitz sind rund 1/4 des Gesamtbesitzes auf mehrere Familien aufgeteilt, es handelt sich aber um Familien innerhalb des Ortes, die ohne Ausnahme nahe Verwandte sind (Geschwister, Eltern). Entweder beaufsichtigen sie gemeinsam abwechselnd die Herden

---

50 An dieser Stelle soll nicht weiter auf dieses heiß diskutierte Problem eingegangen werden. Der Leser sei auf die einschlägigen Schriften verwiesen, von denen nur genannt werden sollen: Golte/de la Cadena (1983), die in ihrem Artikel den Begriff der "codeterminación" für das Verständnis andiner Agrarwirtschaft vorschlagen, und auf die Arbeit von V. Blum (1989), die sowohl eine ausführliche Diskussion als auch eine umfangreiche Literaturliste zum Thema enthält. Direkt zu Quinches finden sich in meiner Arbeit von 1987 (:113-143) weitere Ausführungen.

und treiben sie turnusmäßig auf ihre jeweiligen *potreros*, oder es hütet nur eine Familie das Vieh, ihr fällt dann aber auch die gesamte Milchproduktion zu. Ein Ackerbauer kann sich auch von einem *socio* (Teilhaber) das Vieh "leihen" und hütet es auf seinen *potreros*, in dieser Zeit gehört die Milch der Tiere ihm. Die gemeinsame Viehhaltung innerhalb des Dorfes ist eine komplementäre Strategie einmal der Viehhalter, die sich so zusätzliche *potreros* sichern, andererseits der Ackerbauern, die sich damit Zugang zum Geschäft der Tierderivate verschaffen.

Eine gemeinsame Viehhaltung mit Personen aus Lima oder anderen Orten gibt es nur in sieben Fällen. Auch bei ihnen handelt es sich um Geschwister und/oder Eltern-Kind-Beziehungen. Der Vorteil für die Viehhirten ist in diesem Fall nicht so evident wie bei innerdörflicher Zusammenarbeit, dürfte aber mit dem Zugang zu Bargeld (das sie von ihren Partnern erhalten) und anderen Vergünstigungen zusammenhängen. Die betroffenen Personen selbst geben als stereotype Begründung den Verwandtschaftsgrad ihrer Partner an.

4. Sonstige Einkommen

Die Dynamik der Wirtschaft in Quinches und damit jene der sozialen Beziehungen sowohl innerhalb des Dorfes als auch zu anderen Regionen ist determiniert durch die beiden Bereiche Ackerbau und Viehzucht - also durch die Landwirtschaft. Der Vollständigkeit halber müssen jedoch die anderen Einkommensquellen wenigstens genannt werden.

Zunächst sind die Lehrer zu nennen, die zum großen Teil aus Quinches selbst stammen. D.h. sie sind hier geboren, gingen nach der Absolvierung der *secundaria* nach Lima, um dort zu studieren und kehrten dann als Lehrer zurück; oder sie besuchten lediglich einige Kurse in Lima und erwarben sich so die Berechtigung zur Ausübung ihres Berufes. Die *secundaria* beschäftigt fünf im Ort geborene Lehrer und zwei Angestellte, die *primaria* vier im Ort geborene Lehrer und einen Angestellten. Alle Genannten besitzen Felder unterschiedlicher Größe und bebauen sie teilweise selbst, teilweise beschäftigen sie *peones*. Ein Lehrer verfügt sogar über eine kleine Viehherde und ist Mitglied der *comunidad*.

Der größte Bereich sekundärer Tätigkeit, d.h. der Bereich, in dem die meisten Bewohner des Ortes ein Zusatzeinkommen finden, ist der Handel.

Hier ist zu unterscheiden zwischen den 18 *tiendas* und dem Zwischenhandel mit Käse und Vieh.

a) In Quinches gibt es insgesamt 18 *tiendas*, davon allerdings nur drei große. Mit Ausnahme dieser drei sind *tiendas* typische sekundäre Einkommensquellen, da sie nur geöffnet werden, wenn die Besitzer Zeit finden - in der Regel am frühen Morgen und nach Einbruch der Dunkelheit. In ihnen findet ein guter Teil des sozialen Lebens des Dorfes statt, da man sich hier nicht so sehr zum Kauf von Waren, als zum Austausch von Neuigkeiten trifft. Neben den *tiendas* gibt es noch *puestos de abarrotes* im örtlichen Marktgebäude, die genau dieselben Waren führen. Auch sie stehen dem Publikum nur morgens und abends zur Verfügung, lediglich ein *puesto* ist immer geöffnet.[51]

b) Zwischenhändler: sie sind nochmals zu unterteilen in kleine Zwischenhändler, die Käse aufkaufen, den sie in den diversen *estancias* (Aufenthaltsort von Viehzüchtern) sammeln und im Ort entweder an den Fuhrunternehmer verkaufen oder an einen Verwandten an der Küste zum dortigen Weiterverkauf schicken. Diese Art Zwischenhandel läßt sich erledigen, ohne daß die Händler den Ort verlassen müßten, oft sind dies Frauen. Anders ist das Verhältnis bei den Viehhändlern. Dem Aufkauf von Vieh widmen sich nur wenige Personen, die jeweils größere Herden sammeln und die Tiere dann direkt an die Küste an dortige *paisanos* verkaufen. Die großen Viehhändler sind identisch mit einigen großen Rinderzüchtern. Sie arbeiten im landwirtschaftlichen Sektor vornehmlich mit *peones*, welche durch die Frau oder die erwachsenen Kinder beaufsichtigt werden. Das zum Viehhandel notwendige Kapital dürfte diesen Händlern zum Teil aus ihrer Viehzucht erwachsen sein. Die Viehhändler aus Quinches beschränken sich in ihren Aktivitäten nicht auf diesen Ort, sondern gehen bis Huarochirí und in die Dörfer des Hochlandes der Provinz Yauyos.

c) Schon allein die Größe von Quinches erlaubt eine gewisse Schicht an halbspezialisierten Handwerkern. So finden sich zwei Zimmerleute, die oft gegen Geld beim Hausbau beschäftigt werden. Weiter gibt es Maurer, die, neben den in Gegenseitigkeitsbeziehungen arbeitenden Verwandten, gegen Entlohnung ihre Dienste anbieten. Für die Inneneinrichtung der Häuser sowie für Türen und Fensterrahmen arbeiten ein hauptberufli-

---

51 Er wird von einem jungen Paar geführt, das es in seinem erst dreijährigen Wirken 1987 auf einen erheblichen Kundenstamm, dementsprechende Umsätze und auch ein für sein Alter enormes Ansehen gebracht hatte.

cher und zwei nebenberufliche Schreiner. Daneben gibt es drei Personen, die hauptberuflich als Weber tätig sind und die sowohl für den lokalen als auch für den regionalen Markt arbeiten. Sie können pro Stück oder pro Arbeitstag für ihre Arbeit entlohnt werden. Weitere Weber arbeiten primär in der Landwirtschaft. Es existieren zwei Friseure, zwei Bäcker und zwei Schneider, die ihre Spezialistentätigkeit nur ausüben, wenn die Arbeitskraftanforderung in der Landwirtschaft dies zuläßt (was z.B. oft zum Fehlen von Brot im Dorf führt).

5. Migrationsgründe in Quinches

Wenn wir das oben Gesagte Revue passieren lassen, sind bereits die hauptsächlichen Gründe der Migration zu erkennen:

1) Schon seit langer Zeit gibt es eine starke Bildungsmigration, bei der Kinder und Jugendliche an die Küste geschickt werden, um dort die *secundaria* oder die Universität zu besuchen. Einmal an der Küste, ist es für die jungen Menschen schwierig, wieder nach Quinches zurückzukehren, da ihnen dort im besten Fall eine Perspektive als Viehzüchter oder Lehrer, im schlimmsten Fall als Tagelöhner offensteht. Lediglich einige der Lehrer kehrten nach dem Studium zurück.
2) Ein Teil der Haushalte verfügt über zuwenig Land, um damit überleben zu können. Für sie stellt sich die Alternative, in Quinches als Tagelöhner zu arbeiten oder ihr Glück in Lima zu versuchen - d.h. zu migrieren. Insbesondere bei einem Generationswechsel, wenn ohnehin knappes Land noch unter mehrere Geschwister aufgeteilt wird, ist der Druck zur Abwanderung auf die einzelnen Personen stark.
3) Dynamische Individuen, die über ein gewisses Kapital, über Kontakte und über Ideen verfügen, finden im Ort oft kein Feld für ihre Aktivitäten. Bei ihnen gibt es viele Personen, die über den Viehhandel, über den sie sowohl an ein gewisses Kapital als auch an die nötigen Kontakte gelangten, zu einer definitiven Abwanderung bewogen wurden und heute im Schlachthaus von Yerbateros tätig sind.

Allgemein sollte nicht vergessen werden, daß auch den Bewohnern von Quinches der in den reichen Regionen der Welt vorherrschende Lebensstandard bekannt ist. Regelmäßig sind von ihnen Klagen über den "primitiven" Zustand des Dorfes zu hören, das noch nicht mal über ein Trinkwassersystem bzw. elektrisches Licht verfüge. Auch die Transportprobleme werden oft als Hindernis begriffen, sich im Dorf wohlzufühlen. Und endlich wissen sie nur zu gut um die Einschätzung, die die Bewohner der Städte von Bauern allgemein haben - nämlich dumm, zurückgeblieben, primitiv zu sein - und nehmen deshalb die sich ihnen bietenden Chancen zur Verbesserung ihres sozialen Status innerhalb der Gesellschaft wahr.

Bis hierher haben wir den wirtschaftlichen und sozialen Hintergrund von Quinches in groben Zügen kennengelernt. Es bleibt nachzutragen, daß sich keine erwachsene Person im Ort findet, die nicht Erfahrungen mit der Stadt gemacht hätte. Sie reichen von regelmäßigen Reisen in Geschäftsangelegenheiten, bei denen der Quinchino oft in ein Haus in Lima kommt, das sein eigenes ist oder an dem er doch Anteile zusammen mit einem nahen Verwandten hat, bis hin zu sehr sporadischen Besuchen ärmerer Bauern, die in Lima behördliche Gänge zu erledigen haben oder dort als Saisonarbeiter bei *paisanos* und *familiares* Arbeit finden. Die zuletzt genannten tendieren dazu, sich lediglich in den *barrios* von Lima aufzuhalten, die vornehmlich von *serranos* bewohnt sind. Auf jeden Fall kann ein Individuum, das sich zur Abwanderung entschließt, auf eigene Anschauung vom Leben an der Küste zurückgreifen. Vor allem aber kann es sich auf eine Auswahl von persönlichen Kontakten stützen, die von den Klubs der Migranten bis hin zu engen familiären Bindungen reichen. All diese Beziehungen können neu abwandernde Personen in die Waagschale werfen, um ihren Start möglichst einfach zu gestalten.

Mit diesen Ausführungen, die zeigen sollten, daß es in Quinches eine Reihe von Motiven für die Migration gibt, aber auch, daß es für Abgewanderte durchaus vorteilhaft sein kann, ihre Beziehungen zum Dorf aufrechtzuerhalten, schließt dieses Kapitel. Wir werden uns nun der Küste zuwenden, wobei zunächst die Migranten in Mala, San Antonio und Cañete betrachtet werden sollen, um danach die große Gruppe der Migranten in Lima zu analysieren.

V. Abwanderung an die Küstenstädte Mala, San Antonio und Cañete[1]
1. Die Küstenregion um Mala und Cañete

Die Deltas der beiden Flüsse Mala und Cañete sind die Heimat von ca. 75 in Quinches geborenen Menschen. Gemessen an der Gesamtzahl der Abwanderer ist dies zwar nur ein geringer Teil, dennoch folgt diese Region nach Lima an zweiter Stelle als Migrationsziel der Quinchinos (und seiner Nachbarorte). Wir wollen im folgenden kurz die beiden Deltas und die Orte beschreiben.

Das Delta des Río Mala umfaßt 6.680 ha bewässerbares Land, von denen 1973 4.340 ha folgendermaßen kultiviert wurden:

"Sobresalían el área dedicado al cultivo del algodón con 1.480 hás. (29.2% del área total del valle), el área dedicado al cultivo de frutales (manzano, plátanos, vid, durazno, maís, camote) que representaba el 34.3% del área total y los terrenos sin uso (1.900 hás) que representaban el 28.4% del total. Aquellos cultivos que ocupaban un área permanente (algodón, frutales, alfalfa) se asentaban sobre 2.890 hás. (66.5% del área agricola)..." (E. Arroyo, 1981:22,23).

Die Nutzung des Deltas machte eine ähnliche geschichtliche Entwicklung durch, wie sie auch für das Delta des Cañete gilt. In der Kolonialzeit wurde v.a. Weizen angebaut, aber auch Vieh gehalten. Die Produkte wurden meist nach Lima geliefert.

Ende des 18. Jhds. kam die Produktion von Zuckerrohr dazu. Zu Beginn des 20. Jhds. wechselte das vorherrschende Produkt. Insbesondere forciert durch den Ausbruch des 1. Weltkriegs konnte nun Baumwolle lukrativ auf dem Weltmarkt abgesetzt werden, wodurch sich aufgrund veränderter Anforderungen an Arbeitskraft und Produktionsmittel die gesamte Struktur des Tales veränderte; es setzte einerseits eine starke Konzentration des Landes, andererseits die extensive Anwendung des Systems der *yanaconaje* ein. Als die Agrarreform der 70er Jahre die CAPs (Cooperativa Agraria de

---

[1] Zu einem speziellen Aspekt der Migration der Quinchinos in diese Region habe ich auf auf dem 46. Amerikanistenkongress in Amsterdam einige Thesen unter dem Titel:"Migración y el concepto de la producción vertical: hypótesis acerca de una reformulación campesina de las estructuras andinas en una economía codeterminada." vorgestellt. Sie wurden in Form eines Vortrags entwickelt, den ich auf dem Symposion: "Pasado Rural y Proceso de Urbanización en los Andes Centrales", geleitet von N. Adams und J. Golte, Amsterdam, Juli 1988, gehalten habe. Der Vortrag befaßt sich insbesondere mit der Bedeutung, die eine "vertikale Produktion" für die Migrationsbewegung von Quinches zu den genannten Küstenorten haben kann.

Producción, insgesamt zwei) begründete und die *yanaconas* in Eigentümer des Landes der ehemaligen Hazienden bzw. in *socios* der CAPs verwandelte, legalisierte sie lediglich eine Produktionsstruktur, die bereits vorher in dieser Weise bestand. Sie nahm ihr jedoch den Rentier an der Spitze in Form des *hacendado ausente* (abwesenden Haziendaeigentümer), der in der Regel in Lima saß und lediglich die Gewinne einstrich.[2]

Etwas oberhalb des Deltas liegen die Orte Calango und Santa Cruz de Flores, im Delta selbst San Antonio und der Hauptort Mala. Da die Quinchinos (bis auf vier Ausnahmen) in den Orten San Antonio und Mala siedeln, sollen uns nur diese beiden interessieren.

San Antonio ist ein kleiner Ort, durch den früher die Panamericana führte. Von der Hauptstraße, der alten Panamericana, zweigen nur wenige kleine Straßen seitwärts ab. Die Bevölkerung ernährt sich in erster Linie von Obstanbau, Ackerbau und Viehzucht. In vielen Häusern gibt es *tiendas*, die morgens und abends für Publikum offenstehen. Die Zahl der Menschen wuchs v.a. zwischen 1940, als San Antonio 1.426 Einwohner zählte, und 1961, als ihre Zahl auf 1.949 gestiegen war. Danach verlangsamt sich das Wachstum stark. Der Zensus von 1972 wies 1.991 Personen auf, der Zensus von 1981 schließlich 2.147. In 20 Jahren nahm die Gesamtbevölkerung damit um 9,2% zu.

Die Landwirtschaft San Antonios entspricht derjenigen des gesamten Deltas. Es werden Fruchtbäume (insbesondere Äpfel), auch Mais, *camote*, *yuca* und Kartoffeln angebaut und teilweise oder ganz vermarktet. Wo keine Fruchtbäume gepflanzt werden können, wird als kommerzielles Produkt Baumwolle bevorzugt. Neben dem Ackerbau gibt es auch eine beachtliche Anzahl an Viehzüchtern, die v.a. Milchvieh halten, um Käse herzustellen. Da die Herden generell klein sind und sich Investitionen zu ihrer Verbesserung nicht lohnen, handelt es sich oft nicht um gute Zuchtrassen, sondern um mit dem in den Bergen üblichen *chusco* eingekreuzte Tiere. Sie werden mit *chala*[3] gefüttert oder mit Alfalfa, die auf den *potreros* kultiviert wird. Ähnlich wie Mala war San Antonio ursprünglich von Hazienden geprägt, die mit dem Verfall der Küstenhazienden, insbesondere seit deren Bedrohung

---

2 Diese Ausführungen stützen sich auf die Arbeit von Arroyo (1981), bisher die einzig brauchbare zur Agrar- und Bevölkerungsentwicklung des Deltas des Río Mala.

3 *Chala* wird das Maisstroh genannt, das nach dem Ernten der Maiskolben übrigbleibt. An der peruanischen Küste ist es üblich, damit Rinder zu füttern. Zu Mastzwecken wird im Raum Mala die *chala* mit dem Abfallprodukt aus der Baumwollernte (einer ölhaltigen Melasse) und dem Abfallprodukt aus der Zuckerproduktion gemischt und den Tieren gefüttert.

durch Agrarreformen, der kleinbäuerlichen Produktion bzw. den Kooperativen Platz machen mußten.

Mala, zwei Kilometer südlich von San Antonio gelegen, wird von Arroyo mit den Worten charakterisiert:

"El distrito de Mala constituye el eje centralizador del valle. Centraliza la producción y la comercialización del valle con Lima siendo además el centro de decisiones de esta microregión."(1981:19).

Und an anderer Stelle sieht er die Einbindung Malas in die umgebenden Regionen so:

"...caracterizar a la zona como una microregión satélite de una región central (Lima), microregión que a su vez tiene un área polar (Mala) y áreas satélites (los distritos del valle)." (:163).

Dem ist zuzustimmen, auch wenn der letzte Aspekt dahingehend erweitert werden kann, daß Mala auch für die angrenzende Bergregion von Yauyos und Huarochiri ein (Durchgangs-)Zentrum bildet, in dem die dort produzierten Waren verkauft oder nach Lima weiter transportiert werden; wo man Einkäufe tätigt und wo Saisonarbeiter Beschäftigung finden. Ihrer Funktion entsprechend besteht die Stadt hauptsächlich aus Handelsgeschäften unterschiedlicher Art - von Märkten für Nahrungsmittel zu Eisenwaren, Baustoffen, Düngemitteln und Pestiziden, Saatgut usw. ist hier alles zu erstehen.

Malas Bevölkerung wuchs relativ schnell. 1940 zählte der Distrikt 4.908 Einwohner. Im Zensus von 1961 waren es 5.678 Personen, im Zensus von 1972 schon 9.904, ein Anstieg um 74,4% in zehn Jahren. Im Zensus von 1981 erscheinen 13.730 Personen, womit die Bevölkerung von 1972 bis 1981 nochmals um 38,6% wuchs. Zwar hat sich der Anstieg in der letzten Dekade verlangsamt, er ist jedoch immer noch hoch gewesen und bringt die wachsende Bedeutung Malas als Zentrum für die Bergdörfer zum Ausdruck. Denn nicht nur stammen die hier umgeschlagenen Güter zu einem guten Teil von dort; auch die den Handel abwickelnden Menschen und viele Kunden haben ihren Ursprung in den Bergdörfern.

Ähnlich wie in San Antonio läßt sich auch hier für alle drei Zensen ein deutlicher Männerüberschuß feststellen. Dies legt die Hypothese nahe, daß das Ungleichgewicht im Geschlechterverhältnis mit einer überproportionalen Abwanderung der Männer aus den Bergdörfern zusammenhängt. Sie

wird gestützt durch die entsprechende Umkehrung des Verhältnisses in Quinches und anderen Dörfern ähnlicher Höhenlage.
Neben dem Handel, dem mit Abstand am schnellsten wachsenden Wirtschaftssektor, finden sich Kleinbauern, die das um die Stadt liegende Land bearbeiten. Der Typus der Landwirtschaft des Deltas wurde bereits beschrieben. Bauern aus dem Hochland finden hier saisonale Beschäftigung als Tagelöhner v.a. auf den Apfelplantagen. Sie arbeiten oft für *patrones*, die aus Dörfern stammen, aus denen sie selbst kommen.

Das Delta des Cañete beherbergt neben Dörfern und Einzelgehöften vier urbane Zentren, deren größere San Vicente de Cañete, die alte Verwaltungshauptstadt, und Imperial, das neue, dynamische Wirtschaftszentrum, sind. Während San Vicente nur langsam wächst (so in der Zeit des Hauptwachstums der Küstenstädte von 1961 bis 1972 um "nur" 15,9% auf 17.052 Einwohner) und keine Migranten aus Quinches beherbergt, ist Imperial für dieses Tal, was die Stadt Mala für ihre Region ist: das schnell expandierende Handels- und Bevölkerungszentrum, Umschlagplatz für Güter und "Umsteigebahnhof" für die Bevölkerung des angrenzenden Berglandes. Da das Tal des Cañete in seiner Gesamtausdehnung wesentlich größer ist, entsprechend mehr Hochlanddörfer und Menschen beherbergt und auch das Delta eine beachtliche Ausdehnung hat, ist Imperial ungleich bedeutender als Mala.

Der Zensus von 1961 weist für Imperial eine Bevölkerung von 15.543 Personen auf, der von 1972 nur 14.571. Die "Schrumpfung" ist aber wohl auf eine Änderung der Distriktgrenzen zurückzuführen; im Zeitraum von 1972 bis 1981 wächst die Einwohnerzahl um 9.284 auf 23.855 Personen. Wie schon die anderen Orte weist auch Imperial einen Männerüberschuß auf, der hier allerdings weniger markant ausfällt.

Das Delta war ehemals vom Zuckerrohranbau bestimmt. B. Albert (1983:109) schreibt:

> "Sugar was grown here from the late 1660s, and until the early 20th century it was the valley's principal crop"

Aramburú/Ponce (1983:172) stimmen dem zu und machen folgende Ausführungen in bezug auf die Änderungen der Nutzung des Deltas:

> "En Cañete, los principales cambios en los patrones de cultivo fueron el paso de la caña de azúcar como cultivo principal (1700-1920)

al algodón (1920-1972). La consecuencia más importante de estos cambios fue la consolidación de la pequeña propiedad, lo cual presenta ventajas comparativas en la explotación de estos cultivos de panllevar (las unidades menores a las 5 has. constituyen el 89% del total de unidades y controlan el 24% de las tierras cultivadas en Cañete)."

Die Konsolidierung der Kleinbauern ist Ergebnis von zwei Prozessen: dem Wechsel der Anbauprodukte, weil die Produktion von Nahrungsmitteln für den täglichen Bedarf arbeitsintensiver als die Zuckerrohrproduktion ist; zum anderen der Agrarreform, da viele Migranten der Sierra als Mitglieder der neuen Kooperativen aufgenommen wurden.[4]

Fonseca/Mayer (1978:41) beschreiben das gesamte Delta so:

"En el valle encontramos una gran variabilidad en los patrones de poblamiento, desde el patrón tradicional asociado a las haciendas (casa hacienda y ranchos de los trabajadores); pequeños propietarios que habitan en sus parcelas o formando barrios a lo largo de las carreteras; pueblos de reciente formación en los arenales que circundan el área irrigada, conformado por peones eventuales; pequeños granjeros avicultores y pastores transhumantes. Además, en esta zona donde existe un vertiginoso crecimiento urbano, hay cuatro ciudades en expansión, siendo la más dinámica Imperial, dedicada al comercio, las conexiones con la sierra y la regulación de la mano de obra transitoria, y la de San Vicente que es la capital y centro administrativo del valle."

Die im Delta sich ansiedelnden Migranten aus dem Hochland sind zum großen Teil im expandierenden Handelssektor in Imperial tätig. Hier finden sich auch Personen aus Quinches. Einigen Quinchinos gelang es, Land von *hacendados* zu erwerben und sich an der Küste als Bauern zu betätigen. Schließlich kommen hierher saisonale Migranten aus der Sierra, die sich wenige Monate im Jahr als Tagelöhner verdingen.

Soweit die Beschreibung der Orte, an die ein Teil der Quinchinos migriert. Wenden wir uns nun der Geschichte der Beziehungen zwischen Hochland und Küste zu, um von da aus die Migration von Quinches nach San Antonio, Mala und Imperial zu beleuchten.

---

[4] Aramburú/Ponce (1983:34,35). Diese beiden Autoren geben einen guten Überblick über die Wirtschaft und Demographie des Deltas des Rio Cañete.

2. Historische Bindungen Hochland - Küste in der Region Mala/Cañete

Leider sind bis heute die Daten bezüglich der Verbindungen Hochland - *yunga* (Küstenzone) für die vorspanische Zeit ziemlich knapp, so daß sich Aussagen über mögliche Kontakte schwierig gestalten. Für das Gebiet der *Yauyo*[5] liegt uns über diese Zeit das Manuskript von Francisco de Avila vor, das Erzählungen, Mythen und Glaubensvorstellungen der Landbevölkerung der heutigen Provinz Huarochirí (Nachbarprovinz von Yauyos) enthält. Es lassen sich in diesem Manuskript keine Beweise für eine Verbindung zwischen den Bewohnern des Hochlands und der Küste finden. Dennoch deuten viele Passagen diese Verbindung an. Eine Passage berichtet, daß "alle Bewohner der *yungas*" der genannten Flüsse (u.a. Chilca und Huarochirí [=Mala]) zum Heiligtum von *Pariacaca* (Gottheit der Hochlandbewohner) pilgerten (1987:189).[6] Das Kapitel 20 berichtet darüber, wie der Sohn von *Pachacamac* (zentrale Gottheit der Küste), *Llocllayhuancupa* zu einer *huaca* (Heiligtum, heilige Stätte) der Menschen von Llacsatambo (Provinz Huarochirí) wurde (293ff.). Daraus läßt sich zumindest ein Kontakt zwischen beiden Regionen ableiten.

Rostworowski (1978) formuliert dies stärker, wenn sie schreibt:

"Comprendemos entonces que los informantes de Avila contaron su pasado: la conquista de nuevas tierras, su instalación en ellas, las vicisitudes que en la expansión sufrieron los grupos participantes."

und

"(Los yungas) Todos fueron vencidos y sojuzgados por los Yauyos." (:33).

Mit diesen Passagen sollte deutlich geworden sein, daß die Bewohner der *yungas* und die der Sierra nicht zwei unabhängig voneinander existierende Gruppen waren, sondern daß durch Interessen beider an Ressourcen der jeweils anderen Gruppe wechselseitige Verbindungen wahrscheinlich schon lange Zeit bestanden.

---

5 *Yauyo* war die Bezeichnung für die Ethnie, die bis zur Eroberung durch die Inka die heutige Provinz Yauyos, aber auch Huarochirí und Teile von Canta sowie die tiefer liegenden *Yungas* dieser Gebiete beherrschte. Vgl. Rostworowski (1978).
6 Ich benutze die Übersetzung von Taylor, die 1987 unter dem Titel "Ritos y Tradiciones de Huarochirí del Siglo XVII" erschien.

Ein entscheidendes Bindeglied zwischen Hochland und Küste waren die *lomas*, die einer kurzen Erläuterung bedürfen: so werden bewachsene Gebiete an der Küste genannt, die zwischen 300 und 800 m liegen. Sie erhalten, obwohl sie von Wüste umgeben sind, ausreichend Feuchtigkeit um für einige Monate die für ein Abweiden erforderliche Vegetation hervorzubringen. Die Feuchtigkeit stammt von den dichten Küstennebeln der Wintermonate (Juni bis Oktober) und vereinzelt fallenden Nieselregen; zusammen ergeben sich im langjährigen Mittel zwischen 125 und 250 mm Niederschlag. Die Vegetation, die sich ab Juli zeigt, wird v.a. von Gräsern gebildet.[7]

Die von den *yunga*-Bewohnern für Lamaherden und Jagdwild genutzten *lomas* könnten lt. Rostworowski Anlaß für die *serranos* gewesen sein, die Küstenregion zu erobern (1981:53). In der Kolonialzeit änderte sich durch die dramatische Entvölkerung der *yungas* die Situation:

"Es entonces que se produjo poco a poco una transformación en el usufructo de las lomas, a favor de los serranos." (1981:54).

Diese Feststellung Rostworowskis läßt sich anhand ethnographischen Materials bis heute fortschreiben.

Auch K. Spalding (1984) schreibt zwar über die Provinz Huarochirí, dennoch dürften ihre Aussagen zum Teil auch für die Bewohner von Yauyos zutreffen. Bezüglich der *lomas* sagt sie:

"By the eighteenth century... the Lima markets were provisioned with fruits and other crops from Huarochirí and Canta to the north, as well as with sheep, goats and some cattle brought down from those same provinces to fatten on the lomas outside of Lima before sale to the city butchers." (:193).

Heute finden sich etliche alte Bauern aus Quinches entweder im Ort selbst oder in den Küstenorten, die ihre ersten (persönlichen) Kontakte zur Küste mit ihrer Tätigkeit als Hirten in den *lomas* begründen. Sie erzählen, daß sie als junge Menschen Vieh in die *lomas* trieben, den aus der Milch gewonnenen Käse bzw. die Milch an die Bewohner der Küstenorte verkauften oder eintauschten und daß von daher ihr Wissen vom Leben an der Küste stamme. Ähnlich den Hirten der Puna, die ihre heranwachsenden Söhne auf ihren Wanderungen an den West- bzw. Ostabhang der Anden mitneh-

---

7 Information zur Lage und zum Bewuchs der *lomas* findet sich in Pulgar Vidal (1946:41ff.) und in Tosi (1960:41-52), er faßt sie in seiner Klassifikation unter der Bezeichnung: "chaparral bajo montano bajo" und "chaparral alto montano bajo"; außerdem in ONERN (1985:139-141).

men, um ihnen die Verhältnisse vertraut zu machen und die *compadres* "weiterzuvererben",[8] sind auch die Viehhirten der *lomas* von ihren Vorgängern eingewiesen worden. Endlich kann man heute bei Wanderungen zwischen beiden Regionen zu bestimmten Jahreszeiten überall Herden des Hochlands entdecken, deren Hirten auf Nachfrage erklären, daß sie gerade auf dem Weg von bzw. zu den *lomas* seien. D.h., obwohl letztere nicht mehr den Bewuchs aufweisen, den sie wahrscheinlich noch in der Kolonialzeit hatten,[9] sind sie auch heute noch eine wichtige Ressource für die Tierhaltung der *serranos*, deren eigene natürliche Weiden oft schon im Juli/August völlig ausgetrocknet sind und erst wieder ab Januar/Februar abgehütet werden können.

Wir können festhalten: der Kontakt zwischen Hochland und Küste ist kein Phänomen, das erst unser Jahrhundert hervorbrachte. Es läßt sich vielmehr eine lange zeitliche Sequenz von Kontakten zwischen beiden Regionen zurückverfolgen, die sich zwar in ihrem jeweiligen Inhalt änderte (ehemals Eroberung, später Verdrängung mit Hilfe der Kolonialbehörden und schließlich informelle Kontakte und Güteraustausch bzw. Handelskontakte), dennoch auf der Ebene individueller Personen bis heute hält. Die Migranten, von denen im folgenden die Rede sein wird, kamen also nicht in eine terra incognita, sondern in ein ihnen wohlbekanntes Gebiet mit Bewohnern, die ihnen als Bekannte, Freunde, Kunden, *patrones* oder gar *compadres* vertraut waren.

3. Definitive Migration von Quinches nach Mala/Cañete
3.1. Vier Fallbeispiele

Zur Einstimmung auf die folgende Beschreibung der Migration von Quinches an die Küstenorte sollen vier Fallbeispiele Einblick in die Beweggründe der Abwanderung und die Einzelschicksale am Ankunftsort gewähren. Sie sind bewußt so gewählt, daß alle Genannten noch Felder in Quinches besit-

---

[8] Diese "Vererbung" sozialer Beziehungen bei Hirten findet sich beschrieben von J. Casaverde (1977:176,177). Sie wurde mir auch von einem Hirten aus Tanta (Prov. Yauyos) berichtet, der gerade seinen 14jährigen Sohn mit auf die Reise nahm, um ihm seinen *compadre* in Quinches und, wohl vor allem, dessen Sohn vorzustellen, damit sich die Beziehung fortpflanze (Feldnotizen Februar 1984).
[9] Vgl. Rostworowski (1981:49,54).

zen, außerdem sind alle verhältnismäßig früh - also zu einer Zeit, als es noch kaum *paisanos* an der Küste gab, dorthin abgewandert.

Der älteste noch lebende Migrant aus Quinches, im folgenden A genannt, ist (1988) 88 Jahre alt. A erzählte, daß er sich als junger Mann oft mit seinem Vieh etwas oberhalb von San Antonio, wo er noch heute lebt, aufgehalten habe. Da der Ort A gefiel und ihm die Arbeit in der *sierra* sehr schwer vorkam, beschloß er (um 1925) zu bleiben. Schon vorher arbeitete er gelegentlich als Tagelöhner auf den Feldern. Sein Entschluß war motiviert durch den Umstand, daß er Vieh verkaufen und mit dem erzielten Erlös eine *tienda* aufmachen konnte und daß er Freunde in San Antonio hatte, die ihn bei seinen ersten Schritten zur endgültigen Ansiedlung unterstützten. Laut A gab es zu jener Zeit dort noch keine fest etablierten *paisanos*.

Nachdem A mittels seiner *tienda* ein kleines Kapital ansammeln konnte, kaufte er nahe San Antonio Land. Die Idee war, sowohl Futter für seine Rinder (die er immer behielt) als auch Äpfel anzupflanzen, um seine ökonomische Basis zu erweitern.

A hat heute noch Felder in Quinches, die er von seiner Enkelin in *compania* bebauen läßt. Jedes Jahr zur Ernte, wenn die Zeit es erlaubt auch zur Aussaat, gehen A oder seine Tochter nach Quinches, um der Enkelin und ihrem Ehemann bei der Arbeit zu helfen und ihren Anteil an Produkten in Empfang zu nehmen. A begründet sein Festhalten an jenen Feldern damit, daß er deren Produkte für seinen Konsum brauche, da er sie im Geschmack und in der Qualität denen der Küste vorziehe. A hat seit langer Zeit keine Rinder mehr auf den Weidegebieten des Hochlands. Er meint, es würde sich der Anzahl wegen (sechs Stück) nicht lohnen. Stattdessen füttert er sie mit *chala* und Alfalfa.

B kam 1930 im Alter von 13 Jahren nach Mala. Seine Eltern hatten ihn geschickt, damit er die *secundaria* besuche. Wie heute noch für Schulkinder üblich, arbeitete B nebenbei als Handlanger in unterschiedlichen Tätigkeiten, unter anderem im Schlachthaus von Mala. Dort blieb er beschäftigt bis er seine Frau, eine Maleña, heiratete. Da sie ein kleines Kapital hatte, konnten beide einen ambulanten[10] Fleischverkaufsstand einrichten

---

[10] In dieser Arbeit werde ich von Straßenhändlern bzw. ambulanten Händlern sprechen. Der zweite Begriff könnte irreführend sein, insofern hierunter ein "sich bewegender" Händler verstanden werden könnte. Tatsächlich gibt es solche; meist ist aber der *ambulante*, wie sich diese Händler in Peru nennen, an einem festen Standplatz. Zum Konzept des "*vendedor ambulante*" vgl. Grompone (1985, Kap.6) und De Soto (1986, Kap.III).

(um 1940). B zufolge begann damals die dem Fleischhandel günstige Konjunktur, weil immer mehr Menschen die Panamericana befuhren, die noch bis Anfang der 70er Jahre durch Mala führte. Durch seine Arbeit im Schlachthaus, seine bis heute nicht abgebrochenen Beziehungen zu seinem Heimatort und das im Fleischhandel verdiente Kapital war es B möglich, Vieh in der Region Quinches aufzukaufen, im Schlachthaus zu verkaufen oder auf den eigenen Namen schlachten zu lassen und dann, im letzteren Fall, das Fleisch in seinem eigenen Stand mit Hilfe seiner Frau zu verkaufen. Anfang der 50er Jahre kaufte B sich ein 1.000 m^2 großes Feld, baute darauf ein Haus und richtete Schweineställe ein, in denen er damals bis zu 50 Schweinen mästete (d.h., er konnte im Durchschnitt über zwei Tiere die Woche aus eigenen Beständen verfügen), sie selbst oder gegen Bezahlung mit Hilfe anderer im Schlachthaus schlachtete und das Fleisch in seinem Stand verkaufte. Weil Bs Frau inzwischen verstarb, seine Kinder verheiratet sind und er lediglich noch mit seinem Schwager zusammenlebt, hat er die Schweinezucht stark reduziert und schlachtet nur noch ca. zwei Tiere pro Monat.

1960 konnte B sich ein Stück Land (sechs ha), etwas oberhalb von Mala in der Wüste gelegen, sichern. Mit Hilfe des Abwassers aus einer Kupfermine kann er vier Hektar davon bewässern. Er baut auf den Feldern zahlreiche Fruchtbäume, Mais und vor allem Baumwolle an. Auf diesem Grundstück lebt sein Enkel Jaime (18 Jahre), der es später erben wird.

B hat insgesamt sechs noch lebende, verheiratete Kinder. Fünf davon sind im Fleischhandel bzw. im Schlachthaus beschäftigt, eine Tochter betreibt einen Gemüsestand in Lima.

Die Felder, die B in Quinches besitzt, beläßt er in *compania* mit einem Cousin (MBS). Als Grund dafür, die Felder nicht verkauft zu haben, gibt B an, er wolle noch eine Erinnerung an seine Eltern haben. Er erhält ab und zu *regalos* (Geschenke) von seinem *socio*, besteht aber nicht formell auf seinem Anteil. Sein Eigentum in Quinches umfaßt lediglich 0,25 *peon*.

C kam erstmals 1937, im Alter von 17 Jahren, nach Lima, wohnte in Vitarte bei einem Bruder und besuchte die *secundaria*. Er brach sie ab, ging nach Quinches zurück und lebte neuerlich von 1940 bis 1945 in Lima, wo er seine Frau kennenlernte und heiratete. Da sie aus Coayllo (Valle de Omas) stammt und dort ein Stück Land hatte, siedelten sich beide in diesem Ort an. C verfügte (und verfügt) aber über erhebliches Land in Quinches, nämlich 5,75 *peon* Terrassenfelder plus neun Hektar natürliche Weide. Um dieses Land zu nutzen und wegen seiner Viehherde, die er dort noch hatte, bewegten er und seine Familie sich zwischen beiden Orten (Coayllo und Quinches) hin und her. An beiden Orten bebauten sie ihre Felder und lösten mit Hilfe der klimatischen Unterschiede zwischen *sierra* und *yunga* ihre Probleme bezüglich des Weidelands für die Tiere. Ursprünglich nutzte er die Felder im Hochland mehr für den Anbau von Subsistenzprodukten, heute mehr als *potreros*, da er nicht mehr so oft dort ist. Bis heute pendelt C mit seinem Vieh, 1988 20 Stück, zwischen beiden Orten. Er läßt die Herde für die Monate Februar bis Juni in Quinches, danach treibt er sie auf die *lomas* (bis September/Oktober) und füttert sie anschließend mit *chala* bzw. Alfalfa. C selbst oder ein Familienmitglied gehen mindestens einmal im Monat ins Hochland, wobei sie immer Produkte der *yunga* mitnehmen, die sie in Quinches verschenken oder tauschen, um im Gegenzug Produkte von dort geschenkt oder eingetauscht zu bekommen. C nutzt auf diese Weise die Möglichkeiten, die sich aus den Höhenunterschieden zwischen den beiden Orten für die landwirtschaftliche Nutzung ergeben, optimal aus. Er beschränkt sich jedoch nicht auf diesen Wirtschaftszweig. Neben der Landwirtschaft betreibt C einen Laden in Mala, wo er frisches Fleisch von Tieren verkauft, die er selbst im Schlachthaus schlachtet. Daneben verkauft er auch verschiedene Sorten Obst, das er auf seinen Feldern in Coayllo erntet. Schon aus der Aufzählung der Nutzung der Felder in Quinches wird ersichtlich, warum C sie nicht verkauft: er braucht sie als Produktionsmittel.

Es ist klar, daß C diesen Aktivitäten nicht alleine nachgehen kann. Seine Frau arbeitet meist auf den Feldern in Coayllo, manchmal bedient sie im Laden in Mala. Seine zwei erwachsenen Söhne, gelegentlich auch eine Tochter, helfen ihm ebenfalls. Einer der Söhne hat zwar mit seiner Familie ein separates Haus in Coayllo, lebt aber zum größten Teil von der Landwirtschaft seines Vaters. Sein anderer Sohn studiert Agrarökonomie in Lima und will später ebenfalls in der Landwirtschaft tätig sein. Bezeichnenderweise sind seine drei Töchter mit Apfelproduzenten der Region verheiratet und betreiben alle nebenbei Obst- und Gemüsehandel.

D, heute der einflußreichste (wahrscheinlich auch der reichste) Quinchino in Mala kam im Alter von 24 Jahren (1955) mit seiner Frau und drei Kindern hierher. Er verließ Quinches, weil er für sich keine Möglichkeit sah, dort eine Zukunft aufzubauen und weil seine Kinder in einer "besseren Umgebung" (mejor ambiente) aufwachsen sollten. Über einen Onkel (Fallbeispiel B) fand er Arbeit als Handlanger im Schlachthaus, während seine Frau kiloweise Innereien von Haus zu Haus verkaufte. Mit einem kleinen

Kapital konnte er sich nach kurzer Zeit einen einfachen Fleischverkaufsstand ("esteras no más") an der Panamericana einrichten, den seine Frau betrieb. Er arbeitete zunächst weiter im Schlachthaus, fing aber dann an, Rinder direkt von Händlern zu erwerben (der Hauptlieferant, den er heute noch hat, ist sein in Quinches ansässiger Bruder), welche seine *paisanos* waren, die Tiere selbst zu schlachten und damit seinen Stand zu beliefern. 1965 hatte D bereits so viel Kapital angehäuft, daß er eine eigene *camioneta* (Pritschenauto) aus zweiter Hand kaufen konnte. Gleichzeitig kaufte er eine Viehkoppel und hielt darin Rinder zur Endmast (d.h., er mästete Rinder, die er von den Händlern der Sierra aufkaufte). Mit der *camioneta* konnte er das Futter für die Tiere fahren und eine weitere Erwerbsquelle auftun: er lieferte nun Fleisch an die zahlreichen Restaurants entlang der Panamericana. Anfang der 70er Jahre kaufte D sich zusätzlich einen Lastwagen, mit dem er unter anderem die gemästeten Rinder von Mala nach Lima verbrachte und sie dort im Schlachthaus Yerbateros (an *paisanos*) verkaufte. Heute hat D zwei Lastwagen, eine *camioneta* und mehrere Fleischverkaufsstände, die er gemeinsam mit seinen erwachsenen, verheirateten Kindern betreibt. Zwei Hektar Land und 12 Rinder, die ebenfalls zur Familie gehören, werden von Ds Frau bewirtschaftet. Nebenbei kauft D von den Zwischenhändlern der Sierra größere Mengen Vieh auf; ein Geschäft, das er wegen des enormen Kapitalbedarfs zusammen mit *paisanos* betreibt, die ebenfalls im Schlachthaus bzw. Fleischhandel tätig sind.

D hat noch Felder in Quinches, die von seinem Bruder bebaut werden. Er verkauft sie nicht, weil er ein Andenken bewahren will und weil ihm die Qualität der Produkte von dort besser scheint.

3.2 Die Migranten

Einer Einschätzung unterschiedlicher Personen zufolge[11] liegt die Zahl der in Quinches geborenen Einwohner von San Antonio bei ca. 20, derjenigen in Mala bei 30 und jener in Imperial um die 25 erwachsenen Individuen. Insgesamt 8 Familienvorstände wurden zu ihrer Migrationsgeschichte eingehend befragt, von ihnen wurden Daten zur familiären Situation erhoben. Diese Stichprobe brachte folgende Ergebnisse:

---

11 Es wurden dazu insgesamt fünf Personen befragt, die alle zu den älteren Migranten gehören.

Tabelle I: Haushaltsvorstände in Mala und Imperial

Nr	Alter	Spalten 3| 4| 5	Beruf	Motiv der Abwanderung	erster Aufenth	Wohnort
1	40	78|30| 3	A	Erbsch./Feld	Eltern	Imperial
2	80	75|67| 1	A	Ausbld.Kinder	Eigen	Mala
3	68	45|25| 2	AHf	Heirat/Land	Eigen	Coayll/Mala
4	50	66|28| 1	AHb	Ökonom/Streit	Großva.	San Antonio
5	58	48|18| 1	EA	Ökonomie	Cousin	San Antonio
6	43	83|38| 2	Ha	Ökonomie	Bruder	Mala
7	37	80|29| 2	Ha	Ausbld.Kinder	Eigen	Mala
8	35	61| 8| 2	Hf	Anku.m.Eltern	Eltern	Mala

Spalte 3 = Jahr der Ankunft am Migrationsziel
Spalte 4 = Alter zum Zeitpunkt der Migration
Spalte 5 = Ausbildung des Befragten
Symbole für
Berufe: A= Ackerbauer, E= Angestellter, H= Händler, Ha= Händler/Gemischtwaren, Hb= Händler/Bäumchen, Hf= Händler/Fleisch
Ausbildung: 1= Grundschule, 2= Hauptschule, 3= Universität
Quelle: Befragung in Mala, April 1988

Die Tabelle gibt Aufschluß über diverse Aspekte der Abwanderung der Haushaltsvorstände. So kamen 2 und 7 in ein bereits vorher konstruiertes eigenes Haus (3, der auch ein eigenes Haus hatte, heiratete dort ein). 1 und 8 kamen zunächst bei ihren Eltern unter, 4, 5 und 6 bei nahen Verwandten. Von ihnen migrierte somit niemand, ohne vorher Kenntnis von der bzw. Bindungen zur Küste gehabt zu haben. Die Gründe der Umsiedlung sind in vier Fällen eindeutig ökonomischer Natur; denn auch für 1 war die Erbschaft des elterlichen Hofes Anreiz genug, das begonnene Studium in Lima abzubrechen und stattdessen Landwirtschaft zu betreiben, während 4, 5 und 6 über zu geringe Ressourcen in Quinches verfügten. 2 und 7 gaben an, der Ausbildung der Kinder wegen umgesiedelt zu sein - bei beiden spielte aber wohl auch der Wunsch mit, in einer freundlicheren Umgebung zu wohnen.[12] 3 (es handelt sich um Fallbeispiel C) blieb aus familiären Gründen, nämlich wegen Heirat, an der Küste; 8 kam als Kind mit seinen Eltern nach Mala.

Für den Zeitpunkt der Abwanderung zeigt sich, daß es nicht nur junge Menschen sind, die mit ihrer Familie an die Küste ziehen. Von den acht Befragten sind sieben als bereits erwachsene Menschen angekommen, vier von ihnen waren schon verheiratet und hatten Kinder. 2, der zum Zeitpunkt der Migration 67 Jahre alt war, hatte den größten Teil seines aktiven Lebens schon hinter sich. Er hielt sich früher zuweilen längere Zeit in Mala

---

[12] Beide benutzten das oft geäußerte Argument: "en la costa hay mejor ambiente" (Feldnotizen, 1988).

auf, um dort zu arbeiten. Da ihm von einem Freund ein Stück Land offeriert wurde, kaufte er es 1975 aus Mitteln, die er vom Verkauf eines Teils seiner Viehherde erhielt und blieb in Mala, während zwei seiner Söhne in Quinches seine Felder bearbeiten und sein Vieh hüten. Er hatte 1975 noch mehrere Kinder im Schulalter, mit deren Schulbesuch begründete er seine Abwanderung. 6, der Quinches mit 38 Jahren verließ, erklärte, er habe dort keine Möglichkeit einer ökonomischen Verbesserung mehr gesehen und sich deshalb in Mala niedergelassen. Er verkauft in seinem Gemischtwarenstand unter anderem größere Mengen Käse, den er direkt aus Quinches von dortigen Zwischenhändlern bezieht. 4 stammt aus einer Familie, die im Hochland über sehr wenig Ressourcen verfügt. Er gab als Migrationsgrund den ständigen Streit mit seinen Geschwistern um Land an - ein Grund mehr für ihn, sein Glück woanders zu suchen.

Zusammenfassend läßt sich sagen, daß die Knappheit der Ressourcen zwar ein wichtiges Motiv für eine Abwanderung ist, es gibt aber auch Motive, die mit den Möglichkeiten zusammenhängen, die die Küste dem eigenen bzw. dem Fortkommen der Kinder bietet, oder einfach der Umstand, daß die Arbeit an der Küste nicht so beschwerlich, das Klima milder und das Leben allgemein "zivilisierter" ist.

Von den acht Ehefrauen der Familienvorstände stammen fünf aus Quinches, eine aus Lima (mit Vorfahren aus Quinches), eine aus Coayllo und eine aus San Pedro de Pilas. Auch hier existiert also ein hoher Grad an Endogamie, der aber auch daher rühren kann, daß vier Männer bereits verheiratet waren, als sie in Mala eintrafen.

Drei der Ehefrauen arbeiten in der Landwirtschaft. Soweit zusätzliche Daten aus informellen Interviews erkennen lassen, entspricht das einer weiterverbreiteten Arbeitsteilung jener Haushalte an der Küste, die über Land verfügen. Weitere zwei Frauen betreiben einen Gemischtwarenladen im eigenen Haus, eine Frau wechselt sich mit ihrem Mann in der Betreuung des ambulanten Gemischtwarenstands an der Straße ab. Zwei Frauen bezeichnen sich als Hausfrauen. Die Ausbildung der Frauen ist allgemein niedrig, lediglich eine von ihnen hat die Hauptschule, die anderen sieben nur die Grundschule besucht.

Bei den sonstigen in Quinches geborenen Familienmitgliedern findet sich ein Mann von 63 Jahren, der aus Krankheitsgründen an die Küste in den Haushalt eines Sohnes umsiedelte. Eine Frau von 30 Jahren betreibt mit ihren schon alten Eltern zusammen eine kleine Landwirtschaft direkt am Meer. Aus der Milch der fünf Kühe stellt sie Käse her, den sie von Tür zu Tür verkauft. Eine 25jährige Frau hilft ihren Eltern im Haushalt und auf den Feldern, ansonsten ist sie arbeitslos. Drei in Quinches geborene Personen sind unter 15 Jahren, sie gehen noch zur Schule.

In Imperial gibt es vier Quinchinos, die auf dem dortigen Markt Stände für Gemischtwaren bzw. Gemüse und Kartoffeln haben. Ein Mann ist im örtlichen Telegrafenamt beschäftigt, zwei sind Lehrer in Imperial bzw. San Vicente. Im Hinterland des Deltas finden sich zwei Gehöfte, die von Bauern aus Quinches geführt werden. Beide Haushaltsvorstände waren enge Freunde (und Cousins). Sie trieben lange Zeit zusammen ihr Vieh in die *lomas* von Cañete, hatten darüber Kontakt zu lokalen Hazienden, auf denen sie teilweise als Tagelöhner arbeiteten. Von Mitte der 60er bis Mitte der 70er Jahre war es, ihnen zufolge, relativ einfach, Land an der Küste zu kaufen, da die *hacendados* eine Enteignung durch die Regierung fürchteten und deshalb ihr Land zu günstigen Konditionen an die Bauern aus dem Hochland verkauften. Von den beiden hier Erwähnten kaufte sich jeder ca. fünf Hektar Land, auf denen sie, neben einigen Gütern des täglichen Bedarfs (*camote, yuca,* Kartoffeln), vor allem Mais (auch als Viehfutter) und Baumwolle anbauen. Beide verfügen über kleinere Viehherden (sechs Kühe). Da ihre Kinder eine Ehe eingingen ist nun, nach dem Ableben eines Bauern, ein großes Gehöft entstanden. 1988 versuchte der junge Bauer, seine ihm in Quinches verbliebenen bewässerten Weiden zu verkaufen. Er meint, er hätte ohnehin keine Zeit, sie mit seinem Vieh zu nutzen, da sie zu weit weg seien.

Soweit sich also die Migrationsgeschichte der Quinchinos nach San Antonio, Mala und Imperial verfolgen läßt, kann man folgende Tendenzen feststellten:

Nach einer langen Zeit der Kontakte über die Nutzung der *lomas,* damit einhergehend der Verbindungen zu lokalen Viehhändlern bzw. zu den Schlachthäusern in Lima und Mala, erweiterten sich zu Anfang des Jahrhunderts die Relationen zum Arbeitsmarkt der Küste. Nun fingen die in den *lomas* weilenden Hirten an, sich auch als Tagelöhner in der Landwirtschaft zu verdingen; oder es kamen Quinchinos während bestimmter Jahreszeiten in die Küstendeltas mit dem Ziel, auf den Obst- und Baumwollplantagen zu arbeiten. Andere, meist junge Männer, versuchten Arbeit in den Schlachthäusern zu bekommen. Es sind diese Personen, die zu einigem Wohlstand gelangten, und die späteren Generationen von Migranten den Start in der Stadt erheblich erleichterten. Aus dieser Entwicklung heraus haben die aus Quinches stammenden Fleischhändler und Schlachter beträchtlichen Einfluß auf den Fleischmarkt in Mala gewonnen. Über die mannigfaltigen Beziehungen und gegenseitigen Verpflichtungen, die die *paisanaje* mit sich bringt, haben sie es geschafft, in diesem Bereich eine starke Interessengruppe zu bilden, die z. T. über größere Kapitalmengen verfügen kann, weil mehrere Personen ihr Kapital zusammenlegen, um z.b. ein Rinderkontingent eines Großhändlers zu kaufen etc.

Die sechziger und siebziger Jahre brachten dann eine kleine "Welle" von Migranten, die sich in den beiden Deltas des Río Mala und des Río Cañete Land kaufen konnten und die deshalb an ihrem Migrationsziel, genau wie in Quinches, als Bauern tätig wurden. (Bei den Landkäufern finden sich allerdings zwei Personen aus der Gruppe der im Fleischhandel Tätigen, die so ihre ökonomische Basis erweiterten). Seit Ende der siebziger Jahre ist es kaum mehr möglich, Land in den Küstendeltas südlich von Lima zu kaufen. Einmal ist das Land der Haziendas endgültig verteilt, wodurch die Küstenlandwirtschaft eine teilweise dramatische Veränderung weg von der großflächigen Agrikultur mit Tendenz zu Monokultur hin zu kleinbäuerlichen Betrieben mit Tendenz zu Diversifizierung erfuhr (die Kooperativen, die heute noch großflächig wirtschaften, sind generell vom Bankrott bedroht). Zum zweiten hat sowohl die zunehmende Migration als auch die peruanische Erbteilung zu neuen Engpässen in bezug auf die vorhandene Fläche geführt, da erstere zu stärkerer Nachfrage führt, letztere nur noch Flächen übrigläßt, die für eine Familie zu klein sind, um davon leben zu können und somit neue Nachfrage nach Land schafft.

Die Landerwerber lassen sich in zwei Hauptgruppen unterscheiden: einigen gelang es, Land im oberen Teil der Flußdeltas oder weiter oben im Flußtal zu erstehen. Sie haben sich vollständig auf den Anbau von Äpfeln verlegt, da dieses Geschäft äußerst lukrativ ist. Sie verfügen zum Teil zwar noch über kleinere Felder in Quinches, lassen sie aber von Verwandten bebauen. Die Apfelbauern verkaufen ihre Produkte selbst in Lima, im dortigen "*mercado* Jorge Chavez", zwischen *carretera central* und Parada. Die Ware transportieren sie entweder mit der eigenen *camioneta* dorthin, oder sie leihen sich ein solches Gefährt oder einen kleinen Lastwagen von einem *paisano* (allein in der Stadt Mala gibt es fünf aus Quinches stammende Personen, die darüber verfügen).

Die zweite Gruppe der Bauern konnte Land nur im küstennahen Bereich erwerben. Der unmittelbare Küstensaum eignet sich nicht für den Fruchtbaumanbau, da die salzhaltigen Winde vom Meer ein Wachstum der Bäume verhindern. Diese Bauern pflanzen Güter des täglichen Bedarfs und halten Rinder, deren Fleisch und Käse sie verkaufen. Sie nutzen ihr Land, das sie in Quinches noch besitzen, oft selbst oder haben es unter der Obhut ihrer Kinder bzw. Geschwister. Die auf ihren Feldern geernteten Güter nehmen sie bei ihren Besuchen nach Quinches mit, um sie dort in Form von Geschenken[13] an den genannten Personenkreis zu verteilen und von ihnen im Gegenzug Geschenke zu erhalten. D.h., sie sind in der Art der Landwirtschaft enger an das in Quinches übliche Muster angelehnt, wo eine Diversifizierung der Anbauprodukte dem Konsum und die Rinderzucht dem monetären Einkommen dient.

Die Gruppe der Apfelproduzenten umfaßt sechs Bauern, wovon einer in San Antonio, zwei in Santa Cruz de Flores und drei in Calango wohnen. Drei weitere Bauern haben Land am Küstensaum, drei haben Ländereien zwischen diesen beiden Extremen. Die letztgenannten bebauen ihre Felder vor allem mit dem schon traditionellen Produkt der Region, nämlich der Baumwolle.

Mit der Sättigung des Fleischmarktes (auch verursacht durch die Verlegung der Trasse der Panamericana) und damit einhergehend einer Abnahme der Arbeitsmöglichkeiten im und um das Schlachthaus, mußten sich neuankommende Migranten neue Möglichkeiten des Lebensunterhalts erschließen. Mala hat sich, wie oben erwähnt, in den letzten Dekaden zunehmend zu einem Wochenendmarkt für die Limeños entwickelt, die hierher kommen, um Obst, Gemüse, aber auch Käse und Fleisch zu kaufen. Diese Produkte werden hier oft erheblich billiger angeboten als in Lima. Dadurch bot sich für Einheimische und Migranten des Hinterlands von Mala eine neue Erwerbsquelle in der Eröffnung von ambulanten Marktständen für die genannten Produkte oder für Gemischtwaren.

Nicht zufällig also sind die in Tabelle I auftauchenden jungen Haushaltsvorstände alle im Handel mit Gemischtwaren beschäftigt. Für die Einrichtung ihrer kleinen Geschäfte erhielten sie das Geld von Familienmitgliedern und auch ihre Handelskontakte laufen teilweise über verwandtschaftliche Verbindungen. So bei jener Person, die für ihren Stand Käse aus Quinches bezieht; so auch bei jenem jungen Mann, der an seinem Stand

---

[13] Die Art der Geschenke, die zwischen Migranten an der Küste und ihren Verwandten in Quinches gemacht werden, entspricht der von Sahlins (1972) definierten "generalized reciprocity" (:193); und auch im vorliegenden Fall läßt sich, wie von Sahlins in diesem Kapitel vorgeschlagen, ein Zusammenhang zwischen den Tauschformen und dem Verwandtschaftsgrad der Tauschpartner feststellen. Dasselbe Phänomen bestätigt sich, zumindest in der Tendenz, auch wieder in der Form der Ernteteilhabe. Auf den letzten Punkt werden wir noch detaillierter eingehen.

Fleisch verkauft, das er von seinem Vater (und jener wiederum von seinem Bruder aus Quinches) bezieht.

Im April 1988 war eine Familie dabei, an der Hauptstraße in Mala ein Restaurant aufzumachen, das nötige Kapital sollte aus dem Verkauf der *tienda* in Quinches resultieren.

Die Verbindungen, die die Migranten in Mala zu ihren Verwandten in Quinches (und in Lima) aufrechterhalten, sind doppelter Natur, je nachdem, ob jemand in Quinches noch über Felder bzw. Vieh verfügt oder nicht.

Die erste Gruppe, die keinen Besitz im Dorf mehr hat, besucht die dortigen Verwandten in der Regel nur zu den großen Dorffesten, vor allem zum Fest zu Ehren des Dorfpatrons, des Heiligen Santiago. Dieses Fest findet vom 20.7. - 25.7. statt; es ist Anlaß für die Mehrzahl der Migranten, ihr Heimatdorf wiederzusehen. Bei dieser Gelegenheit nehmen sie Güter der Küste mit, die sie als Geschenke an ihre *familiares*[14] geben. Im Falle der nach Mala und Imperial migrierten Personen bestehen diese Güter aus Trockenfisch, landwirtschaftlichen Produkten wie *camote, yuca* und Früchten; aus Gütern der Nahrungsmittelindustrie wie z.B. Reis, Nudeln, Zucker und Salz und manchmal aus Kleidung oder Schulutensilien. Die Dorfbewohner geben ein ausgewogenes Gegengeschenk, das insbesondere aus Kartoffeln, Mais, Weizen, Käse und Fleisch besteht.

Migranten, die noch Felder in Quinches besitzen, nehmen zusätzlich zu den Geschenken, die sie erhalten, den Anteil der an sie fallenden Ernte mit. Ihre Besuche fallen aber eher in die Erntezeit, und sie tendieren dazu, mindestens zweimal im Jahr dorthin zu fahren. Haben sie eigene Felder an der Küste, nehmen sie größere Mengen der von ihnen dort angebauten Agrarprodukte mit, um sie gegen solche des Hochlands einzutauschen. Sie tendieren auch dazu, Geschenke in größerem Umfang zu machen, um die Beziehung, die sie zu ihren Partnern im Dorf haben, zu festigen. Auf diese Weise, d.h. durch gegenseitigen Austausch von Geschenken plus Tausch, werden manche Haushalte in die Lage versetzt, sich ihre Nahrungsmittel zum größten Teil am Markt vorbei zu besorgen. Von den interviewten Haus-

---

14 Der Ausdruck *familiares* bezeichnet sowohl die Kernfamilie als auch einen weiteren Kreis von Verwandten. Das Interessante an diesem Konzept ist, daß es sehr flexibel verwendet wird. Um seinen jeweiligen semantischen Inhalt entschlüsseln zu können, muß man den Kontext beachten, in welchem der Sprecher eine Person oder eine Gruppe als *familiares* bezeichnet. Der Ausdruck wird von den Quinchinos in ähnlicher Weise gebraucht wie z.B. Skar (1982) die Bezeichnung *ayllu* für die Bewohner des Pincos-Tals beschreibt. Auch andere Autoren machten auf die flexible Anwendung des Terminus *ayllu* aufmerksam (so Fuenzalida 1976); Zuidema (1980) schlägt vor, auch die Verwandtschaftstermini der Inka als kontextgebunden zu begreifen.

halten sind dies insgesamt vier, die in ihrer Zusammensetzung zwischen drei und fünf erwachsenen Personen liegen.

Die Verbindung zu ihrem Heimatdorf ist für die Abgewanderten hauptsächlich aus zwei Gründen interessant: zum einen ist das Dorffest eine Nachrichtenbörse, auf der nicht nur Klatsch weitergegeben wird, sondern auch ökonomischer und sozialer Erfolg demonstriert werden kann. Dieser Aspekt wird am auffälligsten durch die Kleidung - oder gar durch die Anreise im eigenen Fahrzeug - zum Ausdruck gebracht. Auch eine mit den Verhältnissen vollkommen unvertraute Person würde auf den ersten Blick einen Migranten von einem Dorfbewohner unterscheiden können. Es machen wertvolle Informationen über Geschäfte und Arbeitsmöglichkeiten die Runde; Dorffeste sind eine der Instanzen für die Erklärung des Phänomens des "Nachziehens" der Dörfler in immer wieder dieselben Beschäftigungen an der Küste. Aber ein Besuch im Dorf bringt auch ökonomisch etwas ein, kann man doch über den Austausch von Geschenken einen Teil der notwendigen Nahrungsmittel erheblich billiger - und in besserer Qualität - erstehen, als dies an der Küste der Fall wäre.

Es existiert auch eine Verbindung zwischen den Migranten im Raum Mala/Cañete und solchen in Lima. Einige in Mala als Bauern Tätige haben Kinder in Lima, die in den dortigen Märkten in der Parada ihre Produkte (*camote, yuca*, Kartoffeln und Äpfel) verkaufen. Ökonomisch interessant ist die Verbindung zwischen dem Schlachthaus in Mala und jenem in Yerbateros in Lima. In beiden Häusern gibt es ein größeres Kontingent an Schlachtern und Viehaufkäufern (meist in einer Person), die aus Quinches stammen. Diese Personen arbeiten teilweise sehr eng zusammen. Z z.B. kauft in Mala Vieh auf, füttert es in seiner Koppel fett und bringt es mit seinem Laster nach Lima, wo er es an X verkauft, der *paisano* ist. M (er betreibt einen Fleischstand im Markt von Mala) kauft nebenberuflich Vieh auf, vergleicht die Preise in Mala und Lima und verwertet die Tiere entweder in Mala selbst oder verkauft sie weiter an N in Yerbateros, der sein *paisano* ist. Beispiele dieser Art ließen sich noch mehrere bringen.

Im Gegensatz zu ihren *paisanos* in Lima sind die Migranten in Mala, San Antonio und Imperial nicht in förmlichen Assoziationen, den Klubs, zusammengeschlossen. Dem Zusammenhalt zwischen den aus demselben Ort stammenden Menschen tut dies aber keinen Abbruch. Die Beteiligten selbst erklären das Fehlen einer offiziellen Institution damit, daß die Orte, in denen sie wohnen, klein genug seien, um sich auch informell oft genug zu treffen. Und in der Tat läßt sich z.B. für den Fleischhandel eine enge

Zusammenarbeit erkennen. Aber auch in ihren sozialen Beziehungen haben die *paisanos* regelmäßige und vielfältige Kontakte untereinander, wie sich nicht zuletzt an der Gästeliste bei Familienfeiern erkennen läßt. Zudem finden sich sowohl in Mala als auch in San Antonio die dortigen Quinchinos regelmäßig zu formelleren Treffen zusammen, bei denen dann Nachrichten über das Dorf, über die *paisanos* in Lima und natürlich über die beiden Orte selbst ausgetauscht werden.

Für die bereits erwachsenen Kinder der Migranten in Mala, die u.a. Gradmesser für die Aneignung der Lebensformen an der Küste durch die Migranten der *sierra* sind, lassen sich folgende zwei Haupttendenzen erkennen:

a) Eine Gruppe wurde von ihren Eltern mit Verkaufsständen in Mala oder auch Lima versehen, in denen sie entweder Fleisch, Gemüse oder Gemischtwaren verkaufen. Die Fleischhändler sind, wie ihre Väter, im Schlachthaus als Schlachter und/oder Viehaufkäufer tätig; sie verfügen über ein gehobenes Einkommen.

b) Eine weitere Gruppe versucht, sich über Bildung Zugang zu den städtischen Mittelschichten zu eröffnen. Diese Personen wandern alle nach Lima ab, wo sie erst studieren, um anschließend in ihrem Beruf zu arbeiten.[15]

Neben diesen beiden Hauptgruppen gibt es noch eine kleinere Gruppe, die auf den elterlichen Feldern arbeitet. Entweder tun sie dies, weil der Besitz oder das angebaute Produkt lukrativ genug ist, um darauf eine Zukunft aufzubauen, oder auch, um eine latente Arbeitslosigkeit zu überbrücken.

Die Frage danach, warum die oben beschriebenen Menschen in die kleinen Küstenstädte und nicht nach Lima migriert sind, läßt sich folgendermaßen beantworten:

Die ersten Migranten hatten bereits Kontakte an die Küste, die bis hin zu Freundschaftsbeziehungen reichten. So wurde ihnen die Entscheidung über das Migrationsziel erheblich erleichtert; ja der Gedanke an Migration kann ihnen durch diese Gelegenheiten erst gekommen sein (vgl. z.B. Fallbeispiel A). Oder es handelte sich um Schüler, die in ihrer Jugend die notwendigen Kontakte herstellten konnten und somit bereits Arbeit hatten, als sie die

---

15 In einem Fall konnte ich feststellen, daß ein Sohn, der in Lima studiert hatte, nach Imperial zurückging, um das elterliche Geschäft zu übernehmen, da es ihm lohnender schien, im Handel tätig zu sein, als sich in Lima um eine Stelle als Soziologe zu bewerben (Feldnotizen April 1988).

Schule verließen. In jedem Fall aber können wir feststellen, daß der vorherige Kontakt es dem einzelnen Migranten nahelegte, sich in diesem Gebiet anzusiedeln, da er hier mit einem Minimum an sozialen und ökonomischen Kosten in die Lage versetzt wurde, sich die neue Umgebung, teilweise sehr erfolgreich, anzueignen und mitzugestalten. Waren erst einige Familien in Mala mit leidlichem Erfolg anwesend, war es für die in Quinches die Geschehnisse beobachtenden Bauern eine Frage der Chancenabwägung, entweder in die kleinen Küstenstädte oder nach Lima zu migrieren oder im Dorf zu bleiben. Das Ergebnis der Entscheidung hängt davon ab, was die migrierende Familie bzw. der einzelne am Migrationsziel arbeiten will bzw. kann. So gingen die in den 70er Jahren migrierenden Familien oft mit dem Ziel in dieses Gebiet, weiterhin Landwirtschaft zu betreiben. Bei diesem Wunsch waren ihnen ihre Kontakte sehr hilfreich, da sie durch diese sowohl die Möglichkeiten zum Landkauf als auch Land für den Hausbau vermittelt bekamen. Bei den in den 80er Jahren abgewanderten ambulanten Händlern wurde deutlich, daß sie ebenfalls auf langjährige Kontakte zurückblicken, über die sie die notwendigen Informationen, oft auch das erste Kapital, zur Eröffnung eines Geschäfts bekamen. Insbesondere bei letzteren ist anzunehmen, daß sie ihr Geschäft auch in Lima aufgemacht hätten, hätte sich ihnen dort dieselbe Chance geboten. Und auch der Umstand, daß die meisten Migranten in Mala aus nur zwei Familien stammen, deutet auf die enge Verbindung zwischen sozialen Kontakten und Chancenabwägung.

Die Zukunft der Migrationsentwicklung in kleinen Küstenstädten wie Mala und Imperial ist eher verhalten einzuschätzen. Sowohl Mala als auch Imperial bieten ein gewisses Feld zur Expansion im tertiären Sektor. Für Neuankömmlinge aber, die nicht über gute Beziehungen verfügen, ist es schwer, ein eigenes Geschäft aufzumachen und sich damit über Wasser zu halten. Der Handel kann nur in dem Tempo wachsen, in dem auch die Kommerzialisierung der Beziehungen der Menschen untereinander wächst. In Zeiten wirtschaftlicher Booms beschleunigt sich diese Tendenz (wie in den Jahren 1986 bis zum ersten Halbjahr 1988), bei wirtschaftlichen Einbrüchen (ab 1988) ist sie dagegen rückläufig. Da es inzwischen kaum mehr möglich ist, Land zu kaufen, gibt es auch keine Migranten mehr, die mit dem Ziel einer landwirtschaftlichen Produktion an die Küste ziehen. In Ermangelung einer expandierenden industriellen oder handwerklichen Produktion ist das Betätigungsfeld für potentielle Zuwanderer damit auf den Handelssektor beschränkt. Aus all diesen Gründen ist damit zu rechnen, daß die Wanderung nach Lima weiterhin vom Umfang her absolut dominierend sein wird.

VI. Migration nach Lima
1. Zur Geschichte

Angesichts des weitverbreiteten Vorurteils, demzufolge die Migration der Bewohner der Sierra in die Städte, insbesondere nach Lima, ein neues Phänomen sei, sollen hier einige kurze Streiflichter auf diesen Prozeß geworfen werden. Es erweist sich nämlich bei Durchsicht der Literatur zur Geschichte der Anden, daß es seit jeher Wanderungsbewegungen gab, die jeweils abhängig waren sowohl von gesellschaftspolitischen als auch von makroökonomischen Vorgängen. Es sei nur das oft bemühte Beispiel der *mitmaqkuna* genannt, Gruppen (Ethnien), die von den Inkaherrschern aus diversen Gründen aus ihren angestammten Gebieten in fremde Regionen verpflanzt wurden.

Wir wollen uns hier jedoch lediglich mit der Migrationsgeschichte der 1535 gegründeten Stadt Lima beschäftigen, schon aus diesem Grund werden vorspanische Bevölkerungsbewegungen keine Berücksichtigung finden.

Nach der Eroberung Perus griffen die Spanier auf das Instrument der *mita* zurück, um sich dadurch indianische Arbeitskraft anzuzeigen. Die *mita* hat ihre Wurzeln in der vorspanischen Geschichte der Anden, wurde jedoch von den Spaniern für ihre Zwecke uminterpretiert. Sie bestand in einer Arbeitspflicht der indianischen Bevölkerung, derzufolge jede Ethnie eine bestimmte Anzahl von Männern und Frauen zu stellen hatte, damit sie für die Spanier Arbeiten verrichteten. Unter anderem nutzten die in Lima ansässigen Spanier die *mita* zur Bebauung ihrer Felder nahe der Stadt bzw. dazu, Einheimische als Hausbedienstete einzusetzen.

Vizekönig Toledo verfügte in seiner Regierungszeit (1569-1581), daß die Einheimischen der Küste im Sommer, diejenigen der Sierra nahe Lima im Winter (gemeint ist der Winter an der Küste, der entgegengesetzt dem der Sierra ist) *mita*-Dienste zu leisten hätten.[1] Auf diese Weise kamen aus den nahe Lima gelegenen *corregimientos* Canta, Huarochirí und Yauyos z.B. im Jahr 1613 respektive 67, 65 und 81 Sierrabewohner nach Lima. Insgesamt belief sich die indianische Bevölkerung der Stadt in jenem Jahr auf 1.732 Personen, was 8% der Einwohnerschaft entsprach.[2]

---

[1] Vgl. Cobo (1882:74).
[2] Vgl. Charney (1980:43). Interessant sind in diesem Zusammenhang die Angaben Cobos bezüglich der Herkunft der zur *mita* verpflichteten Menschen. In seiner Aufzählung der einzelnen *corregimientos* erwähnt er u.a. "De Pacarrao, veintiocho...De San Cristóbal de Huanaque, cincuenta y ocho." (1882:76). "Pacarrao" dürfte das heutige Pacaraos sein, zu dem

Cobo erwähnt die Probleme der Spanier bei der Beschaffung von Arbeitskraft und schreibt über die *mita*-Leistenden:

"Demás de estos indios de mita ó reparticion, son muchos los que voluntariamente se vienen á alquilar de sus tierras, los cuales suelen ganar uno y dos reales mas cada dia que los primeros, y de estos acostumbran muchos, despues de haber cumplido con su obligacion y mita, quedarse por algun tiempo á ganar jornal."(1882:76).

Auch wenn die Spanier versuchten, die einheimische Bevölkerung in Lima zu separieren (1568 wurde für die Indianer ein eigener Stadtteil eingerichtet und mit einem Zaun umgeben, weshalb dieses *barrio* "el cercado" genannt wurde),[3] dürften die *indígenas* doch genug gesehen und gehört haben, um sich eine Vorstellung von der Welt außerhalb ihrer Dörfer zu bilden. Im übrigen liefert Cobo gleich einen Hinweis darauf, warum Bewohner der Sierra nach Lima kamen oder dort blieben: eben wegen des Wunsches "á ganar jornal".

Cobos Angaben werden bestätigt von Spalding (1984). Auf Santillán zurückgreifend schreibt sie:

"Fernando de Santillán noted in the 1560's that the people of Huarochirí, together with those of Yauyos and Huaylas, went down to the coast to obtain their tribute by hiring themselves out to Spaniards."(:171).

Aber die indianische Bevölkerung hatte nicht nur durch die Veräußerung ihrer Arbeitskraft, in welcher Form auch immer, Kontakt nach Lima. Die Stadt war lange Zeit das Zentrum des Konsums und mußte dementsprechend auch mit Gütern des täglichen Bedarfs versorgt werden. Nun führte Lima zwar Waren aus aller Welt ein, insbesondere Nahrungsmittel wurden aber teilweise von Bauern des westlichen Andenabhangs nahe der

---

Vichaycocha seit langem administrativ gehört (vgl. Kap.VII). Welcher Ort mit "San Cristóbal de Huanaque" gemeint sein könnte, ist unklar. In der Edition von 1882 ist der Name gesperrt gedruckt, ohne daß begründet würde, warum. Ich vermute, daß der Name nicht richtig entzifferbar war. Aufgrund von zwei Hinweisen bin ich der Meinung, es handelt sich bei ihm um San Cristobal de Huañec. Erstens, weil der Dorfheilige beidesmal derselbe ist, zweitens, weil Huañec in frühen Dokumenten als "Guaneque" (Jimenez de la Espada, 1965:159) auftaucht. Quinches nun war bis in dieses Jahrhundert stets von Huañec abhängig. Schon damals also hätten die beiden Orte Vichaycocha und Quinches Personen nach Lima geschickt, die dort Kontakte knüpfen und ihren Verwandten und Nachbarn über das Leben in der Stadt berichten konnten. Quinches dürfte dabei aufgrund seiner Größe ein vergleichsweise beachtliches Kontingent geschickt haben.
3 Vgl. Charney 1980.

Stadt geliefert. Ebenso gelangten Güter von Lima in die Dörfer der Sierra. Spalding bemerkt dazu:

> "Communication with Lima was regular - the kuraka of Huarochirí even maintained a house in the capital for those on community business in the city - and the flow of such small goods as were needed and sought by the members of andean society into the province was probably taken care of through local petty commerce."(:189).

Die Autorin berichtet auch über Verbindungen anderer Art, welche sich aus den offenbar engen Beziehungen zwischen Küste und Sierra ergaben. So gab es bei der Rebellion von 1750 eine Verschwörung in Lima, in die unter anderen auch Bewohner von Huarochirí verwickelt waren (vgl.:271ff.).

Über den Handel in der frühen Kolonialzeit berichtet M. Haitin:

> "The highland provinces of Yauyos, Huarochirí and Canta, were among the poorest in the Intendancy of Lima. In terms of trade, Yauyos had little to offer, except for cheeses and dried and salted mutton (chalonas), products that were brought down to the Lima market... As for Canta, this province and neighboring centers in the Intendancy of Tarma supplied the City of Kings with textiles, preserves, cheeses, wool, and most of the mutton consumed by the urban population. Canta was also an important supplier of potatoes to Lima." (1983:15,16).

Diesem Zitat kann man entnehmen, daß ein Handel von Nahrungsmitteln stattfand, der aber nicht sehr bedeutend gewesen sein soll, da die Provinzen angeblich sehr arm gewesen seien. In den letzten beiden Sätzen ist sich der Autor dagegen nicht mehr so sicher und mißt zumindest Canta eine gewisse Bedeutung in der Versorgung von Lima bei. Zweifel an seinen Ausführungen finden sich auch bei anderen Autoren. So ist Rostworowski (1978:155) der Auffassung, daß Pizarro sich Canta als *encomienda* gesichert habe, weil dort zahlreiche Herden auf der weiten Puna geweidet hätten. Spalding äußert sich sehr positiv hinsichtlich des Handels im achzehnten Jahrhundert zwischen den Provinzen Huarochirí und Canta mit der Stadt Lima.[4]

Es läßt sich festhalten: Schon allein die Tributforderungen in Arbeitskraft und Geld und die gigantischen Bevölkerungs- und Warenbewegungen zwischen den (und um die) Zentren Lima und, für geraume Zeit, Potosí, dürften in der Kolonialzeit zu erheblicher räumlicher Bewegung der andinen Bevölkerung geführt haben; für den hier relevanten Sachverhalt braucht

---

[4] Vgl. Spalding (1984:193).

nicht unbedingt nachgewiesen zu werden, daß auch kleinere Zentren rurale Bevölkerung anziehen konnten, die dort ihre Geschäfte und/oder bürokratischen Angelegenheiten regelten. Die Vorstellung der von aller Welt abgeschlossenen andinen Dörfer ist, zumindest für den Westabhang, schlicht falsch.[5]

Welches Gewicht immer man obigen Angaben beilegen mag, eines ist deutlich: Seit der spanischen Eroberung und der Gründung der "Stadt der Könige" gab es nie eine Epoche, in der die indianische Bevölkerung vollkommen ignorant bezüglich ihrer Existenz und Funktionsweise gewesen wäre. Dies gilt in besonderem Maße für die Bewohner der Provinzen, die zum Hinterland von Lima gehören und die deshalb schon seit dem 16. Jahrhundert Lieferanten von Arbeitskraft und Nahrungsmitteln waren. Anstatt also vom "indio ignorante" auszugehen, dem erst durch die starke Migration in unserem Jahrhundert die Existenz und Attraktivität der Stadt deutlich wurde, verweist uns die Geschichte auf andere Zusammenhänge. Wenn die Attraktivität des Stadtlebens oder die Kommunikation allein Gründe für die massive Migration wären, dann hätten entweder nie Kontakte bestehen dürfen oder es hätte schon im 16. Jhd. eine starke Wanderung nach Lima einsetzen müssen. Weder die "Lichter der Großstadt" noch die Existenz von Massenmedien, ja nicht einmal der Ausbau der Straßen, reicht als Erklärung für die massive Zunahme der städtischen Bevölkerung seit den 40er Jahren aus.

Zum Schluß dieses kleinen historischen Überblicks sollen noch kurz einige Angaben zu den Einwohnerzahlen Limas seit dem 16. Jhd. gemacht werden. Hierzu liegen eine Reihe von Zensen vor, die allerdings nicht immer ganz zuverlässig sind.[6] Angefangen vom Jahr 1570 ist die Einwohnerzahl zu verschiedenen Zeitpunkten folgende:

---

5 Den Zusammenhang zwischen makroökonomischen Vorgängen (wie sie etwa die Ausbeutung der Minen von Potosí darstellten) und der Mikroökonomie der Dörfer arbeitet C. Sempat Assadourian (1982) in vorbildlicher Weise heraus. Seine Arbeit über die koloniale Wirtschaft im Vizekönigreich Peru zeigt, daß es in Zeiten starker industrieller Tätigkeit eine Tendenz zur Verstädterung, bei einschneidenden, langanhaltenden Krisen eine Tendenz zurück aufs Land gab. Verstädterung war, zumindest in der Geschichte, keine unumkehrbare Entwicklung.
6 Für eine Einschätzung der Glaubwürdigkeit der einzelnen Zensen s. M.P. Pérez Cantó: Lima en el siglo XVIII. Estudio socioeconómico (1985:44ff); und Haitin (1983).

Tabelle I: Entwicklung der Einwohnerzahlen von Lima

Jahr	Einw.	Jahr	Einw.	Jahr	Einw.	Jahr	Einw.
1570	12.000	1700	37.234	1820	64.000	1900	165.000
1600	14.262	1746	60.000	1856	94.195	1931	376.000
1614	25.154	1791	52.627	1862	89.434		
1683	80.000	1812	63.900	1876	101.488		

Quellen: M. P. Perez Cantó (1985), Haitin (1983).

Die Zahlen zeigen, daß die Einwohnerschaft von Lima während der berücksichtigten 361 Jahre weder konstant blieben noch gleichmäßig wuchsen. Der große Einbruch zwischen den Jahren 1683 und 1700 wird von den in Fußnote 6 erwähnten Autoren auf Ungenauigkeiten in der Erhebung zurückgeführt, da die erste Zahl auf einer Schätzung beruht, die zweite die wehrfähige Bevölkerung erfassen sollte, weshalb bei diesem Zensus stark untertrieben worden sein könnte. Allerdings läßt sich der leichte Bruch zwischen 1746 und 1791 erklären; er wird dem Erdbeben von 1746 geschuldet sein, das weite Teile Limas verwüstete und viele Menschen zum Verlassen der Stadt zwang. Ab 1791 läßt sich, unterbrochen lediglich von Schwankungen in der von starken politischen Unruhen charakterisierten Zeit während des Unabhängigkeitskrieges, ein Trend stetiger Bevölkerungszunahme feststellen. Ab 1876, dem Jahr mit der ersten zuverlässigen Zählung, zeigt sich ein immer schnelleres Wachstum, dessen relative Zunahme erst wieder hundert Jahre später, mit einer nie vorher gekannten Einwohnerzahl, abflachen sollte. In den 24 Jahren von 1876 bis 1900 wuchs die Einwohnerschaft um 62,6%, in den nächsten 31 Jahren bereits um 127,9%.

2. Migranten aus Quinches in Lima - zwei Lebensgeschichten

Im Vergleich zu anderen Bergdörfern begannen die Quinchinos früh mit definitiver Migration nach Lima. Von den ältesten noch lebenden Informanten ist zu erfahren, daß schon sie *paisanos* dort antrafen. Don D, der heute mit fast 90 Jahren in Quinches lebt, erzählt, er habe als junger Mann in Lima die *secundaria* absolviert, habe dann in diversen Berufen gearbeitet, um schließlich nach Quinches zurückzukehren. Don A, 88 Jahre alt, ging als junger Mann öfters mit seinem Vieh nach Lima, welches er im Schlachthaus von Callao an *paisanos* verkaufte. Diese Beispiele ließen sich fortsetzen und werden nochmals in den folgenden Fallbeispielen aufgenommen werden.

Hier soll nur deutlich werden, daß jene Personen, die frühzeitig nach Lima gingen, dort bereits über Kontakte verwandtschaftlicher Art verfügten. Den ersten Klub, "Atlético Quinches", gründeten die Migranten bereits 1922. Der Ursprung der Abwanderung von Quinches nach Lima verliert sich im Dunkel der Geschichte und kann auch von den ältesten Informanten nicht aufgehellt werden.

Im folgenden werden zwei Fallbeispiele vorgestellt, deren Protagonisten sehr früh nach Lima kamen.

T, der als erstes Beispiel dient, wurde 1921 als Sechsjähriger von seinen Eltern nach Lima mitgebracht. Eine Krankheit seiner Mutter veranlaßte sie zu der Reise. In Lima gab es zu jener Zeit einen berühmten *curandero* (Heiler). Ts Eltern fanden Unterkunft im Haus eines Cousins seines Vaters. Die Familie blieb einige Jahre, wobei Ts Vater in der Parada im dortigen Markt durch einen anderen Verwandten Arbeit fand. Nach der Genesung von Ts Mutter gingen seine Eltern nach Quinches zurück und wollten auch ihren Sohn mitnehmen. T weigerte sich aber, da es ihm in Lima sehr viel besser gefiel.

Ts Eltern verfügten offenbar über reichlich Land und Vieh. So hatten sie zwar schon einiges davon verkauft, und T gab an, den größten Teil seines Erbes auch verkauft zu haben. Dennoch verfügt er heute immer noch über 3/4 *peon*. Seine Eltern versuchten immer wieder vergeblich, ihren Sohn doch noch ins Dorf zurückzuholen, damit er die Landwirtschaft übernehme, doch T wollte dies auf keinen Fall.

T absolvierte die *secundaria*, danach machte er eine Ausbildung als Zimmermann; als solcher arbeitet er noch heute. Sein Beruf brachte es mit sich, daß er über gute Beziehungen betreffs Wohnmöglichkeiten verfügte. Deshalb wohnte er in diversen Vierteln Limas, unter anderem in La Victoria und Surquillo. Seit 1968 wohnt T in Las Delicias, einem südlichen Vorort, in dem sehr viele in den 60er und 70er Jahren abgewanderte Quinchinos wohnen. Las Delicias ist ein relativ junges *pueblo joven*, das erst in den 60er Jahren besiedelt wurde; T war einer der ersten Bewohner überhaupt. Er suchte sich diese Gegend aus, weil dort die Möglichkeit besteht, Vieh in Koppeln zu halten und fett zu füttern, zudem liegt es an der Einfallstraße von Süden. T hatte nämlich, neben seinem Beruf, lange Jahre als Viehhändler zwischen Quinches und Lima fungiert. Heute geht T lediglich noch einmal pro Jahr in sein Ursprungsdorf, den Viehhandel hat er soweit reduziert, daß er nur noch bei dieser Gelegenheit Tiere aufkauft.

1953 heiratete T eine Quinchina, die ihm nach Lima folgte. Er hat vier erwachsene Kinder, von denen zwei Töchter Angestellte sind, ein Sohn und eine Tochter haben mit ihrem Studium begonnen.

S' Geschichte ist dramatischer; sie soll mit einiger Ausführlichkeit berichtet werden, weil sie auch ein wenig Licht auf die damaligen Verhältnisse in Lima wirft. S wurde 1927, mit 13 Jahren, von seinen Eltern nach Lima auf die "escuela de artes de pintores" geschickt. Seine Eltern verfügten offenbar über reichlich Land und Vieh, S hat heute noch 2,5 *peon* in Quinches, obwohl er sich sein Erbe mit drei weiteren Geschwistern teilen mußte; und er sagt: "mis papas tenían mucho ganado". S war schon zu Beginn seiner Schulzeit Anhänger der APRA. Die APRA machte wegen eines "Putsches"[7] eine Demonstration, an der Schüler der "escuela de artes de pintores" teilnahmen. Bei dieser Demonstration wurden 120 offenbar hauptsächlich aus Dörfern stammende ("todos eramos provincianos") Schüler verhaftet und sollten nach einem kurzen Gefängnisaufenthalt in ihre Dörfer zurückgebracht werden. S, der die Reaktion seiner Eltern und des Dorfes fürchtete, gelang es zu fliehen und sich in Feldern nahe Lima zu verstecken. Dort wurde er vom Eigentümer der Felder aufgegriffen, der ihn als Knecht auf seinem Gut beschäftigte. Nebenbei lernte S Reparaturen an Autos auszuführen, da sein *patron* über ein Fahrzeug verfügte. Nach ca. zwei Jahren, in denen er das Gut aus Angst nicht verlassen haben will, traf er sich "zufällig" mit einem *primo* aus Quinches, der ihm von seinen Eltern erzählte, die ihren Sohn sehr vermißten. Dieser *primo* nahm S mit zurück ins Dorf, er aber wollte nicht dort bleiben, weil es ihm in Lima besser gefiel. Da er Erfahrung sowohl mit Autos als auch mit Malerei hatte, suchte er sich Arbeit in einem Reparaturbetrieb und wurde mit der Zeit Spezialist in Lackiererarbeiten. Zu Beginn der 70er Jahre erhielt S Arbeit als Anstreicher im Hospital der Marine, wo er bis heute arbeitet.

Anfangs wohnte S in Manzanilla, einer Siedlung im Bezirk La Victoria, wo auch heute noch viele Quinchinos Mietwohnungen haben. 1966 konnte er ein Grundstück in San Juan de Miraflores (im Süden von Lima) erwerben und baute sich dort sein Haus.

S heiratete eine 1931 nach Lima gezogene Frau aus Huañec. Sie hat bis heute ihren Gemüsestand im *mercado mayorista* in der Parada. Mit ihr hat S

---

[7] Tatsächlich handelte es sich nicht um einen Putsch im klassischen Sinne, sondern um die blutigen Auseinandersetzungen zwischen der durch (wahrscheinlich gefälschte) Wahlen an die Macht gekommenen Regierung von Sanchez Cerro und der APRA, die Sanchez' Anhänger Wahlbetrug vorwarf (im Jahr 1931).

einen Sohn (47 Jahre), der als Ingenieur bei der Elektrizitätsfirma "Electrolima" arbeitet, und eine Tochter (32 Jahre), die im selben Beruf bei einer Privatfirma beschäftigt ist.

Ist der erste Fall vielleicht nicht ganz typisch, was den ursprünglichen Grund der Abwanderung angeht (Krankheit der Mutter), der zweite Fall nicht typisch für die Wirren des anfänglichen Schicksals in Lima, lassen sich doch Tendenzen erkennen, die allgemeinerer Natur sind.

Die Protagonisten kommen nicht in eine ihnen vollkommen unbekannte, neue Welt. Ts Eltern haben Verwandte, die sowohl bei der Unterkunft als auch bei der Arbeitsvermittlung helfen. T selbst kann diese Beziehungen nutzen, um sich gegen den Willen seiner Eltern zu stellen und eine eigenständige Existenz in Lima aufzubauen. Obwohl er Zimmermann wird, unterhält er doch engen Kontakt zum Dorf, der auch ökonomisch motiviert ist, da er dort sowohl Eigentum hat als auch durch den Viehhandel zusätzliches Einkommen erwirtschaften kann.

S, der nach Lima kam, um seine Ausbildung fortzusetzen (zu dieser Zeit gab es in Quinches lediglich eine *primaria*), findet zunächst Unterkunft in einem Internat; schon dort scheint er engeren Kontakt zu *provincianos* als zu Limeños zu pflegen (was sich auch in seiner politischen Orientierung niederschlug). Als er dann aus seinem Versteck befreit wurde, war es ein *primo*, der dies tat. Danach zog er nach Manzanilla; zwar in eine Mietwohnung, aber es fanden sich auch dort *paisanos*. S verwies darauf, daß er als Automechaniker, und mehr noch als Lackierer, sehr gut verdiente; deshalb hatte er in ökonomischer Hinsicht die Hilfe seiner *paisanos* nicht nötig. Trotzdem blieb er eng mit dem Dorf verbunden, aus dem er Teile seiner Nahrungsmittel bezieht und in dem er einen nicht unerheblichen Besitz hat.

T heiratet eine Frau aus Quinches, und das, obwohl er zu diesem Zeitpunkt bereits mehr als 30 Jahre in Lima gelebt hatte! S heiratet eine Frau aus Huañec - zu diesem Dorf bestehen seit alters her ambivalente Beziehungen von Rivalität und Zusammenarbeit. Es zeigt sich, wie eng beide mit ihrer Heimat verbunden bleiben, obwohl sie doch gegen den ausdrücklichen Wunsch ihrer Eltern in Lima blieben.

Die beiden Lebensgeschichten sollten einstimmen auf den folgenden Abschnitt, der sich mit der Auswertung verschiedener Tabellen, die Aufschluß über die Motive der Abwanderung und die Art der Eingliederung der Ankömmlinge geben sollen, befassen wird.

3. Quantitative Erfassung und Auswertung

Angaben über die Zahl der von Quinches nach Lima abgewanderten Personen (darunter werden hier alle gezählt, die im Dorf geboren wurden) sind sehr schwer zu erhalten und trotz intensiver Bemühungen gelang es nicht, einen einigermaßen vollständigen Überblick zu gewinnen. So bleiben lediglich die Angaben einiger ausgesuchter Informanten, deren Schätzungen sich zwischen zwei- und dreitausend Individuen bewegen.[8]

Die nachfolgend aufgearbeiteten Daten stammen hauptsächlich aus zwei Quellen: Erstens aus dem am 22.11.87 erhobenen Zensus in Quinches, zweitens aus einer Umfrage, bei der Alter, Beruf, Geburtsort etc. der Haushaltsmitglieder erfragt sowie mit den Haushaltsvorständen längere Interviews geführt wurden. Insgesamt wurden derart in Lima 114 Haushalte erfaßt, deren Vorstände in 19 Fällen Frauen waren. Dieselbe Befragung wurde in Mala und Cañete durchgeführt. Über beide Quellen zusammen (Zensus und Befragung) konnten 599 in Quinches geborene Individuen als Migranten ermittelt werden. Von ihnen leben mehr als 94% in Lima. Die im folgenden ausgewerteten Daten beziehen sich somit auf einen Anteil von 1/5 bis 1/4 aller nach Lima abgewanderter Personen.

Es sollen nun die Charakteristika der Migration systematisch erfaßt und aufgearbeitet werden - wir werden dabei die bereits oben angesprochenen Tendenzen wiederfinden. Um einen Überblick über die verschiedenen "Wanderungswellen", die Motive der Migration und die heutigen Berufe der Migranten zu erhalten, wollen wir einen Blick auf die Tabelle II werfen.

---

8 Diese Schätzungen wurden von vier Männern im Alter zwischen 30 und 60 Jahren abgegeben; alle vier waren sie aktiv am Leben der Klubs der Migranten beteiligt, was ihnen einen gewissen Überblick verschaffte. Zudem waren drei von ihnen als Lehrer in Quinches tätig, einer als Rechtsanwalt in Lima; ich halte ihre Schätzungen deshalb nicht für vollkommen verfehlt.

Tabelle II: Migrationsmotive (Nur Haushaltsvorstände)

MOTIVE	bis1940		'41-'50		'51-'60		'61-'70		'71-'80		ab1981	
Personen	11|	%	18|	%	24|	%	37|	%	20|	%	4|	%
Abenteuer	2|16,7		-|	---	1|	3,2	-|	---	-|	---	-|	---
Studium	3|25,0		10|41,7		12|38,7		20|38,5		8|32,0		-|	---
Familiär	3|25,0		4|16,7		5|16,1		8|15,4		8|32,0		3|60,0	
*	-|	---	2| 8,3		3| 9,7		4| 7,7		4|16,0		-|	---
Arbeit	4|33,3		8|33,3		10|32,3		18|34,6		4|16,0		1|20,0	
Gesundheit	-|	---	-|	---	-|	---	2| 3,8		1| 4,0		1|20,0	
Erw.Gesamt	12|100		24|100		31|100		52|100		25|100		5|100	

* = Verbesserung der Lebensverhältnisse
Quelle: Eigene Erhebung 1988; Befragung der Migranten in Lima.

Die Angaben für die Motive der Abwanderung sind:
Bei den bis 1940 migrierten Personen wurde Arbeitssuche als häufigster Grund genannt. Dem folgen in gleicher Häufigkeit der Wunsch nach Ausbildung (sowohl *secundaria* als auch Universität) und familiäre Gründe (meist der Wunsch, mit nahen Angehörigen zusammen zu sein). Zweimal wurde auch "Abenteuerlust" angegeben.

Das Bild wandelt sich bei den zwischen 1940 und 1950 migrierten Personen. Hier wurde in mehr als 41% der Fälle die Fortführung der schulischen und universitären Ausbildung als Grund angegeben, gefolgt von 33%, die in Lima Arbeit suchten. Dem folgten mit 17% familiäre Gründe, während 8% den Wunsch nach einem besseren Leben angaben (d.i. der Wunsch, in einem Ort zu leben, der die Annehmlichkeiten der "Zivilisation" bietet). Diese Verteilung der Migrationsgründe hält sich für die beiden folgenden Dekaden (1951-1960 und 1961-1970) mit nur leichten Variationen; in der Dekade der 60er Jahre wird die Erkrankung des Befragten oder eines Familienmitglieds zusätzlich als Grund genannt.

Zwischen 1970 und 1980 änderte sich das Bild etwas. Nun waren es immer mehr familiäre Gründe, die in den Vordergrund gerieten - sie wurden jetzt mit 32% genauso häufig genannt wie die Fortführung der Ausbildung. Dies hängt sicherlich mit der wachsenden Zahl von in Lima wohnenden Angehörigen zusammen, durch die es zum einen einfacher war, selbst sein Glück mit Hilfe der Verwandten in der Stadt zu versuchen, zum anderen tatsächlich immer mehr innerfamiliärer Leidensdruck durch lange Trennungen entstand, der dann durch eine definitive Migration nach Lima aufgelöst wurde. Mit 16% der Erwähnungen lag jetzt der Wunsch nach einem besseren Leben als Migrationsgrund bereits an zweiter Stelle, gleichauf mit der Arbeitsaufnahme.

Die Angaben, die für die 80er Jahre in der Tabelle erscheinen, dürfen nicht allzu genau genommen werden, da es sich um ein sehr kleines Sample (vier Personen) handelt. Das Sample ist deshalb so klein ausgefallen, weil bei der Aufnahme der Daten die Beziehung zwischen Migrant und Ursprungsort im Vordergrund stand, weshalb vor allem Familien berücksichtigt wurden, die Landbesitz in Quinches haben. Dies ist für junge Leute, die erst vor kurzem an die Küste kamen, nicht der Fall, weil sie ihren Erbteil noch nicht erhielten. Bei diesen vier Personen handelt es sich um bereits betagte Männer, die mit ihren Restfamilien entweder zu ihren Kindern nach Lima zogen oder in ein bereits vorher errichtetes Haus einziehen konnten. Es gibt eine Gruppe alter Bauern, die ihre letzten Jahre lieber im Kreis der Familie in Lima verbringen möchten und deshalb ihr Dorf verlassen.

Im Gesamtergebnis ist der Wunsch nach Ausbildung der häufigste Grund, den die Haushaltsvorstände in Lima als Ursache ihrer Übersiedlung angaben, welche sie damit auch vor sich selbst rechtfertigen (Ausbildung wurde in mehr als 35% aller Angaben erwähnt). Dem folgt in der Gesamtbewertung die Arbeit mit 30% der Erwähnungen. Die familiären Gründe sind mit 20% vertreten, während die Annehmlichkeiten städtischen Lebens mit nicht ganz 9% nicht sehr stark ins Gewicht fallen. Krankheit (2,7%) und Abenteuer (2%) sind kaum Gründe für eine Migration.

Ausbildung und Arbeit sind also die zentralen Motive, die der Einschätzung der Protagonisten zufolge sie veranlassen, ihr Dorf zu verlassen und nach Lima zu ziehen. Dabei wurden oft von ein und derselben Person beide Gründe gleichzeitig genannt; oder es wurde bei Nennung der Ausbildung als Motiv präzisiert, daß nach der Ankunft in Lima die Notwendigkeit, sich ökonomisch teilweise oder vollständig selbst zu versorgen, dazu zwang, die Studien "einstweilen" einzustellen. In der Regel führt das dazu, sich als Händler oder Arbeiter einen möglichst guten Platz zu erkämpfen und das ursprüngliche Abwanderungsmotiv, eben die Aufnahme eines Studiums, zu "vergessen".

Die starke Betonung der Bildung korreliert mit dem in Peru allgemein gepflegten Mythos der *provincianos*, demzufolge eine gute Ausbildung die Grundbedingung gesellschaftlichen Aufstiegs ist.[9] Hinter diesem Mythos, der (insbesondere universitäre) Ausbildung dermaßen positiv besetzt, verbirgt sich die Vorstellung, mit guter Bildung könne man einen gebührenden Platz

---

9 Vgl. u.a. C.I. Degregori (1989:11ff).

in der städtischen Gesellschaft erringen. In diesem Wunsch kommt deutlich die (an anderer Stelle zu diskutierende) Ambivalenz zum Ausdruck, in der die *provincianos* sich einerseits gegen die *criollos* abzugrenzen versuchen und deren Lebensweise mit negativen Werten besetzen, auf der anderen Seite aber ungeheure persönliche und familiäre Anstrengungen auf sich nehmen, gerade um sich den *criollos* anzugleichen.

Verfolgen wir nun, was diese Migranten in Lima arbeiten, nachdem sie sich dort etabliert haben. Tabelle III schlüsselt die in Tabelle II enthaltenen Personen nach ihren Berufen auf.

Tabelle III: Berufe der Haushaltsvorstände

DEK ADE	- 1940	41-50	51-60	61-70	71-80	81 +
A	-	1 (5)	-	1 (3)	-	-
B	-	-	-	-	2 (10)	-
C	1 (9)	1 (5)	-	2 (5)	1 (5)	1 (20)
D	-	1 (5)	-	2 (5)	-	1 (20)
E	2 (18)	3 (15)	5 (21)	8 (21)	1 (5)	-
F	3 (27)	4 (20)	10 (42)	9 (24)	9 (43)	-
G	5 (45)	8 (40)	15 (63)	19 (50)	10 (48)	1 (20)
H	-	-	-	3 (8)	2 (10)	-
I	-	2 (10)	-	1 (3)	-	-
J	-	-	1 (4)	1 (3)	-	-
K	-	1 (5)	1 (4)	3 (8)	-	-
L	1 (9)	1 (5)	2 (8)	2 (5)	1 (5)	1 (20)
M	1 (9)	1 (5)	1 (4)	-	-	-
N	1 (9)	5 (25)	4 (17)	4 (11)	3 (14)	2 (40)
O	2 (18)	-	-	2 (5)	2 (10)	-
SUM	11	20	24	38	21	5
Pers.	11	18	24	37	20	4

<u>Symbole für Berufe:</u> A = Rechtsanwalt; B = Bauer; C = Hausfrau; D = Gemischtwaren-Händler; E = Fleischhändler; F = Händler allgemein; G = *Zwischensumme aller Händler*; H = Angestellter; I = Apotheker; J = Kleinunternehmer; K = Viehhändler; L = Arbeiter; M = Polizist; N = Lehrer; O = Sonstige, hierin sind enthalten: 2 Mediziner, 1 Anwerber, 1 Musiker, 2 Fahrer.
Die Zahlen in Klammern geben den Prozentanteil der Spalte an. Die Anzahl der Personen und Berufe stimmen nicht immer überein, da eine Person mehrere Berufe ausüben kann.
<u>Quelle:</u> s. Tabelle II

Schon für die bis 1940 Abgewanderten springt die eindeutige Präferenz für die Beschäftigung im Handel ins Auge, dessen Anteil hier 45% ausmacht.

Die Handelsgeschäfte verteilen sich relativ gleichmäßig auf im Fleischhandel tätige Personen und solche, die einen Stand in einem der Märkte der Parada haben, wo sie Gemischtwaren oder Gemüse verkaufen. In dieser Dekade findet sich bei den akademischen Berufen nur ein Lehrer. Eine weitere Person ist Polizist, der Rest verteilt sich auf Berufe wie Arbeiter, Hausfrau und Sonstige.

Diese Affinität zum Handel findet sich auch in den folgenden Dekaden bis einschließlich der 70er Jahre (die Zahlen für die 80er Jahre dürfen, wie gesagt, nicht allzu streng genommen werden). In allen Dekaden außer den 70er Jahren, zeigt sich eine eindeutige Präferenz für den Fleischhandel, da sich auch in der Sparte der allgemeinen Händler eine Reihe von im Fleischgeschäft tätigen Personen findet. Der Anteil der Händler an den Berufen der jeweiligen Migrationsgruppen schwankt zwischen 40% (für die Dekade der 50er Jahre) und 63% (für die Dekade der 60er). Seit den 40er Jahren nehmen aber auch die akademischen Berufe einen größeren Raum ein, bei denen der Beruf des Lehrers an oberster Stelle steht. Nach der deutlichen Präferenz jener Dekade für akademische Professionen setzt jedoch in der Folgezeit wieder ein Abflachen ihrer relativen Zahl ein. Wenig bedeutend sind Tätigkeiten wie etwa Angestellter (ihr Anteil erreicht nur in einer Dekade 10%), Arbeiter (nie mehr als 10%) oder Hausfrau.

Die Tabelle A III im Anhang zeigt die Relation aller Berufe zusammengefaßt. Von den 119 Erwähnten entfallen allein 49% auf den Handel. Rechnet man die Viehhändler dazu, ergeben sich sogar 53%, womit Händler deutlich mehr als die Hälfte aller Berufe stellen. Die akademischen Berufe erreichen einen Anteil von 22%. Arbeiter, Hausfrauen und Bauern kommen auf einen Anteil von 13%; die restlichen Berufe sind insignifikant.

Betrachten wir in einer weiteren Tabelle das aktuelle Alter der zur Diskussion stehenden Personengruppe, ihre Schulausbildung, ihre Wohnsituation und endlich den Grad der Einbindung in das Leben der diversen Klubs der Quinchinos.

Tabelle IV: Alter, Bildung, Wohnung

Zeitraum	Gesamt Zahl %v.Su		Alter (/)	bar (/)	Haus		Ausbildung			Klub	
					ja	no	I	II	III	ja	no
bis 1940	11	9,6	70	59	9	2	9	2	-	11	-
1941-'50	18	15,8	59	62	17	1	4	5	9	15	3
1951-'60	24	21,1	48	67	21	3	11	8	5	20	4
1961-'70	37	32,5	46	73	34	3	12	16	9	30	7
1971-'80	20	17,5	44	77	18	2	7	8	5	13	7
ab 1981	4	3,5	54	83	4	-	2	-	2	3	1
SUMME	114	100,0	53,5	70,1	103	11	45	39	30	92	22

Symbole: Alter (/) = durchschn. Alter, barr. (/) = kamen durchschnittlich in diesem Jahr ins *barrio*; Haus ja no = hat ein eigenes Haus bzw. hat kein eigenes Haus, Ausbildung I, II, III = respektive: *primaria, secundaria, superior*.
Quelle: s. Tabelle II

Wenn wir die erste Spalte betrachten, in der Angaben über die Zahl der in verschiedenen Dekaden migrierten Familienoberhäupter gemacht werden, sehen wir, daß die absolute Zahl bis 1970 ständig steigt, während ab 1971 eine Abnahme einsetzt. Dieser Fakt ist aber nicht einer absoluten Abnahme der Abwanderung geschuldet, sondern erklärt sich aus dem relativ späten Heiratsalter der *provincianos* in Lima, so daß viele erwachsene Menschen noch mit 30 Jahren keine eigene Familie gegründet haben und im Haus ihrer Eltern wohnen. Es verbleiben auch bereits verheiratete Kinder öfters im Haushalt der Eltern und erscheinen somit hier als Angehörige. Weder die Zahlen der Ankunft am jeweiligen Migrationsziel noch die Bevölkerungsentwicklung in Quinches lassen auf eine nachlassende Abwanderung schließen - das Gegenteil ist der Fall.

Merkwürdig scheint ferner der Anstieg des Durchschnittsalters für die in den 80er Jahren migrierten Individuen. Dieses Phänomen findet seine Erklärung darin, daß es sich hier, wie bereits erwähnt, um alte Männer handelt, die ihren Lebensabend in Lima verbringen wollen.

In Übereinstimmung mit dem in Lima verbreiteten Phänomen, demzufolge die aus den Provinzen in die Stadt strömenden Menschen sich sehr schnell ihre eigenen Unterkünfte schaffen (zunächst provisorisch, um sie nach und nach, abhängig vom Familieneinkommen, über Jahre hinweg weiterzubauen),[10] verfügen von den 114 Haushalten 103 über ein eigenes Haus, nur

---

[10] Vgl. zu diesem Aspekt die Ausführungen von De Soto (1986:Kap.II); von Golte/Adams (1987) in den Fallbeispielen, wo ein Zusammenhang zwischen der Herkunft der Migranten (Küste bzw. Sierra) und der Art ihrer Unterkunft hergestellt wird (s.Tab. :38), und die Arbeit von Lobo (1984), die diese Charakteristik der *provincianos* bereits in ihrem Buchtitel ("Tengo casa propia") führt.

11 Familien leben in Mietshäusern; das entspricht einem prozentualen Anteil von über 90% eigenen Häusern. Der hohe Anteil an Wohnungseigentum darf aber nicht als Indikator für Wohlstand genommen werden, da eine eigene Unterkunft noch nichts über deren Qualität aussagt. Es kann sich dabei sowohl um sehr großzügig gebaute als auch um Häuser handeln, die lediglich aus aufgestapelten Ziegeln oder *esteras* (Schilfmatten) bestehen, wie sie sich in den südlichen Vororten Las Delicias und Surco finden. Oft läßt die Art der Unterkunft erkennen, wann eine Familie in Lima ankam. In San Luis und Yerbateros etwa siedelten sich die Quinchinos seit den 50er-, verstärkt in den 60er Jahren an. Dort finden sich teilweise geräumige Häuser, da ihre Besitzer in der Zwischenzeit genügend Geld verdienen konnten, um ihre Unterkünfte auszubauen. In Las Delicias andererseits kamen die ersten Quinchinos Mitte der 60er-, viele erst in den 70er Jahren an. Sie wohnen häufig in provisorischen Unterkünften, die nach und nach in "normale" Häuser umgebaut werden.

Bei der Ausbildung erkennt man, wie schon oben bei den Berufen deutlich wurde, daß bei den in den 40er Jahren migrierten Personen die verhältnismäßig meisten Universitätsabsolventen zu finden sind. Allgemein überrascht aber doch die Ungleichheit im Bildungsniveau, da fast 40% lediglich die *primaria* besuchten, 34% die *secundaria* und 26% die Universität. Bei der häufigen Nennung der Ausbildung als Migrationsgrund hätte ein höherer Anteil zumindest beim Besuch der *secundaria* erwartet werden können. Dies mag ebenfalls ein Hinweis darauf sein, daß die ökonomischen (und sozialen) Zwänge die Akteure dahin leiteten, ihre ursprünglichen Ansprüche an das Leben in der Stadt zu revidieren und andere, nicht geplante Wege zu suchen.

Betreffs der Mitgliedschaft in einem der Klubs läßt sich ein Trend dahin erkennen, ihnen nicht mehr anzugehören. Die dazu befragten Individuen gaben unter anderem an, aus Zeitmangel nicht am Klubleben teilnehmen zu können oder schlicht kein Interesse daran zu haben. Nicht immer heißt das aber auch, daß die Betreffenden nichts mehr mit ihren *paisanos* zu tun hätten.

Die in den unterschiedlichen Dekaden nach Lima migrierten Familien und Einzelpersonen zeigen eine ausgeprägte Tendenz, sich in verschiedenen Stadtvierteln anzusammeln. Einzelne Stadtteile Limas sind oft beherrscht von Migranten einer bestimmten Region.[11] Da mit der Zeit ein Viertel

---

[11] Sehr gut läßt sich dies z.B. in einem bestimmten Abschnitt in San Luis beobachten. Hier findet man Menschen aus allen Dörfern der Provinzen Yauyos und Huarochiri, hier finden sich auch ihre Klublokale. An den Sonntagen kann man die einzelnen Dörfer die Prozessionen für ihre Heiligen abhalten sehen, bei denen sie Heiligenfiguren (*imagenes*) durch die

schlicht "voll" ist, werden von neuankommenden Familien neue Viertel gesucht, der Prozeß der Massierung von Bewohnern einer Region in einem bestimmten Viertel beginnt erneut. Das findet seine Erklärung vor allem in der Art, in der die Sierrabewohner migrieren - nämlich als Mitglieder in einem komplexen Beziehungsnetz aus Verwandten und *paisanos*. Baugrundstücke erwerben sie meist auf zwei Weisen: entweder invadieren sie ein Landstück, bauen provisorische Häuser darauf, verteidigen sie gegen Angriffe (v.a. seitens des Staates) und werden in der Regel nach einigen Jahren staatlich anerkannt. Oder es bilden sich Kooperativen, die billig Land erwerben und dann an ihre Mitglieder verteilen.[12] In beiden Fällen müssen sich aber vorher Gruppen formieren, und die Wahrscheinlichkeit, in ihnen wiederum *paisanos* zu treffen, ist hoch, weil man eben über sie die notwendigen Informationen bezogen hatte. Die Verbindung zwischen Migrationszeitpunkt und Wahl des Stadtviertels kommt in der folgenden Darstellung zur Geltung.

Tabelle V: Wohnviertel und Ankunft

Stadt viertel Summe	Ankunft Barrio bis 1950	51-70	71+	Ankunft Lima bis '50	51-70	71+	Alter bis 40	41-60	61+	SUM bar-rio
San Luis	0	23	16	10	24	5	6	25	8	39
Surco	0	3	15	1	7	10	9	7	2	18
ElAgustino	1	13	1	9	6	0	2	7	6	15
LaVictoria	2	8	1	4	6	1	2	6	3	11
Vitarte	0	2	12	0	11	3	9	4	1	14
Valdiviezo	0	4	1	1	4	0	1	3	1	5
LasDelicias	0	2	5	1	2	4	2	1	4	7
Sonstige	0	5	7	5	6	1	1	8	3	12
SUMME	3	60	58	31	66	24	32	61	28	121[13]

(/) Ankunft aller Familienvorstände in Lima = 1957
(/) Ankunft aller Familienvorstände im Stadtviertel = 1968
Quelle: s. Tabelle II

Aus dieser Tabelle ist die Massierung der Migranten aus Quinches in bestimmten Stadtvierteln ersichtlich. San Luis beherbergt 32% aller in Lima erfaßten Haushalte; rechnet man die Gebiete von Valdiviezo, La Victoria und El Agustino dazu, die alle untereinander relativ leicht erreichbar sind, erhält

---

Straßen tragen. Sonntag abends ist die Gegend erfüllt von Musik aus San Lorenzo, aus Yauyos, aus Alis, Tupe, Quinches etc.; alle haben irgendein Fest zu veranstalten.
12 Auch diese Aspekte finden sich gut beschrieben in den oben erwähnten Büchern von De Soto (1986) und Lobo (1984).
13 Die Gesamtzahl von 121 Haushalten ergibt sich hier deshalb, weil unter den Befragten 6 Haushalte von nicht in Quinches geborenen Personen geführt wurden, 1 Haushalt nur aus einer Person bestand.

man einen Anteil von 58% relativ nah beieinander wohnender Haushalte. Was den Zeitpunkt der Abwanderung bzw. der Ansiedlung im Stadtteil anbelangt, kann man festhalten:

Nach einer Phase, in der die Viertel La Victoria und El Agustino (entstand 1947) besiedelt wurden (von den 40er bis in die 60er Jahre) orientierte sich der Siedlungsstrom um nach San Luis (ab den 50er, verstärkt in den 60er Jahren) und die angrenzenden Gebiete. Diese Stadtteile, die in diesem Zeitraum die nach Lima strömenden Migranten der Provinzen Yauyos und Huarochiri aufnahmen, verdanken ihre Existenz zum großen Teil eben diesen. Seit den 70er Jahren wandten sich die neuankommenden Familien (und auch solche, die vorher in anderen Stadtteilen wohnten, jedoch nicht über ein eigenes Haus verfügten) Gebieten zu, in denen Stadtteile neu im Entstehen begriffen waren (und sind). Es ist dies zum einen die im Süden von Lima gelegene Region des südlichen Surco sowie Las Delicias. In letztgenanntes Viertel zogen bis Anfang der 80er Jahre relativ viele Quinchinos, heute läßt die Ansiedlung dort nach, weil die Aufnahmekapazität des Stadtteils bereits erschöpft ist.[14]

Seit 1980 werden v.a. das südliche Surco, wo ein neues Viertel teils auf Wüstengebiet, teils auf der Fläche einer ehemaligen Hazienda entsteht, und Vitarte besiedelt. Surco liegt, wie Las Delicias, an der Panamericana Richtung Süden, an der man den Bus bzw. Lastwagen nach Quinches anhalten und zusteigen bzw. zuladen kann. Vitarte, an der Ausfahrt Richtung Sierra an der *carretera central* gelegen, ist das andere Gebiet, in dem neuankommende Migranten aus Quinches sich niederlassen. Auch hier ist ein neues Viertel im Entstehen und ähnlich den übrigen Gebieten häufen sich die Häuser der Quinchinos in einigen nahe beieinanderliegenden Straßen. Die Bewegung der Ansiedlung von Migranten in neuentstehende Siedlungen ist in der Tabelle tendenziell auch am Alter der dort Wohnenden abzulesen. Sie zeigt, daß v.a. in Surco und Vitarte mehr Haushaltsvorstände im Alter unter 40 Jahren leben als in den anderen Stadtteilen.

Eine weitere Entwicklung läßt sich aus der Tabelle ersehen. Die durchschnittlich verstrichene Zeit zwischen definitiver Ansiedlung in Lima und dem Umzug in den aktuell bewohnten Stadtteil beträgt 11 Jahre. Damit zeigt sich auch auf diese Weise, daß neuankommende Abwanderer zunächst bei Verwandten Aufnahme finden oder sich eine Wohnung mieten (meist

---

14 Dies gilt zumindest vorläufig, da bisher die meisten Häuser noch im Anfangsstadium ihrer Bauphase stecken. Zu einem späteren Zeitpunkt, wenn die Bauten des übliche 2. Stockwerk erhalten haben, wird die Bevölkerungsdichte dieses Viertels stark zunehmen. Die Bevölkerungszunahme wird dann aber eher auf eine über Geburten verursachte Vermehrung zurückzuführen sein und nicht mehr mit der Migration zusammenhängen.

gehört beides zusammen), um sich im Laufe der Zeit ein eigenes Haus zu bauen. Nun läßt sich (v.a. anhand der Zahlen aus Surco, Las Delicias und Vitarte) eine neuere Entwicklung dahingehend erkennen, daß immer mehr Familien direkt in die entsprechenden Stadtteile ziehen. Sie kommen entweder zunächst bei nahen Verwandten unter, bis sie sich ein eigenes Haus im selben Stadtteil gebaut haben. Oder, immer öfter, haben sie sich bereits ein Haus gebaut, bevor sie aus Quinches abwandern. Dieser aus der Tabelle ersichtliche Trend deckt sich mit Beobachtungen vor Ort, wo sich ganze (zukünftige) Straßenzüge mit abgesteckten Grundstücken bzw. aufgeschichteten Ziegelsteinen finden lassen und ein ortskundiger Informant die Namen derjenigen nennt, denen die zukünftigen Häuser gehören werden. Und in Quinches kann man, v.a. von jüngeren Ehepaaren, erfahren, wer in welchem Stadtteil Limas ein eigenes Haus gebaut hat oder baut. Die Abwanderung nach Lima wird so, je mehr Kontakte jemand von einem zum anderen Ort hat, zu einem langfristig geplanten Schritt. Auch daran demonstriert sich die enorme Wichtigkeit verwandtschaftlicher und *paisano*- Beziehungen für diesen Prozeß.

Die eben getroffene Feststellung deckt sich mit Beobachtungen, die von anderen Autoren in ähnlicher Weise gemacht wurden. So zeigt Matos Mar (1966:67ff.), daß die nach Lima einwandernden Migranten zunächst in der Altstadt wohnen und von da aus in die *barriadas* umziehen. Da seine Forschung auf Daten des Jahres 1957 basiert, scheint seine Aussage glaubwürdig. Mangin (1973) trifft dann bereits eine Unterscheidung, wonach früher die Migranten großenteils zunächst in der Altstadt lebten ("Few residents have come to the barriada directly from the province but have resided for some time in Lima"[:318]), während später eine Änderung eintritt:

"...More people come directly to the barriadas from the provinces, often upon the advice and with the assistance of relatives and others from the same region."(:318).

Die von Mangin für einen stärker werdenden Trend gehaltene Migrationsbewegung direkt in die *barriadas* ist für Lobo schon immer die Hauptrichtung der Ansiedlung der andinen Bevölkerung in Lima gewesen. Sie schreibt:

"Sin embargo, el gran número de migrantes, que año tras año llega a la costa, fisicamente no pueden encontrar espacio en la "quinta" de cuartos de alquiler que se encuentra en el centro de Lima."(:205).

Und sie gibt auch gleich eine Begründung für die Tendenz, im selben *barrio* zu siedeln, in dem bereits andere *paisanos* und Verwandte wohnen:

"Los fuertes patrones de parentesco y, en particular, la obligación de hospitalidad propia del hermano, hacen muy poco probable que el nuevo migrante se establezca en otro lugar diferente a la casa de sus hermanos."(205).

Äußert Lobo so Zweifel an den Aussagen von Matos und Mangin, weil sie die Bewegung Land-Stadt gleichsetzt mit einer Bewegung Land-*barriada*/Geschwister, legen die Daten von Quinches einen anderen Schluß nahe. Die Migranten der 30er, 40er und 50er Jahre kamen großenteils in die *tugurios* (Slumviertel der Altstadt) in und um den Stadtteil La Victoria, wo sie anfangs in der Regel in einem Mietshaus wohnten. Das hinderte sie allerdings nicht, ihren *paisanos* Hilfe und insbesondere Unterkunft anzubieten; die stereotype Auskunft auf die Frage, wo jemand ankam, als er sich das erste Mal in Lima ansiedelte, ist auch bei den ältesten Migranten: "donde un pariente/paisano". Der größte Teil von ihnen zog später in andere Stadtteile um, viele nach San Luis und El Agustino, wo sie sich in der Zwischenzeit eigene Häuser gebaut hatten. Dieser Vorgang stimmt also mit den Feststellungen von Matos zu der Beobachtungszeit (1957) überein. Tatsächlich änderte sich die Art der Migration im Laufe der 60er und der 70er Jahre. Durch die veränderten Bedingungen in Lima, insbesondere durch die massive Zuwanderung von Menschen aus dem Hochland und die massiven Invasionen oder halblegalen Übernahmen großer Gebiete durch Kooperativen, wurde es sowohl notwendig als auch möglich, direkt in ein Haus in einer *barriada* einzuziehen. Die Zugangsberechtigung hatte man sich über Verwandte und durch eigene Aktionen bei Aufenthalten in Lima oft schon von Quinches aus erworben.

Wenn es richtig ist (und die Tabelle V suggeriert dies), daß die Ansiedlung in gewissen Stadtteilen nicht schichtenspezifisch erfolgt - daß also nicht die "Reichen" sich in einem Stadtteil niederlassen, die "Armen" in einem anderen - sondern mit dem Zeitpunkt der Migration zusammenhängt, dann hat die Besiedlung von Lima durch *provincianos* vielleicht in der Zukunft eine bisher nicht genügend beachtete, positive Auswirkung: Die heute überall feststellbare Aufteilung in reiche und arme Stadtviertel würde aufgebrochen zugunsten einer Siedlungsstruktur, in der sich tendenziell eine ausgeglichenere soziale Zusammensetzung finden ließe. Lima könnte dadurch zu einer Stadt werden, in der die "Kultur der *provincianos*" heftige Gewaltausbrüche aufgrund sozialer Gegensätze verringert.15

In diesem Zusammenhang ist es von Interesse zu verfolgen, aus welchen Schichten innerhalb des Dorfes die Migranten stammen und welche Tätigkeiten sie am Zielort ausüben. Um Aufschluß darüber zu bekommen, wurden die Daten aus dem Zensus in Quinches benutzt, in dem nach den Migrationsorten und den Berufen der abgewanderten Kinder gefragt wurde. Es liegen insgesamt Angaben über 282 Individuen vor, die zu über 94% nach Lima migrierten. Zu den Familien, die abgewanderte Kinder erwähnten, wurden dann die entsprechenden Ressourcen zugeordnet, die aus den *padrones* für Land und Vieh stammen. Um die Tabelle zu vereinfachen, wurden pro fünf Rinder ein *peon* zusätzlich eingetragen. Daraus resultiert folgende Aufstellung:

<u>Tabelle VI</u>: Herkunft und Beschäftigung

Beruf	Personen	% v. SUMM	Alter (⌀)	M	F	Peon (⌀)
A	18	6,4	33,8	15	3	5,5
B	42	14,9	30,1	22	20	1,9
C	17	6,1	30,2	11	6	2,9
D	78	27,6	33,8	36	42	3,7
E	67	23,8	20,2	40	27	3,1
F	49	17,3	30,1	0	49	3,2
G	11	4,0	24,1	4	7	2,5
SUM	282	100,1	28,8	128	154	3,2

<u>Symbole</u>: A= <u>Akademische Berufe</u>: Rechtsanwalt (1), Professor (2), Arzt (2), Lehrer (9), Ingenieur (4). B= <u>Angestellte</u>: Angestellte (ohne Spezifiz.) (38), Krankenschwester (2), Polizist (1), Techniker (1). C= <u>Arbeiter</u>: Fahrer (2), Mechaniker (1), Bauer (7), Arbeiter (7). D= <u>Händler</u>: Ambulante (2), Fleischer bzw. Fleischverkäufer (5), ohne Spezifiz. (61), Großhändler v. Vieh u. Obst (10). E= Studenten und Schüler. F= Hausfrauen. G= Sonstige: ohne Angabe (9), Modedesign (1), Künstler (1).
<u>Quellen</u>: Zensus in Quinches 22.11.87; *Padrones de Regantes*; *Padron del ganado de la comunidad*

Die Tabelle zeigt, daß die Migranten mit den durchschnittlich meisten Ressourcen im elterlichen Haus (5,5 *peon*) akademische Berufe ergriffen haben. Bereits an zweiter Stelle, immer noch deutlich über dem Gesamtdurchschnitt von 3,2 *peon* Besitz im Elternhaus, stehen die im Handel tätigen mit 3,7 *peon*. Stellen jedoch die Akademiker mit 6,4% des Samples einen

---

15 Momentan spricht indessen, durch die Aktionen des Sendero Luminoso, alles gegen diese These. Mir scheint sie dennoch überlegenswert, und SL könnte nicht zuletzt zu den Geburtswehen einer solchen Kultur, die ja noch nicht existiert, gehören.

geringen Anteil, sind die Händler mit über 27% die stärkste Gruppe auch hier. Die Hausfrauen (17%) nehmen mit 3,2 *peon* einen mittleren Platz ein. Unter ihnen findet sich allerdings ein Teil, der eher den Händlern zuzurechnen wäre, da sie in ihrem Haus Gemischtwarenläden betreiben. Auch die Studenten liegen betreffs der elterlichen Ressourcen im Durchschnitt - dies ist nur ein weiterer Hinweis darauf, daß die Quinchinos teilweise enorme Anstrengungen unternehmen, um ihren Kindern ein Studium zu ermöglichen. Die Gruppe der Arbeiter liegt mit 2,9 *peon* Besitz im elterlichen Haus sehr nahe an jenem der Studenten, was Indiz dafür ist, daß Armut der Eltern für den Migranten nicht gleichbedeutend ist mit einer Existenz als Arbeiter. D.h. das ökonomische und soziale Gefüge in Peru (und hier v.a. in der großen Gruppe der *provincianos*) ist dynamisch genug, um ein begrenztes Aufbrechen der sozialen Situation für den Einzelnen zu erlauben. Das zeigt sich bei der Gruppe der Angestellten. Einerseits verbergen sich hinter dieser Bezeichnung tatsächlich "Aufsteiger", die mit viel Anstrengung und etwas Glück eine Anstellung (meist) beim Staat erhalten konnten. Andererseits handelt es sich hier um Dienstmädchen (und einige -jungen), die von ihren Eltern, oft aufgrund mangelnder Ressourcen in Quinches, nach Lima zu Verwandten geschickt wurden, um dort im Haushalt zu arbeiten und eventuell abends zur Schule zu gehen.

Das Argument der Armut zur Erklärung von Migration ist, sieht man sich die Ergebnisse der Tabelle VI an, natürlich nicht haltbar. Wir sehen auch hier wieder, ähnlich wie schon bei der Begründung der Familienvorstände für den Anlaß ihrer Migration, daß diverse Motive die Bauern veranlassen, ihre Kinder an die Küste zu schicken oder selbst dorthin zu migrieren. Gerade jene nämlich, die über genügend Ressourcen verfügen, um einigermaßen gut von ihrer Landwirtschaft leben zu können, lassen ihre Kinder an den Universitäten als Lehrer, Mediziner etc., sehr selten aber als Agraringenieure ausbilden. Es ist demnach zumindest bei ihnen eindeutig der Wunsch nach gesellschaftlichem Aufstieg, nicht der Druck der puren Armut, der sie nach Lima treibt.

Im Durchschnitt umfaßt ein Haushalt 5,4 Personen. Folgende Aufstellung gibt einen Überblick über die Zusammensetzung:

Tabelle VII: Zusammensetzung der Haushalte[16]

Personen	Zahl	%
Kernfamilie	579	88,8
erweit. Familie	49	7,5
sonst. Verwandte	17	2,6
nicht Verwandte	7	1,1
S U M M E	652	100,0

Quelle: Umfrage in Lima 1988

Mit fast 90% werden die Haushalte zum größten Teil von der Kernfamilie gebildet. Damit findet sich die Haushaltsstruktur in Übereinstimmung mit einem allgemeinen Trend der Stadtgesellschaften, wonach die Menschen der Städte eher in kleinen Einheiten zusammenleben. Auf ein Elternpaar entfallen im Schnitt 2,9 Kinder. Mit 10% Haushaltsmitgliedern aus der näheren oder weiteren Verwandtschaft zeigt sich aber auch die Verknüpfung mit anderen Kernfamilien, deren Mitglieder man aufnimmt.

Zeigten die bisherigen Daten über den Prozeß der Migration (Ankunft bei Verwandten, Arbeitsaufnahme oft über Verwandte etc.) ein dichtes Netz der Kooperation zwischen Menschen des gleichen Ursprungsdorfes (in erweitertem Rahmen auch derselben Herkunftsregion - vgl. Besiedlung von San Luis), so spiegelt sich dieses Phänomen wider in der Auswahl der Heiratspartner. Eine Aufgliederung der Herkunft der Partner von aus Quinches stammenden Familienvorständen zeigt folgende Resultate:

Tabelle VIII: Herkunft der Ehepartner

Ort	Personen #	%	Beruf A	B	C	D
Quinches	71	59,2	24	38	4	5
Yauyos	16	13,3	10	4	1	1
Sierra	10	8,3	7	2	-	1
Lima	19	15,8	8	3	-	8
Küste	4	3,3	1	2	-	1
SUMME	120	99,9	50	49	5	16

Symbole: #= Anz./Beruf: A= Hausf., B= Händlerin, C= Lehrerin, D= Sonstige
Quelle: Befragung in Lima, 1988

---

[16] Als Haushalt wurden in dieser Arbeit nicht die in einem Haus lebenden Personen als solche gezählt, sondern die teilweise oder ganz ihre Ressourcen "poolenden" (vgl. dazu Sahlins 1972) Mitglieder einer Gruppe. Unter die Kategorie "erweiterte Familie" zählen hier die Verwandten, die mit M/F/B/Z bezeichnet sind; unabhängig, ob sie dies zum Haushaltsvorstand oder der Ehefrau sind. Unter sonstige Verwandte fallen solche, die wir in unserem System mit Onkel/Tanten, Cousins/Cousinen und Neffen/Nichten bezeichnen.

Fast 60% der Ehefrauen stammen aus Quinches. Die bereits im Ort angetroffene hohe Endogamierate setzt sich somit noch (wenn auch erheblich abgeschwächt) in Lima fort. Teilweise ist dieses Phänomen dem Umstand geschuldet, daß ganze Familien abwandern, also auch Menschen, die zum Zeitpunkt der Wanderung bereits verheiratet waren. Ein nicht geringer Teil allerdings hat geheiratet, nachdem die betreffenden Personen bereits einige Zeit in Lima wohnten. Weitere 13% der Ehepartner stammen aus der Provinz Yauyos, oft aus einem Quinches benachbarten Dorf. Lediglich 16% der Ehepartner stammen aus Lima - aber auch dieses Bild stimmt nicht ganz. Denn von ihnen haben etliche ihre Vorfahren ebenfalls in Quinches oder der Provinz Yauyos gehabt. Auch sie sind oft nicht in einer "freien" Partnerwahl gefunden worden, sondern stammen aus dem sozialen Umfeld der Migranten, welches eben stark geprägt ist von Menschen ihrer Herkunftsregion. Neben der starken Betätigung der Ehefrauen als Hausfrau findet sich hier, insbesondere bei den aus Quinches stammenden, wiederum ein hoher Anteil von im Handel beschäftigten, gefolgt an zweiter Stelle von Lehrerinnen. Soweit die Ehefrauen beruflich tätig sind, gehen sie demnach tendenziell den gleichen Beschäftigungen nach wie ihre Männer; oft handelt es sich um dasselbe Geschäft, das von der ganzen Familie abwechselnd geführt wird. War in Quinches die Präferenz für gewisse Heiratspartner über den Landzugang stimuliert, könnte dies in Lima über den Zugang zu einem bzw. den Erhalt oder den Ausbau von einem Handelsgeschäft der Fall sein.

Bisher ließ sich feststellen, daß sowohl die Familienvorstände als auch die Ehefrauen stark im Handel engagiert sind. Eine Analyse der Berufe, des Alters und der Ankunft aller Migranten (ausgenommen die Haushaltsvorstände) zeigt einen gewissen Trend zur Veränderung in der Wahl der Tätigkeit bei den jüngeren in Quinches geborenen Menschen. Die Daten, die diese Veränderungen zeigen, sind in der Tabelle IX zusammengestellt.

Tabelle IX: Berufe der Migranten[17]

Alter	Spalte 2	3	Ausbildung 1	2	3	4	Berufe A	B	C	D	E	F	G	H	I	?
16-20	17	74	-	-	14	3	-	-	-	-	5	12	-	-	-	-
21-25	23	72	-	2	16	5	-	-	4	-	-	9	1	1	5	3
26-30	35	65	-	3	14	18	-	2	4	3	-	18	1	-	3	4
31-40	40	63	-	9	20	11	-	14	13	1	-	5	2	2	2	1
41-50	31	56	1	16	12	2	-	5	18	1	-	-	-	2	3	2
51-65	26	57	1	20	-	5	-	6	14	-	-	-	-	4	2	-
65 +	21	69	9	11	-	1	3	12	1	-	-	-	-	-	3	2
-----	--	---	--	--	--	--	--	--	--	--	--	--	--	--	--	--
SUMME	193	65	11	61	76	45	3	39	54	5	5	44	4	9	18	12

Spalte 2: Anzahl der Personen
Spalte 3: durchschnittliche Ankunft in Lima
Symbole Ausbildung: 1= Analphabet, 2= Grundschule, 3= höhere Schule, 4 = Universität.
Symbole Berufe: A= Bauer, B= Hausfrau, C= Händler, D= Angestellter, E= Schüler, F= Student, G= Arbeiter, H= Lehrer, I= Sonstige. Sonstige= Lastwagenbesitzer (1), Fahrer (1), Buchhalter (1), Näherin (2), Krankenschwester (1), Apotheker (1), Ingenieur (1), Pensionär (3), Arzt (1), Dienstbote (1), Viehhändler (2), Polizist (1), Arbeitslos (1)
Quelle: Befragung in Lima; Februar bis April 1988.

Es fällt auf, daß die Ausbildung in der Alterssparte, in der dafür schon definitive Zahlen vorliegen (ab 25 Jahren), einen höheren Stand erreicht, als dies für die Familienvorstände der Fall war. Mehr als die Hälfte der 26 bis 30jährigen besuchen eine Universität; in der folgenden Altersdekade sind es noch 1/4 aller Personen, die eine derartige Ausbildung genossen haben. Da die Berufe dieser Altersgruppe v.a. Hausfrau und Händler sind, ist klar, daß es in beiden Tätigkeitsbereichen Individuen mit Hochschulausbildung gibt. Für die Personen ab 41 Jahren sinkt der Stand der Ausbildung kontinuierlich ab, so daß ab 51 Lebensjahren die Grundschüler 3/4 aller Personen stellen, ab 65 Jahren gar 43% Analphabeten sind.

Genau wie in der Gruppe der Familienvorstände dominiert der Handel als Tätigkeit, jedoch erst in der Sparte ab 31 Jahren. Bei den darunter liegenden Altersstufen findet sich ein anderes Verhältnis. Hier dominieren die Studenten, und es ist anzunehmen, daß viele von ihnen später nicht mehr im Handel, sondern in akademischen Berufen tätig sein werden. Bei den Studierenden finden sich neben Lehramtsstudenten relativ viele Rechtsanwälte, Mediziner, Apotheker und Buchhalter; die naturwissenschaftlichen Fächer sind schwächer vertreten. Dies ist wiederum ein Indiz für die

---

[17] In dieser Tabelle sind alle Personen enthalten, die als gemeinsame Kriterien den Geburtsort Quinches und ein Mindestalter von 16 Jahren haben. Ausgenommen sind die Haushaltsvorstände.

Doppelbödigkeit der "Kultur" der *provincianos*, weil es die nun von ihnen studierten Berufe sind, die ehemals bei den *criollos* die angesehenen waren. Man kann eine Tendenz erkennen, derzufolge die typische Tätigkeit der *provincianos* in der Stadt, der Handel, als Sprungbrett gebraucht wird, um die nächste Generation (die oft noch im Ursprungsdorf selbst geboren wurde) per Universitätsausbildung in die städtischen Mittelschichten einzuschleusen. Inwieweit dieses Modell tragfähig ist, hängt indessen von der Fähigkeit des peruanischen Staates ab, soweit Fuß in der Gesellschaft zu fassen, daß er die notwendigen Steuergelder einnehmen kann, um genügend Arbeit für die in o.g. Berufen Ausgebildeten zu schaffen.[18]

Das Abknicken der Kurve der Ankunftszeit der Migranten in Lima, die zunächst kontinuierlich fällt, sich dann für die über 51jährigen stabilisiert, um bei den mehr als 65jährigen wieder anzusteigen (sie kamen im Durchschnitt 1969 nach Lima), erklärt sich mit dem schon oben bemerkten Phänomen, daß etliche der alten Bauern und v.a. der Lehrer aus Quinches ihren Lebensabend in Lima bei ihren Kindern verbringen wollen.

Der eben angesprochene Trend der jüngeren Familienmitglieder hin zur universitären Ausbildung wird wiederholt deutlich, wenn man in die Betrachtung auch die nicht in Quinches geborenen Personen miteinbezieht. Meist handelt es sich bei ihnen entweder um jene Ehefrauen, die aus anderen Regionen stammen, oder um Kinder, die bereits in Lima geboren wurden. Die über 16 Jahre alten Individuen aus dieser Gruppe (insgesamt 185) sind zu 55,2% Schüler und Studenten, nur noch 6,5% sind im Handel tätig und die stellen, zusammen mit den Ingenieuren, die Gruppe mit dem höchsten Durchschnittsalter. Es weisen demnach mehrere Indikatoren darauf hin, daß die massive Hinwendung zum Handel in der "ersten Generation" der Migranten langsam einem Modell weicht, bei dem über eine optimale Ausbildung der Weg in die Mittelschichten freigemacht werden soll. Bemerkenswert ist, daß dies nicht nur für die schon in Lima Geborenen gilt, sondern eben auch für solche Individuen, die in Quinches ihre Kindheit verbracht haben, dann aber von der *secundaria* an oder spätestens nach deren Absolvierung nach Lima gingen, um dort eine Universität besuchen zu können. Trotzdem gehen diese Personen oft noch dem Handel im elterlichen Geschäft oder demjenigen eines nahen Verwandten nach, um sich einen eige-

---

18 Es liegt eine gewisse Ironie darin, daß der Staat auch deshalb kaum Geld hat, Menschen in akademischen Berufen anzustellen, weil große Teile insbesondere der Wirtschaft der *provincianos* an den offiziellen staatlichen Stellen (in diesem Fall z.B. dem Finanzamt) vorbeigehen. Die in der "Schattenwirtschaft" verdienten und in die Ausbildung der Kinder gesteckten Gelder sind so auch ein Garant dafür, daß die Kinder es schwer haben werden, akademische Berufe auszuüben.

nen Verdienst schon während der Ausbildung zu sichern oder später neben der Tätigkeit als *profesional* noch ein zusätzliches Einkommen zu haben, da diese Tätigkeiten nicht immer ausreichend bezahlt werden. Nur in wenigen Fällen führt übrigens die doppelte Aktivität - sowohl als Student in der Universität als auch als Händler - zu dem Ergebnis, daß die betreffende Person nach einer Universitätsausbildung im Handel bleibt und nicht die angestrebte Tätigkeit als Akademiker aufnimmt.

Wie wir schon bisher sehen konnten, ist eines der spezifischen Momente der Wanderungsbewegung der Quinchinos an die Küste die Kooperation auf unterschiedlichen Ebenen. Im folgenden sollen die Bereiche der Zusammenarbeit näher beleuchtet werden. Es werden dazu v.a. drei Aspekte zur Sprache kommen: die informelle Zusammenarbeit, die von verwandtschaftlichen und *paisano* Beziehungen getragen wird, die Institutionen der Assoziationen von Migranten einer Region und die Ernteteilhabe-Kontrakte, die hier nicht als rein ökonomisches Verhältnis aufgefaßt werden.

4. Zur Zusammenarbeit der Quinchinos in Lima

Wie bereits Golte/Adams (1987:69) feststellten, liegt die Bedeutung der Zusammenschlüsse der Migranten in Lima nicht so sehr auf der formalen Ebene, sondern in der täglichen Kooperation im informellen Rahmen. Dieses Thema ist sehr weit und es ließen sich Bände mit ethnographischer Beobachtung füllen. Hier kommt es lediglich darauf an zu zeigen, daß Kooperation in diesem Kontext existiert, warum sie existiert und welchen Stellenwert sie hat.

Bevor wir näher auf dieses Thema eingehen, soll ein anderer bedeutender Aspekt der andinen Gesellschaft in Erinnerung gerufen werden. Bereits bei der Vorstellung des Dorfes Quinches wurde auf die Wichtigkeit verwiesen, die dort die informellen Zusammenschlüsse, kanalisiert über das bilaterale Verwandtschaftssystem, haben. Dasselbe nun gilt für die Migranten in Lima, die, ausgestattet mit einer sozialen Organisation, die ihnen hohe Flexibilität in der Auswahl ihrer Partner für geschäftliche und soziale Angelegenheiten erlaubt, davon Gebrauch machen. Daß es sich dabei um ein verwandtschaftlich definiertes System handelt, verleiht den eingegangenen Beziehungen, bei aller Dynamik, Dauerhaftigkeit und Berechenbarkeit, da in der Ethik der andinen Bevölkerung genauso wie in der der *provincianos* den verwandtschaftlichen Bindungen ein sehr hoher Stellenwert beigemessen wird.[19]

Das bilaterale System der Verwandtschaft ist aber, wie alle sozialen Institutionen, lediglich ein Organisationsmodell, das für den Zweck, in dem es zur Anwendung kommt, mit Inhalt gefüllt werden muß. Für die andine Landbevölkerung hatte und hat es Bedeutung in allen Lebensbereichen insbesondere durch die so kanalisierte Reziprozität, die ihrerseits sowohl mit wenig mechanisierter Landwirtschaft als auch mit der vertikalen Produktion der Bauern zusammenhängt.[20] Für die Aufgaben und Problemstellungen in Lima konnten die Migranten der Anden auf dieses Organisationsmodell zurückgreifen, gleichzeitig veränderten sie jedoch seinen Inhalt. Dies hat, mit eindringlicher ethnographischer Genauigkeit, Lobo (1984) beschrieben. Von ihr stammt die bisher einzige Studie über Verwandtschaft in den *barriadas* von Lima.

In ihrer Analyse charakterisiert Lobo das System als:

"... una parentela basada en *ego*, con un sólido vínculo de hermandad. El sistema de parentesco en estas barriadas es bilateral, con énfasis patrilateral..."(1984:191),

und auch sie stellt fest:

"Muchos de los esfuerzos cooperativos entre hermanos consanguíneos que se observan en la sierra se han modificado en las barriadas, para satisfacer las necesidades urbanas de supervivencia."(:205).

Die Autorin zeigt zur graphischen Darstellung der Verwandtschaft ein Schaubild aus konzentrischen Kreisen, das ihr so von ihren Informanten gezeichnet wurde. Darin stellt Ego das Zentrum dar, um das herum sich in immer weiteren Kreisen die unterschiedlichen Verwandtschaftsgrade des bilateralen Systems der *barriadas* ziehen (vgl.:212).

Die Modifikationen, welche Lobo anspricht, kommen bei der Autorin selbst bereits zum Ausdruck, indem sie nämlich die Reziprozitätsbeziehungen zwi-

---

[19] Wer sich davon überzeugen möchte, versuche einmal, in Lima bei *provincianos* einzukaufen. Jemand kann dies auf *criollo*-Art tun, wobei die Verkäufer eventuell versuchen werden, einen erhöhten Preis zu verlangen. Oder man nähere sich der Verkäuferin/dem Verkäufer mit einer Verwandtschaftsbezeichnung (etwa *tía, tío, mamita, papito* etc.). Der Effekt der Belegung einer anderen Person mit Verwandtschaftstermini ist, diese Person zu kompromitieren, der Kontereffekt, daß man selber sich ebenfalls kompromitiert.
[20] Zu diesem Themenkomplex ist neben dem schon erwähnten Reader von Mayer/Bolton (1980) und der Arbeit von Skar (1982) insbesondere auf die Arbeit von Golte (1980) und den Artikel von Moßbrucker (1989) zu verweisen.

schen Geschwistern sehr stark hervorhebt. Das ist für die Dörfer der Anden nicht immer der Fall.[21] Dort kann es häufig zu Zusammenschlüssen zwischen entfernteren Verwandten oder mit Affinalverwandten kommen, weil zwischen Geschwistern Konflikte um die Landverteilung aufbrechen, oder weil sie unterschiedliche Flächen zu bearbeiten haben und deshalb eine Gegenseitigkeitsbeziehung wenig vorteilhaft erscheint. Bei den *provincianos* in Lima dagegen fallen diese Gründe weitgehend weg, da die Gegenseitigkeit sich hier auf den Hausbau, auf Hilfe bei der Arbeitssuche oder auf Zusammenarbeit, auf Hilfe bei der Ansiedlung in einem bestimmten Viertel, auf alltägliche kleine Tauschbeziehungen etc. bezieht. Dennoch hat auch die weitere Verwandtschaft ein starkes Gewicht. So ist es üblich, daß ein(e) *sobrino/a* einige Zeit bei *tíos* wohnt und/oder arbeitet, ein Quinchino hat keine Schwierigkeiten, bei *primos* Hilfe für alle möglichen Probleme zu erhalten.

Der Zusammenhalt der *paisanos* in Lima ist insofern nicht lediglich als eine Gruppierung von Menschen der gleichen Herkunftsregion zu verstehen, sondern auch und vor allem als eine Gruppierung von Verwandten und potentiellen Verwandten.

Diese Verbindungslinien über die Verwandtschaft lassen sich im Falle der Quinchinos in Lima natürlich nachzeichnen für die bekannten Phänomene des Aufnehmens verwandter Personen im Haushalt, den Hausbau etc. Es lassen sich aber einige Besonderheiten herausarbeiten, an denen deutlich werden soll, daß Verwandtschaft tatsächlich eine bedeutende Rolle im Migrationsprozeß spielt.

4.1 Handelsnetze und Verwandtschaft

Wie wir anhand der Tabellen sehen konnten, sind überdurchschnittlich viele aus Quinches stammende Personen im Fleischhandel und im Schlachthaus von Yerbateros beschäftigt. Die Anhäufung von Personen in diesem Beschäftigungsbereich ist sowohl geschichtlich als auch durch das Netz persönlicher Beziehungen zu erklären.

Von alten Quinchinos in Mala und Lima hört man, daß sie ihre Kontakte zur Küste u.a. knüpften, indem sie Vieh, das sie vorher auf den *lomas* geweidet hatten, in das Schlachthaus von (damals) Callao trieben und es dort

---

[21] Dies zeigt das Material aus Quinches. Hinweise lassen sich auch finden in: Alberti/Mayer (1974), insbesondere dem Beitrag von C. Fonseca (:86-109).

verkauften.22 Ähnlich wie für jene in Mala als Schlachter arbeitenden Quinchinos war auch in Lima der übliche Einstieg, entweder *ayudante* (Hilfsarbeiter) zu werden und sich von da hochzuarbeiten, oder Viehhändler zu sein und, wenn man ein gewisses Alter erreicht hatte, als Schlachter und gleichzeitig Fleischverkäufer im Schlachthaus und in der Parada zu arbeiten. Hatten sich erst genügend *paisanos* in diesem Umfeld Arbeit gesichert, war es nicht mehr so schwer für Neuankömmlinge, in derselben Branche oder daran angelagert (z.B. durch einen Verkaufsstand von Fleisch/Innereien o.ä.) Beschäftigung zu finden.

Läßt sich zwar der historische Prozeß der Eingliederung in das Fleischgeschäft nicht mehr bis zum Ursprung zurückverfolgen (weil auch die Ältesten behaupten, einen *tío* etc. im Schlachthaus gehabt zu haben), so kann man doch festhalten: die anfängliche Eingliederung einiger aus Quinches stammender Individuen in das Schlachthaus von Callao machte den Weg frei für Nachkommende. Dies um so mehr, als einige Quinchinos offenbar seit geraumer Zeit im regionalen Viehhandel tätig waren, also geschäftliche Verbindungen zu Schlachtern hatten. Demnach dürften letztere ebenfalls eine Verpflichtung gehabt haben, aus dem Dorf Stammende auf Bitten ihrer *paisanos* dort anzustellen. Im Laufe der Zeit bildeten in Quinches geborene Personen dann eine starke Lobby innerhalb des Schlachthauses, und sie waren aktiv an der Errichtung des neuen (zweiten) Hauses von Lima in Yerbateros interessiert. Es wurde 1970 eingerichtet und erleichterte für die aus dem südlichen Hinterland von Lima stammenden Viehhändler und für Zuwanderer den Kontakt. Dies soll an einigen Beispielen erläutert werden:

Don A. kam 1940, als 10jähriger zu einem *tío* (ein Verwandter seiner Mutter), zu dem er geschickt wurde, um die *secundaria* zu absolvieren und danach eventuell ein Studium aufzunehmen. Sein *tío* arbeitete als Schlachter; Don A. begann, ihm zu helfen, um sich so ein Taschengeld zu verdienen. Nach der Absolvierung der *secundaria* war Don A. mehr und mehr gezwungen, sich seinen Lebensunterhalt zu verdienen, deshalb arbeitete er nun ebenfalls als Schlachter. Nach einiger Zeit begann er, mit dem angesparten Kapital einen Fleischverkaufsstand im Markt von Buenos Aires (im Stadtteil Barrios Altos) zu eröffnen. Einige Jahre später kamen zwei jüngere Brüder von ihm ebenfalls mit dem Ziel nach Lima, die *secundaria* zu beenden und dann eventuell zu studieren. Don A. vermittelte beiden zunächst Arbeit im

---

22 Der Verkauf an den Behörden vorbei, wie ihn die Quinchinos praktizierten, war verboten. Deshalb verkauften sie ihr Vieh in der Nähe des Schlachthauses an jemanden, zu dem sie Vertrauen hatten. Das konnte ein *paisano* sein, aber auch eine andere Person, die sie aus vorhergehenden Transaktionen schon kannten.

Schlachthaus; kurze Zeit später schafften es alle drei durch gemeinsamen Kapitaleinsatz, den beiden jüngeren Brüdern ebenfalls je einen Fleischverkaufsstand im Markt von Matute einzurichten. Zwei der drei Brüder heirateten übrigens zwei Schwestern aus dem Nachbarort Huañec, sie waren so nicht nur ökonomisch, sondern auch familiär enger verbunden. Bis heute arbeiten alle drei als Fleischverkäufer, wobei sie ihr Material aus dem Schlachthaus Yerbateros beziehen, zu dem sie (nicht nur über *paisanos*) gute Beziehungen haben.

Don E. entschloß sich 1961, damals schon 51 Jahre alt, für immer in Lima zu bleiben. Bis zu diesem Zeitpunkt betrieb er Ackerbau und Viehzucht in Quinches, handelte aber v.a. mit *ganado menudo* (Ziegen und Schafe), das er im Schlachthaus Yerbateros absetzte. Als Grund für seine Abwanderung aus Quinches nannte Don E. die Ausbildung seiner Kinder. Dies ist in seinem Fall deshalb beachtenswert, weil er nur zwei Kinder (einen Sohn und eine Tochter) hat, die beide lediglich die *primaria* besucht haben. Sein Sohn An. arbeitet seit seiner Ankunft als Schlachter in Yerbateros und kauft zusätzlich Vieh von den Händlern auf. Seine Tochter hat einen eigenen Fleischverkaufsstand im Markt *12 de octubre* (nahe Yerbateros), seine Frau arbeitet als Hilfsarbeiterin im Schlachthaus. Sein Sohn An. heiratete die aus Quinches stammende Doña A., die in La Victoria Fleisch in einem kleinen Geschäft verkauft; die Schwiegermutter von An. hat ebenfalls einen Fleischverkaufsstand im Markt *12 de octubre*. Die Schwiegermutter wiederum, Doña R., hat eine Nichte (ZD), die benachbart zu ihrem Stand einen Fleischverkaufsstand im selben Markt hat. Und diese Nichte ist mit Don G. verheiratet, der als Schlachter und Viehaufkäufer in Yerbateros arbeitet und enge Beziehungen zu An. (und vielen anderen *paisanos*) pflegt. Doña A., die Frau von Don An., hatte einen Bruder, der allerdings vor fünf Jahren verstarb. Dieser Mann war verheiratet mit Doña E., einer Schwester von E. Doña E. arbeitet bis heute in ihrem Fleischverkaufsstand im Markt Jorge Chávez (nahe Yerbateros). Ihre beiden ältesten Söhne H. und V. brachen nach dem Tod ihres Vaters, der Schlachter und Viehaufkäufer in Yerbateros war, ihre Studien (der Soziologie!) an der Universität San Marcos ab und übernahmen nun dessen Tätigkeiten (sie arbeiteten aber bereits früher regelmäßig im Schlachthaus, wie dies viele aus Quinches stammende Studenten machen). H. wiederum arbeitet neben seinen oben erwähnten Verwandten auch z.B. mit Don J. zusammen, der seit 1958 im Schlachthaus ist (auch Don J. verkaufte vorher *ganado menudo* dahin und hatte gleichzeitig in Quinches eine *tienda*); beide machen regelmäßig Geschäfte mit einem aus Quinches stammenden *primo* (in diesem Fall ein weitläufiger Verwandter), der seit vielen Jahren in Mala residiert.

Dieses Netz verwandtschaftlicher und *paisano*-Beziehungen ließe sich bei minutiöser Untersuchung relativ engmaschig weiterverfolgen und für ziemlich alle im Fleischgeschäft tätigen ehemaligen Quinchinos knüpfen. Es sollte aber daraus nicht der Schluß gezogen werden, daß sie nur untereinander Kontakt hätten. Sie arbeiten teilweise ebenso eng mit Menschen aus anderen Regionen und mit solchen anderer Herkunft zusammen. Es soll nur deutlich werden, daß Verwandte und *paisanos* einen Vertrauenskredit haben, den andere Personen sich erst über lange Zusammenarbeit oder Freundschaft erwerben müssen.

Ein anderes Beispiel für das Kooperationsnetz der Quinchinos findet sich bei Don El. und seiner Frau, Doña Er. Don El. war lange Jahre als Lehrer in Quinches tätig, Doña Er. betreibt seit Anfang der 70er Jahre einen großen Gemischtwarenladen in Yerbateros. Gemeinsam verfügen sie im Dorf über 14 peon Land und 28 Rinder, ihren Besitz lassen sie unter Aufsicht von F., einem *sobrino* der beiden. F. verkehrt regelmäßig zwischen beiden Orten, einmal um seine Angelegenheiten mit El. und Er. zu regeln, zum zweiten um Einkäufe für seine *tienda* in Quinches zu machen und drittens, um *ganado menudo* in das Schlachthaus von Yerbateros und *ganado vacuno* in jenes von Mala zu verkaufen. F. sorgt auch dafür, daß die *tienda* von Doña Er. regelmäßig größere Mengen Käse geliefert bekommt (pro Woche zwischen 80 und 100 Kilo), der dann an *paisanos* verkauft wird. In den Schulferien lebt ein *sobrino* (BS) von El., N., bei der Familie. N. ist Lehrer in Quinches, lebte aber schon während seiner Studienzeit in Lima bei seinem Onkel und arbeitete im Schlachthaus Yerbateros als Hilfsarbeiter bei anderen *paisanos* - N. ist auch *sobrino* (ZS) der drei eingangs genannten Brüder (Don A. und Brüder). Aufgrund seiner Erfahrungen nimmt N., wenn er nach Lima kommt, jeweils einige Stück *ganado menudo* mit und verkauft sie im Schlachthaus an *paisanos*, um so einen kleinen Extraverdienst neben seinem mageren Lehrergehalt und seinen ebenfalls nicht üppigen Einkünften aus der Landwirtschaft zu erhalten.

Ein letztes Beispiel sei aus einem ganz anderen Zusammenhang genommen. R., der als 15jähriger 1962 nach Lima kam, arbeitete zunächst einige Jahre als *ayudante* bei seinem Onkel, der im *mercado minorista* in der Parada schon seit Mitte der 40er Jahre einen Gemischtwarenstand betreibt. R. besuchte nebenbei die *secundaria* und lernte, auf einer Schreibmaschine zu schreiben. Nach einiger Suche fand er Arbeit im Hospital Dos de Mayo, wo er bis heute in der Rezeption tätig ist. Andere Migranten aus Quinches baten R. um Hilfe bei der Jobsuche. Auf diese Weise gelang es zwei Frauen, als Krankenschwester Arbeit zu finden, während eine dritte ebenfalls in der Rezeption tätig ist. Möglicherweise hätten die Frauen Arbeit auch ohne die Hilfe von R. erhalten; sicher aber ist, daß durch seine Unterstützung eine Anstellung dort leichter zu erhalten war.

4.2 Kooperation mit Quinches

Wie in vielen Studien zu Migranten in Lima nachzulesen,[23] gibt es auch zwischen einem Teil der in Lima ansässigen Menschen aus Quinches und ihren Verwandten im Ort regelmäßige Tauschbeziehungen. Bei diesem Tausch werden von der Sierra die im Dorf produzierten Güter nach Lima geschickt, v.a. Kartoffeln, Weizen, Mais, Käse und Schaffleisch. Ein Haushalt schickt, je nach Zahl und verwandtschaftlicher Nähe der Personen in Lima, ein bis zwei Schafe, mehrere Säcke Kartoffeln, Mais und Weizen und bis zu 50 Kilo Käse pro Jahr an Verwandte in Lima. Von dort erhält er den größten Teil seines jährlichen Bedarfs an Reis, Nudeln, Salz, Zucker, Kleidung, Schul- und Küchenutensilien etc. als Gegengabe. Beide Seiten begreifen die Gaben als *regalo* (Geschenk) und weisen jede Andeutung von Fragen in Richtung auf regulierten Tausch vehement zurück. Trotzdem wird relativ freimütig eingestanden, daß man damit rechne, daß X eine bestimmte Menge an Kartoffeln, Fleisch etc. schicke; oder in Quinches, daß man mit Kleidung, Reis etc. von Y rechne, der schon wisse, was er in welcher Menge zu schicken hätte ("sabe lo que necesitamos aca"). Die Art des Austausches von *regalos* entspricht somit dem, was Sahlins als "generalisierte Reziprozität" gefaßt hat.[24]

In der Umfrage äußerten mehr als die Hälfte der befragten Haushalte, von ihren Verwandten in Quinches *regalos* zu erhalten. Als Grund gaben sie an, daß ihnen die Produkte besser schmeckten, sie eine bessere Qualität besäßen etc. Etliche Haushalte gaben an, die Produkte ihrer Verwandten zu benötigen, um ihren Konsum aufrechterhalten zu können. Auf das Warum

---

[23] Vgl. z.B. Lobo (1984), Altamirano (1984 u. 1985), Golte/Adams (1987), R. Berg (1985) u.v.a.

[24] 'Generalized reciprocity' refers to transactions that are putatively altruistic, transactions on the line of assistance given and, if possible and necessary, assistance returned. The ideal type is Malinowskis 'pure gift'. Other indicative ethnographic formulas are 'sharing', 'hospitality', 'free gift', 'help' and 'generosity'.(1972:193,194). Die Beziehung zwischen den Quinchinos und ihren Verwandten in Lima fällt am ehesten unter die Kategorie "generosity".

der Vergabe von *regalos* wurde aber ziemlich stereotyp, meist mit einem Ausdruck des Erstaunens über eine solche Frage, geantwortet: "porque es mi hermano/mamá/papá" etc. Offenbar hat diese Austauschbeziehung neben ihrer ökonomischen vor allem eine soziale Bedeutung, durch welche die verwandtschaftlichen Bande gefestigt werden, die man wiederum für die Stützung des eng gewobenen Kooperationsnetzes zwischen Bauern und Migranten benötigt.

Ein anderer Aspekt der genannten Beziehung zeigt sich daran, daß ca. 1/3 der Häuser in Quinches nicht ständig bewohnt werden, weil sie Migranten gehören. In einigen Fällen überlassen die Limeños die Häuser Verwandten, die oft auch gleichzeitig ihre Felder bearbeiten. Wenn die Migranten nicht mehr über eigene Häuser im Dorf verfügen, ist es üblich, daß sie von Verwandten aufgenommen und beköstigt werden. Umgekehrt kann jeder Dorfbewohner auf Verwandte in Lima zählen, welche ihn bei einer eventuellen Reise in die Hauptstadt in ihrem Haus aufnehmen und für die Beköstigung Sorge tragen. Auch hierin äußert sich ein Teil der umfassenden wirtschaftlichen und sozialen Bindungen, die die Menschen des Dorfes mit ihren Verwandten in Lima (und an anderen Orten) unterhalten.

Ein wichtiges Informationsmedium zwischen Quinches und Lima und damit ein Instrument, welches die Kooperation zwischen den Menschen beider Orte erleichtert ist, da weder Post noch Telefon oder Telegraf funktionieren, die Radiosendung der Quinchinos in Lima. Jeden Sonntag zwischen 12 und 13 Uhr sendet "Radio Inka" eine Stunde lang Musik und das Dorf bzw. seine Abwanderer betreffende Informationen. Die Sendung wird von jungen Migranten selbst gestaltet und moderiert; jeder, der eine Nachricht zu übermitteln hat, gibt sie vorher dem Redaktionskomitee bzw. spricht sie selbst über das Radio. Diese Sendung wird von sehr vielen Migranten ebenso wie von den meisten Dorfbewohnern regelmäßig empfangen. Neben "Radio Inka" fungieren die mündlichen und schriftlichen Nachrichten, die durch die von und nach Quinches reisenden Personen überbracht werden, als wichtige Informationsquelle.

Viele der Haushalte, die Geschenke aus Quinches erhalten bzw. dorthin schicken besitzen zusätzlich Land, weswegen sie umso enger mit den Bauern kooperieren müssen. Dieses Phänomen wird im Abschnitt 6 genauer beschrieben. Da die Limeños ihr Eigentum in der Regel in *compania* an die Bauern geben, wird es dazu notwendig sein, zuvor das Konzept der Ernteteilhabe und die unterschiedlichen Auffassungen darüber, die sich in der

Sozialwissenschaft finden, zu behandeln. Im folgenden Abschnitt aber wollen wir zunächst einen anderen Aspekt des Zusammenhalts der Migranten in Lima kennenlernen, nämlich die Organisierung in Klubs.

5. Zur Bedeutung der Migrantenklubs

Wer über Migranten in Peru, und speziell die nach Lima abgewanderten, redet, kommt nicht an der Erwähnung jener Klubs vorbei, die, von *provincianos* gegründet, sich heute in großer Zahl finden. Es soll hier keine erschöpfende Diskussion über Ursprung, Inhalt und Entwicklung dieser Institutionen geführt werden - der Leser sei hierfür u.a. auf die im folgenden herangezogenen Schriften verwiesen. Dennoch muß in einer Arbeit, die sich insbesondere um die Erhellung des Zusammenhangs von dörflicher Wirtschaft und Sozialstruktur einerseits und Migration andererseits bemüht, ein eigener Standpunkt zu diesem Thema deutlich gemacht werden.

Über den Grund der Existenz von Migrantenassoziationen (im folgenden MA) gehen die Meinungen stark auseinander; bezüglich ihres Inhalts dagegen läßt sich eher eine übergreifende Tendenz in den Auffassungen ausmachen, obwohl auch hier die Differenzen erheblich sind.

Die frühen Schriften, die sich mit MA auseinandersetzen, tendieren dazu, sie als Agenturen zu betrachten, die den neuankommenden Abwanderern aus dem Hochland die Eingliederung in der Stadt erleichtern bzw. ihm diese erst ermöglichen sollen. Mangin (1959), der sich als erster intensiver mit diesem Phänomen auseinandersetzte, erklärt dazu:

"One of the most important aspects of the clubs is the role they play in acculturating the *serrano* to life in Lima."(:28).

Mangin gibt im folgenden eine Reihe von Beispielen für die schnelle Anpassung der Migranten an städtische Verhaltensmuster, von denen die auffälligsten das Ablegen des Hutes als Kleidungsstück der Männer und das Abschneiden der Zöpfe bei den Frauen sind. Vermittelt sei diese Anpassung u.a. durch die Assoziationen. Daneben seien sie für die Vertretung der lokalen Interessen gegenüber der Staatsbürokratie in Lima zuständig (vgl. 1959:27,28).

P. Doughty (1969) weist den MA vier Funktionen zu:

- Die MA bieten den Rahmen, in dem die Migranten sich im urbanen- und nationalen Kontext sozialisieren können;
- die MA bieten ihren Mitgliedern eine befriedigende soziale Interaktion und ein positives Gruppenverhalten in Richtung auf selbst gesteckte Ziele, die ohne sie nicht zugänglich wären (Gefühl von Erfolg durch Sportveranstaltungen etc.).
- die Aktivitäten der MA schließen immer die Familien und Freunde der Herkunftsregion mit ein, sie sichern damit die funktionale Integrität der erweiterten Familie. Darüberhinaus bieten sie ein Gefühl der Geborgenheit für den Einzelnen, der in diesem Rahmen z.B auch seinen Ehepartner finden kann;
- gerade wegen dieser Funktionen, die dem Einzelnen helfen, sich in Lima zurechtzufinden, wird eine völlige Assimilation an die städtische Gesellschaft durch die MA verhindert (vgl.:973-975).

Es ist deutlich, daß Doughty die MA als Institutionen der Dörfer bzw. der Regionen in der Stadt auffaßt, somit den Grund ihrer Existenz in den Schwierigkeiten einer Eingliederung dörflicher Migranten in die Gesellschaft einer Großstadt sieht. Mit seinen Ausführungen weist er ihnen zudem eine zentrale Rolle im Prozeß der Umwandlung der Individuen von Bauern hin zu Stadtbewohnern zu.

Die gegenteilige Auffassung bezüglich des Existenzgrundes der MA vertritt F. Jongkind. Er meint:

> "The regional associations in Lima do not fulfill the functions of adaptation and integration that had been attributed to them in the 1960s. Neither can they be conceived of as interest organizations, based on 'traditional' culture, as postulated by contemporary theorists." (1986:38).

Er verweist darauf, daß es gerade nicht die neuankommenden Migranten seien, die sich in den MA zusammenschlössen, sondern daß deren Mitglieder meist schon zehn und mehr Jahre in Lima gelebt hätten, bevor sie ihnen beigetreten seien; v.a. aber seien sie eher ein Effekt denn eine Ursache urbaner Anpassung (:39,40). Jongkind schließt daraus, daß diese Institutionen in ihrer Funktion stark überbewertet worden seien; man dürfe ihnen nicht mehr Bedeutung zumessen als anderen Gruppen oder Strukturen, zu denen die Migranten außerdem noch gehören. Ihre Existenz erklärt sich für ihn so:

> "Hence a rural migrant does not join a regional club to seek social support to survive in the city, but rather becomes a member out of prestige motivations, to measure his urban success against the

standards of 'the old world' and to have it recognized by his *co-paisanos* in Lima and the homeland." (:44).

Die MA fördern, lt. Jongkind, nicht die ethnische Solidarität, sondern teilen die Migrantenbevölkerung in Lima eher entlang von Klassenunterschieden. Für ihn sind sie deshalb genuin urbane Institutionen (:45).

Hatten Mangin und Doughty den MA eine ganz entscheidende Rolle zugewiesen, sieht Jongkind sie im Gegenteil eher als marginales Phänomen, dessen Existenz sich insbesondere mit dem Wunsch nach Statusdemonstration durch ihre Mitglieder erklären läßt.

Altamirano vertritt in seiner Studie von 1984 den Standpunkt von Mangin und Doughty und verstärkt deren Argumente. Er will die MA nicht als exklusiv urbanes Phänomen verstanden wissen, sondern eher als Agentur des Dorfes in der Stadt. Er widerspricht aber den oben genannten, indem er die Institution nicht lediglich als Mittel der Anpassung des Migranten an die Stadt faßt, sondern sie im Kontext des Prozesses der rural-urbanen Migration (worunter auch die Rückwanderung fällt) und der politischen Einbindung sieht (:17). Für den Autor sind sie aber nicht nur ein Phänomen des Zusammenschlusses von Menschen mit demselben Ursprungsort; er interessiert sich auch für sie

"...por tener estas asociaciones básicamente todavía un espíritu más colectivista que individualista en la medida en que a través de las asociaciones se busca objetivos que benefician a los migrantes, como también a las comunidades de donde son originarios. Finalmente, es interés fundamental del trabajo describir y analizar la permanente presencia de valores culturales, sociales, y ecónomicos del mundo andino en la ciudad de Lima." (:16,17).

Begriffen Mangin und Doughty die MA eher als Transmissionsriemen, der den Bauern erlauben soll, sich zu Städtern zu wandeln, sind sie für Altamirano die Brücke zwischen dem Dorf und der Stadt, aber auch das Bindemittel der Menschen mit gleicher Ursprungsregion in der Stadt. Für ihn sind sie ökonomische, soziale und kulturelle Agenturen in einem - und dies nicht nur in einer Richtung (d.i. lediglich innerhalb der Stadt), sondern ebenso für die Herkunftsregion. Altamirano findet sich so in der extremen Gegenposition zu Jongkind.

L. R. Hirabayashi beschäftigt sich in seinen Arbeiten mit demselben Phänomen bei zapotekischen Migranten in Mexico Stadt. In einem Artikel (1985:579-598) diskutiert er die Auffassung C. Orellanas (1973), der die Existenz der MA in Mexico mit Hilfe von drei Variablen erklärt: a) MA werden von indigener Bevölkerung mit starker kommunaler Tradition gegründet; b) Bedingung für die Gründung der MA ist eine vorhergehende Politisierung der informalen Gruppen und Netzwerke - sie macht eine formale Fusion notwendig; c) ein Resultat der Politisierung ist die Verbindung der MA mit dem sozio-politischen System des Heimatdorfes, sie verleiht ihr Konsistenz in der Zeit. Hirabayashi stimmt der Auffassung von Orellana zu, macht allerdings die Einschränkung, daß die Variable a) nicht mit der Tradition der indigenen Bevölkerung, sondern mit dem Grad der Armut zusammenhänge. Seine Analyse der Migration der Zapoteken einer bestimmten Region erwies nämlich, daß jene sich nicht langfristig zusammenschließen. Der Autor erklärt dies mit dem relativen Reichtum der Ursprungsregion und dem Erfolg der Zapoteken bei der Eingliederung in Mexico-Stadt. Beide Phänomene hängen für ihn zusammen (vgl. :593).

Demnach lassen sich zwei Schlüsse aus seinen Ausführungen ziehen: 1. Die Bildung von MA ist sowohl ein urbanes als auch ein rurales Phänomen; 2. MA sind Institutionen der Armen in der Stadt.

In einer anderen Arbeit (1986:7-29) versucht derselbe Autor zu erklären, warum diese Institution existiert, da er der Meinung ist, die bisherigen Arbeiten hätten sich zu sehr mit ihren Formen und Funktionen beschäftigt. Zunächst definiert er die MA als Organisation, die

"... provides resources for individual and collective adaptation to the urban setting." (:9)

und unterscheidet sie von anderen Formen von Zusammenschlüssen:

"What distinguishes an MVA (='Migrant Village Association'; H.M.) from other associations and from informal networks is that as a formal organization, it is primarily village-oriented, in terms of both its makeup and its purposes, whether directed toward the village of origin or toward fellow villagers in the city." (:9).

In der Tendenz nähert sich Hirabayashi damit den Auffassungen von Mangin, Doughty und Altamirano an. Zur Erklärung der Existenz von MA macht er aber eine originelle Wendung. Er behauptet, in anderen Erdteilen (z.B. Afrika und Asien) würde das unilineare Verwandtschaftssystem die Basis für korporative Gruppen bilden, weshalb man dort nach ethnischen Kriterien organisierte MA finden könne. In Lateinamerika dagegen sei das bilaterale Verwandtschaftssystem vorherrschend, weshalb hier in den Dorfgemeinden nach territorialen Gesichtspunkten organisierte korporative Gruppen vorherrschend seien. Die aus den so organisierten Dörfern in die Stadt migrierenden Bauern organisierten sich deshalb nach regionaler Herkunft, nicht nach Lineage-Gruppen (vgl. :10).

Damit hat Hirabayashi den von den oben genannten Autoren verfolgten Argumentationsstrang noch verstärkt. Die in den Dörfern existierenden, territorial organisierten Gruppen werden in die Stadt übertragen. Die MA sind so das "Dorf in der Stadt"; umsomehr, je mehr "Dorf" (im Sinne von "traditionell") der Ursprungsort der Migranten war. Auch dieser Autor kann demnach der Gruppe zugerechnet werden, die die MA vom Dorf her betrachten und in ihnen die Wahrung kultureller Werte - oder, wie bei Altamirano und Hirabayashi, sogar das aktive Eintreten zur Verbreitung dieser Werte in der Stadt -, Hilfe bei der Eingliederung in die neue Umgebung und Organisation zur gegenseitigen Hilfe bei Arbeit und Hausbau, aufgehoben wissen wollen.

Golte/Adams (1987) schließlich, nach einer Diskussion anderer Auffassungen, kommen bezüglich der MA zu dem Schluß:

"... las asociaciones son obviamente instituciones urbanas, ya que no definimos la ciudad únicamente como urbe capitalista, sino como lugar de aglomeración de gente desligada de la producción primaria de alimentos, que se puede asociar en formas no-capitalistas." (:68).

Sie verweisen darauf, daß die MA nicht nur nach innen gerichtete Institutionen sind, sondern ihre Aktivitäten auch nach "außen", d.h. hin zu anderen Institutionen, orientieren. Mit ihnen teilten sie die sozialen Anlässe, z.B. die Veranstaltung von Festen und Fußballturnieren. Weitere Funktionen seien nicht nur die Unterstützung des Heimatdorfes bei behördlichen Angelegenheiten, sondern auch die Unterstützung untereinander (:69).

"Más allá de estas funciones grupales, que sí nos parecen de primordial importancia para comprender el surgimiento de los 'clubes de provincianos', hay una funcionalidad general del nucleamiento de los migrantes diseminados por diversos barrios de la ciudad. Las fiestas, por ejemplo, sirven de centro de intercambio de infomación sobre oportunidades de trabajo, de vivienda, o también para entablar relaciones con un cónyuge futuro." (69).

Diese Autoren nehmen somit eine Stellung jenseits der beiden Pole von Mangin, Doughty und Hirabayashi einerseits und Jongkind andererseits ein. Sie leugnen nicht die Bedeutung der MA für die Migranten in der Stadt, die Jongkind zu widerlegen sucht. Mit letzterem sind sie sich dennoch einig, daß die MA ein urbanes Phänomen seien. Golte/Adams sind sich andererseits insofern einig mit den drei erstgenannten Autoren, als auch sie den MA soziale und wirtschaftliche Funktionen zuweisen. Ihre Auffassung unterscheidet sich jedoch, indem sie v.a. auf zwei Punkte Wert legen: a) MA haben nicht nur eine Funktion in die eigene Gruppe hinein, sondern ebenso nach außen, zu anderen Gruppen; b) MA sind lediglich ein Kristallisationspunkt sozialer und ökonomischer Beziehungen, deren hauptsächliche Kanäle informeller Natur sind.

Das von Golte/Adams skizzierte Modell der Erklärung ist das für unsere Zwecke brauchbarste, weil mit den Beobachtungen weitestgehend in Übereinstimmung. Der Betonung der MA als urbanem Phänomen ist zuzustimmen und sie ist kohärent mit anderen Charakteristika peruanischer Städte, insbesondere der Organisierung des sozialen und wirtschaftlichen Lebens in informellen Strukturen, der Notwendigkeit, sich Vertrauensgruppen zu schaffen, der vorherrschenden kulturellen Betätigung etc. Deshalb ist es auch von Belang, darauf hinzuweisen, daß die Bedeutung der MA sich eher verdeckt äußert (nämlich "informell", "unterhalb" der Organisation). Mir scheint es dennoch wichtig, auf einige Punkte aufmerksam zu machen:

a) MA sind nicht statische Gruppen mit einem spezifischen Inhalt, den zu definieren es eine Möglichkeit gäbe. Sie sind dynamische Gebilde, die sich zwar um soziale Belange gruppieren (Fußball, Feste etc.), in ihrem je spezifischen Inhalt aber von einer Reihe von Faktoren bestimmt werden. Dazu gehören die soziale und ökonomische Organisation des Ursprungsdorfes - weshalb es, für Peru, nicht stimmt, daß nur Migranten aus armen Dörfern mit korporativem Charakter (so es solche Dörfer gibt!) sich in MA organisieren, wie dies Orellana und Hirabayashi für Mexico behaupten -, die Art der ökonomischen und sozialen Eingliederung (je nachdem, ob die Migranten dazu tendieren, in derselben Branche tätig zu sein oder sich different Beschäftigungen zu suchen) und die Zahl der Migranten einer Region in Lima. Außerdem ist der Faktor Zeit zu berücksichtigen, der aus ein und derselben Organisation verschiedene Institutionen mit unterschiedlichen Funktionen und Aufgaben machen kann. MA entsprechen zwar einem bestimmten Organisations-Modell; wie für Modelle üblich, kann man ihren je spezifischen Inhalt aber nur begreifen, wenn man ihre Prozeßhaftigkeit und ihre je spezifische Funktion mitdenkt. Zur Illustration dieses Punktes sei einmal auf die (im folgenden zu diskutierenden) Unterschiede der MA bei den Quinchinos in Lima verwiesen, zum anderen auf die Unterschiede zwischen diesen und jener Organisation, in der sich die Vichaycochanos in Lima zusammenfinden.

b) Richtig ist, daß die MA eine starke kulturelle Funktion haben. Sie bezieht sich aber nicht, wie die Autoren in der Regel suggerieren, auf die

Heimatregion der jeweiligen Migranten. Wer je in einem Dorf war, das von "seinen Limeños" besucht wurde, kann den Unterschied zwischen "Kultur" im Dorf und "Kultur"[25] der Migranten nicht übersehen haben. Andererseits ist es schwer, einen aus z.b. der Provinz Canta stammenden Migranten von einem ebensolchen aus der Provinz Yauyos zu unterscheiden, wenn sich beide in Lima auf einem Fest einer MA treffen. Die kulturelle Funktion der MA scheint sich demnach in erster Linie nicht auf das Herkunftsdorf, sondern auf die Stadt zu beziehen. In ihr sind unübersehbar eigenständige, neuentwickelte kulturelle Muster im Entstehen, die sich in einer spezifischen Art der Kleidung, des Essens, der Musik etc. ausdrücken. Die Migranten behaupten zwar oft von sich selbst, daß sie mit Hilfe der MA und ihrer Feste die "Kultur" ihrer Heimat aufrechterhalten wollen. Die Musik aber, die in Lima populär ist, stammt von hier und kommt nach einiger Zeit in die Dörfer als Import aus der Stadt. Die Bauern in den Dörfern sind es, die mehr und mehr die "Kultur" der Migranten in Lima pflegen - bis hin zu Kleidung und Eßgewohnheiten -, nicht umgekehrt! In der von Altamirano und Hirabayashi so betonten politischen Perspektive fallen demnach den MA zwei Rollen zu: sie sind Transformationsriemen zur Akkulturation der noch auf dem Land Verbliebenen an die kulturellen Muster der Stadt; diese Muster aber werden für die Gruppe der *provincianos* in Lima seit einigen Jahrzehnten erst entworfen. Sie lehnen sich hierbei zwar sowohl an andine als auch an *criollo*-Vorbilder an, das im Prozeß der Entstehung sichtbare Produkt unterscheidet sich aber stark von beiden.

Neben den von Golte/Adams aufgezählten Funktionen und Inhalten der MA scheint es mir wichtig, diese Dimension der Institutionen stärker ins Blickfeld zu bekommen. Die MA würden dann nicht so sehr einer Anpassung an das Leben in Lima als vielmehr einer Transformation und Neuschaffung (zumindest großer Teile) Limas dienen.

Es soll noch einmal betont werden, daß nicht die MA die Träger eines Kulturwandels, wie er hier skizziert wurde, sind. Dieser Wandel vollzieht sich in der alltäglichen Auseinandersetzung der Menschen mit ihrer Umwelt - also der Stadt Lima und ihrer Bewohner, von denen die ursprünglichen Migranten inzwischen die größte Gruppe bilden, mit ihren Freunden, mit ihrer Familie und den Lebensbedingungen einer schlecht funktionierenden Großstadt. Den MA fällt in diesem Netz, soweit sie lebendige und dynamische In-

---

[25] "Kultur" in diesem Zusammenhang verstanden als die Art sich zu kleiden, sich zu verhalten, die bevorzugte Musik und die Art, all dies zur Schau zu stellen.

stitutionen sind und nicht nur auf dem Papier existieren, die Rolle eines Schnittpunktes zu, in dem sich bestimmte Verhaltensmuster konzentrieren, zur Geltung gelangen und neu auf den Alltag der *provincianos* zurückwirken.

5.1 Die Migrantenorganisationen der Quinchinos

In Lima gibt es insgesamt 11 Klubs und religiöse Bruderschaften (*hermandades*) von Migranten aus Quinches, die in der Dachorganisation "Asociación Central Quinches" zusammengefaßt sind. Die Organisationen sind alle nach dem selben Muster organisiert, nach dem auch so viele andere Institutionen in Peru funktionieren. Sie verfügen über einen Präsidenten, der alle ein bzw. zwei Jahre neu gewählt wird, einen Schriftführer, der die Akten führt, und einen Kassenwart für die ökonomischen Belange. Je nach Aufgabe können ständige oder ad hoc gebildete Komitees (etwa zur Organisierung bestimmter Festlichkeiten) gebildet werden.

Der erste Klub wurde bereits in den 20er Jahren gegründet. Es handelte sich um "Atlético Quinches" und wie der Name schon suggeriert, wurde er u.a. zur Veranstaltung sportlicher Zusammenkünfte geschaffen.

Mit der Gründung der *comunidad* in Quinches spalteten sich auch die Migranten in Lima in zwei Fraktionen: Befürworter und Gegner der *comunidad*. Diese Fraktionierung äußerte sich auf der institutionellen Ebene in der Gruppierung um zwei Klubs herum. Erst als in Quinches die "Aussöhnung" Fortschritte machte, schlossen sich auch die Migranten in Lima wieder in einer Dachorganisation zusammen. Trotzdem gibt es bis heute zwischen den verschiedenen Klubs teilweise enorme Rivalitäten, die sich meist zwischen dem "Club Quinches" einerseits, den übrigen Klubs andererseits abspielen. Der Grund dafür ist, daß im Club Quinches tendenziell diejenigen Migranten organisiert sind, die es zu einigem Wohlstand gebracht haben und die sich deshalb sowohl von anderen Klubs abheben wollen als auch von jenen mit Mißtrauen betrachtet werden.

Das Alter der Klubmitglieder ist unterschiedlich. Es läßt sich eine Tendenz feststellen, derzufolge Migranten derselben Generation sich in bestimmten Klubs organisieren, die Mitglieder bekennen dann auch immer wieder stolz: "todos somos de la misma promoción". Oft erklärt sich dieses Faktum schlicht aus der Gruppierung junger Männer in Fußballklubs, und da in einer Fußballmannschaft die Altersvariation nur in bestimmten Grenzen möglich ist, ist beim Alterungsprozeß der Mannschaft der Klub in seiner

Existenz als Sportverein gefährdet, sucht sich andere Ziele und es entstehen neue Klubs mit jüngeren Mitgliedern. Eine andere Strategie ist, nach einer gewissen Zeit der Inaktivität bezüglich der Anwerbung neuer Mitglieder diese wieder verstärkt zu betreiben, um so eine Verjüngung des Klubs durchzuführen. Hieran erkennt man im übrigen die Wichtigkeit, die das sonntägliche Fußballspiel für den Zusammenhalt der *provincianos* eines bestimmten Dorfes (die dann in einem oder mehreren Vereinen zusammengeschlossen sind) und einer bestimmten Region hat.[26]

Die Klubs übernehmen für ihre Mitglieder verschiedene Aufgaben. Diese reichen von der Organisation des sonntäglichen Fußballspiels über die Ausrichtung von Festen, die Unterstützung von Gemeinschaftsaufgaben in Quinches (meist beschränkt auf die Vergabe einiger Säcke Reis oder Nudeln an die Dorfbewohner) bis hin zur Gründung einer Kreditkooperation (so im Fall des Club Quinches). Die Häufigkeit der veranstalteten Feste variiert mit der Jahreszeit. Von Januar bis Juni finden sehr viele statt, danach sinkt ihre Zahl, um ab September wieder anzusteigen. Dieser Zyklus lehnt sich sowohl an den Festkalender der katholischen Kirche als auch an den Aussaat- und Erntezyklus in den Dörfern an. Allerdings gibt es viele Klubs, die keine Feste mehr veranstalten, weil sie nur noch als passive Größe vorhanden sind. Für Festlichkeiten verfügt lediglich der (ökonomisch potente) Club Quinches über ein eigenes Lokal selben Namens. Das Lokal wird aber an andere Klubs, sowohl des Ortes selbst als auch der Region Yauyos, vermietet. Wegen der Rivalitäten bevorzugen es andere Klubs aus Quinches jedoch oft, das Lokal der Migranten des Dorfes San Joaquín zu mieten. Bei Festen besuchen sich die Akteure (Musikgruppen, Tanzgruppen und auch Besucher) der verschiedenen Feste untereinander sowohl offiziell als auch informell.

Die Assoziationen haben demnach die Funktion, die Zusammengehörigkeit von Menschen derselben Herkunftsregion zu fördern. Sie leisten ihnen neben der Organisation von sozialen und kulturellen Veranstaltungen Dienste als Nachrichtenbörse, auf der man neben den Vorgängen in Quinches und seiner *residentes* in Lima auch Informationen erhält über wirtschaftliche Vorgänge, über Arbeitsstellen bzw. -angebote etc. Nicht zuletzt findet man u.U. durch die Teilnahme an den Versammlungen und Festlichkeiten des Klubs einen angemessenen Heiratspartner, der neben der ähnli-

---

26 Die untere Ebene der Turniere ist nach regionalen Kriterien organisiert, auf dieser Ebene finden Fußballspiele zwischen Mannschaften derselben Herkunftsprovinz (im Fall Quinches also der Provinz Yauyos) statt. Zu diesem Punkt vgl. die gute Beschreibung von Doughty (1969).

chen Lebenserfahrung durch den gemeinsamen Ursprungsort - oder doch stärkerer Beziehungen dorthin - vielleicht auch ein ähnliches Geschäft betreibt wie man selbst, bzw. Verwandte hat, die das tun.

Die Quinchinos in Lima verfügen, wie gesagt, über 11 Klubs plus einer zentralen Dachorganisation. Um eine Idee bezüglich der Mitglieder dieser Klubs zu bekommen, wurden in der folgenden Aufstellung die Daten von 51 Haushaltsvorständen verarbeitet. Die Angaben können jedoch nur Tendenzen angeben, da sie in ihrem Umfang viel zu gering sind, um definitive Aussagen zu treffen.[27] Weil hier nur Familienvorstände Berücksichtigung fanden, sind die Altersangaben relativ hoch.

Tabelle X: Migrantenklubs und Mitglieder

Institution / Berufe:	I	II	III	IV	Alter (∅)
Club Quinches	3	4	-	-	54
Racin Quinches	2	3	2	-	42
Progreso Quinches	-	2	-	-	44
Bolognesi Quinches	1	3	-	-	46
Fraternal Quinches	5	11	-	-	54
Union Quinches	1	1	1	1	55
Mariscal Sucre	-	1	-	-	57
Herm.Virgen del Carmen	1	-	1	-	68
Santiago Quinches	1	4	-	-	69
Atlético Quinches	-	-	2	-	73
Señor Asunción	-	-	1	-	84
Gesamt / Personen	14	29	7	1	56,42

Symbole/Berufe: I= akademische Berufe, II= Händler, III= Arbeiter, IV= Angestellter.
<u>Quelle:</u> Umfrage in Lima, 1988

Trotz der gemachten Einschränkung treten zwei Charakteristika hervor: die Gruppierung der Mitglieder in gewissen Altersstufen (wenn auch einige Klubs in ihrer Altersstruktur sehr ähnlich sind - sie sind dann aber oft entstanden als Konkurrenzklubs, in denen sich rivalisierende Fraktionen gruppierten) und die starke Präsenz von Händlern und Akademikern in den Klubs. Es scheint, daß z.B. Arbeiter sehr viel weniger in Klubs organisiert sind. Das würde zwei Aussagen bestätigen, die in der voraufgegangenen Diskussion getroffen wurden: die Klubs haben u.a. eine starke ökonomische

---
27 Für zwei Klubs, den "Club Quinches" und "Racin Quinches", liegen mir die absoluten Zahlen der Mitglieder vor. Der erste, der fast nur aus Akademikern und Händlern besteht, hat 86 Mitglieder, während der zweite, bestehend aus Händlern, Akademikern, Studenten und Arbeitern, 66 Mitglieder zählt. Diese beiden Klubs sind, was ihre Aktivitäten anbelangt, heute die bedeutendsten und rivalisieren nicht selten durch die Ansetzung von Festen auf denselben Termin um den Zulauf der *paisanos*.

Funktion, die nicht immer offensichtlich ist; und die Klubs haben eine kulturelle Funktion hinsichtlich eines Kulturwandels, der hier, wie sonst auf der Welt, von den bessergestellten Schichten entworfen und getragen wird, während die Armen der Stadt lediglich die Empfänger neuer kultureller Werte sind.

Die vollständige Abwesenheit von Studenten ist dem Umstand geschuldet, daß Studenten keine Familienvorstände sind. Nichts destoweniger sind auch sie, als Hauptakteure der Fußballspiele, stark vertreten und frequentieren die Feste zahlreich.

Zum Schluß bleibt anzumerken, daß nicht alle Klubs immer aktiv sind. Ihre Aktivitäten können über viele Jahre hinweg schleppend verlaufen oder ganz einschlafen, bis eine interessierte Person versucht, seinen Klub wieder zu neuem Leben zu erwecken und die Mitglieder neu organisiert.

6. Ernteteilhabe: Das Konzept in der Literatur

Wie wir sahen, befinden sich 26,6% des bewässerten Anbaulandes in Quinches in Händen von außerhalb der Region lebender Migranten. Letztere verpachten ihre Felder an die Bauern aus dem Dorf; die Art der Verpachtung ist die *compania*. Dieses System ist in vielen Gesellschaften verbreitet, in denen eine bäuerliche Produktion vorherrscht, die nicht den agroindustriellen Komplexen oder den technisierten Bauernhöfen der hochindustrialisierten Länder entspricht. Wir wollen uns im folgenden mit dieser Art der Feldpacht befassen.

Das Ernteteilhabesystem war Gegenstand der Analyse für unterschiedliche Denkschulen. Ihnen allen aber war gemeinsam, daß sie darin eine uneffiziente, rückschrittliche Produktionsform sahen. Das gilt schon für die ökonomischen Klassiker Smith und Mill,[28] ebenso wie für Lenin (1899), der jedoch das System als semifeudal begriff und seine Existenz mit der Unterentwicklung der kapitalistischen Produktionsweise erklärte.

Verstärktes Interesse an einer theoretischen Analyse der Ernteteilhabe erwuchs in den 60er und 70er Jahren, weil immer deutlicher wurde, daß dieses System in den armen Ländern nicht verschwindet, sondern unter jeweils veränderten Bedingungen neu entsteht.

---

28 Eine gute Zusammenfassung findet sich in S. Cheung (1969:30-61).

Daß die Veränderung und Neuentwicklung des Systems keine Erscheinung des 20. Jhds. ist, weist T. Byres (1983), es durch die Geschichte verfolgend, nach. Über das alte Griechenland liegen die ersten schriftlichen Berichte dieser Produktionsform von Aristoteles vor (Byres,1983:8). Ebenso erwähnt der Autor Hinweise auf dessen Existenz im alten China und Indien sowie im römischen Imperium (:9-21). Es findet sich noch z.b. im Rußland, Italien, Spanien und Frankreich des 19. und 20. Jhds., ebenso wie in China und Indien und vielen anderen Orten (vgl.:21-32). Byres zieht den Schluß:

"What emerges very clearly from our brief historical survey is that sharecropping has existed since remarkably early times (...); has been extremely widespread geographically; has shown an often astonishing historical continuity and tenacity; ..."(:32).

Gegen die These der Ineffizienz der Ernteteilhabe stellte S. Cheung seine theoretische Arbeit von 1969. Er versucht darin anhand ökonomischer Parameter nachzuweisen, daß Teilhaberkontrakte in unterschiedlichen Perspektiven effizient sind (z.B. Risikoverteilung, Vertragskosten) und definiert das System so:

"Share tenancy is a land lease under which the rent paid by the tenant is a contracted percentage of the output yield per period of time. As a rule, the landowner provides land and the tenant provides labor; other inputs may be provided by either party."(:3).

Das ist die heute noch gültige Minimaldefinition, die in dieser Form auch auf die *compania*-Kontrakte in Quinches angewandt werden kann.

In der Folge von Cheung versuchten andere Autoren nachzuweisen, daß Ernteteilhabe ein effizientes System sei. Sie untersuchten verschiedene Aspekte wie etwa die Risikoverteilung (z.B. J. Reid 1976), die Intensität der eingesetzten Arbeitskraft seitens des Pächters (J. Martínez A., 1983:94-106) und die Einsparung der Aufsichtskosten seitens des Eigentümers, da er von einem Interesse des Pächters an einer guten Ernte ausgehen könne (J. M. Caballero, 1983:107-119).

R. Pearce (1983) versucht noch einmal einen marxistischen Ansatz. Für ihn ist Ernteteilhabe die Bereitstellung von Produktionsmitteln durch einen Partner im Tausch für einen Anteil am Produkt. Dieses System sei für den Eigentümer ein Mittel, Zugang zur Arbeitskraft zu erhalten. Die Art des Zugangs ergebe sich aus der Klassenbeziehung, da der Eigentümer Produktionsmittel habe, die dem Pächter fehlten. Der Anteil, den der Eigentümer erhalte, sei somit Rente. Allerdings sei die Art der Rentenaneignung für das

System spezifisch und diesen Punkt theoretisch zu erfassen, sei das Verdienst des marxistischen Ansatzes.[29] Der Anteil der zu zahlenden Rente aber sei variabel, da er von der Verhandlungsmacht der beiden Parteien abhänge. Letztlich sei Ernteteilhabe ein Übergangssystem von der formalen zur realen Subsumption unter das Kapital, letztere finde statt, wenn die dem System zugrundeliegenden Produktionsbeziehungen "...are swept aside by the 'engine of capitalist accumulation'"(:44).

Pearce bleibt mit seinem Modell nahe an Lenins Ausführungen, weil auch er den Klassencharakter in den Vordergrund stellt und Ernteteilhabe als Übergangsphänomen begreift, das durch einen voll entfalteten Kapitalismus zum Verschwinden gebracht werde.

R. Pertev (1986) stellt ein anderes Modell vor. Seine Grundannahmen sind: a) der Eigentümer von Land ist ein "Surplusmaximierer", b) der Pächter hat keine andere Möglichkeit, an Produktionsmittel zu kommen, der Eigentümer keine Arbeitskraft, um sie zu bearbeiten. Unter diesen Bedingungen sei Ernteteilhabe nicht nur effizient, weil sie Risiken der Produktion auf mehrere Partner verteile, sondern v.a., weil sie die Aufsichtskosten über die Arbeitskraft einspare, da der Pächter ebenso wie der Eigentümer an einer bestmöglichen Ernte interessiert sein müßte. Pertev meint, die Grenzen des Systems lägen in einer fortschreitenden Technisierung. Sie ließe die Eigentümer zum Einsatz von Maschinen übergehen, den die Pächter nicht leisten könnten.

Caballero (1983) stimmt, unter bestimmten Bedingungen, beiden Argumenten (der Risikoverteilung und dem Argument der Einsparung von Aufsichtskosten) zu. Aber er gibt zu bedenken:

> "... I believe that the most relevant explanations of sharecropping in overpopulated peasant agricultures in the third world are those which stress labour-market imperfections. However, the argument focusing on how wage labourer and landowner try to overcome the contradiction in the production process, by means of shirking in the former case and by securing labour supervision in the latter, can be usefully applied to many situations." (:116,117).

Gonzales de Olarte stellt, im Sinne der obigen Auffassungen, in seiner Untersuchung von Antapampa (Dep. Cusco/Peru) fest, der arme Bauer könne keine Rente im voraus bezahlen, wie dies in der Region von den Ver-

---

[29] Pearce meint, zentral für die marxistische Position sei nicht allein, die Rente oder den Arbeitslohn (in Form von Anteilen an der Ernte für den Pächter) zu berücksichtigen;... "Rather, it (sharecropping H.M.) should be seen as a particular *method of surplus appropiation*; a method through which surplus labour is transferred to the landlord in form of surplus product." (1983:53).

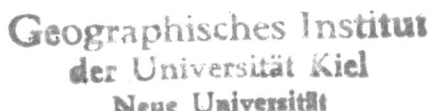

pächtern gefordert werde, aber auch nicht nach der Ernte, wenn die Pacht unabhängig vom Ernteergebnis sei. Er bevorzuge deshalb die Ernteteilhabe, denn: "...pues, se comparte el riesgo." (1984:105). Der Autor stellt aber auch fest:

> "La aparcería está generalmente basada sobre relaciones de parentesco y de compadrazgo, que dado su carácter excluyen relaciones de tipo monetario."(:105).

Auch für ihn ist also die Risikoverteilung (die wiederum infolge der Armut notwendig ist) der Grund, weshalb Bauern in eine Ernteteilhabe einwilligen.

Alle bisher genannten Autoren sind sich in einem Punkt einig: zwischen dem Eigentümer und dem Pächter herrscht ein Abhängigkeitsverhältnis, welches den Pächter dem Eigentümer in irgendeiner Form ausliefert, sei es als Arbeitskraft in einem Klassenverhältnis, sei es als abhängiger Produzent gegenüber einem Besitzer von Produktionsmitteln. Die folgenden Ansätze verdeutlichen, daß diese Grundannahme nicht immer zutrifft.

So lassen sich Arbeiten finden, in denen das genaue Gegenteil festgestellt wurde, wenn bestimmte Bedingungen vorherrschten. C. Hess (1986) fand für La Merced (Provinz Chimborazo, Ecuador), daß dort gerade die armen Bauern an die (Land-) Reichen Felder in Ernteteilhabe geben. Erstere müssen nämlich, um die Reproduktion ihrer Familie zu sichern, den größten Teil des Jahres außerhalb des Dorfes in den Städten arbeiten und können deshalb ihre Felder oft nicht selbst bestellen. Bauern mit ausreichend Landbesitz sind dagegen in der Lage, fast das ganze Jahr über im Dorf anwesend zu sein. Aus diesem Grund suchen die Abwanderer unter ihnen Personen ihres Vertrauens, denen sie ihr Landstück überlassen (1986:89).

Ebenfalls aus Erfahrungen in Ecuador (der Provinz Carchi) kam D. Lehmann zu dem Schluß:

> "I reject completely the a priori idea of a necessary contradiction between the capitalist mode of production and sharecropping, and I reject completely the idea that sharecropping tenants and landlords necessarily belong to opposing social classes ..."(1985:3).

Lehmann meint für die Region Carchi feststellen zu können, daß dort Ernteteilhabe der Risikoverteilung in zwei Dimensionen dient: in der Zeit, die Risiken bezüglich des Preises der angebauten Produkte birgt und im Raum, der Risiken des Klimas birgt (:10ff.). Ernteteilhabe würde so auch der vertikalen Klimaverteilung in den Anden geschuldet sein. Aus beiden Risikogründen gehen die Bauern aus Carchi keine langfristigen Teilhaber-

Beziehungen ein, um sich so ihre Optionen offenhalten zu können (:12,32). Aber auch Lehmann weist auf die verwandtschaftlichen Beziehungen zwischen den Partnern hin (:24). Die Essenz seines Artikels kann so zusammengefaßt werden:

> "However, we are also forced to recognize that the structure and function of sharecropping varies widely in different social settings." (:32).

Lehmann spricht sich somit, ähnlich wie Hess dies an ihrem Beispiel verdeutlicht hat, explizit gegen die stereotype Annahme aus, derzufolge immer die reicheren Bauern an die ärmeren ihr Land vergeben, die deshalb auch immer eine Klassenbeziehung vom Eigentümer zum Pächter beinhalten muß oder doch zumindest a priori auf Schichten schließen läßt, in denen Tagelöhner das Land ihrer *patrones* auch im System der Ernteteilhabe bebauen.

Gegen die Auffassung, wonach Ernteteilhabe ein Übergangsphänomen von einer gegebenen zu einer voll entfalteten kapitalistischen Produktionsweise sei oder, was dem strukturell (wenn auch nicht ideologisch) gleichkommt, wonach dieses System eine Technisierung der Landwirtschaft behindert, spricht sich Albert (1983) aus. Er zeigt, daß schon im *yanaconaje*-System der peruanischen Küste in den 20er Jahren nicht von semifeudaler Produktion gesprochen werden konnte, sondern jenes System den rationalen Erfordernissen entsprach, die eine damals sich ausdehnende Baumwollproduktion an Landeigentümer und Pächter (*yanacona*) stellten. Albert, bezugnehmend auf die südlichen USA und die peruanische Küste der 20er Jahre, meint:

> "In both these areas cotton sharecropping was developed as a form of direct commodity production, and was based neither on natural economy nor self-sufficiency. Moreover, *yanaconaje* did not retard technical innovation nor did it necessarily tie the *yanacona* to a particular estate." (:114).

Albert wendet sich damit explizit gegen marxistische Auffassungen (so etwa gegen jene Mariateguis), trifft aber auch die "Modernisierer" der 50er und 60er Jahre, die in der Ernteteilhabe ein Hindernis für technischen Fortschritt ausmachten.

Ein extremes Gegenbeispiel gegen die eingangs vorgestellten Auffassungen bietet K. Finkler (1980). Ihre Studie aus der Provinz Hidalgo in Mexiko zeigt, daß die dynamischen Unternehmer, die das meiste Kapital einsetzen, die

Pächter von Land im Modus der Ernteteilhabe sind, während die Verpächter Bauern sind, denen es an Inputs zur Bearbeitung ihres Landes fehlt. Sie unterzieht die verschiedenen Inputs, die jede Seite zu tragen hat, und das Ergebnis der Ernte einer ökonomischen Analyse und zieht daraus den Schluß, daß in dem von ihr untersuchten Dorf das Ergebnis zu Lasten des Landeigentümer ausfällt - er also eine von der ökonomischen Seite her irrationale Entscheidung trifft. Der Grund, weswegen er dennoch Land an einen Pächter gibt, liegt also außerhalb der strikten ökonomischen Rationalität. Finkler findet ihn in zwei Umständen: erstens brauchen die Bauern Berieselungswasser für ihre Felder, um überhaupt produzieren zu können. Das Wasser wird von einem *canalero* (letztes Glied in der Kette der wasserverteilenden Bürokratie) verteilt, zu ihm gute Beziehungen zu haben, ist von größter Bedeutung für die Produktion. Ein erfolgreicher Pächter hat solche Beziehungen etabliert und wird deshalb von Eigentümern als Teilhaber gesucht. Zweitens sind die Bauern auf Kredite angewiesen, die sie jedoch nicht über die Bank erhalten können. Erfolgreiche Pächter verfügen über erhebliche Summen Geldes, sie geben Kredite an Bauern, die ihnen Land zur Bearbeitung überlassen (vgl. 1980:274ff.).

Durch Finklers Ausführungen sind zumindest diejenigen Ansätze, die in der Ernteteilhabe ein Übergangsphänomen von einer vor- oder halbkapitalistischen Phase in eine der vollen Einbindung bäuerlicher Produktion in den Kapitalismus sehen, in ihrem Gültigkeitsanspruch erschüttert. Hat V. Blum in seiner Diskussion des Ernteteilhabesystems aufgrund von Daten aus Südperu festgestellt, daß es in unterschiedlichen Verhältnissen zu finden sei, mehrheitlich aber nicht zur Auflösung, sondern zur Stabilisierung und Verteidigung kleinbäuerlichen Wirtschaftens führe (1989:67), so ist seiner ersten Feststellung mit Lehmann zuzustimmen, seine zweite mit Finkler dahingehend zu erweitern, daß sogar eine zunehmende Kapitaldurchdringung der kleinbäuerlichen Wirtschaft zur Aufrechterhaltung bzw. Erneuerung der Ernteteilhabe beitragen kann.

6.1 Migranten als Landeigentümer

Für aus Quinches abwandernde Personen ist es nicht unüblich, ihr Feldeigentum im Dorf zu behalten. Bei der Revision der *Padrones de Regantes* des Dorfes fanden sich insgesamt 217 Eigentümer, die nicht in der Region ansässig waren. Es handelt sich bei ihnen ausnahmslos um Personen, die zwar in Quinches geboren wurden, zu irgendeiner Zeit aber an andere Orte migriert sind. Die Fläche, die sie besitzen, beträgt 281,75 *peon* und umfaßt damit mehr als 26% der bewässerbaren Felder.

Da dieses auffällige Phänomen nach einer Erklärung verlangte, wurden die Migranten danach gefragt, warum sie ihre Felder behalten und nicht statt dessen verkauft hätten. Die am häufigsten gegebene Antwort war, man wolle sein Eigentum im Dorf als Andenken an die Eltern oder an die Heimat behalten. Oft wurde dies auch damit begründet, daß die Felder noch nicht unter die Geschwister aufgeteilt seien, weshalb jeder noch einen Anteil am gemeinsamen Feld habe. Manche wollten es für ihre Kinder aufbewahren. V.a. bei ärmeren und/oder alten Menschen wurde als Grund genannt, man sei auf die Produkte angewiesen oder wolle eine ökonomische Sicherheit; von "reichen" Migranten wurde in einigen Fällen erklärt, man erwarte eine Wertsteigerung durch den zunehmenden Obstanbau oder durch den Bau einer neuen Straße. Sehr auffällig ist, daß die Felder alle im System der Ernteteilhabe an die Bauern gegeben werden und daß die Überlassung (mit wenigen Ausnahmen, die ihre spezifische Begründung haben) langfristig erfolgt. Es gibt Bauern, die Felder desselben Eigentümers schon mehr als 40 Jahre bebauen. Die Bauern suchen solche langfristigen Kontakte, da sie den Faktor Zeit als Argument einbringen können, wenn ein Eigentümer versucht sein sollte, ihnen das betreffende Feld zu nehmen. Auch die Migranten sind an langfristigen Kontakten interessiert, weil sie sich bei Konflikten ebenfalls auf das langjährige Vertrauensverhältnis berufen. Ihr primäres Druckmittel aber ist die sie mit dem Pächter verbindende verwandtschaftliche Beziehung.

So sind sich die meisten Eigentümer darin einig, daß man zu seinem Pächter Vertrauen (*confianza*) brauche. Der Pächter hat nämlich zwei Wege offen, den Eigentümer zu übervorteilen. Er kann versuchen, einen Teil der Ernte vom Feld zu schaffen, bevor der Eigentümer seinen Anteil einfordert. Seit der Agrarreform von 1970 versuchen aber auch immer wieder Bauern, über die Gerichte Land als Eigentum zuerkannt zu bekommen, das sie als Pächter bearbeiten. Deshalb ist die Furcht der Eigentümer groß und ihre Suche nach Personen, zu denen sie *confianza* haben, intensiv. Sehen wir, wie sich dies in der Pachtbeziehung zwischen Bauern und Migranten äußert:

Tabelle XI: Ernteteilhabe

Verwandt- schaftsgr.	PERSONEN Zahl	Prozent	PEON Fläche	Prozent
1	66	30,4	79,00	28,0
A1	35	16,1	46,25	16,4
2	38	17,5	39,00	13,8
A2	11	5,1	22,25	7,9
3	7	3,2	17,75	6,3
AA1	1	0,5	2,75	1,0
AA2	1	0,5	1,50	0,5
4	6	2,8	8,00	2,8
C	2	0,9	12,00	4,3
N	23	10,6	25,75	9,1
?	27	12,4	27,50	9,8
SUMME	217	100	281,75	99,9

Symbole für die Verwandtschaftsbeziehungen s. Fußnote 30
Quelle: Padrones de Regantes, Quinches

Wie sich leicht erkennen läßt, besteht ein ausgeprägter Zusammenhang zwischen der Feldüberlassung durch Migranten an Bauern in Quinches und der Verwandtschaft zwischen den Partnern. Fast die Hälfte der Fläche gaben die Eigentümer an eigene nahe Verwandte oder solche des Ehepartners, weitere 20% an ebensolche 2. Grades. Auch für die restlichen Pachtverhältnisse finden sich Verwandtschaftsbeziehungen, und lediglich 9,2% der Felder sind an Nichtverwandte verpachtet.[31]

Somit ist deutlich: *compania*-Beziehungen sind in Quinches Teil des komplexen Systems gegenseitiger Rechte und Pflichten, insbesondere zwischen Verwandten. Es ist damit allerdings noch keine Antwort auf die oben aufgeworfenen Fragen der Theoretiker gefunden, ob Ernteteilhabe eher einer kapitalistischen Produktion hinderlich, ob sie "semifeudal" sei oder im Gegenteil die wirtschaftliche Dynamik einer Region unter bestimmten Umständen tragen könne. Um dies zu beantworten, müssen wir wissen, wer an wen Land gibt. Aufschluß darüber gibt die nachfolgende Tabelle. Die Unter-

---

[30] Verwandtschaftsbeziehung zwischen Migrant und Pächter:
1 = B/D/S/F/FS/W | A1 = BW/SW/WB/WD/WF/WM/WZ/HB
A2 = BDH/SDH/SWB/WZS/WZD/MZH/ZDH
2 = BS/FB/FBS/FZD/FZS/MB/MBS/MZ/MZD/ZD
3 = *primo 2°/sobrino 2°*/MZDD | 4 = primo 3°/sobrino 3°
AA1 = WDH | AA2 = HZDH
[31] Zu ihnen hat der Eigentümer ebenfalls *confianza*, wenn sich hier auch häufiger der Fall findet, daß das Feld jährlich an jemand anderen verpachtet wird - dies ist eine zweite Strategie, um mögliche juristische Schwierigkeiten vorzubeugen, die sich immer dann ergeben, wenn sich jemand auf die Bestimmung: "la tierra a quien la trabaja" aus der Agrarreform beruft und versucht, dadurch längere Zeit von ihm bearbeitetes Land in sein Eigentum zu überführen.

schiede in der Personenzahl ergeben sich daraus, daß die Pächter zusammengefaßt wurden: Hat also ein Bauer von mehreren Migranten Felder gepachtet, taucht er in der Tabelle nur einmal auf - so ergibt sich die Gesamtzahl von 121 Verpachtungen.

<u>Tabelle XII</u> : Feldeigentum und Pacht der Bauern
Senkrecht: Eigentum des Pächters; Waagerecht: gepachtetes Land

peon Eigen	peon compania 0,25- 0,75	1,00- 2,75	3,00- 5,75	6,00- 9,75	+10,0	Pächter Anzahl
0,00	14	19	7	0	3	43
0,25- 0,75	12	11	1	0	0	24
1,00- 2,75	8	14	9	1	0	32
3,00- 5,75	5	7	2	0	0	14
6,00- 9,75	1	4	2	0	0	7
+ 10,00	0	0	0	1	0	1

<u>Quelle</u>: *Padrones de Regantes*, Quinches; Umfrage in Lima 1988

Absolut gesehen suchen jene Bauern am ehesten *compania*-Beziehungen, die über keinen Landbesitz verfügen. Es pachtet von ihnen zwar der größte Teil lediglich so viel Land, wie auch andere Bauern im Schnitt in Quinches besitzen (die durchschnittliche Feldgröße pro Eigentümer ist 1,56 *peon*). Einige aber bearbeiten deutlich mehr Land, drei sogar außerordentlich viel, nämlich über 10 *peon*. Die ersten beiden Kolumnen der Gruppe mit 0 *peon* Eigenbesitz sind hauptsächlich Fällen zuzurechnen, in denen das Land noch nicht unter die Erben verteilt ist, einige Geschwister also in Quinches, andere in Lima wohnen - oder solchen, in denen Land zwischen Geschwistern oder Eltern/Kindern verpachtet wird, um das Recht auf sein Stückchen Land zu wahren und vielleicht ab und zu einige Produkte zu erhalten. Dieses Land gehört oft jenen Eigentümern, die ihr Land als "Andenken" behalten wollen. Ökonomisch sind diese Beziehungen eher zweitrangig, sie sind im weiteren Kontext der Gegenseitigkeitsverpflichtungen zu verstehen. In den folgenden Kolumnen aber ändert sich das, und insbesondere die "Großpächter" sind äußerst dynamische Individuen (einer von ihnen bearbeitet 17 *peon* in *compania*, auf denen er hauptsächlich Alfalfa für die Viehzucht und Kartoffeln und Erbsen für den Verkauf anbaut), die ihr Land mit Tagelöhnern bestellen lassen und sich selbst der Administration ihrer Landwirtschaft oder ihrer Handelsgeschäfte widmen. Sie entsprechen also jenem Bild von Ernteteilhabern, das Finkler von ihrer Region zeichnete.

Die zweite Kolumne, die die Bauern mit wenig Eigentum zeigt, ist der ersten ähnlich, nur fehlen in ihr die "Pächter-Unternehmer". Auch diese Bauern suchen ein kleines Feld zur zusätzlichen Bearbeitung und gehen deshalb *compania*-Beziehungen ein, womit sie, wie schon die oben genannten, *compania* als "Instrument zur Verteidigung der kleinbäuerlichen Wirtschaft" (Blum 1989:67) anwenden. In den folgenden Kolumnen zeigt sich diese Tendenz immer ausgeprägter, da die Bauern durch diese Pachtbeziehung immer größere Flächen bearbeiten können, bis die Tendenz zur Verteidigung kleinbäuerlichen Wirtschaftens nach und nach übergeht in eine Strategie dynamischer Bauern, sich auf diese Weise Zugang zu größeren Flächen von Alfalfa zu verschaffen, um dadurch mehr Vieh halten zu können.

Umgekehrt ist auch bei den Feldeigentümern eine positive Relation zwischen Feldgröße und ihrem ökonomischen Interesse festzustellen. Die drei größten Feldeigentümer in Lima besitzen nicht nur Land, sondern auch Vieh in Quinches, welches sie ebenfalls (mit demselben Partner) in *compania* halten. Alle drei führen entweder selbst oder über den Ehepartner in Lima eine *tienda*, in der sie u.a. Käse verkaufen. Daneben gibt es eine Reihe von Eigentümern, bei denen das Land eine ökonomische Sicherheit in zwei Hinsichten ist: als "Sparkasse" für Notzeiten oder als Mittel, einen Teil des jährlichen Konsums aus eigenem Anbau zu decken.

In Quinches kann man *compania*-Beziehungen demnach in vielfältigen Formen finden, und Aussagen, wie sie in den oben erwähnten Theorien gemacht wurden, sind generell zu einseitig, um zu beschreiben und zu erklären, was dort passiert. Eines aber ist klar: *compania* ist in den meisten Fällen einer der Bausteine des Kooperationsnetzes zwischen Bauern und Migranten.

Bleibt zu klären, wer die Migranten sind, die an ihren Feldern festhalten. Einen Einblick gibt die Tabelle XIII, die die Feldeigentümer sowohl nach Alter als auch nach Berufen und durchschnittlicher Feldgröße sortiert. Da nicht für alle in Frage kommenden Personen die notwendigen Angaben vorlagen (Alter und Beruf), konnten in der Tabelle nur 52 von insgesamt 217 berücksichtigt werden.

Tabelle XIII: Feldeigentümer (Alter/Beruf)

Alter Jahre	Zahl Personen	PEON Gesamt	(/)	BERUF-Zahl A	B	C	D	E
39-49	12	13,25	1,10	1	7	3	1	0
50-59	16	32,50	2,03	7	8	0	1	0
60-69	12	15,75	1,31	4	4	1	1	2
70-79	8	6,75	0,84	1	2	1	1	3
80 +	4	8,50	2,13	1	0	0	0	3
SUMME	52	76,75	1,48	14	21	5	4	8

Symbole für Berufe: A= Akademische Berufe; Lehrer, Rechtsanwälte. B= Vieh-, Fleisch-, Gemüse-, Gemischtwarenhändler. C= Angestellte beim Staat bzw. Krankenschwestern. D= Arbeiter beim Bau bzw. im Markt. E= Sonstige; Hausfrauen und alte Bauern.
Quelle: s.Tabelle XI

Eine Analyse der Tabelle läßt keine signifikanten Unterschiede der Eigentümer bezüglich Alter oder Beruf erkennen. Am häufigsten vertreten sind die Händler und die Akademiker; dies entspricht grob der Verteilung der Beschäftigungsstruktur der Quinchinos in Lima. Da beide Gruppen nicht zu den untersten Schichten der Migranten gehören, wird abermals deutlich, daß die Eigentümer ihr Land nicht lediglich aus ökonomischen Gründen behalten, sondern ihr Handeln in vielen Fällen durch andere Faktoren stark beeinflußt wird. Auch die Berücksichtigung des Alters läßt keinen einheitlichen Trend erkennen. So könnte man z.B. annehmen, daß ältere Migranten mehr an einem "Andenken" interessiert seien als Jüngere, weshalb letztere weniger Land als erstere hätten. Diese Tendenz findet sich nicht. Zwar haben die Migranten der ersten Kolumne relativ wenig Land, der Grund dafür ist aber eher, daß sie noch nicht alles geerbt haben. Gestützt wird diese Aussage durch die folgende Kolumne, in der sich die Personen mit dem größten Durchschnittsbesitz finden.

Die obigen Ausführungen berücksichtigend, scheint die Glaubwürdigkeit der in der Umfrage gemachten Aussagen teilweise bestätigt. Trotzdem müssen eine Reihe anderer Faktoren berücksichtigt werden, auf die in diesem Text immer wieder angesprochen wurde: Tauschbeziehungen von Quinches nach Lima, umfangreiches Netz verwandtschaftlicher Beziehungen zur gegenseitigen Stützung, Gewährung von Hilfe für Kinder, die nach Lima migrieren, Gewährung von Wohnung, Hilfe bei Arbeitssuche für Neuankömmlinge, geschäftliche Interessen über Viehvermarktung etc.

Zuletzt kann man sich fragen, ob das Klammern am Eigentum in Quinches nicht nach einiger Zeit abnimmt; d.h. es könnte sein, daß Migranten, die vor langer Zeit migrierten, sich tendenziell eher dazu entschließen, ihr Land zu verkaufen und sich damit auch eines Scharniers zwischen dem Dorf und ihnen selbst zu entledigen. Um darüber Aufschluß zu erhalten, betrachten wir Tabelle XIV, in der die Ankunft des Eigentümers in Lima in Bezug gesetzt wurde zu seinem gegenwärtigen Feldeigentum. Es zeigt sich folgendes Ergebnis:

Tabelle XIV: Feldbesitz und Ankunft in Lima

Ankunft Jahr	Person Zahl	peon Gesamt	peon (/)
-> 50	14	13,25	0,95
51- 60	10	11,25	1,13
61- 70	14	20,75	1,48
71- 80	13	31,25	2,40
80- +	1	0,25	0,25
SUMME	52	76,75	1,48

Quelle: s. Tabelle XI

Hier läßt sich eine sehr deutliche Tendenz dahingehend erkennen, daß Landeigentümer, die sich seit langer Zeit an der Küste befinden, ihr Feld eher verkaufen als solche, die kürzere Zeit abwesend waren. Je länger also jemand in Lima wohnt, desto weniger Interesse hat er am Dorf und desto geringer ist sein Interesse, enge Verbindungen aufrecht zu erhalten. Andererseits ist jemand nach langer Erfahrung in Lima soweit abgesichert, daß er nicht mehr auf die Kooperationsnetze des Ursprungsdorfes angewiesen ist, sondern sich gänzlich neue Bezüge mit anderen Menschen geschaffen hat.

Der Grund, weshalb überhaupt die Möglichkeit besteht, Land von Lima aus zu kontrollieren, liegt in der spezifischen Geographie und der Sozialordnung von Quinches. Wie wir anhand des Beispiels Vichaycocha sehen werden, ist es für dessen Migranten nicht möglich, offen Felder in Eigentum zu haben. Quinches verfügt zum einen über ausgedehnte bewässerbare Flächen, die sich seit geraumer Zeit in vollständigem Privateigentum befinden. Zum anderen ist das Dorf im Innern gespalten in verwandtschaftlich bestimmte, einflußreiche Interessengruppen, denen es nicht gelingt, politische und soziale Entscheidungen zu bündeln. Charakteristisch für Quinches ist, daß diese Gruppen, auch aufgrund der starken Abwanderung und der engen Anlehnung der dörflichen monetären Ökonomie an die Handelsnetze der Migranten, nicht innerdörflich, sondern dorfübergreifend zwischen Quinches und Migranten an der Küste gebildet werden. So gelingt es letzteren, ihr Eigentum im Dorf zu schützen, weil sie dort Gewährsleute haben, die ihre Interessen vertreten. Umgekehrt versprechen sich die Partner in Quinches Vorteile durch die von ihnen geschützten Migranten. So kommt es im Ort selbst zu keiner einheitlichen Haltung bezüglich einer Feldenteignung der Migranten. In den jeweiligen Gruppenbildungen spielt die Verwandtschaft der Partner die Rolle des Garanten, wodurch an Stelle eines kodifizierten Rechts ein starkes, von vielen Facetten der Gegenseitigkeitsbeziehungen durchwirktes, moralisch begründetes Recht tritt.

Das Ernteteilhabesystem, wie es sich in Quinches findet, ist also nicht als "semifeudal", aber auch nicht als "fortschrittlich" im Sinne einer Durchkapitalisierung der dörflichen Ökonomie zu verstehen. Es hat einmal unterschiedliche Ursachen und Wirkungen für jeden Einzelfall, zum anderen ist es als einer der Ecksteine der Verbindungen zwischen Bauern im Dorf und Migranten an der Küste zu sehen. Durch dieses System werden die gegenseitigen Rechte und Pflichten verstärkt.

Zum Schluß sei noch angemerkt, daß die Bauern in Quinches natürlich andere Systeme der Pacht kennen. Innerhalb des Dorfes etwa kommen bei bestimmten Konjunkturen (wie 1987 in bezug auf Kartoffeln) Fälle vor, in denen kapitalkräftige Bauern versuchen, zusätzliches Land in *compania* oder gegen Geld zu pachten, um möglichst viele der Produkte anzupflanzen, die sich gerade lukrativ auf dem Markt absetzen lassen. Der Verpächter hat in diesem Fall oft finanzielle Probleme, die er durch eine einmalige Verpachtung zu lösen hofft.

Karte II: Die Region des Valle de Chancay

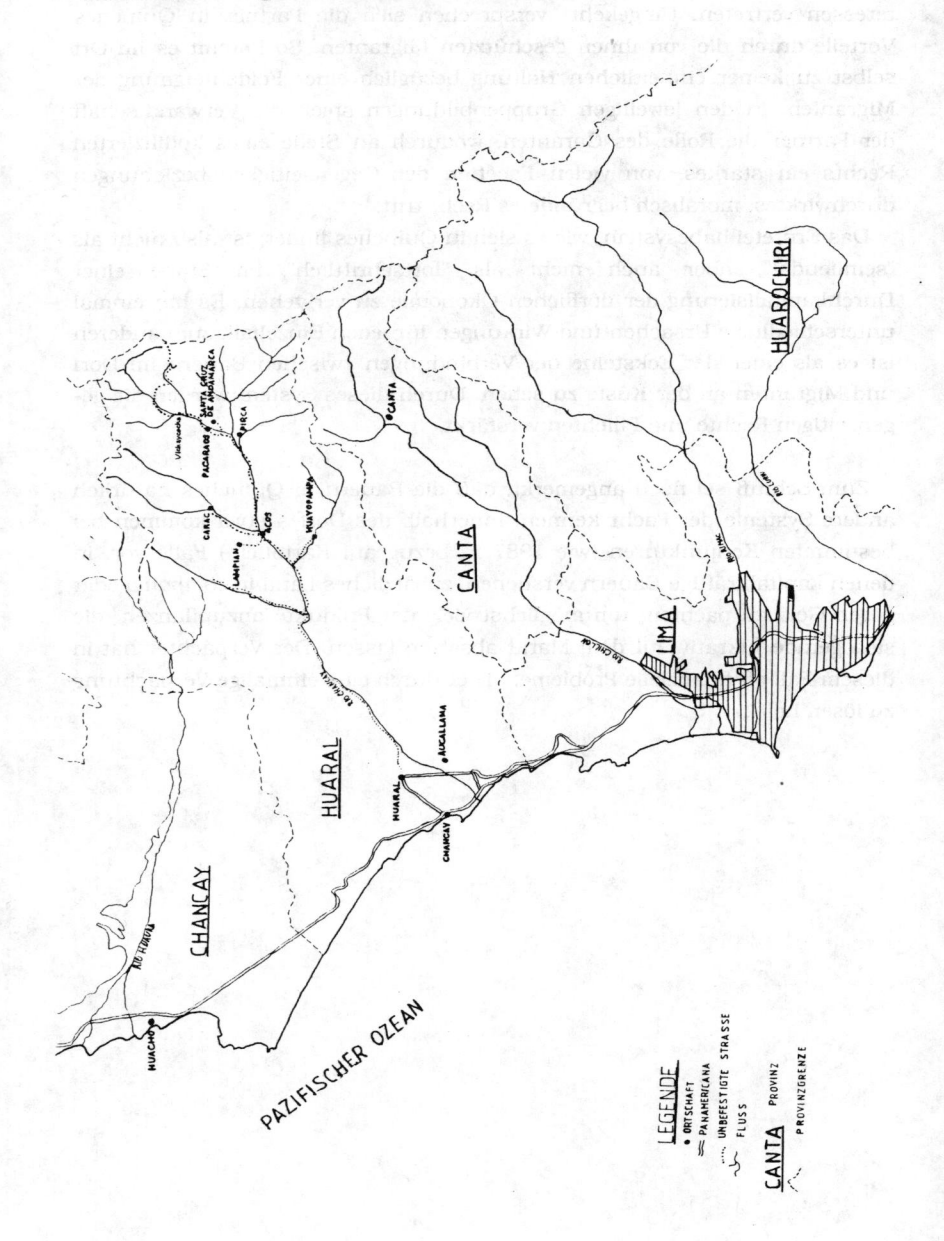

VII. San Miguel de Vichaycocha[1]

San Miguel de Vichaycocha, der zweite in dieser Untersuchung betrachtete Ort, liegt auf 3.555 m Meereshöhe am westlichen Andenabhang, ca. 150 km nördlich von Lima am Ursprung des Rio Chancay, der das gleichnamige Tal durchfließt.

Vichaycocha gehört administrativ zum Distrikt Pacaraos, der außerdem die Orte San Juan de Viscas und Santa María Magdalena de Ravira umfaßt. Ursprünglich gehörte Pacaraos zur Provinz Canta. Nach einer 1976 erfolgten administrativen Neugliederung wurde der Distrikt der neugeschaffenen Provinz Huaral eingegliedert.

Das Gebiet von Vichaycocha umfaßt 15.596 ha, die sich über eine Höhe von 3.200 m bis auf ca. 5.000 m Meereshöhe erstrecken. Davon sind jedoch nur etwas mehr als 100 ha bewässerbares Anbauland. Die restlichen 15.490 ha verteilen sich mit 200 ha auf die sogenannten *moyas*[2] und ca. 15.290 ha auf natürliche Weiden. Letztere befinden sich gänzlich im Besitz der *comunidad*, die auch die jährliche Feldverteilung auf den *moyas* vornimmt. Die bewässerbaren Parzellen befinden sich heute in Privatbesitz.[3]

Der Ort ist über eine 1953 fertiggestellte Straße erreichbar, hatte also schon früh Anschluß an das nationale Straßennetz. Bereits 1934 installierten die Bewohner einen wassergetriebenen Stromgenerator, womit Vichaycocha als erstes Dorf der Region über Elektrizität verfügte.

---

[1] Zu Vichaycocha gibt es zwei ethnologische Arbeiten: a) Juvenal Casaverde: "Ganadería, Desarrollo Mercantil y Vitalidad Comunal: el ejemplo de Vichaycocha"; unveröffentlichtes Manuskript ohne Datum (um 1981 geschrieben); b) Juan E. Casas: "Diferenciación interna en una comunidad ganadera: San Miguel de Vichaycocha", Tésis de Bachillerato, Programa Académico de Ciencias Sociales, UNMSM, Lima 1973. Die gehaltvollere der beiden Arbeiten ist jene von Casaverde, welche auf einer 1977 durchgeführten Feldforschung beruht. Die in seinem Manuskript enthaltene Information wird hier benutzt, allerdings ist kenntlich gemacht, wann es sich um Casaverdes bzw. um Daten aus meiner eigenen Feldforschung handelt.
[2] Zu den *moyas* vgl. Abschn. 4.
[3] Vichaycocha umfaßt nach Tosis Klassifikation die Klimata: "estepa espinosa montano bajo", "bosque húmedo montano" und "paramo muy húmedo subalpino", wobei die "estepa espinosa" lediglich einen kleinen Teil ausmacht. Vgl. Tosi 1960, insb. Karte 2.

1. Zur Geschichte von Vichaycocha
1.1 Vorspanische- und Kolonialzeit

Da das Valle de Chancay zu den am besten untersuchten Regionen Perus gehört,[4] liegen über die Geschichte seiner Bewohner eine Reihe allgemein zugänglicher Daten vor, weshalb hier einige Anmerkungen dazu ausreichen werden.

In vorinkaischer Zeit gehörten die Bewohner des Gebietes um Vichaycocha zur Ethnie der Atavillos, die, ursprünglich nur im Gebiet links des Chancayflusses ansässig (wozu allerdings der größte Teil von Vichaycocha gehört), später auch die Gebiete rechts des Flusses eroberten. Ihre Hauptorte waren Lampían und Pacaraos (vgl. Rostworowski, 1978:156ff.).

Über die inkaische Zeit schreiben Degregori/Golte:

"La región al parecer fue incorporada al imperio por Pachacuti Yupanqui, aproximadamente un siglo antes de la Conquista (...). Desde entonces la etnía dependía del centro administrativo incaico en Bombón, a donde eran llevados los tributos." (1973:1).

Die Bevölkerung von Lampían und Pacaraos schätzen die Autoren zur Zeit der spanischen Eroberung auf 3.000 bis 4.000 Personen (1973:1,2).[5]

Nach der Ankunft der Spanier wurden die *reducciones* durchgeführt, in deren Folge auch die Bewohner des oberen Chancaytales in Dörfer zusammengefaßt wurden. Degregori/Golte schreiben:

"Así, alrededor de 1570, se terminó de reducir la poblacion Hanan Pirca, que antes vivía mas dispersa, en ocho pueblos: Santa Lucía de Pacaraos, Santa Cruz de Andamarca, Santa María Magdalena de Ravira, Santa Catalina de los Baños, San Juan de Viscas, San Miguel de Vichaycocha, San Juan de Chauca y San Antonio de Cully."(1973:3).

---

[4] Das Valle de Chancay wurde im Rahmen des Projekts der Universität Cornell (USA) in Zusammenarbeit mit dem IEP und der Universität San Marcos in Lima einer intensiven Forschung unterzogen. Die bekanntesten daraus resultierenden Arbeiten sind u.a.: Fuenzalida et al. (1968), Celestino (1972), Degregori/Golte (1973); aber auch eine Vielzahl von Artikeln und weniger bekannten Arbeiten. Für Leser, die an der Geschichte der Dörfer des Tales interessiert sind, sei auf die o.g. Titel und auf Rostworowski (1978), Matos Mar/Fuenzalida (1976) sowie auf Keith (1976) verwiesen.

[5] Ausführungen zur Geschichte der Atavillos in der vorspanischen und kolonialen Zeit finden sich auch in Fuenzalida et al. (1982,:63ff.).

Im Archiv der *comunidad* Vichaycocha findet sich ein Dokument, das die "primera formación de mesa en esta población de Vichaycocha" auf das Jahr 1618 datiert.

In der näheren Umgebung von Vichaycocha gibt es zwei Ruinenfelder. Das eine stammt aus vorinkaischer, das andere wahrscheinlich aus der Zeit der inkaischen Eroberung des Gebiets.[6] In der Region hat es demnach auch früher schon kleinere Siedlungszentren gegeben, wenn auch der größere Teil gemäß ihrer Betätigung als Hirten in Streusiedlungen verteilt gelebt haben dürfte. Daß die damalige Bevölkerung sich mit der Zucht von Lamas und Alpacas beschäftigt hat, unterliegt kaum einem Zweifel. Schon die geographischen Gegebenheiten schränken eine intensive Agrikultur sehr ein. Des weiteren finden sich auch indirekte Verweise auf eine erfolgreiche Viehzucht in diesem Gebiet. Zu den Atavillos bemerkt Rostworowski:

"...Numerosos rebaños de camélidos pastaban en las extensas punas del señorio, y de no mediar esta circunstancia Pizarro jamás hubiera pretendido la posesión del lugar."(1978:155).

Für die frühe Kolonialzeit existieren Dokumente, die nachweisen, daß die Bauern des Ortes Zugang zu einem Maisanbaugebiet im Einzugsbereich des heutigen Ravira (Nachbarort von Pacaraos, ca. 3.000 m.ü.M.) hatten. Casaverde schreibt, gestützt auf diese Dokumente:

"En 1682, varios testigos declararon que el maizal de Chupantama siempre perteneció a Vichaycocha. ... (Vichaycocha) continuaba en posesión aún en 1772. (...) Entre 1859 y 1871 los comuneros todavía sembraron maíz y habas en el fundo, pero antes de finalizar el siglo Ravira logró la posesión de Chupantama y los cochanos perdieron definitivamente su acceso directo al maíz." (o.D.:19).

Die Vichaycochanos waren demnach nicht nur Hirten, sondern betrieben auch Ackerbau (Tuberkel und Mais). Es gibt keinen Grund anzunehmen, daß dies, unter einer anderen Sozialorganisation, in der vorspanischen Zeit nicht der Fall war.[7] Allerdings dürfte auch früher die Viehzucht dominiert haben.

---

[6] Die Angaben stammen von Klaus Koschmieder, der beide Stätten besuchte. Als Student der Archäologie ist er auf diesem Gebiet bewanderter als ich.
[7] Die These vom vertikalen Anbau in den Anden (Murra 1975) und der Notwendigkeit, die die Bauern zu solchem Handeln zwingt (Golte 1980), stärken diese Annahme.

1.2 Republikanische Zeit bis 1950

Noch zu Anfang dieses Jahrhunderts gab es in Vichaycocha offenbar keine Ressourcenprobleme. Das war zum einen der niedrigen Bevölkerungsdichte, zum anderen den reichhaltigen Weiden der Region geschuldet. Anders als die Puna der Region Quinches erhält jene in Vichaycocha ausreichend Regen, um einen beträchtlichen Graswuchs hervorzubringen. Regenfälle setzen hier bereits im September ein und können bis April andauern, wodurch eine mehrmalige Nutzung der Weiden möglich ist. Beide Faktoren (niedrige Bevölkerung und gute Weidegebiete) dürften es ermöglicht haben, daß die *comunidad* noch bis ca. 1920 Weideflächen an Viehzüchter anderer Dörfer verpachten konnte. Die Gelder, welche die kommunale Kasse dadurch erhielt, konnten für Gemeinschaftsaufgaben eingesetzt werden. Letztere bestanden aber, wie in so vielen anderen Dörfern der Anden, v.a. in Prozessen um Land. Zur Viehzucht in dieser Zeit schreibt Casaverde:

> "La ganadería local consistió esencialmente en vacunos y equinos, y en menor proporción ovinos y llamas. Las dos últimas especies servían para el autoconsumo y el trueque, y su volumen era reducido por el escaso valor comercial que ellos tenían ..."(o.D.:22)

Die Cochanos konnten es sich also erlauben, das Schwergewicht auf die Rinderhaltung und die Eselzucht zu legen, die Wolltierhaltung dagegen nur nebenbei zu betreiben. Sowohl Rinder als auch Esel werden in relativer Nähe zum Dorf[8] gehalten und können somit auch besser kontrolliert werden.

Für ihre Subsistenz waren die Cochanos, auch aufgrund des Verlusts ihres Maisanbaugebiets, auf Tauschbeziehungen mit anderen Dörfern angewiesen. Sie beluden ihre Tiere mit *chuño*[9] und Trockenfleisch und tauschten diese Güter in den niedriger gelegenen Dörfer gegen Weizen und Mais.

Eine Nutzung der *lomas* durch die Viehzüchter aus Vichaycocha ist zumindest für die neuere Zeit sehr unwahrscheinlich, hatten sie doch Weide im Überfluß. Nirgends findet sich ein Hinweis auf periodische Wanderungen in die *lomas*.

---

[8] Auf sogenannten *vaquerías*, die zwischen einer und drei Stunden Fußmarsch vom Dorf entfernt liegen.
[9] Deshydrierte und damit über lange Zeit lagerungsfähig gemachte Kartoffeln; eingehende Information zu chuño findet sich in E. Vokral (1989:104-112) und K. Flannery et al. (1989:75-82).

Spätestens seit Beginn des Jahrhunderts aber zogen die Bauern des oberen Chancaytales als saisonale Arbeiter an die Küste, um auf den dortigen Baumwollfeldern zu arbeiten. Dieses Phänomen betraf nicht nur die Bauern von Vichaycocha.[10] Der Aufschwung der Baumwolle als Exportprodukt, im Verbund mit der Knappheit an Arbeitskräften, führte zu relativ hohen Löhnen für die Saisonarbeiter. In bezug auf Vichaycocha schreibt Casaverde dazu:

> "El dinero debió haber sido un ingrediente importante para la economía familiar, varios interpelados recuerdan que durante las primeras décadas del presente siglo se acudía masivamente a trabajar en las haciendas, y como resultado 'a partir del mes de abril el pueblo se quedaba vacío'." (o.D.:31).

Den Aufenthalt an der Küste nutzten die Cochanos auch für kleine Geschäfte, indem sie Rum und *ají* aufkauften; beides verkauften sie in den Dörfern des oberen Chancaytales mit beträchtlichem Gewinn weiter.

Zu jener Zeit gab es also enge Kontakte zwischen dem Dorf und der Küste, die seine Bewohner mit der dortigen Welt vertraut machten.[11]

Seit den 20er Jahren änderte sich die Orientierung der saisonalen Migranten. Nun gingen immer mehr junge Männer in die neueröffneten Minen von Chungar und Huarón; beide liegen relativ nahe bei Vichaycocha.[12] Der Grund der Umorientierung dürfte v.a. in den hohen Löhnen zu suchen sein, welche die Minen damals bezahlten. Die Minenarbeit hatte zwei Folgen:

1) Im Gegensatz zu den Hazienden der Küste suchten die Minenbesitzer Arbeiter, die ganzjährig arbeiten.
2) Durch die Ansiedlung eines größeren Kontingents an Arbeitern und Angestellten in den Minen ergab sich für die umliegenden Dörfer die Möglichkeit zum Absatz landwirtschaftlicher Produkte, im Fall von Vichaycocha v.a. Fleisch und Käse.

Durch die unter Punkt 1) genannte Folge bildete sich im Dorf allmählich ein Migrationsmuster heraus, wonach die jungen Männer einige Jahre in den Minen arbeiteten. Wenn ihre Eltern zu alt wurden oder starben bzw.

---

[10] "En el seno de las comunidades, entre 1900 y 1950 todos han bajado a 'apañar' el algodon y todos han tenido contacto más o menos directo con el mundo de la costa." Matos Mar/Fuenzalida (1976:40).
[11] Am Rande sei darauf hingewiesen, daß die in den 50er Jahren von Wolf (1955) entwickelte Vorstellung der "closed corporate communities", welche sich u.a. in den Anden finden sollten, so wahrscheinlich nie bestanden haben (vgl. auch z.B. die Ausführungen von Spalding, die in den Kapiteln V u. VI angeführt wurden); sicherlich aber zum Zeitpunkt ihrer Formulierung längst überholt waren.
[12] Zu beiden Orten gelangt man in zwei bis zweieinhalb Stunden Fußmarsch.

wenn sie selbst heirateten, kehrten sie ins Dorf zurück und traten der *comunidad* bei, um die vollen Rechte zu genießen.

Punkt 2) führte zu einem erheblichen Aufschwung der Viehwirtschaft und bot zudem einer Reihe von Personen die Möglichkeit, als Zwischenhändler Käse oder Schafe aufzukaufen und sie in den Minen zu veräußern. Beide Faktoren, sowohl die Arbeit der jungen Männer in den Minen als auch der Handel mit Produkten, spielen bis heute eine gewisse Rolle für die Wirtschaft des Ortes.

In der Arbeit von Casaverde finden sich Tabellen zur saisonalen Migration in diesem Jahrhundert. Drei davon sollen in leicht veränderter Form wiedergegeben werden. Die erste gibt Aufschluß über die Veränderung der Migrationsrichtung, die zweite über die Verteilung der Cochanos auf die einzelnen Minen der weiteren Umgebung, die dritte über die Verweildauer in den Minen. Alle in den Tabellen auftauchenden Angaben wurden von Casaverde in einem 1977 durchgeführten Zensus gewonnen.

Tabelle I: Saisonale Migration Vichaycocha 1917-1977

Jahre	I	II	III	IV	Summe
1917-1925	18	-	-	-	18
1926-1935	85	42	9	2	138
1936-1945	51	74	9	8	142
1946-1955	19	111	16	20	166
1956-1965	10	156	4	10	180
1966-1977	6	96	24	35	161

Symbole: I= Küstenhazienden, II= Minen, III= Lima, IV= andere Orte
Quelle: Casaverde (o.D.:32a).

Tabelle II: Minen/Arbeiter

Mine	Zahl
Huarón	49
Chungar	25
Cerro de Pasco	9
Río Pallanga	8
Santander	7
Raura	4
Andere	5
Summe[14]	107

Tabelle III: Verweildauer

Jahre Verweildauer	Personen	%
bis 2	25	36,2
3- 5	23	33,3
6-10	13	18,8
11-30	8	
Summe[13]	69	99,9

Quelle für beide Tabellen: Casaverde (o.D.:50)

Die Tabellen untermauern die obigen Ausführungen und zeigen darüberhinaus die enorme Bedeutung, die der saisonalen Migration zukam. Hierin dürfte eine Erklärung für die relativ spät einsetzende definitive Migration zu suchen sein - wir werden auf diesen Punkt zurückkommen.

2. Demographische Daten

Wie im vorhergehenden Abschnitt erwähnt hatte Vichaycocha zu Beginn des Jahrhunderts noch nicht unter einer exzessiven Bevölkerung, relativ zu seinen Ressourcen, zu leiden. Die Bevölkerungsentwicklung des Ortes für den Zeitraum von 1876 bis 1988 ist folgende:

Tabelle IV: Demographische Entwicklung in Vichaycocha

Jahr	1876	1940	1961	1972	1977	1988
Einwohner	290	576	543	534	507	496

Nachdem sich die Bevölkerung in 64 Jahren (1876-1940) verdoppelte und 1940 den bisher höchsten Stand erreichte,[15] nahm sie in den folgenden

---

[13] Die aufgeführten 69 Personen stammen aus der Befragung, die in der folgenden Fußnote erklärt wird. Casaverde unterlief hier ein Fehler, da er in der Summe 71 Personen angibt, jedoch nur 69 erwähnt.
[14] Die Summe von 107 Fällen ergibt sich aus einer Befragung von 100 erwachsenen Männern in Vichaycocha, von denen 71 irgendwann in den Minen gearbeitet haben. Von ihnen arbeiteten manche mehrmals entweder in derselben oder in anderen Minen, woraus eine Gesamtzahl von 107 Fällen resultiert; vgl. Casaverde (o.D.:49,50).
[15] Damit reiht sich Vichaycocha in den allgemein üblichen Trend ein, der zu jener Zeit die Demographie der Dörfer charakterisierte.

Jahren langsam aber stetig ab. Die Gesamtzahl von 1988 liegt 80 Personen unter der von 1940. Aus den Zahlen wird ersichtlich, daß sich das Wanderungsverhalten der Cochanos von jenem der Quinchinos sehr unterscheidet. Nicht nur ist die Migrationsrate niedriger, als wahrnehmbares Phänomen setzt eine definitive Abwanderung auch erst viel später ein.

Einen ersten Überblick über die Verteilung der Bewohner des Ortes nach den Kriterien Alter und Geschlecht gibt die nachfolgende Bevölkerungspyramide, deren Zahlen von 1988 stammen.

ALTERSPYRAMIDE

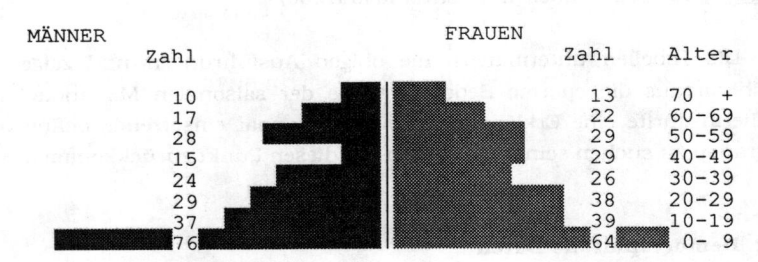

MÄNNER		FRAUEN	
Zahl		Zahl	Alter
10		13	70 +
17		22	60-69
28		29	50-59
15		29	40-49
24		26	30-39
29		38	20-29
37		39	10-19
76		64	0- 9

Quelle: Zensus vom 15.6.1988

Die Pyramide zeigt ein deutliches Übergewicht des Anteils der Frauen (52,4%), welches sich allerdings ungleich auf die einzelnen Alterskolumnen verteilt. Bei den Kindern überwiegen, übereinstimmend mit den Daten auf nationaler Ebene, männliche Individuen. In allen darauf folgenden Altersgruppen aber sind es Frauen: ausgeprägt bei den 20- bis 29- und nochmals bei den 40- bis 49jährigen. Im ersten Fall dürfte die starke Tendenz zu temporärer Migration die Erklärung für das beobachtete Phänomen liefern. Das Fehlen der Männer im zweiten Fall ist darauf zurückzuführen, daß infolge eines "Booms" des Bildungswunsches, v.a. aber des Konfektionsgeschäfts, in welchem zu jener Zeit einige Migranten begannen, Erfolge zu erzielen, gerade junge Männer nach Lima wanderten, um dort ihr Glück zu versuchen.[16]

Ähnlich wie im Fall Quinches läßt sich damit auch für Vichaycocha festhalten, daß tendenziell eher die Männer abwandern, die Frauen dagegen in der Landwirtschaft tätig bleiben. Ein Indiz für die zuletzt gemachte Aussage findet sich auch in der Tabelle VI, die 36 Frauen als Haushaltsvorstände

---

[16] Wie wir im Kapitel IX sehen werden, überwiegt in Lima unter den Migranten Vichaycochas der Männeranteil.

ausweist. Von ihnen ist ein Teil verwitwet, etwa die Hälfte jedoch sind ledige Mütter.

Interessant an der Altersverteilung ist, daß sich im Vergleich mit der Altersstruktur auf Departementsebene (Lima) folgendes Bild ergibt:

Tabelle V: Altersstruktur in Vichaycocha/Departement

Alter/Jahre	bis 14	15-64	65 +	Summe
% Vichaycocha	38,1	54,0	7,9	100,0
% Departement	36,0	60,2	3,8	100,0

Quelle: Zensus in Vichaycocha vom 15.6.88, Censo Nacional de Población y Vivienda 1981.

Vichaycocha weist damit ein Extrem am unteren und oberen Ende der Alterspyramide auf, die Mitte, ökonomisch die aktivste Phase des Lebens, ist im Vergleich zur Gesamtbevölkerung des Departements ausgedünnt. Auch dieses Phänomen findet sich allgemein in den Dörfern des Westabhangs.[17]

Die folgende Tabelle soll Aufschluß geben über eine Reihe von Indikatoren der Haushaltsvorstände des Dorfes.

Tabelle VI: Haushaltsvorstände in Vichaycocha

Alter	M	F	Geboren in I	II	III	Comunidad ja	no	*	Coop. ja	no	Beruf 1	2	3	4	5	6
-29	9	4	13	-	-	4	9	87	1	12	6	4	-	2	-	1
30-39	18	4	18	4	-	10	12	83	1	21	16	2	-	3	1	-
40-49	14	5	15	2	2	14	5	71	8	11	16	-	-	-	1	2
50-59	27	7	33	1	-	27	7	62	17	17	30	-	1	1	1	1
60-69	16	11	25	2	-	21	6	49	14	13	22	-	3	1	-	1
70 +	9	5	14	-	-	14	-	37	9	5	14	-	-	-	-	-
Summe	93	36	118	9	2	90	39		50	79	104	6	4	7	3	5

Geboren: I= Vichaycocha; II= oberes Chancaytal und umliegende Minen (v.a. Chungar); III= andere Orte.
Comunidad bzw. Coop.= Mitglied in der comunidad bzw. der Kooperative. *= durchschnittliches Eintrittsjahr 19..; ja - no= ja - nein.
Berufe: 1= Landwirtschaft; 2= Minenarbeiter; 3= Geschäftsperson; 4= Händler; 5= Angestellter; 6= Sonstige.
Quelle: Zensus vom 15.6.88

Wie die Tabelle zeigt, ist der größte Teil der Haushaltsvorstände im Ort selbst geboren, 7% stammen aus der näheren Umgebung, lediglich 1,6%

---

17 Vgl. dazu die Zahlen der nationalen Bevölkerungszensus, insbesondere die von 1972 und 1981.

kommen aus weiter entfernten Orten. Ferner läßt sich der Trend erkennen, möglichst spät der *comunidad* beizutreten. Zwar werden von den nicht-*comuneros* über 40 Jahre kaum mehr welche ihren Status wechseln, in den beiden darunterliegenden Gruppen gibt es indessen etliche Bauern, die zu einem späteren Zeitpunkt Mitglied der *comunidad* sein werden. Der angesprochene Trend läßt sich auch am durchschnittlichen Beitrittsjahr der einzelnen Altersgruppen feststellen, wo sich für die über 70jährigen ein durchschnittliches Beitrittsalter von 19 Jahren ergibt, während es für die beiden jüngsten Gruppen bei über 28 Jahren liegt. Deutlich ist auch die Tendenz, wonach die älteren Bauern über insgesamt mehr Ressourcen verfügen als die jüngeren, was sich ebenso an der Mitgliedschaft in der *granja cooperativa* (der örtlichen Schaffarm, die sich in Kollektivbesitz befindet) zeigt. Je älter die betrachtete Gruppe, desto mehr Personen sind Mitglieder dieser Institution. Dies hat einerseits mit der erhöhten Kontrolle der Ressourcen durch diese Altersgruppen zu tun, andererseits würde eine zu starke Integration in die unterschiedlichen Institutionen des Dorfes die jungen Männer an der temporären Migration hindern. Ressourcenkontrolle durch die Älteren und die Notwendigkeit zu Unabhängigkeit von kollektiven Verpflichtungen bei den Jüngeren sind zwei sich wechselseitig verstärkende Momente des sozialen und ökonomischen Lebens im Dorf.

Die Sparten für die Berufe zeigen nur die jeweilige Hauptbeschäftigung an. Es arbeiten natürlich fast alle in der Landwirtschaft (lediglich die Lehrer, die durchweg nicht aus Vichaycocha stammen, betreiben keinerlei Anbau oder Viehzucht). Auch hier erweist sich, daß junge Menschen als Minenarbeiter tätig sind oder sich verstärkt mit dem Handel von Käse, Fleisch oder auch Kleidung und Stoffen beschäftigen (es gibt zwei Läden, die sich auf den Verkauf von Kleidung und Stoffen spezialisiert haben). Unter den Sonstigen finden sich ein Zimmermann, der Fahrer eines Lastwagens und zwei sich als Tagelöhner verdingende Männer.

Die folgende Tabelle erhellt die Herkunft und die Altersstruktur der Ehefrauen der Haushaltsvorstände.

Tabelle VII: Ehefrauen

Alter	Zahl	Geboren I	%	II	%	III	%
-29	19	17	20,2	2	2,4	-	-
30-39	16	10	11,9	6	7,1	-	-
40-49	19	14	16,7	4	4,8	1	1,2
50-59	19	12	14,3	6	7,1	1	1,2
60-69	8	5	6,0	1	1,2	2	2,4
70 +	3	3	3,6	-	-	-	-
Summe	84	61	72,6	19	22,6	4	4,8

Zu den Symbolen: Geboren vgl. Tabelle VI
Quelle: Zensus vom 15.6.88

Von den 84 Ehefrauen sind 72,6% im Ort selbst geboren, 22,6% stammen aus Dörfern der Nachbarregion - viele von ihnen aus Pacaraos und Chungar. Lediglich 4,8% stammen nicht aus der Region. Auch hier finden wir demnach eine starke Neigung zur Heirat innerhalb der Region und des eigenen Dorfes, wenn auch nicht so ausgeprägt wie im Fall Quinches. Auffällig ist, daß gerade jüngere Bewohner des Ortes eine erhöhte Tendenz zu innerdörflicher Endogamie aufweisen, da in den Altersgruppen bis 40 Jahre keine Ehefrau aus entfernteren Regionen stammt und lediglich 9,5 % aus der Nachbarregion kommen.

Da im Kapitel VI bereits auf dieses Phänomen eingegangen wurde, sei hier nur angemerkt, daß im vorliegenden Fall diese Tendenz damit zusammenhängen mag, daß die ehemals übliche saisonale Arbeit außerhalb des Dorfes mehr und mehr in den Hintergrund tritt und einer intensiven Nutzung der örtlichen Ressourcen Platz macht. Dies macht ein Zusammenhalten der vorhandenen Kapazitäten im Ort attraktiv, was wiederum zu einer verstärkten innerdörflichen Partnerwahl führen kann.

Tabelle VIII: Kinder und sonstige Familienmitglieder

Kinder			Sonstige	
Alter	M	F	M	F
0- 4	31	23	1	3
5- 9	38	35	6	3
10-14	21	22	1	5
15-19	12	8	3	2
20-29	16	14	4	3
30-39	3	4	3	2
40-49	1	3	-	2
50 +	-	1	3	10
Summe	122	110	21	30

Quelle: Zensus vom 15.6.88

Wie Tabelle VIII zeigt, setzt die Abwanderung junger Menschen zu einem sehr frühen Zeitpunkt ein, da bereits ab dem 14. Lebensjahr eine signifikante Abnahme der Personenzahl beider Geschlechter zu beobachten ist. Der Grund dafür ist, daß viele Eltern für ihre Kinder einen Schulbesuch in Huaral oder Lima der *secundaria* in Pacaraos vorziehen. Im Gegensatz zu Quinches fehlt aber hier nicht die folgende Generation der 20- bis 29jährigen, von denen immerhin noch ein beträchtlicher Teil im Haushalt der Eltern lebt. Der vorherrschende Haushaltstyp ist identisch mit der Kernfamilie, gebildet aus den Eltern und ihren Kindern. 10,3% der Mitglieder der Haushalte kommen jedoch aus der erweiterten Familie, wobei es sich meist um Enkel bzw. alleinstehende Elternteile handelt.

Tabelle IX soll einen ersten Einblick in Migrationsgrund und -richtung vermitteln. Die Daten dafür stammen aus Angaben der Cochanos für den Zensus, bei dem nach dem Aufenthaltsort und dem Beruf ihrer nicht mehr im Haushalt befindlichen Kinder gefragt wurde.

Tabelle IX: Kinder außerhalb des Haushalts

Alter	M	F	Wohnort I	II	III	IV	Beruf 1	2	3	4	5	6	7	8
-19	18	24	-	35	3	4	-	2	1	1	-	-	38	-
20-29	40	42	15	60	5	2	6	11	5	23	13	3	17	4
30-39	27	28	16	31	4	4	11	15	3	15	6	1	2	2
40-49	16	15	8	18	3	2	3	11	4	8	3	1	-	1
50 +	4	2	1	5	-	-	1	5	-	-	-	-	-	-
?	3	4	3	4	-	-	-	-	2	4	-	1	-	-
Summe	108	115	43	153	15	12	21	44	15	51	22	6	57	7

Symbole
Wohnort: I= Vichaycocha, II= Küste, III= Sierra, IV= Selva
Beruf: 1= Landwirt; 2= Geschäftsperson; 3= Angestellter; 4= Hausfrau; 5= Arbeiter, Bergmann etc.; 6= akademischer Beruf; 7= Student; 8= Sonstige.
Quelle: Zensus vom 15.6.88

19,3% der Kinder außerhalb des Haushalts bleiben im Ort, während 68,6% an die Küste, 6,7% in die Sierra und 5,4% in die Selva migrieren. Bei den Berufen sind jene unter der Rubrik 1 erfaßten Personen natürlich weitgehend identisch mit den in Vichaycocha verbliebenen, sie machen insgesamt 9,4% aus. Anteilsmäßig stellen die Studenten (darunter sind auch Absolventen der *secundaria* gefaßt) mit 25,6% den größten Anteil, gefolgt von den Hausfrauen mit 22,9%. Die Geschäftsleute machen 19,7% aus, während die akademischen Berufe mit lediglich 2,7% vertreten sind.

2.1 Schulische Bildung

Aufgrund eigener Anstrengungen der Dorfbewohner kam der erste Lehrer im Jahr 1911 nach Vichaycocha. Zu diesem Zeitpunkt dürfte die Qualität des erteilten Unterrichts jedoch kaum über rudimentäre Lese- und Schreibkenntnisse hinausgegangen sein. 1941 erhielten die Knaben- und die inzwischen eingerichtete Mädchenschule jeweils mehrere Lehrer, die Grundkenntnisse vermittelten. 1968 wurden beide Schulen zu einer Grundschule zusammengefaßt. Die Kinder werden heute von fünf vom Staat bezahlten Lehrern betreut. Da keiner von ihnen aus Vichaycocha selbst stammt, ist ihr Engagement für den Ort nicht jenem vergleichbar, das die Lehrer in Quinches zeigen.

Bis heute aber kontrolliert die *comunidad* die Lehrer und bittet im Fall von regelmäßigen Verstößen einzelner Lehrkräfte gegen die öffentliche Ordnung oder die Erwartung der Eltern die zuständige Behörde um Versetzung der betreffenden Person.[18]

Die nächstgelegene *secundaria* befindet sich in Pacaraos. Der Besuch dieser Schule ist mit einem täglichen Fußmarsch von zweimal zwei Stunden verbunden. Ihr Ruf ist, vergleichbar den Schulen anderer Bergdörfer, schlecht, weshalb die Eltern - wenn möglich - ihre Kinder nach Huaral oder Lima schicken.

3. Die *comunidad* San Miguel de Vichaycocha

Bevor wir uns näher mit der Wirtschaft in Vichaycocha befassen, ist es notwendig, das System der *comunidad* des Ortes kurz darzustellen.

Casaverde hat diese Institution emphatisch beschrieben und in ihr das Mittel gesehen, mit dem es den Bauern angeblich gelingt, die Ungerechtigkeiten und ökonomischen Disparitäten, die ein kapitalistisches System mit sich bringt, zu glätten (o.D.:266ff.). Daß das nicht ganz der Realität entspricht, werden wir im folgenden sehen. Trotzdem hat die *comunidad* in Vichaycocha eine beachtliche Stellung, sowohl was die von ihr kontrollierten Ressourcen angeht als auch bezüglich des Einflusses bei wichtigen Entscheidungen.

Die *comunidad* wurde 1934 staatlich anerkannt, nachdem sie zuvor offenbar seit der Zeit der *reducción* als Interessensvertreterin des Dorfes fungierte. Die bis heute anhaltenden häufigen Konflikte der Bauern mit anderen Dörfern (früher) oder Minen bzw. Privatpersonen (in diesem Jahrhundert) wurden über die *comunidad* abgewickelt, welche die notwendigen Finanzmittel für die Gerichtskosten bereitstellte und Ansprechpartner für Außenstehende war.

Ursprünglich war offenbar alles Land direkt durch diese Institution kontrolliert und wurde jährlich, zumindest pro forma, neu verteilt. Zu Beginn der 30er Jahre (1931 u. 1933) fanden dann, nach einer kleinen Aufteilung 1918, umfangreichere Privatisierungen der bewässerten Parzellen statt. Dieser Prozeß wurde erst 1968 abgeschlossen, als auch die durch die diversen Verteilungen (1945, 1949, 1956, 1959, 1963) noch im Besitz der *comunidad*

---

[18] Dies geschah z.B. im Juni 1988 im Fall des Lehrers F., der eine heftige Auseinandersetzung mit dem Direktor der Schule hatte. Letzterer wandte sich in seiner Not an die *comunidad*, die daraufhin eine öffentliche Untersuchung der Vorfälle einleitete und den bereits mehrfach verwarnten F. des Ortes verwies.

befindlichen Parzellen privatisiert wurden. Es muß jedoch angemerkt werden, daß die *comunidad* bis heute eine gewisse Kontrolle darüber behält, indem sie z.B. wiederholt erfolgreiche Versuche machte, Personen, die nicht mehr im Dorf residieren, ihre Parzellen abzunehmen und sie an *comuneros* weiterzugeben.

Die *comunidad* kontrolliert die Gesamtfläche der natürlichen Weiden einschließlich der Gebiete, auf denen im Brachezyklus regenabhängiger Tuberkelanbau betrieben wird.

Daneben besitzt sie auf der *estancia* Maniscancha zwischen 220 und 240 Rinder[19] und weitere 34 Rinder (ohne Aufsicht) in einem abgelegenen Teil der Puna. An Wollvieh hat sie 882 Schafe, 75 Lamas und hütet noch 50 zur Schule gehörende Schafe. Das Vieh von Maniscancha muß von zwei zur *comunidad* gehörenden Familien im Rahmen der *cargos* gehütet werden (für jeweils ein Jahr), Wollvieh wird von einem von der *comunidad* angestellten Hirten beaufsichtigt.

Schon daraus erhellt, daß die *comunidad* über beträchtliche Mittel verfügt, die sie einsetzt, um die Infrastruktur des Ortes zu erhalten und zu verbessern. Deshalb kann der Ort sich eine rudimentäre soziale Absicherung in Form von Nahrungsmittelunterstützung in Notzeiten erlauben. Die Kontrolle der Ressourcen und der Infrastruktur geben der Institution andererseits die Machtmittel in die Hand, die sie braucht, um den einzelnen Dorfbewohner zur Kooperation anzuhalten.

Die *comunidad* funktioniert nach einem abgestuften System von *cargos*, welche ein Individuum im Lauf seines Lebens zu durchlaufen hat. Man beginnt mit den leichteren *cargos*, bei denen Hilfsdienste für die *comunidad* zu leisten sind, kommt dann über diverse Ämter zu jenem des Präsidenten, um schließlich in den religiösen Ehrenämtern des *mayordomo* zu enden, die mit der Ausgabe größerer Summen zur Beköstigung des Dorfes verbunden sind.[20] In Vichaycocha weiß jedes Mitglied der *comunidad* Jahre im voraus wann er/sie mit der Übernahme welchen Amtes betraut wird, da eine Liste von *comuneros* und den entsprechenden zu absolvierenden und schon absolvierten Ämtern peinlich genau geführt wird. Man wird nicht wirklich in sein Amt gewählt, wenn auch die Generalversammlung der *comuneros* pro forma mit ja stimmt, sondern muß ein Amt übernehmen, weil einem die Liste dieses Amt zuweist. Das ist mehr als nur ein Hinweis auf den Charakter

---

19 Im Dezember 1987 z.B. waren es 246 Tiere, im Juni 1988 224.
20 Das Ämtersystem in den *comunidades* findet sich so oft beschrieben, daß es an dieser Stelle überflüssig ist, im Detail darauf einzugehen. Empfohlen sei die Beschreibung von Fuenzalida (1976:219-263).

der Ämter: sie werden als Last empfunden, derer man sich entledigen würde, gäbe es dazu irgendeine Möglichkeit. Genau aus diesem Grund ist es zwar erlaubt, die untergeordneten Ämter von bezahlten Personen erledigen zu lassen, vom Kassenwart aufwärts muß man jedoch selbst präsent sein.

Die Tatsache, daß die *comunidad* auch die politischen Ämter in ihr *cargo*-System integriert hat, zeigt, wie weit die von der nationalen staatlichen Organisation vorgegebenen politischen Strukturen von der *comunidad* beherrscht und ihren Entscheidungen untergeordnet sind.

Die oberste Autorität der Institution ist die Generalversammlung, welche über alle ökonomischen und sozialen Angelegenheiten beschließt, die nicht von der *Junta Directiva* entschieden werden können. Hierzu gehören u.a. die Festlegung der Daten für den Beginn und das Ende des Agrarzyklus, alle Angelegenheiten betreffs der Viehzucht der *comunidad* und die Festlegung der *faenas*.

Die wichtigste Aufgabe der *comunidad* ist die Verwaltung und der Erhalt der örtlichen Ressourcen. In dieser Eigenschaft ist sie nicht nur um die Infrastruktur bemüht, sondern auch um den Erhalt der Ressourcenbasis, d.h. um die Konservierung des Landes. Sie geht bis heute gegen Parzellenbesitzer vor, die entweder in anderen Dörfern oder an der Küste wohnen und sie bestraft einzelne *comuneros*, die ihre Pflichten nicht erfüllen bis hin zur Konfiszierung von Vieh. Insbesondere aber sorgt diese Institution für gewisse Höchstgrenzen von Vieh pro *comunero*. An Rindern dürfen 30 Tiere, an Schafen bis zu 150, an Auqueniden bis zu 30 und an Eseln/Maultieren bis zu fünf Tiere gehalten werden. Wenn man kein anderes Vieh besitzt, darf man bis zu 15 Ziegen halten. Für alleinstehende Frauen ist nur die Hälfte der genannten Stückzahlen erlaubt, deshalb leisten sie auch nur die Hälfte der *cargos*. Wenn jemand diese Höchstgrenzen überschreitet, muß er pro Tier eine Strafgebühr bezahlen. Sie liegt aber regelmäßig unter dem wirtschaftlichen Wert der Tiere (Anfang 1987 betrug sie pro Rind, Lama oder Esel 60 Intis [etwa 3$], für Schafe die Hälfte).

Wer nicht Mitglied in der *comunidad* ist, hat entweder die Möglichkeit, als *arrendatario* (Pächter) oder als *ciudadano* (Dorfbewohner) Vieh zu halten. Bei ersteren handelt es sich um von den Bauern angestellte Hirten, die das Wollvieh in der Puna beaufsichtigen und dabei auch eine eigene Herde unterhalten. Sie stammen ursprünglich aus weiter entfernten Dörfern der Puna, sind aber teilweise schon seit Generationen von Viehzüchtern aus Vichaycocha angestellt. Ihnen waren 1988 20 Auqueniden und 30 Schafe erlaubt. Die zweiten sind Bewohner des Dorfes, die aus unterschiedlichen Gründen nicht Mitglied der *comunidad* sind. Einige von ihnen stammen aus anderen Dörfern und haben deshalb Schwierigkeiten, in die Institution aufgenommen zu werden, andere (junge) Personen wollen (noch) nicht Mitglied sein, um keine Ämter übernehmen zu müssen, die sie in ihren sonstigen Aktivitäten behindern würden. Als *ciudadano* darf man fünf Rinder und 20 Schafe halten, für die allerdings eine erhebliche Gebühr zu entrichten ist (sie lag 1987 bei 6$ für Schafe, bei 11$ für Rinder).

Der *comunidad* angegliedert ist eine *granja cooperativa* (kommunale Viehfarm). Sie entstand 1961 nach einem zugunsten Vichaycochas entschiedenen Prozeß mit der Hazienda Carmen, aufgrund dessen der Ort über ein Weidegebiet von 876 ha zusätzlich verfügt. Darauf werden von einer Kooperative Schafe gehalten (ihre Zahl schwankt um 1.100). Mitglied der Institution dürfen nur *comuneros* sein, von denen jedoch nicht alle von ihrem Recht Gebrauch machen (1988 hatte die Kooperative 55 Mitglieder). Diese Schafe werden von einem bezahlten Hirten beaufsichtigt.

Die *comunidad* in Vichaycocha ist ein Interessensverband, in welchem der größte Teil der Dorfbewohner organisiert ist, um sich gegen Ansprüche von außen zur Wehr zu setzen, aber auch, um eine gewisse Kontrolle im Inneren auszuüben. Letzteres führt dazu, daß es den Haltern großer Viehherden nicht gelingt, die kleineren Viehhalter auszuschalten, weil sie auf deren Kooperation angewiesen sind. Die *comunidad* reguliert die widerstreitenden Interessen im Dorf, kann aber Widersprüche nicht beseitigen, weil sie eine kollektive Organisation zur Verfolgung individueller Ziele ist.

4. Die Wirtschaft

Zu Beginn dieses Kapitels wurden die landwirtschaftlich nutzbaren Flächen des Ortes angegeben. Es wurde auch darauf hingewiesen, daß die Bewohner von Vichaycocha v.a. in der Viehzucht tätig sind. Im vorangehenden Abschnitt wurde die *comunidad* vorgestellt, die die Verwalterin der Ressourcen des Ortes ist und ihre Existenz im übrigen wohl auch dem Übergewicht der Viehzucht in der örtlichen Wirtschaft verdankt. Deshalb soll zuerst dieser Wirtschaftszweig dargestellt werden. In einem zweiten Unterabschnitt werden wir auf den Ackerbau eingehen.

4.1 Die Viehzucht

Die Viehzucht in Vichaycocha ist heute geprägt durch die Diversifikation der gezüchteten Tierarten. Die unteren Höhenlagen, die an die bewässerten Parzellen angrenzen, werden für die Rinderzucht genutzt, ebenso die *moyas*. Die höher liegenden Gebiete beherbergen Schafe und Lamas - Alpacas werden nicht gehalten, da dies spezielle Kenntnisse erfordern würde. Neben diesen Tieren halten die meisten Haushalte zwischen drei und fünf Esel, die als Tragtiere Verwendung finden.

Noch zu Anfang des Jahrhunderts war die Tierhaltung mehr auf Rinder konzentriert und beschränkte sich auf kleine Herden. Zu dieser Zeit konnte die *comunidad* es sich leisten, Weidegebiete an andere Dörfer zu verpachten. Es gab auch schon größere Kontingente an Eseln, die zum einen in den Minen verkauft werden konnten, zum anderen als Lasttiere bei den Tauschgeschäften mit anderen Dörfern gebraucht wurden.

Ab 1910 lassen sich starke Veränderungen der dörflichen Ökonomie feststellen, die v.a. mit der Entwicklung der Küste zu tun hatten. Der Baumwollboom zu Beginn des Jahrhunderts[21] führte zu einer Umstrukturierung der Haziendawirtschaft, die sich zunehmend auf den Export konzentrierte. Matos Mar/Fuenzalida beschreiben den Abschluß des Prozesses so:

> "El valle de Chancay se consolida como una micro-región unificada constituida por dos sistemas complementarios: el de haciendas y el de comunidades de indígenas, cuyos modos de vinculación son la migración laboral temporal y la colocación de productos alimenticios."(1976:39).

Der Wirtschaftsprozeß an der Küste eröffnete somit sowohl die Möglichkeit für die Bewohner des Hochlandes, Agrar- und Viehzuchtprodukte an der Küste abzusetzen, als auch die der saisonalen Arbeit auf den Baumwollplantagen.[22]

---

[21] Der seinerseits von internationalen Vorgängen wie etwa dem ersten Weltkrieg angefacht wurde; s. dazu Kap.III. Dies nur eines der unzähligen Beispiele dafür, wie Entscheidungen in London, Paris, Berlin oder New York Auswirkungen bis hin zu den Bauern in Vichaycocha haben können.
[22] Vgl. dazu auch die Entwicklung von Huayopampa (Fuenzalida et. al 1982:85ff.) und in Pacaraos (Degregori und Golte 1973:162,163). Bei diesem Prozeß scheint Acos ein Hauptumschlagsplatz sowohl für Arbeitskräfte als auch für Waren gewesen zu sein (I. Lausent 1983:71ff.).

Für Vichaycocha brachte die Entwicklung zwei Tendenzen mit sich: Es beginnt nun die Intensivierung der Viehzucht, zunächst der Rinderzucht. In den Jahren von 1910 bis 1934 stieg die Zahl der von den *comuneros* gehaltenen Rinder von 337 auf 1.053. Casaverde schreibt:

> "En las haciendas costeras del valle, la introducción y paulatino incremento de los cultivos de algodón redujo sustantivamente la crianza de vacunos generando una demanda de reses. Incentivados por este hecho, en Vichaycocha se comenzó a intensificar la ganadería vacuna con fines de mercado."(o.D.:212).

Weil lukrative Rinderzucht auf Alfalfa angewiesen ist, fand in ihrer Folge 1918 die erste Privatisierung von Parzellen statt.[23] Da die Rinderherden von den Frauen beaufsichtigt werden können,[24] konnten die Männer trotz deren Wachstum weiterhin saisonal an die Küste migrieren.

Kurz nach diesen Veränderungen setzte eine weitere, für die Ökonomie des Ortes ebenso entscheidende Entwicklung im Hochland ein: die Eröffnung der Minen Huarón, Chungar, Santander, Cerro de Pasco u.a. Immer mehr junge Männer fanden in diesen Minen Arbeit,[25] während v.a. die beiden erstgenannten einen Markt für Schafffleisch, *charki* (luftgetrocknetes Fleisch) und Käse bildeten. Die ohnehin verstärkte Rinderzucht fand somit einen weiteren Anreiz in der Milchviehhaltung, während gleichzeitig das Interesse an der Wollviehzucht stieg.

Diese Entwicklungen führten, zusammen mit einer Bevölkerungszunahme, zu einer immer stärkeren Nutzung der Weiden durch die wachsenden Viehherden der Bauern, so daß bald die Tragfähigkeit der Puna überschritten war. Deshalb sah sich die *comunidad* veranlaßt, Obergrenzen für die Tierzahl pro *comunero* einzuführen; ohne diese Maßnahme wäre das soziale und ökonomische Gefüge des Dorfes ernsthaft in Gefahr geraten. Der erste Erlaß betreffs einer Limitierung wurde von der Vollversammlung 1945 beschlossen, danach wurden die Grenzwerte öfters verändert, hielten sich aber bezüglich der Gesamtzahl der *unidades ovinos* stabil (um die 20.000).[26]

In groben Zügen ist die Entwicklung der Viehhaltung für die einzelnen Spezies folgende:

---

23 Die Begründung der *comuneros* für diesen Schritt war der Wunsch nach eigenen *potreros*, da nur sie die Sicherheit bieten, die jemand braucht, der eine größere Herde aufbauen will. Privatisierung von Parzellen und intensive Viehzucht sind demnach zwei komplementäre Aspekte desselben Phänomens: der verstärkten Integration in die Geldökonomie.
24 In Vichaycocha ist die Beaufsichtigung und Versorgung der Rinder noch heute eine Arbeit, die zwar von beiden Geschlechtern erledigt wird, aber eher den Frauen zufällt. Die Männer erledigen dagegen fast alle Arbeiten, die in der Agrikultur anfallen.
25 Vgl. Tabellen I bis III in Abschnitt 1.2.
26 Vgl. Casaverde (o.D.:214,216,223a).

Tabelle X: Entwicklung der Viehwirtschaft[27]

Jahr	Rinder	Schafe	Lamas	Ziegen	Esel	Schweine
1934	1.053	2.063	612	-	280	-
1952	1.388	4.001	1.384	136	388	89
1960	1.195	5.974	1.718	634	270	128
1970	1.318	6.716	1.889	118	237	84
1980	1.237	6.812	1.942	329	274	43
1987	1.354	6.316	1.478	105	229	66

Quellen: Archivo Comunal Vichaycocha; Casaverde (o.D.:223a)

Unschwer läßt sich erkennen, daß die oben angesprochenen Entwicklungen rasch zur Auslastung der Kapazitäten sowohl bei der Rinder- als auch der Lamahaltung führte. Beide Spezies waren bereits 1952 auf einem relativ hohen Niveau angelangt. Die Ziegenhaltung hatte nie großes Gewicht; auch weil die *comunidad* diese Tiere nur sehr ungern in ihrem Territorium duldet, da sie den Weiden Schaden zufügen. Der kurze Anstieg um 1960 ist einer vorhergehenden Trockenheit geschuldet, die zu einer vermehrten Ziegenhaltung führte. Die Eselzucht nahm langsam ab, was die zwar noch wichtige, aber abnehmende Rolle der Tragtiere reflektiert. Einzig die Zahl der Schafe nahm noch bis in die 60er Jahre zu, v.a. aufgrund des lukrativen Marktes, den die Minen boten und der Einschränkung der Tierzahl für die *arrendatarios*.

Die Nutzung der einzelnen Tierarten ist heute folgende:
Die Lamas werden teilweise für den Konsum, teilweise zum Verkauf verwendet. Dies betrifft v.a. die jungen männlichen Tiere, die von Hirten aus Dörfern des Departements Junín aufgekauft und als Lasttiere genutzt werden. Aus der Lamawolle lassen sich Seile herstellen, die im Tausch gegen Getreide und Mais an die tieferliegenden Dörfer gegeben werden. Die Schafe finden als Frischfleisch Absatz in den Minen, wohin sie entweder von örtlichen Zwischenhändlern oder vom Züchter selbst gebracht werden (eine Reihe von *estancias* befindet sich in geringem Abstand von den beiden Minen Chungar und Huarón) und werden ebenfalls für den Eigenkonsum verwendet. Die Wolle wird an Händler verkauft, die zur Zeit der Schur aus dem Departement Junín angereist kommen (die Cochanos verarbeiten Wolle lediglich für private Nutzung zu Kleidung). Esel werden in geringer Zahl an Bauern außerhalb des Dorfes verkauft, meist jedoch für den Transport ge-

---

[27] Es fehlen hier die relativ konstanten Zahlen des Viehs der *comunidad*, die um 230 Rindern, 850 Schafen und 90 Lamas liegen. Die *granja cooperativa* besitzt um die 1.100 Schafe.

braucht. Einige Cochanos gehen regelmäßig mit ihren Tieren in andere Dörfer, um dort gegen Produkte die Ernte zu transportieren. Ziegen dienen dem Eigenkonsum. Die Rinder werden verkauft; meist an einen der zwei im Ort ansässigen Zwischenhändler, die sie nach Huaral und Chancay verbringen. Rindfleisch wird i.d.R. nicht für den Eigenkonsum verwendet. Aus der Milch der Kühe wird Käse hergestellt. Er wird von örtlichen Zwischenhändlern (meistens Frauen) gesammelt und wöchentlich oder 14tägig in eine der Minen verkauft. Ein Teil wird auch innerhalb des Dorfes in den *tiendas* angeboten, ein anderer Teil geht als Geschenk nach Huaral und Lima oder wird von einer auf diesen Handel spezialisierten Frau an dortige *paisanos* veräußert.

Prinzipiell geschieht mit den Tieren in kommunalem Besitz dasselbe, der Erlös bleibt jedoch in der Kasse der *comunidad* und wird für Gemeinschaftsaufgaben verwendet.[28] Der Gewinn, den die *granja cooperativa* erzielt, wird anteilig auf die Mitglieder dieser Institution verteilt.

Die Viehaufsicht ist je nach Spezies getrennt. Rinder, die in *vaquerías* nahe des Dorfes (bis zu drei Stunden entfernt) gehalten werden, werden sowohl von Männern als auch (häufiger) von Frauen versorgt. Nachts werden die Tiere allein gelassen. Sie verstreuen sich in den Bergen in einem bestimmten Gebiet, um dort zu weiden. Morgens geht der Besitzer/die Besitzerin zur *vaquería*, sammelt die Tiere ein und melkt die Kühe. Aus der Milch wird an Ort und Stelle Käse gemacht, der schon abends mit ins Dorf genommen werden kann. Zur Versorgung der Rinder wird nur selten ein Tagelöhner eingestellt.

Die Schafe und Lamas weiden zusammen in der Puna. Jede Familie hat ihre angestammte *estancia*, die ihr jedoch jeweils neu von der *comunidad* bestätigt werden muß. Die Aufsicht über diese Herden erfolgt grundsätzlich nach drei unterschiedlichen Modalitäten:

a) Es schließen sich mehrere Familien zusammen, die gemeinsam einen Hirten anstellen. Jede Familie hat anteilsmäßig (je nach Spezies und Kopfzahl der Herde) den Hirten zu bezahlen.
b) Ein Hirte macht mit mehreren Familien Verträge, ohne daß die einzelnen Familien sich darüber verständigen müßten.

---

[28] 1988 mußte ein großer Teil des Erlöses aus dem Verkauf von Rindern der *estancia* Maniscancha als Schmiergeld an zwei Mitglieder der PIP (Policia de Investigación) bezahlt werden, da der gesamte Ort beschuldigt wurde, Sympathien für die Gruppe "Sendero Luminoso" zu haben und sich von dieser Anschuldigung "freikaufen" mußte.

c) Die Cochanos selbst hüten ihr Wollvieh, indem mehrere Familien sich untereinander mit der Aufsicht abwechseln. Die Dauer der Aufsicht, die ein Besitzer ableisten muß, richtet sich nach der Kopfzahl und der Spezies der Tiere.

1987 ließen 12 Besitzer ihre Herde von einem bezahlten Hirten beaufsichtigen, zwei beaufsichtigten ihre Herden das ganze Jahr über selbst, der Rest hatte sich mit anderen Besitzern zusammengeschlossen, um das Vieh wechselseitig zu hüten. Bei dieser Art der Viehaufsicht ist kein besonderes Verwandtschaftsverhältnis Voraussetzung für die Partner, wenn auch wechselseitige Aufsicht von Vieh zwischen nahen Verwandten häufiger vorkommt als zwischen Fremden.

Nach diesen Vorbemerkungen solle nun die Besitzdifferenzierung innerhalb des Ortes einer näheren Betrachtung unterzogen werden. Casaverde hatte in seiner Arbeit mit Vehemenz dahingehend argumentiert, daß die *comunidad* das Instrument sei, das eine Differenzierung zwischen den *comuneros* verhindere, weshalb man in Vichaycocha relativ ausgeglichene Besitzverhältnisse vorfände.[29]

Im Gegensatz dazu stellt Casas in seiner Schlußbetrachtung fest:

> "Las relaciones económicos sociales de los comuneros, muestran la existencia de una nítida diferenciación en el acceso a los recursos, diferenciación propia de una economía mercantil, en proceso de expansión. En la Comunidad de Vichaycocha se encuentran 3 grupos bien diferenciados por la posesión de ganado y el acceso a los pastos, estos grupos son: Comuneros ricos: (...). Comuneros pobres: (...). Comuneros medios: (...)." (1973:145).

Für eine Erforschung der Migrationsgründe ist es unabdingbar, in Fragen der Nutzung und des Zugangs zu Ressourcen eine klare Antwort zu finden. Aus diesem Grund werden hier zunächst die Besitzdifferenzen, aufgegliedert nach Sparten von *unidades ovinos*,[30] für 1987 vorgestellt werden. Danach wird anhand der *padrones* der *comunidad* und des Bevölkerungszensus versucht, Besitzvariationen auf individueller Ebene nachzuzeichnen.

Aus dem *padrón* von 1987 wurde die nachfolgende Tabelle erstellt. Die Unterteilung in *unidades ovinos* ist dabei willkürlich gewählt, allerdings

---

[29] Vgl. o.D.:227ff,insb.264,266ff.
[30] Diese Einheit übernahm ich aus Casaverde, da ich für einen Vergleich die Viehzahlen vereinheitlichen mußte und mir die Vorgehensweise dieses Autors sinnvoll erschien. Auch seine Argumentation, die sich auf Preise und wertmäßige Einschätzung der einzelnen Viehspezies durch die Bauern stützt, scheint mir angebracht. Nach diesem Verfahren ergeben sich folgende Äquivalente: (u.o.= unidad ovino) 1 Rind= 7 u.o., 1 Schaf= 1 u.o., 1 Lama= 2 u.o., 1 Ziege= 1 u.o., 1 Esel= 3 u.o., 1 Schwein= 2 u.o. Vgl. Casaverde (o.D.:188).

müssen die in der untersten Sparte auftauchenden Personen ihr Vieh zum größten Teil für Konsumzwecke verwenden, sind somit also in erheblichem Maß auf Lohnarbeit angewiesen, um ihren jährlichen Bedarf an Gütern zu decken.

Tabelle XI: Besitzverteilung 1987[31]

von/bis u.o.	Zahl u.o.	I	II	III	IV	V	VI	Status: Co	Ex	Ci	Ar
0- 24	228	8	89	5	64	3	0	6	7	10	-
25- 49	394	25	124	26	23	4	3	2	3	5	-
50- 99	1.488	70	601	162	3	20	5	9	7	1	3
100-149	3.329	239	958	271	12	40	17	18	6	2	1
150-199	1.739	157	352	108	-	20	6	6	4	-	-
200-299	6.076	395	2044	498	3	74	24	20	5	-	-
300-399	3.020	207	1011	175	-	34	4	7	2	-	-
400-499	3.492	253	1137	233	-	34	7	7	1	-	-
SUMME	19.766	1354	6316	1478	105	229	66	75	35	18	4

Symbole: u.o.= unidad ovino / I= Rinder; II= Schafe; III= Lamas; IV= Ziegen; V= Esel; VI= Schweine / Co= *comunero*, Ex= *exonerado*, Ci= *ciudadano*, Ar= *arrendatario*
Quelle: Padrón del ganado de la comunidad de Vichaycocha

Unschwer läßt sich die starke Differenzierung erkennen, die dazu führt, daß die unteren drei Sparten über 10,7% des Viehs verfügen, aber 40,2% aller Besitzer stellen. Umgekehrt besitzen die beiden obersten Sparten 32,9% des Viehs, machen jedoch lediglich 12,9% der Besitzer aus.

Bei den unterschiedlichen Kategorien von Besitzern fällt auf, daß die größeren Viehherden ausschließlich von *comuneros* gehalten werden. Das liegt daran, daß diese jeden Züchter mit einer gewissen Anzahl Vieh entweder zwingen, Mitglied der Institution zu werden, oder ihm die Herden konfiszieren, soweit er kommunales Land zur Weide nutzen will. Weiterhin zeigt sich die Tendenz, wonach solche *comuneros*, die ihre Ämterpflichten bereits

---
[31] Für eine bessere Einschätzung des wirtschaftlichen Wertes sollte folgendes beachtet werden (die angegebenen Preise beziehen sich auf Juni 1988, die Zahlen in () bezeichnen den offiziellen, die Zahlen in [] den inoffiziellen Dollarpreis): Von vier Rindern kann man pro Jahr eines verkaufen zu einem Preis von 10.000 Intis (133) [57] und Käse im Wert von 4.800 Intis (64) [26] gewinnen. Von 100 Schafen kann man pro Jahr 20 veräußern, sie bringen 30.000 Intis (400) [171] und zwei *quintales* an Wolle zu 56.000 Intis (747) [320]. Von 20 Lamas kann man pro Jahr drei für Fleisch verwerten, ein männliches als Lasttier verkaufen. Für ein männliches Lama erhält man 4.500 Intis (60) [26], für weibliche Tiere oder Schlachttiere 3.000 (40) [17] pro Stück. Außerdem kann man aus ihrer Wolle hergestellten Seile gegen Mais eintauschen (6 *brazadas* Seil gegen eine *arroba* Mais) und die Tragtiere verleihen. Eine grobe Einschätzung des Werts (Fleisch und Derivate) einer u.o. ergibt pro Einheit im Jahr beim Rind 529 Intis, beim Schaf 860 Intis und beim Lama 430 Intis. Der Schnitt ergibt 606 Intis (8) [3,5] Gewinn pro *unidad ovino*.

alle erfüllt haben, in den oberen Sparten tendenziell weniger vertreten sind, als in denjenigen mit weniger Vieh. Der Grund ist, daß alte Bauern dazu tendieren, ihre Herden nach und nach an ihre Kinder zu vererben oder zu verkaufen, um die an die Küste migrierten Kinder zu unterstützen. Sie können es sich oft infolge körperlicher Gebrechen nicht mehr leisten, größere Herden zu unterhalten.

Betrachten wir in einer weiteren Tabelle, ob sich in den einzelnen Sparten von Besitzern die Proportionen der jeweils gehaltenen Spezies verändert.

Tabelle XII: Durchschnittlicher Viehbesitz pro Spezies 1987

von/bis u.o.	(/) u.o.	I	II	III	IV	V	VI	Eigen tümer
0- 24	11,4	0,4	4,5	0,3	3,2	1,2	0,0	20
25- 49	39,4	2,5	12,4	2,6	2,3	0,4	0,3	10
50- 99	74,4	3,5	30,1	8,1	0,2	1,0	0,3	20
100-149	123,3	8,9	35,5	10,0	0,4	1,5	0,6	27
150-199	173,9	15,7	35,2	10,8	-	2,0	0,6	10
200-299	243,0	15,8	81,8	19,9	0,1	3,0	1,0	25
300-399	335,6	23,0	112,3	19,4	-	3,8	0,4	9
400-499	436,5	31,6	142,1	29,1	-	4,3	0,9	8
SUMME	149,7	10,3	47,9	11,2	0,8	1,8	0,5	132

Symbole und Quelle: vgl. Tabelle XI

Wir können sehen, daß eine Spezialisierung auf nur eine Viehspezies in Vichaycocha nicht stattfindet. Mit dem zunehmenden Besitz an *unidades ovinos* steigt proportional die Anzahl der einzelnen Tierspezies an. Lediglich bei den Ziegen ergibt sich ein umgekehrtes Verhältnis. Hier sind es gerade jene Züchter mit dem wenigsten Vieh, die durchschnittlich am meisten dieser Tiere halten, während sie in den Sparten mit mehr *unidades ovinos* überhaupt nicht mehr auftauchen. Ziegen haben (was sich auch an ihrer Zahl zeigt) den Status von Haustieren, die für den Konsum gehalten werden. Halter anderer Tiere wie etwa Lamas oder Schafe dagegen sind dafür nicht mehr auf Ziegen angewiesen.[32] Schweine verteilen sich relativ gleichmäßig auf die einzelnen Besitzersparten. Ihr wirtschaftlicher Wert ist minimal. Die Zahl der Esel steigt kontinuierlich mit den anderen Tierspezies an, weil Bes-

---

32 Im Vergleich zu den Quinchinos konsumieren die Cochanos erhebliche Mengen an Fleisch. Ein Haushalt mittlerer Größe (zwei Erwachsene, vier Kinder unterschiedlichen Alters) verbraucht im Jahr bis zu fünf Schafen und bis zu drei Lamas. Allerdings geht davon ein Teil als Geschenk nach Lima.

itzer größerer Viehherden oft auch als Zwischenhändler Fleisch und Käse in die Minen transportieren und dafür Lasttiere (Lamas und Esel) brauchen.

Wie gesagt ist es von einiger Bedeutung, festzustellen, ob tatsächlich Variationen der Besitzverhältnisse einzelner Individuen zu unterschiedlichen Zeiten in dem Ausmaß bestehen, daß nicht mehr von Gruppen innerhalb der *comunidad* gesprochen werden könnte, die kontinuierlich mehr und solchen, die kontinuierlich weniger besitzen.[33] Um dies zu erforschen, darf allerdings nicht nur das einzelne Individuum zum Ausgangspunkt genommen, sondern es muß die Familie in die Analyse einbezogen werden. Dadurch lassen sich Veränderungen, die etwa die drastische Abnahme von Vieh bei alten *comuneros* betrifft, als "natürlicher" Vorgang begreifen, weil das Kind/die Kinder des Betreffenden nun plötzlich mit größeren Herden im *padrón* der *comunidad* erscheinen. Die in der folgenden Tabelle auftauchenden Fälle größerer Abweichungen sind aus einer Liste gewonnen, auf der die vollständigen Daten von *comuneros* eingetragen wurden (Alter, Land- und Viehbesitz). Da nicht von allen *comuneros* das Alter bekannt ist, bleibt die Gesamtzahl der betrachteten Fälle unter der Zahl der im *padrón* der *comunidad* erwähnten Personen. In die unten aufgeführten Tabelle wurden nur Fälle aufgenommen, welche von einem (willkürlich) gesetzten Standard abweichen. Dennoch können sie einen Trend vermitteln.

<u>Tabelle XIII</u>: Variationen im Viehbesitz einzelner Personen zwischen 1980 und 1987[34]

Nr	Alter Person	Varia-tion	Erklärung der Variation
0-24		u.o. /	Gesamt 17 Personen
1	67	- 48	Hirte, hält kein eigenes Vieh mehr
2	63	- 34	"
3	38	- 14	Spezialisierter Zwischenhändler mit eig. Laster;
4	70	-133	Erblindete Frau, gab Vieh an Nr.30
5	79	-141	Vererbte Vieh an Nr.23
6	61	- 13	Hat Lamazucht aufgegeben

---

33 Genau dies ist das Argument Casaverdes.
34 Berücksichtigt sind in den ersten zwei Spalten Abweichungen, die mehr als 50% vom Wert zwischen 1980 und 1987 in der einzelnen Sparte betragen. Danach wurden folgende Werte zugrunde gelegt:
Berücksichtigt ab Differenz zwischen 1980 und 1987
  50- 99 30 u.o.   150-199 60 u.o.   300-399 120 u.o.
100-149 50 u.o.   200-299 80 u.o.   400- x   150 u.o.
Die Zahlen in den Kästchen entsprechen den Sparten der u.o. der Tabellen XII und XIII, die Gesamtzahl der Personen entsprechen den in dieser Aufstellung berücksichtigten Viehzüchtern.

25-49	u.o.	/ Gesamt 3 Personen	
7	67	-244	? (Vieh vererbt?)
8	60	- 41	Erbanteil an Nr.14

50-99	u.o.	/ Gesamt 11 Personen	
9	52	- 69	?
10	38	+ 62	Erbschaft, Vater verstorben
11	66	- 73	Gab Rinder auf, weil er in Huaral lebt
12	29	+ 71	Erbschaft, Vater verstorben
13	65	+ 78	?
14	42	+ 67	Beginn einer Schafzucht mit Hilfe von Nr.8

100-149	u.o.	/ Gesamt 20 Personen	
15	60	+103	Neuaufnahme der Viehzucht nach Abwesenheit
16	50	+106	Erbschaft, Vater verstorben
17	28	+109	Erbanteil von Vater
18	36	+110	?
19	41	+111	Heirat einer Viehzüchterin
20	68	+113	?
21	60	- 70	?
22	30	+135	Erbanteil vom Vater; Geld aus Minenarbeit
23	30	+139	Erbe von Nr.5
24	34	+ 72	? (natürliche Aufstckg. von 70 auf 142 Stück?)

150-199	u.o.	/ Gesamt 9 Personen	
25	83	+ 75	?
26	45	+ 66	?
27	44	+ 98	?
28	48	-125	Einrichtung eines großen Stoff- u. Kleidungsgeschäfts in Vichaycocha für zwei Söhne
29	86	-264	Ohne direkte Nachkommen; Verbleib d. Herde unklar
30	45	+138	Erbschaft von Nr.4

200-299	u.o.	/ Gesamt 22 Personen	
31	47	+101	?
32	55	+125	?
33	55	+102	?
34	48	+239	Übernahm die Herde ihres verstorbenen Mannes
35	41	+126	natürlicher Zuwachs u. Investition
36	61	+101	?
37	45	+175	Erbschaft; Vater verstorben
38	70	-202	?
39	50	+106	natürlicher Zuwachs (v.159 auf 265)
40	61	-106	Investition in Kleidergesch. d. Tochter in Lima
41	65	-113	Investition in Kleidergesch. d. Sohns in Lima
42	79	+115	Tochter (28 J.) an Viehzucht interessiert

300-399	u.o.	/ Gesamt 9 Personen	
43	54	+141	? (natürl. Zuwachs)
44	37	+143	? "
45	57	-218	Kauf eines Lastwagens

400- x	u.o / Gesamt 6 Personen	
46	46	+219 Aufstockg. Rinderherde; natürl. Zuwachs + Erbsch.

Quelle: *padrones* der *comunidad* der Jahre 1980 und 1987; Bevölkerungszensus v. 15.6.88

Wie sich erkennen läßt, sind von den 46 Fällen stärkerer Variation, die 51% aller berücksichtigten Fälle ausmachen, 14 mit Sicherheit durch Erbtransaktionen hervorgerufen. Weitere sechs haben mit Investitionen zu tun, wovon in zwei Fällen in Kleidergeschäfte von Kindern in Lima, in einem Fall in Vichaycocha investiert wurde. Eine Investition fand zugunsten eines Lastwagens statt. Der Besitzer ist einer der beiden großen Zwischenhändler des Dorfes, der seine landwirtschaftlichen Tätigkeiten vollständig durch Tagelöhner erledigen läßt. Umgekehrt investierte Nr. 15 sein durch Arbeit in einem Kraftwerk des Chancaytales erhaltenes Geld, um wieder Viehzüchter zu werden (er war früher bereits einmal Mitglied der *comunidad*). Nr. 22, der schon seit acht Jahren in den Minen von Chungar arbeitet, versucht nun, mit Hilfe seines Vaters, eine Herde aufzubauen, da er geheiratet hat und deshalb nicht mehr in der Mine arbeiten will. Nr. 3 hat sein Vieh aufgegeben, da er kein Interesse mehr an einer Herde hatte. Er überlegte sich ursprünglich, der *comunidad* beizutreten. Weil er aber mit Hilfe seines Vaters und des Schwiegervaters zwei Lastwagen anschaffen konnte, hat er sich, zusammen mit seiner Frau, auf den Zwischenhandel spezialisiert. Er kauft Rinder auf und bringt sie mit seinen Fahrzeugen nach Huaral. Sie kauft Käse, um ihn in Huarón zu verkaufen und Schafe, die sie nach Huaral bringt.

Nr. 11 will keine Rinder mehr, da er, der schon lange in Huaral lebt, keine Person mehr hat, die nach dem Rechten sehen könnte. Nr. 41 lebte bis vor wenigen Jahren noch in Lima, kam dann zurück, um nach seiner Mutter zu sehen und nahm eine Beziehung zu einer geschiedenen Frau auf. Weil Frauen in der *comunidad* nur die Hälfte Vieh halten dürfen, hat Nr. 41 nun alles auf seinen Namen laufen, weil beide eine größere Herde haben wollen. Nr. 35 erhielt seinen Anfangsbestand von seiner Mutter und versucht seither intensiv, die lediglich aus Schafen und Lamas bestehende Herde zu vermehren. Bei einer guten Kartoffelernte oder bei sich bietenden Gelegenheitsarbeiten hat er manchmal die Möglichkeit eines Zuverdienstes. Dieses Geld investiert er in den Zukauf von Tieren.

Natürlich kann die obige Tabelle lediglich einen Eindruck vermitteln, sie kann nicht den Anspruch auf Vollständigkeit erheben. Dennoch scheint Casaverdes Argument nicht haltbar. Eher ist ihm in seinen Ausführungen bezüglich allgemeiner Tendenzen zuzustimmen, die er aus seinen Berechnungen über die Variation der Viehzahl pro Besitzer gewinnt. Er sagt hier:

"La tendencia variable, corresponde al 52% de la muestra, incluye mayoritariamente a las personas que dependen de la ganadería como fuente básica de su economía familiar. La tendencia ascendente (23%), por lo general está represantada por los mayores de 30 años y menores de 60 años. (...). La tendencia descendente (11%) basicamente lo constituyen los mayores de 60 años de edad, que se van deshaciendo de sus rebaños por: su avanzada edad o porque están transfiriendo animales por via hereditaria a sus hijos (...)." (o.D.:253; Hervorhebung H.M.).

Auch er stellt also fest, was sich bereits an der Verteilung des Viehs auf *comuneros* und *exonerados* feststellen ließ: die alten *comuneros* tendieren dazu, ihre Herden nach und nach aufzugeben und sie in Form von Geld bzw. Vieh an ihre Kinder zu verteilen.[35]

Es läßt sich also festhalten: bezüglich des Viehbesitzes gibt es Besitzdifferenzierungen in Vichaycocha, die strukturelle Ursachen haben und deshalb dazu tendieren, sich über mehrere Generationen hinweg zu erhalten.

4.2 Der Ackerbau

Ackerbau findet sich in zwei Weisen: a) auf den bewässerten Parzellen, b) auf den im Brachezyklus bebauten *moyas*.

---

35 Casaverde, der so gerne die kluge Politik der *comunidad* und den Zufall für den Ausgleich der Besitzunterschiede verantwortlich machen würde ("...la tenencia individual de animales siempre ha sido fluctuante ... Factores fortiutos como los que estaban fuera del control inmediato de los ganaderos, ... las politicas comunales de control pecuario explican la inmensa variabilidad que estuvieron sujetos los rebaños. Entre ellos, cabe destacar el papel desempeñado por las politicas comunales, ..."(o.D.:263).) führt doch in seinen individuellen Beispielen immer wieder die Vererbung als Grund für größere Zu- und Abnahmen bei einzelnen Besitzern an (vgl. o.D.:254ff.), womit deutlich wird, daß es sehr wohl einzelne Familien sind, die über lange Zeiträume hinweg große Herden besitzen. Das schließt zwar nicht aus, daß auch andere den "Aufstieg" schaffen, die *comunidad* ist aber sicherlich nicht ein neutraler "Wohlfahrtsausschuß", sondern ein Interessensverband der Dorfbewohner, die versuchen, für sich das Beste durchzusetzen. Liegt letzteres auch darin, mögliche Konflikte einzudämmen (was man z.B. durch ein Offenhalten von Weiderechten für möglichst viele Dorfbewohner erreichen kann), so wird es Personen geben, die sich dafür einsetzen, andere wiederum werden versuchen, dies zu hintertreiben. Genau das geschieht in Vichaycocha, wobei jedoch ein erheblicher Teil der Dorfbewohner weiß, daß sie für ihre persönlichen Interessen Vorteile haben, wenn sie die *comunidad* erhalten.

a) Die bewässerten Parzellen:

Der Besitz bewässerter Parzellen ging, wie erwähnt, aus den sukzessiven Privatisierungen des ursprünglich der *comunidad* gehörenden Landes hervor. Noch heute bestehen starke Restriktionen bezüglich ihres Verkaufs. So dürfen sie nur an ortsansässige *comuneros* weitergegeben werden, wobei das Geld für den Kauf nicht als Kaufsumme für eine Eigentumsveräußerung verstanden wird, sondern als Entlohnung für die Arbeit des Unterhalts der Bewässerungskanäle und der Stützmauern des Feldes. Wie erwähnt, fordert die *comunidad* die Rückgabe von Parzellen, die sich im Besitz von Migranten befinden.

Die Felder sind dennoch vererbbar, so daß jene *comuneros*, deren Eltern über größere Flächen verfügten, heute mehr bearbeiten können als andere. Weitere Unterschiede im Zugang zu dieser Ressource ergeben sich durch Veräußerungen, über die einige *comuneros* in den Genuß größerer Flächen dieses Feldtyps kamen.

Die Reinigung der Bewässerungskanäle wird im Mai jeden Jahres vorgenommen, organisiert von der *comunidad*. Jeder Besitzer muß sich im Verhältnis zu seiner Besitzgröße daran beteiligen oder von einem Tagelöhner vertreten lassen. Die Verteilung des Wassers erfolgt durch einen von der *comunidad* bestimmten *repartidor de aguas*, der Zuteilungen nach vorheriger Beantragung vornimmt. Streitigkeiten betreffs der zugeteilten Wassermengen gibt es nicht, da die beiden Flüsse, die kurz oberhalb von Vichaycocha zum Río Chancay zusammenfließen, ganzjährig genügend Wasser führen. Die *comunidad* verweigert aber von Fall zu Fall einem Besitzer die Zuteilung, wenn der sich Versäumnisse zuschulden kommen läßt.

Aufgrund des ausreichenden Wassers können alle verfügbaren Parzellen mit Alfalfa bebaut werden. Lediglich die Notwendigkeit der häuslichen Versorgung mit Kartoffeln und - sich damit ergänzend - die Wiederherstellung der Bodenfruchtbarkeit durch einen Wechsel des Anbauprodukts nach acht bis neun Jahren Alfalfa auf einem *potrero*, bringen die Bauern dazu, einige Parzellen mit Kartoffeln bzw. *habas* zu bepflanzen.[36]

Die Alfalfa dient der Rinderzucht und wird entweder durch eigene Tiere genutzt oder gegen 400 bis 600 Intis[37] pro Schnitt an Dritte verpachtet. Die

---

[36] Casaverde schätzte für 1977 die Verhältnisse wie folgt: Alfalfa 59%, Kartoffeln 35% und *habas* 9% der Gesamtfläche (o.D.:78). Ich selbst konnte keine genaue Untersuchung in dieser Richtung vornehmen, da die *comunidad* seit einigen Jahren keine Listen über angebaute Produkte mehr führt.

[37] Anfang Juni 1988. Dies entsprach zu jenem Zeitpunkt zwischen 5,33 und 8 Dollar nach dem offiziellen-, 2,29 und 3,43 Dollar nach dem inoffiziellen Umrechnungskurs. Pro Jahr kann man vier bis fünf Schnitte vornehmen.

Kartoffeln werden, je nach Ernte, Lage der Marktpreise und der häuslichen Versorgung mit Nahrungsmitteln unterschiedlicher Art, entweder verkauft, getauscht oder für den Eigenkonsum genutzt, letzterem dienen auch die *habas*.

Wie Tabelle XIV zeigt sind die Parzellen, ähnlich dem Vieh, ungleich auf die Dorfbewohner verteilt:

Tabelle XIV: Verteilung der Parzellen

Parzellen von / bis	Besitzer Zahl	%	Fläche Gesamt	%	Parzellen *compania*	%
0	20	17,4	0	0,0	3	0,7
1 - 3	33	28,7	74	16,5	0	0
4 - 6	51	44,3	251	56,0	8	1,8
7 - 10	8	7,0	66	14,7	10	2,2
11 - 12	3	2,6	36	8,0	0	0
SUMME	115	100,0	427	95,2	21	4,7

Quelle: *cuaderno de la comunidad de Vichaycocha* 1988

In Vichaycocha werden lediglich 4,7% der Gesamtfläche der bewässerten Parzellen von Migranten als Besitz reklamiert. Wiederum findet sich aber die schon für Quinches festgestellte Tendenz, daß eher jene mit ausreichend Landbesitz noch zusätzlich Land in *compania* bearbeiten, und ähnlich wie dort sind es hier Verwandte, die untereinander Ernteteilhabe-Kontrakte eingehen.

Aufschlußreich ist, den Viehbesitz der Landbesitzer zu berücksichtigen. Hier ergibt sich auf der Grundlage des Viehzensus von 1987: je höher die Zahl der u.o. pro Besitzer desto höher generell sein Landbesitz. Eine grobe Übersicht zeigt folgende Verteilung:

Tabelle XV:[38] Relation von Vieh- und Landbesitz

u.o.	Besitzer	Parzellen	(/)Parzellen
- 99	53	101	1,91
100-199	37	96	2,59
200- x	41	221	5,39
SUMME	131	418	3,19

Quelle: Viehzensus, *cuadernos* der *comunidad*

[38] Die Abweichungen zur Tabelle XIV ergeben sich, weil hier alle Viehbesitzer aufgenommen wurden (etliche davon verfügen über keine eigenen Anbauparzellen), andererseits einige Bauern zwar über Land, nicht aber über Vieh verfügen. Letztere fanden hier keine Berücksichtigung.

Die Korrelation zwischen Vieh- und Landbesitz ist eindeutig. Das erklärt sich einerseits daraus, daß es eben die einflußreichen Familien sind, die in der *comunidad* die Entscheidungen wesentlich beeinflussen, die deshalb auch die Landverteilung manipulierten und über große Viehherden verfügen. Andererseits investieren die Viehzüchter in *potreros*, sobald sich eine Möglichkeit dazu eröffnet.

Im Unterschied zu anderen Dörfern ist der Besitz von bewässerbaren Parzellen keine Voraussetzung für die Rinderzucht - er birgt indessen Vorteile. Darüberhinaus sichern sie den häuslichen Konsum besser, weil der Anbau von Kartoffeln und *habas* darauf berechenbarere Resultate bringt und nicht so stark an den Agrarzyklus gebunden ist.

b) Temporäre Felder:

Die im Brachezyklus bebauten temporären Felder umfassen ca. 200 ha und verteilen sich auf sieben Gebiete, die jeweils aus Berghängen in der näheren Umgebung des Ortes bestehen. Wie bereits erwähnt, werden auf ihnen im ersten Jahr Kartoffeln, im zweiten Jahr *oca* und *mashua* angebaut, die restlichen fünf Jahre liegen sie brach, dienen aber als Weide. Diese Gebiete können nicht bewässert werden. Ihre Befeuchtung geschieht durch die ab September einsetzenden Regenfälle. Schon dadurch ist der Anbauzyklus relativ strikt vorgegeben. Außerdem legt die *comunidad* mittels eines Beschlusses der Vollversammlung die Aussaat- und Erntezeiten fest.

Die temporären Felder werden jedes Jahr im betreffenden Sektor von der *comunidad* verteilt. Jedes Mitglied erhält vier Parzellen in unterschiedlichen Lagen des jeweiligen Sektors, deren Extension jedoch je nach Status des *comunero* verschieden ist und von 25 mal 25 Meter bis 10 mal 10 Meter reicht. Bei der Größe der zugeteilten Fläche spielt eine Rolle, welche Ämter die betreffende Person bereits abgeleistet hat (je mehr Ämter, desto mehr Land), alleinstehende Frauen erhalten auch hier grundsätzlich nur die Hälfte. Da sich die einzelnen Gebiete innerhalb der Sektoren auch in ihrer Qualität (Bodenbeschaffenheit, Klima) sehr unterscheiden, werden auch diese Kriterien berücksichtigt. Ein angesehener *comunero*, der bereits alle Ämter abgeleistet hat, verfügt so über größere Flächen mit besserem Boden als jemand, der gerade erst der *comunidad* beigetreten ist. Bei der Verteilung wird generell berücksichtigt, wer im vorhergehenden Zyklus im gleichen Sektor welche Parzellen bearbeitet hat, um ihm entweder dieselben wieder zu überlassen, oder (bei Verbesserung der Position innerhalb der *comunidad*) ihm für ein schlechteres nun ein besseres Stück Land zu geben. Das Ergebnis ist auch hier, daß jene bevorzugt werden, die bereits über relativ viel Land verfügen.

Die einzelnen *comuneros* verfahren unterschiedlich mit den ihnen überlassenen Landstücken. Manche bebauen die gesamte Fläche in Eigenregie, andere suchen Ernteteilhabe-Beziehungen mit *ciudadanos* oder jungen *comuneros*, weil erstere überhaupt kein Recht auf Land haben, letztere oft über zuwenig verfügen. Wieder andere lassen Teile oder alles Land brach liegen, weil ihnen weder der Anbau noch die Ernteteilhabe lukrativ scheinen. Die Entscheidung für oder gegen Anbau hängt von mehreren Faktoren ab, wovon die wichtigsten folgende sind: Die Zahl der familiären Arbeitskräfte, die Beschaffenheit des zugesprochenen Landstücks, die Entfernung des Sektors vom Dorf und die Zahl der vorhandenen Lasttiere, um die Ernte abzutransportieren.

Vor der Aussaat von Kartoffeln muß ein temporäres Feld zweimal umgebrochen werden. Das erste Mal im April, wenn die Regenfälle nachlassen, das zweite Mal im September, wenn der Regen wieder einsetzt. Beim zweiten Umbruch erfolgt gleichzeitig die Aussaat. Der Feldumbruch ist eine sehr harte Arbeit (dies gilt insbesondere für den im April), weshalb sich hierfür verstärkt Arbeitstauschbeziehungen finden. Dabei schließen sich mehrere Haushalte zusammen, die gemeinsam jeweils eines der Felder eines *comunero* bearbeiten. Feldumbruch ist generell Männerarbeit, lediglich die Tätigkeit des *rapador*[39] kann auch von einer Frau übernommen werden.

Aufgehackt werden die Kartoffeln im November/Dezember, die Ernte erfolgt dann Ende Mai/Anfang Juni, nachdem die Vollversammlung der *comunidad* den Termin festgelegt hat. Die Erntezeit beträgt lediglich ca. fünf Tage, danach darf das Vieh auf die abgeernteten Felder getrieben werden.

Für den zweiten Zyklus erfolgt kein Umbruch der Felder mehr, die betreffende Pflanze (*oca* oder *mashua*) wird einfach nach dem Einsetzen der ersten Regenfälle in die Erde gepflanzt. Diesen Zyklus nutzen nur wenige *comuneros*.

Die *comunidad* bebaut ihre eigenen Stücke (ca. einen ha pro Jahr), die in *faena comunal* bearbeitet werden. Die Ernte wird im Dorf gelagert und in den Monaten danach an die Bewohner zu einem niedrigen Preis verkauft. An diesen *faenas* nehmen regelmäßig auch die *ciudadanos* teil, da vor allem sie Kartoffeln kaufen müssen, diese aber von der *comunidad* nur erhält, wer sich an den Arbeiten beteiligt hat.

---

[39] *Rapador* ist die Bezeichnung für die Person, die die Erdschollen von den *chaquitacllas* herunterzieht und sie umdreht.

Zum größten Teil dienen die Erträge aus den temporären Feldern dem häuslichen Konsum. Größere Mengen werden verkauft, wenn die Ernte besonders gut ausfiel. Ebenso verkaufen einige *comuneros*, die über die besten Parzellen verfügen und sie deshalb auch künstlich düngen, regelmäßig einen Teil der Ernte.

4.3 Sonstige Beschäftigungen

Außer den landwirtschaftlichen Tätigkeiten gibt es andere Erwerbsquellen in Vichaycocha. Hier sind die Tagelöhner, die Handwerker, die Zwischenhändler und die Ladenbesitzer zu nennen.

Die Tagelöhner, die aus dem Potential der *ciudadanos* und der armen *comuneros* stammen, umfassen ca. 40 Männer und Frauen. Die Männer werden für alle Arbeiten in der Agrikultur eingestellt (Umbruch der Felder, Aussaat, Ernte, Reinigung der Kanäle etc.) können aber auch von der *comunidad* für spezielle Aufgaben bezahlt werden oder helfen bei der Aufsicht der Rinderherden. In der Ernte arbeiten sie in der Regel für Produkte - diese Art der Bezahlung bringt erhebliche Vorteile für den Arbeiter.[40] Die Frauen werden eher für die Aufsicht der Rinderherden angestellt. Daneben waschen sie gegen Bezahlung oder werden für die Ernte von Tuberkeln und *habas* eingesetzt.[41]

Es gibt in Vichaycocha mehrere Männer, die sich nebenberuflich als Maurer und/oder als Zimmerleute betätigen. Da der Hausbau zu Zeiten stattfindet, in denen kaum landwirtschaftliche Tätigkeiten zu erledigen sind, ist dies eine willkommene Nebenbeschäftigung. Im Dorf arbeiten zwei Tischler mit jeweils einigermaßen gut ausgerüsteten Werkstätten. Sie stellen Möbel, Türen, Balken etc. für den täglichen Gebrauch her.

Auffällig ist das völlige Fehlen von Webern. Von einem Schafe züchtenden Dorf hätte man anderes erwartet. Die naheliegendste Erklärung dafür ist, daß die Cochanos keine Tradition in diesem Handwerk besitzen und es aufgrund ihres relativen Reichtums auch bis heute nicht erlernen mußten.

---

40 Im Juni 1988 lag der Lohn für einen Arbeitstag zwischen 120 und 150 Intis, in Produkten erhielt man einen Sack Kartoffeln (ca. 30 Kilo). Zur selben Zeit wurde ein Kilo Kartoffeln im Ort für 8 Intis verkauft, der Tagelöhner erhielt also bei einer Bezahlung in Produkten rund 240 Intis.
41 In diese Kategorie ließen sich auch die Hirten einordnen, welche von den Dorfbewohnern angestellt werden. Da es sich bei ihnen aber um Ortsfremde handelt, will ich nicht näher auf sie eingehen.

Kaum ins Gewicht fallen Tätigkeiten wie die des Schneiders, Friseurs und Schuhmachers, da die meisten Haushalte diese Aufgaben selbst erledigen. Trotzdem bringen sie einigen Personen kleine Nebenverdienste.

Bei den Zwischenhändlern im Dorf ist zu unterscheiden:
a) Käsehändler: Meist wird dieser Zwischenhandel von Frauen abgewickelt. Sie sammeln den Käse entweder in den einzelnen *vaquerías* oder kaufen ihn im Dorf auf. Außer jener Frau, die Käse in Lima verkauft, gehen die Händlerinnen in die umliegenden Minen von Huarón, Chungar, Santander und Santa Rosa, um dort die auf Eseln oder Lamas transportierten Stücke zu verkaufen. In diesem Handel sind ca. zehn Personen beschäftigt.
b) Fleischhändler: Sie kaufen Schafe und/oder Lamas auf, schlachten sie an Ort und Stelle und bringen das Fleisch auf Tragetieren (meist Lamas) in die oben genannten Minen oder gehen bis nach Cerro de Pasco. Seltener treiben sie kleinere Herden von Lebendvieh zu den Minen. In diesem Handel sind vor allem Männer tätig. Ihre Zahl dürfte fünf nicht übersteigen.
c) Viehhändler: Bei ihnen handelt es sich um die zwei Lastwagenbesitzer des Ortes. Sie kaufen hauptsächlich Rinder auf, bei guter Marktlage auch Schafe, und bringen sie mit ihren Fahrzeugen nach Huaral. Ihre ebenfalls in Vichaycocha operierenden Konkurrenten in diesem Geschäft stammen alle aus Nachbardörfern. Beide Personen betätigen sich nebenbei auch als Transporteure von Personen und Waren, die sie für einzelne Haushalte oder die örtlichen *tiendas* transportieren. Sie verkehren, soweit möglich, im Rhythmus von zwei Tagen (einen Tag pro Strecke Küste/Vichaycocha). Beide beschäftigen sie jeweils einen Fahrer und *ayudantes* aus dem Ort.

Im Dorf gibt es insgesamt acht Verkaufsgeschäfte. Sechs davon verkaufen Güter des täglichen Bedarfs, zwei haben sich auf Kleidung und Stoffe spezialisiert. Leztere öffnen morgens und abends, wenn die Dorfbewohner noch nicht auf dem Feld oder wieder heimgekehrt sind. Von den *tiendas de abarrotes* öffnen zwei ganztägig, der Rest ebenfalls nur morgens und abends. Sowohl die beiden Kleidergeschäfte als auch fünf der sechs *tiendas de abarrotes* gehören Bauern, die über erhebliche Mengen an Vieh und Land verfügen und ihre Geschäfte als zusätzliche Verdienstquelle betreiben.

Mehrere junge Männer arbeiten in den Minen. Bei ihnen handelt es sich meist um Individuen, deren Eltern noch relativ jung sind. Die jungen Männer geben die Arbeit in den Minen auf, wenn ihre Eltern gebrechlich werden oder sie selbst heiraten. Auf diese Weise bleiben aber auch immer wieder Männer und Frauen aus Vichaycocha ganz in den Minen, da sich ihnen dort manchmal die Möglichkeit des beruflichen Aufstiegs bietet.

5. Rückkehrmigration und Migrationsgründe

Aus den Daten über Vichaycocha wurden v.a. zwei Dinge deutlich:
1) Es gibt innerhalb der Dorfbewohner Unterschiede im Zugang zu ökonomischen Ressourcen, die es einigen erlauben, große Viehherden zu halten und gleichzeitig mehr Land zu bebauen, als sie für die Versorgung ihres Haushalts mit Gütern für die Subsistenz benötigen, andere dazu zwingen, den größten Teil des Jahres als Tagelöhner für Dritte zu arbeiten. Allgemein aber läßt sich für den Ort auch der relative Reichtum erkennen, der ihn vor anderen Orten (z.B. Quinches) auszeichnet.
2) Die Abwanderung, in anderen Orten von nahezu katastrophalen Ausmaßen, ist in Vichaycocha im Zeitraum von 1940 bis 1987 relativ gering gewesen. Dabei ist zu berücksichtigen, daß dies nicht, wie noch in den siebziger Jahren von vielen Autoren suggeriert wurde, an der Unkenntnis der Bauern über die sie umgebende Realität lag. Schon die Daten über die saisonale Migration an die Küste seit Beginn des Jahrhunderts und die temporäre Migration in die Bergwerke ab den 30er Jahren beweisen das Gegenteil. Eine Umfrage, vorgenommen bei 29 Haushaltsvorständen, ergab, daß 27 von ihnen eine längere Migrationserfahrung haben, später aber wieder ins Dorf zurückkehrten. Im folgenden sollen diese Daten vorgestellt werden, um einen Einblick in die Beweggründe der Protagonisten zu erhalten.

Tabelle XVI: Migration und Rückkehr nach Vichaycocha[42]

Alter	M	F	Migr. no|ja	Beschäftig. 1|2|3|4	Abwe-senh.	Dekade	Grund Rückk I|II|III|IV
-39	3	1	1|3	2|1|0|1	7,7	60-70	1|0|1|1
0-49	7	0	1|6	5|0|1|2	5,8	50-70	2|1|2|1
50-59	9	1	1|9	9|2|1|1	6,9	50-70	9|2|1|1
60-69	6	0	0|6	3|4|1|5	15,5	40-60	5|2|1|2
70 +	2	0	0|2	1|2|1|0	4,5	20-40	2|0|0|2
SUMME	27|2		3|26	20|9|4|9	8,5	20-70	19|5|5|7

<u>Symbole</u>: Beschäftigung: 1= Minenarbeiter, 2= Landarbeiter, 3= Händler, 4 =Sonstige (Schüler, Wächter, Kellner). / "Abwesenh." nennt die durchschn. Anzahl der Jahre außerhalb von Vichaycocha.
Grund Rückkehr: I= Wunsch nach Viehzucht und Übernahme von Ämtern in *comunidad*, II= Heirat, III= Familie, IV= Sonstige (Einrichtung von *tienda*, Entlassung aus Arbeit).
Die Sparte "Dekade" bezeichnet den Zeitraum, in dem die hauptsächliche Abwesenheit vom Dorf zu verzeichnen war.
<u>Quelle</u>: Eigene Erhebung vom Juni 1988

Es gibt lediglich drei Personen, die, ihren eigenen Angaben zufolge, nie für längere Zeit migrierten. Bezeichnenderweise befinden sich darunter die beiden einzigen Frauen. Die meisten Befragten migrierten zu dem Zweck, einige Zeit in den Minen zu arbeiten, um sich ein kleines Kapital zu ersparen (von allen wurde betont, daß man in den Minen gutes Geld verdienen konnte) oder um das Geld für ein bestimmtes Ziel wie Eröffnung einer *tienda* oder Bau eines Hauses aus Ziegelsteinen zu erhalten. In früherer Zeit arbeiteten viele in der Landwirtschaft, meist saisonal für zwei bis drei Monate im Jahr. Lediglich in drei Fällen handelte es sich um eine vollständige Abwesenheit vom Dorf über Jahre hinweg. In einem Fall betrifft es einen jüngeren Mann, der in den 60er Jahren als Jugendlicher an den Ostabhang der Anden ging, um dort seinen beiden Brüdern beim Roden von Urwaldgebieten zu helfen. Da nach und nach alle seine Geschwister aus Vichaycocha abwanderten, fühlte er sich verpflichtet, zurückzukehren, um seinen schon alten Eltern zu helfen. Er blieb im Dorf, weil ihm das Leben hier eher zusagte. Die beiden anderen Fälle betreffen Männer, die in den dreißiger Jahren als Heranwachsende von ihren Eltern an Hazienden gegeben wurden, damit sie dort arbeiten. Als Erwachsene zogen beide es vor, sich andere Arbeitsstellen zu suchen. Aber auch dann, wenn die Landarbeit außerhalb des Dorfes nur saisonal betrieben wurde, zeigte sie den Menschen aus Vichaycocha doch

---

[42] Es ist zu beachten, daß in den beiden Sparten "Beschäftigung" und "Grund der Rückkehr" eine Person mehrmals auftauchen kann, weshalb sich in beiden Fällen jeweils mehr als die befragten 26 Migranten ergeben.

eine andere Welt, die sie mit der ihren vergleichen konnten. Von den vier Händlern gaben alle ihr Geschäft zugunsten der Viehzucht in Vichaycocha wieder auf, teils, weil die Geschäfte nicht so gut liefen, teils weil Viehzucht ihnen lohnender erschien. Unter den Sonstigen verbergen sich Schüler, Arbeiter und Handlanger. Alle diese Tätigkeiten wurden aufgegeben, um in Vichaycocha entweder eine Viehzucht zu beginnen oder aus familiären Gründen zurückzugehen.

Bei den angegebenen Gründen zeigt sich denn auch, daß die Übernahme von Ämtern in der *comunidad* und die damit zusammenhängende Viehzucht das häufigste Motiv für die Rückkehr ins Dorf waren. Dies gilt nicht nur für Personen, die als Jugendliche in den Minen arbeiteten, sondern auch für solche, die bereits in Lima über mehr oder weniger erfolgreiche Geschäfte verfügten, aber zurückgingen, weil ihnen das Leben in Vichaycocha attraktiver erschien.

Heirat, die i.d.R. zusammenfällt mit dem Beginn als *comunero* und Viehzüchter, ist ebenso wie andere familiäre Gründe (den Eltern zu helfen oder bei der eigenen Familie sein zu wollen) ein Grund, sich wieder im Dorf niederzulassen. Daneben gab es jene, die eine *tienda* eröffnen wollten, ihre Arbeit verloren oder aus Gesundheitsgründen das Leben im Dorf bevorzugen.

Die Zeit, die ein Dorfbewohner außerhalb verbringt schwankt zwar, erreicht aber mit einem Durchschnitt von 8,5 Jahren ein beträchtliches Ausmaß. Viele hatten also über lange Jahre ihren Lebensmittelpunkt außerhalb des Dorfes.

Aus all dem wird deutlich, daß, im Gegensatz zu vielen anderen Dörfern der Anden, die ihre einmal abgewanderten Migranten für immer verloren haben, Vichaycocha in der Lage ist, auch länger abwesende Personen wieder anzulocken und ihnen eine Zukunft zu bieten. Das hat seinen Grund insbesondere in den ausgedehnten Weiden, über die der Ort verfügt. Sie machen es möglich, mittels einer diversifizierten Viehzucht ein sicheres Einkommen zu erzielen. Daneben haben die Bewohner die Möglichkeit, Agrikultur zu betreiben und so einen Teil ihres Konsums aus eigenem Anbau zu decken. Vichaycocha ist aber auch deshalb attraktiv, weil es zwar am oberen Ende der Provinz Huaral liegt, mit der Küste aber über eine einigermaßen befahrbare Straße und (ab Pacaraos, das eine Stunde zu Fuß entfernt liegt) täglichen Omnibusverkehr verbunden ist. Nicht zuletzt verfügt der Ort schon seit langem über elektrisches Licht, ein Anlaß für seine Bewohner, stolz zu sein und sich im Dorf wohl zu fühlen.[43]

---

[43] Bei Umfragen bezüglich der Wichtigkeit von Infrastrukturmaßnahmen kann man den Wunsch nach elektrischer Energie häufig an erster Stelle hören. Elektrizität zu haben,

Daß dies nicht nur für die vergangenen Jahrzehnte und somit für heute alte Leute gilt, zeigt Tabelle XVII. Sie wurde aus derselben Liste gewonnen wie Tabelle XVI, allerdings wurden die relevanten Größen nach dem Zeitpunkt der Rückkehr des Migranten nach Vichaycocha geordnet. Auf diese Weise ergibt sich folgendes Bild:

Tabelle XVII: Alter, Migrationszeit und Dekade der Rückkehr

Personen/Zahl	Alter(/)	Migr.Jahre	Dekade(/)
4	46,3	4,3	83,8
5	52,0	14,2	71,6
10	53,1	7,1	65,1
4	57,5	9,5	56,5
3	74,3	3,7	42,7
Summe 26	55,0	8,0	65,3

Quelle: s. Tabelle XVI

In den 80er Jahren gab es also, genau wie in den vorangegangenen Dekaden auch, Menschen, die nach einiger Zeit der Abwesenheit wieder ins Dorf zurückkehrten.

Im vorliegenden Fall läßt sich allerdings nicht, wie dies offenbar für andere Dörfer zutrifft, ein Zusammenhang zwischen Migrationserfahrung und innovativen Bauern herstellen. Schon deshalb nicht, weil ja die große Mehrheit der Cochanos Migrationserfahrung hat. Aber auch die Weise, in der die einzelnen Bauern Viehzucht betreiben bzw. ihre Felder bestellen läßt keinen Unterschied zwischen Migranten und Nicht-Migranten erkennen.

Ein solcher Zusammenhang wurde und wird immer wieder in der Literatur behauptet. Berg (1985) meint, daß die Rückkehrmigranten eine große Rolle bei sozialen Veränderungen innerhalb des Dorfes spielen. Er weist aber auch darauf hin, daß Migration und Rückkehr aus den Strukturen des Dorfes selbst entspringen, also nicht von außen an die Dorfbevölkerung herangetragen werden (1985:287ff.).

Celestino (1972) verfolgt in ihrer Studie über das Dorf Lampian (im Valle de Chancay) denselben Argumentationsstrang, indem sie zeigt, wie die dörfliche Sozial- und Wirtschaftsstruktur derart in eine Krise gerät, daß die älteren Dorfbewohner die vorher eben durch diese Struktur verdrängte

---

scheint ganz besonders stark mit "Zivilisation" assoziiert zu werden. Deshalb mögen die Aktionen des Sendero Luminoso, die sich auf die Sprengung von Hochspannungsmasten spezialisiert haben, auch symbolisch von Bedeutung sein.

Dorfjugend zurückrufen mußten und ihnen die Leitung der Geschicke von Lampian übertrugen (1972:50ff.).

Die Autoren von "Huayopampa" erklären das "ökonomische Wunder" dort damit, daß von Migranten in das Dorf getragene Ideen und die Innovationsfreudigkeit dieser Gruppe zur Veränderung der bäuerlichen Ökonomie führte (Fuenzalida et al., 1982:91ff.). Ebenfalls über Huayopampa schreibt Osterling:

> "Los migrantes de retorno, principalmente los permanentes, han empezado a jugar un rol muy importante en la vida política de la comunidad, especialmente a través de su participación activa en la asamblea comunal mensual." (1980:135).

Für ihn macht sich der Einfluß dieser Gruppe v.a. in einem Prozeß politischer Bewußtwerdung bemerkbar, aufgrund dessen dann die Polarisierung im Dorf vorangetrieben werde:

> "Este proceso de polarización política comunal se ha visto acentuada y acelerada por la presencia de migrantes de retorno con experiencia sindical, que han ayudado a clarificar los intereses y puntos de vista en conflicto de los dos estratos económicos de Huayopampa."(1980:136).[44]

Altamirano (1985) vergleicht die ökonomischen- und sozialen Voraussetzungen zweier Dörfer in bezug auf Rückkehrer und stellt dazu fest, daß es in beiden Dörfern Menschen ab 50 Jahren sind, die sich wieder im Dorf ansiedeln. Jeweils bestanden enge Kontakte zwischen den Dorfbewohnern und den Migranten. In Ongoy, dem ärmeren der beiden, sind die Migranten aus Lima die Gruppe, die sich stark im Handel engagiert, jene aus der Selva dagegen investieren in die Agrikultur - jede Gruppe versucht also einzusetzen, was sie am Migrationsort gelernt hatte. In Matahuasi haben die Rückkehrmigranten die politische Kontrolle des Distriktes übernommen. Auch für Altamirano tragen somit die Rückkehrmigranten entscheidend zur Veränderung im Ursprungsdorf bei.

Daß sich für Vichaycocha dieser Zusammenhang zwischen Migrationserfahrung und Innovationsfreudigkeit nicht feststellen läßt, findet seine Erklärung, wie von Berg und Altamirano behauptet, in der sozioökonomischen

---

[44] In der von Osterling vorgetragenen Form, die aus diesem Zitat deutlich wird, aber auch in der Auffassung von Fuenzalida et al. zu Huayopampa, scheint mir eine Variante des "dummen Indio" vorzuliegen. Denn dieser Auffassung zufolge befreite der sich erst, nachdem ihm das Licht der "westlichen Kultur" durch Migranten nahegebracht wurde. Ich tendiere eher zu der Auffassung von Berg, wonach Migration, Rückkehr ins Dorf und Veränderungen, die von Menschen in diesem Prozeß bewirkt werden, eine Einheit bilden.

Struktur des jeweiligen Dorfes. In Vichaycocha sind die unter den herrschenden Bedingungen möglichen ökonomischen Veränderungen erschöpft.[45] Deshalb wäre es schwierig für Rückkehrmigranten, hier innovativ zu wirken. Daß diese Gruppe ein ausgeprägtes politisches Gewicht erhält, ist aus zwei Gründen ebenfalls unwahrscheinlich: a) Alle Posten der *comunidad* werden auf Jahre im voraus festgelegt und sind so der Möglichkeit von Manipulation weitgehend entzogen, b) die Übernahme von Ämtern in der *comunidad* wird eher als Last und Hindernis, denn als Vorteil für die eigenen Ziele gesehen. Die letztgenannten werden, durch das im Dorf existierende Machtgefüge besser durchgesetzt, indem jemand sich auf die Viehzucht konzentriert. Zur Rückkehr werden Migranten v.a. bewegt, weil sich ihnen die Möglichkeit bietet, Vieh zu halten. Da dies aber am Ort schon lange geschieht, sind die durchführbaren Modernisierungen großenteils abgeschlossen. Weitere Innovationen (etwa Verbesserung der Rinderrasse) würden große Investitionen (für Ställe) und die Zerschlagung des sozialen Gefüges des Ortes erfordern (damit sich z.B. Milchviehhalter genügend *potreros* zur Fütterung zulegen könnten). Unter den gegebenen Bedingungen sind beide Voraussetzungen nicht durchführbar.

Andererseits ist ebenso deutlich, daß Migration Auswirkungen auf die Struktur von Vichaycocha hat. Schon die massive saisonale Migration an die Küste zu Anfang des Jahrhunderts dürfte dazu beigetragen haben, daß sich erheblich weniger Menschen zu einer definitiven Abwanderung gezwungen sahen, als dies ohne sie der Fall gewesen wäre. In stärkerem Maße noch gilt das für die Arbeit in den Minen, die, von jungen Männern aufgenommen, zwei positive Aspekte hatte: zum einen erlaubte sie ihnen die Anhäufung eines kleinen Kapitals, zum anderen waren und sind die Minen der Ort, an dem die Minenarbeiter solange "warten" können, bis das Alter ihrer Eltern ihnen die Chance einer Existenz als eigenständige Bauern gibt. Nicht zuletzt ist natürlich die definitive Migration eine Bedingung für den relativen Wohlstand der Dorfbewohner, sie erlaubt ihnen den Besitz größerer Viehherden.

Nach diesen Ausführungen bleibt die Frage, warum es überhaupt Menschen gibt, die Vichaycocha verlassen, um ihr Glück woanders zu suchen. Auf diese Frage wurden im Fall Quinches drei Aspekte angeführt: a) Bildungsmigration, b) Armut und c) Möglichkeit des wirtschaftlichen

---

45 Neuerungen wären z.B. durch den Beginn eines wollverarbeitenden Handwerks möglich. Das würde aber einen Absatzmarkt für diese Produkte sowie die Ausbildung der Weber/innen und Stricker/innen voraussetzen und außerdem als Vorbedingung den ausreichenden ökonomischen Druck erfordern. Alle drei Bedingungen sind zur Zeit in Vichaycocha nicht gegeben.

Fortkommens. Für Vichaycocha gelten diese Aspekte ebenfalls. Allerdings müssen hier Einschränkungen gemacht werden:

a) Die Bildungsmigration scheint in Vichaycocha, obwohl hier die *secundaria* fehlt, nicht denselben Stellenwert zu haben wie in Quinches. Belege für diese These finden sich in den Alterspyramiden beider Dörfer, die zeigen, daß Vichaycocha relativ zur Gesamtbevölkerung mehr Menschen zwischen 20 und 40 Jahren hat als Quinches. Auch die folgenden Kapitel werden dies bestätigen.

b) Die Armut ist hier ebenfalls nicht sehr einschneidend und es scheint, daß die wirklich Armen eher im Dorf verbleiben, da sie dort in Form der verwandtschaftlichen Beziehungen und der *comunidad* wenigstens ihre Grundbedürfnisse gesichert wissen.

c) Bezüglich der Möglichkeiten zur Investition und zu beruflichem Fortkommen bietet Vichaycocha Chancen (wie wir anhand der Rückkehrmigranten sehen können). Außer der Viehzucht jedoch findet sich kaum ein zukunftsweisendes Betätigungsfeld, weshalb viele ihr Glück an anderen Orten suchen, zumal sie (wie sich zeigen wird) äußerst erfolgreiche Beispiele vor Augen haben.

Allgemein gilt jedoch auch für Vichaycocha, was für so viele andere Andendörfer gilt: viele Menschen erwarten von ihrem Leben mehr als nur relative Sicherheit in ökonomischer und sozialer Hinsicht. Sie suchen daneben auch Abwechslung, Vergnügen, Anschluß an die "Welt" etc. Und hier kann Vichaycocha nichts bieten. Der Ort kann, aufgrund seiner Lage, nicht einmal Fernsehkanäle empfangen. Insbesondere für junge Leute ist deshalb die Versuchung groß, an der Küste oder am Ostabhang der Anden ein anderes Leben zu suchen.

Nachdem wir nun die sozioökonomische Struktur des Dorfes in Umrissen kennen, soll das folgende Kapitel von der Migration nach Huaral handeln. Wie bereits deutlich wurde, ist Huaral den Dorfbewohnern schon lange keine unbekannte Region mehr, weshalb der Übergang von einem zum anderen Ort nicht die Dramatik hat, die gerne in einem Ortswechsel gesehen wird.

VIII. Die Vichaycochanos in Huaral
1. Das Delta des Río Chancay

Das Valle de Chancay, mit den beiden Hauptorten Chancay - am Meer gelegen - und Huaral, im oberen Teil des Deltas, ist ca. 80 km von Lima entfernt. Ehemals war das Delta charakterisiert durch die ökonomisch-soziale Dominanz der Hazienden.[1] Ihr Übergewicht prägte die Entwicklung infolge ihrer markt- und gewinnorientierten Produktion. Zu Beginn der Kolonialzeit wurde im Delta zunächst Viehzucht für den lokalen Markt und Lima sowie Weinanbau betrieben.[2] Im 17. Jhd. gewann der exportorientierte Anbau von Zuckerrohr immer mehr an Gewicht. Aufgrund des dramatischen Bevölkerungsschwunds insbesondere an der Küste in den ersten 200 Jahren der Kolonie griffen die Besitzer der Hazienden zur Versorgung mit Arbeitskraft auf die Einführung von Sklaven aus Afrika zurück. Die Abschaffung der Sklaverei Mitte des 19. Jhds. führte zu einem chronischen Mangel an Arbeitskräften, dem durch die Einführung chinesischer, später japanischer *coolies* begegnet wurde. Deren Nachkommen bestimmen heute nachhaltig den Handel und die Gastronomie des Deltas. Um die Jahrhundertwende wird das ehemals dominierende Produkt Zuckerrohr durch die Baumwolle ersetzt. Die veränderte Anforderung an Arbeitskraft führte nun dazu, daß große Kontingente saisonaler Arbeiter eingestellt wurden, die sich aus der wachsenden Bevölkerung der Bergdörfer rekrutierten.

Seit den 40er Jahren, mit der Zunahme des nationalen Marktes (und insbesondere dem Wachstum von Lima) gewann der Anbau von Obst und Früchten immer mehr Bedeutung.[3] Heute dominiert er die Agrarproduktion des Deltas. Trotzdem spielt die Baumwolle noch eine gewisse Rolle.

---

[1] Laut Keith (1976), der in seinem Artikel einen Überblick über die historische Entwicklung der Haziendawirtschaft im Delta gibt, waren deren grundsätzliche Charakteristika (Landnahme von den indianischen Bauern und Konzentration in wenigen Händen) schon im 16.Jhd. vorhanden (vgl.:96).
[2] Die nachfolgende Zusammenfassung der Geschichte des Deltas stützt sich insbesondere auf Matos Mar/Fuenzalida (1976). Information findet sich auch in Fuenzalida et al (1982:42-48).
[3] Das berühmteste Beispiel ist die ehemalige Hazienda und heutige Kooperative Huando, die sich durch ihre Plantagen mit kernlosen Mandarinen einen Namen machte.

2. Huaral

Es war diese Entwicklung, die seit Beginn des Jahrhunderts zu einem starken (bis heute anhaltenden) Wachstum von Huaral führte, welches das bis dahin wichtigere Chancay nach und nach auf den zweiten Platz verwies. Huaral, ehemals ein kleines Dorf, wurde aufgrund seiner Lage zum ökonomischen und sozialen Scharnier zwischen der Sierra und Lima und nimmt damit heute im Valle de Chancay jene Stellung ein, die im Valle de Mala der Stadt Mala, im Valle de Cañete der Stadt Imperial zufällt. Matos/Fuenzalida bemerken:

> "El desarrollo regional del valle de Chancay se produce dentro de la órbita de Lima, en expansión, lo que condiciona su proceso, su participación y su futuro."(1976:49).

Die Bedeutung Huarals ist gebunden an die Entwicklung der Verbindungen zwischen Sierra und Küste, die in den Tälern nahe Lima eine Verbindung Sierra - Lima ist. Huaral ist deren Produkt. Die Zunahme der Bevölkerung des Distriktes bestätigt diese Feststellung:

Tabelle I: Bevölkerung des Distrikts Huaral

Jahr	1876	1940	1961	1972	1981
Stadt	1.062	5.012	11.491	19.960	35.701
Land	3.291	12.324	16.514	18.821	10.280
Gesamt	4.353	17.336	28.005	38.781	45.981

Quelle: Censos Nacionales de 1876, 1940, 1961, 1972, 1981

Es läßt sich ein kontinuierliches, schnelles Wachstum sowohl der Stadtbevölkerung als auch der des ruralen Hinterlandes feststellen.[4] Prozentual wuchs die Bevölkerung (Stadt und Land) von 1940 bis 1961 um 61,5%, in der nächsten Dekade um 38,5% und schließlich um 18,6%. Nach einer stürmischen Entwicklung hat sich demnach der Anstieg der Bevölkerung in den 70er Jahren deutlich verringert. Die zunehmende Marktintegration der ländlichen Wirtschaft und die Verlagerung der Ausrichtung der

---

[4] Die drastischen Veränderungen zwischen 1972 und 1981 bezüglich der städtischen und ländlichen Poblation gehen allerdings auf die Neudefinition der administrativen Grenzen im Jahre 1976 zurück, weshalb die Entwicklung insgesamt berücksichtigt werden muß.

Dörfer der Sierra weg von Canta zur Küste hin hatten in dieser Zeit ihren Höhepunkt überschritten.

Ähnlich wie im Fall von Mala und Imperial lebt auch Huaral neben der Landwirtschaft hauptsächlich von Handel und Dienstleistung, wie dort sind also der Fähigkeit zur Aufnahme neuer Menschen Grenzen gesetzt.

Heute bietet Huaral das Bild einer lebendigen, vom Handel und Transportwesen geprägten Stadt. Die Hauptstraße von der Plaza Richtung Sierra dominieren kleine und große *tiendas*, in denen neben Gütern des täglichen Bedarfs auch Dünger, Pestizide, Baumaterial etc. verkauft werden, sowie zahlreiche chinesische Restaurants. Die angrenzenden Straßen sind über große Strecken von den Ständen ambulanter Händler bedeckt, die Kleidung, Schuhe, Schulutensilien etc. anbieten. Daneben finden sich zahlreiche Autoreparaturwerkstätten. Die Automechaniker, -schweißer und -lackierer von Huaral haben einen Ruf, der über die Grenzen des Hinterlands und der näheren Umgebung hinausreicht, es kommen hierher Fahrzeughalter aus Huacho und aus Lima. Daneben finden sich etliche Banken und staatliche Institutionen. Die Stadt bietet also vielerlei Erwerbsmöglichkeiten, und die hier siedelnden Cochanos, von denen im folgenden die Rede sein wird, wußten sie zu nutzen.

3. Definitive Migration Vichaycocha - Huaral

Bei der Behandlung der Migration Quinches - Mala wurde darauf hingewiesen, daß eine Verbindung der Menschen zwischen Hochland und Küste nicht erst seit diesem Jahrhundert existiert. Was dort über diese Verbindungen in der Vergangenheit gesagt wurde, gilt auch im vorliegenden Fall. Ohne die im Kapitel V vorgebrachten Argumente zu wiederholen, sei nochmals auf Rostworowski und Spalding verwiesen. Rostworowski widmet der Beziehung zwischen Küste und der Provinz Canta ein Kapitel in welchem sie von *Con*, einer Gottheit der Küste, spricht, deren Kult ihrer Auffassung zufolge von dort in die Sierra wanderte (1978:183-186,188). Über die Kolonialzeit gibt Spaldings Zitat Aufschluß,[5] in welchem sie feststellt, daß Lima mit den Schafen, Ziegen und einigen Rindern aus Huarochirí und Canta versorgt wurde.

---

5 Siehe Kapitel V Abschnitt 3 dieser Arbeit.

Im Fall von Vichaycocha finden sich indessen, im Unterschied zu Quinches, keine Hinweise auf eine Nutzung der *lomas*. Dies wäre für die nachinkaische Zeit allerdings auch erstaunlich, da der Ort bis heute über genügend gute Weiden verfügt und demnach nicht auf den unsicheren Bewuchs der *lomas* und die umständliche Reise dorthin angewiesen ist.

Eine enge Verbindung zwischen Vichaycocha und Huaral bestand, wie wir erfuhren, seit Beginn des Jahrhunderts durch die Arbeit auf den Baumwollfeldern im Delta. Den Angaben Casaverdes zufolge gingen in den Jahren 1921-1925 14 Personen, in den jeweils folgenden fünf Jahren bis einschließlich 1950 31, 54, 39, 12, und 14 Personen dorthin. Die Küste war somit spätestens seit den 30er Jahren einem großen Teil der Bevölkerung gut bekannt. Eine definitive Migration nach Huaral setzt jedoch erstaunlich spät ein. Verfolgen wir drei Fallbeispiele:

A, 68 Jahre alt, war in Vichaycocha Viehhändler und verfügte zudem über eine beträchtliche Herde. In seiner Funktion als Händler lernte er Huaral kennen. 1964 bot ihm ein Freund 7,5 ha Land zum Kauf. A nahm das Angebot an. Er wollte Vichaycocha verlassen, um seinen Kindern eine gute Ausbildung sichern zu können. Außerdem war er, obwohl er seine *cargos* größtenteils absolviert hatte, mit der *comunidad* in einen heftigen Konflikt um ein Stück Weide und eine darauf befindliche Herde geraten. A verkaufte Rinder und Land im Dorf und ließ sich in Huaral nieder, wo er Obst und Güter des täglichen Bedarfs anbaute. Bis Anfang der 70er Jahre hatte er noch Wollvieh in der Puna, die *comunidad* enteignete ihn aber nach der Verkündigung des neuen Statuts im Jahre 1970, in dem festgelegt wurde, daß nur *comuneros* zur Nutzung der kommunalen Ressourcen berechtigt seien. As Sohn hat inzwischen ein Studium als Agronom absolviert und wird das Erbe des Vaters antreten. Seine Töchter hat A, bis auf eine, mit *tiendas* in Huaral versorgt.

G, 66 Jahre alt, war in Vichaycocha *comunero* mit erheblichem Viehbesitz, zusätzlich führte er eine *tienda*. Leztere brachte ihn in häufigen Kontakt mit der Stadt Huaral, da er in ihr seine Einkäufe machte. Außerdem schickte er hier seine in einer Pension untergebrachten Kinder zur Schule. 1968 konnte er von einem befreundeten alten Mann eine Obstplantage von 1,5 ha kaufen. Um sein Vieh behalten zu dürfen, absolvierte G, der wegen der angenehmeren Arbeit und des besseren Lebens schon länger an die Küste umziehen wollte, bis 1973 seine *cargos* in der *comunidad* und blieb dann endgültig in Huaral, wo er sich schon ein Haus gebaut hatte. Seine Rinder in Vichaycocha behielt er noch eine Weile unter Aufsicht seines Bruders, verkaufte sie aber später. Lamas und Schafe besitzt er bis heute, ebenso seine *potreros*, derentwegen er drei- bis viermal im Monat in die Sierra fährt, um zu bewässern und nach dem Rechten zu sehen. Die Alfalfa verpachtet er, das Vieh ist unter Aufsicht eines Hirten. Sein Geld investierte G 1983 in ein 10 ha großes Stück Land am Ostabhang, das er zusammen mit einem Verwandten kaufte. Letzterer bepflanzte es mit Kaffeestauden. In Gs Haus befindet sich eine *tienda*, die von seiner Frau geführt wird.

T, 50 Jahre alt, besaß ursprünglich einen Lastwagen, mit dem er als Händler und Transporteur die Strecke Huaral-Vichaycocha befuhr. Da ihm das Leben an der Küste angenehmer erschien, wollte er sich schon seit längerer Zeit hier ansiedeln. 1972 ging T nach Lima und eröffnete dort eine *tienda*. Seine Geschäfte liefen jedoch nicht gut, und es gefiel ihm dort auch nicht sonderlich. Er verließ Lima und siedelte sich nun in der Hauptstraße von Huaral an. Hier führt er seither, zusammen mit seiner Frau, eine große *tienda*, in welcher sich auch Händler aus Vichaycocha mit Waren eindecken. Seine *tienda* ist die Haltestelle für die von und nach Vichaycocha fahrenden Lastwagen, sie ist auch die Nachrichtenbörse zum Austausch von Neuigkeiten. T und seine Frau haben keine eigenen Kinder, dennoch ist ihr Haus meist voll mit Neffen und Nichten (1988 waren es drei Kinder), die, von ihren Eltern geschickt, im Laden helfen und gleichzeitig zur Schule gehen.

Da T nie *comunero* war, hat er auch keinerlei Besitz mehr im Dorf. Trotzdem geht er bis zu viermal im Jahr dorthin, um Besuche zu machen und Feste zu feiern.

Die Fallbeispiele sind insofern typisch als es sich bei den Migranten jeweils um erwachsene Männer mit ihren Familien handelt. Alle hatten sie vorher bereits enge Kontakte zu Huaral, weshalb sie auch in ihre eigenen, vorher gebauten Häuser einziehen konnten. Untypisch sind die beiden ersten Fälle insofern, als sie (die einzigen) Landwirte sind. Spätere Migranten (s.Tabelle II) suchten sich andere Beschäftigungen. Die Möglichkeit des Landkaufs könnte, wie von den beiden Befragten behauptet, Zufall gewesen sein. Es könnte auch sein, daß in den sechziger Jahren zunehmend Land verkauft wurde, da die Großgrundbesitzer mit Enteignung rechnen mußten und dieser durch einen Verkauf zuvorkommen wollten.

Insgesamt konnten durch eine Umfrage 23 in Vichaycocha geborene, in Huaral lebende Personen, ermittelt werden.[6] Die Migration von Cochanos nach Huaral setzte spät ein. In den 60er Jahren gab es immerhin eine beträchtliche Zahl aus dem Dorf abgewanderter Personen in Lima, in den Minen oder in anderen Regionen der Sierra; für Huaral konnten kaum welche erfaßt werden. Die meisten der nach Huaral migrierten kamen in den 70er Jahren. Ihre Motive sind Arbeitsaufnahme, Bearbeitung ihres gekauften Feldes und besseres Leben. Es finden sich häufig Autoschweißer, was seinen Grund in der Erfolgsgeschichte einer Familie hat. Ende der 60er Jahre ließ sich ein Mann, aus der Montaña kommend, in Huaral nieder. Er hatte Erfahrung in der Reparatur von Autos, insbesondere als Schweißer. Bald machte er sich einen Namen und suchte Helfer für seinen Betrieb. Da seine Frau aus Vichaycocha stammte und dort viele Verwandte hatte, "rief" sie nach und nach ihre Neffen. Diejenigen, die dem Ruf folgten, arbeiteten einige Jahre in dieser Werkstatt, dann machten sie sich selbständig. Diese Bewegung hält bis heute an, und es steht zu erwarten, daß in Zukunft mehr Werkstätten als bisher in der Hand ehemaliger Cochanos sein werden.

Die nachfolgende Tabelle gibt einen Überblick über die wichtigsten Daten der Haushaltsvorstände und ihrer Ehefrauen.

Tabelle II: Haushaltsvorstände und Ehefrauen in Huaral

1	2	3	4	5	Beruf	6	7	8	9	Beruf
28	60	d	Lima	C	Schweißer	ja				
68	64	b	keine	A	Landwirt	ja	63	II	B	Hausfrau
39	70	a	Selva	A	Schweißer	ja	32	I	A	Hausfrau
40	71	a	Selva	C	Agronom	no	32	I	C	Sozialar
50	71	a	keine	A	Maurer	ja	50	I	A	Hausfrau
50	72	c	Lima	A	Händler	ja	48	I	A	Hausfrau
66	73	b	keine	A	Landwirt	ja	32	II	A	Händler
30	77	a	keine	B	Schweißer	ja	25	III	A	Hausfrau
41	85	a	Mine	B	Händler	ja	29	II	A	Kosmetik

Erläuterung zur Bezeichnung der Spalten: 1= Alter des Haushaltsvorstands, 2 =Jahr der Migration, 3= Migrationsmotiv, 4= frühere Migrationsorte, 5= Bildung, 6= eigene Wohnung (ja/nein), 7-10= Daten zu Ehefrau: Alter, Herkunftsort, Bildung, Beruf.
<u>Symbole</u> Ausbildung: A= *primaria*, B= *secundaria*, C= *superior*
<u>Symbole</u> Motiv: a= Arbeitsaufnahme, b= Landkauf, c= Weiterkommen, d= verließ Vichaycocha als Kind
<u>Symbol</u> Herkunft Ehefrau: I= Vichaycocha, II= Sierra, III= Huaral
<u>Quelle</u>: Befragung in Huaral, August 1988

---

[6] Diese Daten, die ich im August 1988 sammelte, wurden mit etlichen der Befragten überprüft. Dabei wurde mir gegenüber die Existenz von drei weiteren Familien aus Vichaycocha genannt, zu denen ich jedoch keinen Kontakt aufnehmen konnte. Insgesamt dürfte indessen die Zahl der Cochanos in Huaral 35 Individuen nicht überschreiten.

Die Tabelle zeigt einige Charakteristika der Migration der Cochanos. Viele von ihnen sind, bevor sie sich in Huaral niederließen, bereits längere Zeit an anderen Orten (v.a. am Ostabhang der Anden und in Lima) gewesen. Sie kamen nach Huaral, weil sie hier Arbeitsangebote hatten oder sich bessere Möglichkeiten versprachen. Auffällig ist auch der verhältnismäßig niedrige Bildungsstand, da die meisten lediglich die *primaria* absolviert haben. Dies gilt auch für die Ehefrauen. Letztere kommen zur Hälfte ebenfalls aus Vichaycocha und migrierten mit ihren Männern.

Die Angehörigen der oben aufgeführten sind in Tabelle III zusammengefaßt:

<u>Tabelle III</u>: Angehörige der Migranten in Huaral

Alter	M	F	Verwandt 1	2	Geboren in 1	2	3
0-14	5	7	11	1	1	5	6
15-24	1	5	3	3	5	-	1
24 +	2	2	4	-	4	-	-
SUMME	8	14	18	4	10	5	7

<u>Symbole</u>: Verwandt: 1= Eltern/Kinder, 2= Neffen/Nichten.
Geboren in: 1= Vichaycocha, 2= Huaral, 3= andere Orte
<u>Berufe</u> (nicht in Tabelle aufgeführt): 4 Schüler, 2 Händler, 2 Haushaltsbedienstete, 1 Buchhalter, 1 Landwirt
<u>Quelle</u>: Befragung in Huaral, August 1988

Die Zahl der betrachteten Fälle ist zu gering, um Aussagen über das Verhalten der schon in Huaral aufgewachsenen Generation der Migrantenkinder zu machen. Soweit sich ein Trend vermuten läßt, unterscheiden sich die Beschäftigungen der Migranten und jene ihrer Kinder nicht wesentlich. Von den Landwirten arbeiten die Nachkömmlinge auf die Übernahme des Betriebs hin bzw. werden mit *tiendas* ausgestattet. Die meisten Abwanderer sind aber noch zu jung um schon erwachsene Kinder zu haben.

Währenddessen könnte, wenn die wirtschaftliche Entwicklung es erlaubt, neben den *tiendas* die Arbeit in Autoreparaturwerkstätten immer mehr an Gewicht gewinnen. Hier gibt es einerseits wahrscheinlich auch in Zukunft noch eine Expansion der Nachfrage, andererseits zeigt das Beispiel der bereits etablierten Werkstätten, daß es sich auch für nachkommende Migranten lohnen könnte, darin zu arbeiten.

Die Werkstätten sind demnach der einzige Bereich der Cochanos in Huaral in dem eine Entwicklung vermutet werden kann, bei der sich eine

Gruppe von Migranten mit engen Kooperationsverbindungen herauskristallisiert, wo die Mitglieder sich gegenseitig stützen und helfen und neue Migranten nachziehen. Die anderen Bereiche, einschließlich der *tiendas*, sind auf individueller bzw. Familienbasis gegründet, funktionieren also ohne die weitergefaßten dörflichen Sozialbeziehungen. So findet sich auch keine Assoziation der Vichaycochanos, wenn sich auch oft Menschen aus diesem Dorf im Laden von T treffen, um Neuigkeiten auszutauschen.

Im Gegensatz also zu Vichaycocha selbst und zu den Migranten in Lima, die, wie wir noch sehen werden, enge Informations- und Kooperationsnetze besitzen, arbeiten in Huaral lediglich die vier Autowerkstätten enger zusammen (deren Besitzer alle denselben Nachnamen tragen). Dies mag seine Erklärung darin finden, daß es hier noch nicht zu einer eindeutigen Gruppierung einer großen Menschenzahl um bestimmte Ressourcen kam, deren Nutzung mit Hilfe kooperativer Netze besser gelänge als durch rein individuelles Vorgehen.

Die Migration von Vichaycocha nach Huaral, berücksichtigt man die sehr frühen Kontakte vieler Dorfbewohner zur Küste, begann spät. Vielleicht aber bieten sich aus diesem Grund, weil die "Nischen" noch nicht vollständig besetzt sind, für zukünftige Migranten noch Chancen. Insgesamt gesehen dürfte Huaral jedoch kaum mehr Möglichkeiten für eine Expansion im Umfang der 60er Jahre bereithalten, wodurch auch seine Aufnahmekapazität von Zuwanderern aus den Bergdörfern des Valle de Chancay bald erschöpft sein wird.

IX. Migranten aus Vichaycocha in Lima

Wann die ersten Bewohner Vichaycochas sich in Lima niederließen, ist nicht zu klären. Es gibt einige Hinweise darauf, daß dies schon vor 1930 geschehen sein könnte. Casaverde gibt in einer Tabelle zur saisonalen Migration an, daß in den 20er Jahren vier, in den 30er Jahren elf Menschen des Dorfes für einige Zeit in Lima gearbeitet hätten (o.D.:32a). Die heute ältesten Migranten erklären, sie hätten Ende der 30er Jahre bei einem Onkel in Lima Zuflucht gefunden, der Angehöriger einer Methodistenkirche gewesen sei.

Schon durch die Ausführungen in Kapitel VI, aber auch durch die Hinweise auf saisonale Migration nach Lima, dürfte jedoch klar sein, daß die Cochanos ebenfalls nicht als *wakchas*[1] in die Stadt zogen. Wir können auch in diesem Fall davon ausgehen, daß Migranten, die früh den Ort Richtung Lima verließen relativ genau wußten, wohin sie gingen und worauf sie sich einlassen würden.

Auffällig bezüglich der Migration Vichaycocha - Lima ist jedoch, daß eine Abwanderung in größerer Zahl erst relativ spät einsetzte. Hatten andere Dörfer des Westabhangs schon in den 20er Jahren eine Anzahl Migranten in Lima, konnten die Cochanos erst seit den 50er Jahren auf eine größere Gruppe von *paisanos* in Lima rechnen.[2] Zur Erklärung dessen lassen sich mehrere Gründe anführen: a) Die Zahl der Dorfbewohner im Jahre 1940 lag offenbar noch nicht dramatisch über dem Limit dessen, was die Wirtschaft in Vichaycocha tragen konnte. b) Der Aufschwung der Minenwirtschaft der 30er Jahre absorbierte zunächst einen Teil jener potentiellen Migranten, die sonst nach Lima gezogen wären. c) Eine nicht genau zu ermittelnde Zahl (Schätzungen von Cochanos zufolge könnte es sich um ca. 15-20 Familien handeln) wanderte in andere Gebiete ab, darunter v.a. den Ostabhang der Anden (Huánuco, Chanchamayo, Pucallpa und Tingo Maria).

Die späte Migration nach Lima hat bis heute Auswirkungen auf den Wanderungsprozeß der Cochanos. Die beiden gravierendsten sind die späte Öffnung einer ökonomischen Nische, die sich erst in den 80er Jahren zu sättigen beginnt, und die (dadurch mitbedingte) Instabilität der Wanderung nach Lima zu Beginn des Prozesses. Waren die Quinchinos mit dem festen

---

[1] Zum Begriff *wakcha* vgl. Kapitel II und B. J. Isbell (1974:138).
[2] Quinches und Huayopampa sind dafür Beispiele. Bewohner Huayopampas schickten schon in den ersten Dekaden des Jahrhunderts ihre Kinder zur Ausbildung nach Lima und: "En 1938 casi todos los egresados ya tenian familiares en Lima..."(Osterling, 1980:82). Die Pacareños jedoch migrierten ebenfalls erst relativ spät, zu Ende der 40er Jahre, in größerer Zahl nach Lima; vgl. Degregori/Golte (1973:164ff.) und R. Montoya (1967:92,93).

Vorsatz nach Lima gekommen, sich dort anzusiedeln, finden wir bei den Cochanos nicht wenige Individuen, die im Lauf ihres Lebens mehrmals nach Lima gehen, die Stadt verlassen und nach einigen Jahren zurückkehren. Im folgenden soll der Prozeß im einzelnen dargestellt werden. Dazu werden Informationen verwandt, die aus einer Umfrage stammen, in welcher Daten über den "beruflichen Werdegang" der Haushaltsvorstände, über Motive der Migration, über die familiäre Situation etc. gesammelt wurden. Eine zweite Quelle sind informelle Gespräche, die auf Veranstaltungen, meist jedoch in den *tiendas* der Cochanos geführt wurden. Schließlich wurde ein Minimalzensus aller in Lima ansässigen Cochanos erstellt.

1. Die Migration bis 1965

Im vorliegenden Fall ist es sinnvoll, die Abwanderung auf zwei zeitliche Phasen hin zu untersuchen: Die Phase bis ca. 1965 und jene danach bis heute. Seit 1965 nämlich gelang es den Cochanos, "ihre" ökonomische Nische zu öffnen und damit den Migrationsprozeß wesentlich stärker vorzustrukturieren und zu vereinfachen, als dies zuvor möglich gewesen war. Erst nach Öffnung dieser Nische setzt eine anhaltende Wanderung nach Lima ein, oft mit der Absicht verbunden, sich ebenfalls eine Position in ihr zu schaffen.

Tabelle I: Migranten vor 1966

Nr	1	2	3	4	5	6	7
1	39	65	Bote	Buchhalter	Buchhalter	Ausbildung	17
2	48	50	Krankenschw	Händler-B	Bekleidg-G	Ausbildung	-
3	52	52	Arbeiter	Juwelier	Bekleidg-G	Ausb./Arbeit	6
4	54	47	Mechaniker	Ingenieur	Gemischtw	Ausbildung	-
5	56	51	Hausangest.	Angestellt	Bekleidg-G	Ausbildung	-
6	57	50	Lehrer	Händler-B	Bekleidg-G	Studium	1
7	58	47	Straßenh.	Schreibw.	Händler-B	Ausb./Arbeit	11
8	58	52	Kellner	Juwelier	Gemischtw	Lebensbeding	-
9	59	48	Kellner	Küchenhilfe	Krankenpfl	Lebensbeding	-
10	60	51	Kellner	Straßenh	Bekleidg-G	Lebensbeding	-
11	61	41	Arbeiter	Händler-B	Bekleidg-G	Ausb/Lebensb	1
12	61	42	Kellner	Arbeiter	Bekleidg-G	Lebensbeding	-
13	64	54	Fahrer-Lima	Fahrer-Bus	Gemischtw	Familie	
14	64	38	Straßenh.		Autoers T-G	Ausb/Arbeit	-
15	65	53	Straßenh.		Bekleidg-G	Lebensbeding	-

Spalte: 1= Jahr der Ankunft, 2= Alter, 3, 4, 5= Beruf bei -Ankunft, -später, -heute, 6= Motiv, 7= Jahre von Lima abwesend
Erläuterung: Bei den Berufen steht "B" für Bekleidung. Händler-B bedeutet Tätigkeit im Bekleidungszwischenhandel; Bekleidg-G bedeutet Führung eines eigenen oder gemieteten Geschäfts für Bekleidung, Gemischtw= Gemischtwarenhandel in einer *tienda*
Quelle: Befragung in Lima 1988

Von insgesamt 15 Haushaltsvorständen liegen Daten vor, die in der Tabelle I zusammengefaßt sind. Wie sich anhand dieser gut erkennen läßt, gab es einen eindeutigen Trend: bis Mitte der 60er Jahre kamen die Cochanos in Lima in diversen Berufen unter, mehrere studierten sogar, übten danach aber ihren Beruf nicht aus. Danach setzt eine massive Hinwendung zum Handel mit Bekleidung ein. Dieser Handel - die Eröffnung von Boutiquen, der Straßenhandel mit Kleidung, Zwischenhandel und in neuerer Zeit auch die Herstellung von Bekleidung - ist die ökonomische Nische, welche sich die Cochanos in den letzten 20 Jahren in Lima erobern konnten. Weil diese Aktivität so viel Bedeutung für die Migration der Menschen dieses Dorfes hat, soll hier aus der Sicht der Protagonisten selbst dargestellt werden, wie es dazu kam.

2. Eroberung einer ökonomischen Nische: Das Bekleidungsgeschäft

Als Pioniere des Bekleidungsgeschäfts gelten zwei Männer, von denen Qu der dynamischere und erfolgreichere, M der eher bescheiden prosperierende ist. Qu und M begannen als junge Männer in Vichaycocha im Käsezwischenhandel, ein Produkt, welches sie nach Huarón und bis Cerro de Pasco verkauften. Damit erwarben sie sich ein kleines Kapital, mit dem sie 1959 nach Lima zogen, "para superar". Sie lebten zusammen mit anderen *paisanos* in einer Pension im Stadtteil La Victoria. Von ihrem Geld kauften sie anfangs Schulutensilien, die sie vor den Schulen stehend auf der Straße verkauften. Weil dieses Geschäft sich aber nicht ausdehnen ließ, begannen sie 1964, sich Bekleidung aus Fabriken zu beschaffen und sie im Straßenhandel zu veräußern. Ihr bevorzugter Standplatz war um den *Mercado Central*, der damals noch aus Holz und inzwischen viel zu klein für die rasch wachsende Stadt war. 1966 brannte der Markt ab und mußte neu aufgebaut werden. Während der Bauzeit blieben Qu und M noch auf der Straße, sie hatten aber schon länger mit dem Gedanken gespielt, sich eine feste Bleibe zu suchen, da es immer wieder Probleme mit den Behörden gab. Bei der Neueröffnung konnte sich Qu ein Geschäft im Markt mieten und stellte M als Mitarbeiter ein. 1969 machte in einer Nebenstraße des Marktes die *Galería Central*[3] auf, Qu war einer der ersten, der sich eine ansehnliche Verkaufsfläche sichern konnte. Als einige Zeit später nebenan die *Galería Sta. Anita* öffnete, kaufte er sich auch dort ein Geschäft. Alle drei werden noch heute von ihm und etlichen Angestellten (meist Verwandten aus Vichaycocha) geführt. 1970 machte M ebenfalls ein eigenes Geschäft auf und im selben Jahr auch der Bruder von Qu, der vorher als Lehrer gearbeitet hatte. Ausnahmslos alle aus Vichaycocha stammenden Personen, die in den frühen siebziger Jahren ein Bekleidungsgeschäft eröffnet haben, arbeiteten eine Zeitlang für Qu. Einige hatte er jeweils in seinen Geschäften als Verkäufer angestellt, die meisten jedoch arbeiteten mit ihm auf folgender Grundlage: sie bekamen von ihm Waren zu einem festgesetzten Preis in Kommission, die sie dann entweder an andere Geschäfte oder als Straßenhändler an Einzelpersonen weiterveräußerten. Was sie nicht verkaufen konnten, gaben sie abends wieder an Qu zurück. Einige wenige beschäftigte er damit, sie in Fabriken zu schicken, damit sie dort Ware abholten. Alle drei Tätigkeitsbereiche brachten die je-

---

3 Als *Galería* werden in Peru Gebäude bezeichnet, in welchen sich eine Anzahl kleiner Bekleidungsgeschäfte befindet, die entweder von ihren Betreibern gekauft oder auch gemietet sind.

weils Angestellten in engen Kontakt mit dem Bekleidungsgeschäft, so daß sie in die Lage versetzt wurden, sich Kenntnisse anzueignen und zu vertiefen. Insbesondere die beiden letztgenannten Varianten boten noch einen weiteren Vorteil: Die Straßen- und Zwischenhändler konnten selbst die Verkaufspreise festsetzen und bei einigem Verhandlungsgeschick war es möglich, sich ein kleines Kapital zu erarbeiten mit dem man, unter Mithilfe von Freunden, selbst ein Geschäft aufmachen konnte. Die mit der Zulieferung von Waren aus den Fabriken Beauftragten hatten einen anderen Vorteil. Regelmäßig bekamen sie so enge Kontakte zu den Herstellern, daß sie von diesen bald schon selbst Waren auf Kommission bekamen und sich nach und nach von Qu unabhängig machten. Lockte Qu's Erfolg die ersten Angestellten noch in Lima an, so kamen bald immer mehr Jugendliche aus Vichaycocha, die entweder von ihm "gerufen" wurden oder freiwillig kamen, um die entstandenen Lücken aufzufüllen und ebenfalls ihr Glück zu versuchen. Da Qu bald nicht mehr der einzige war, der andere beschäftigen konnte, zog das Bekleidungsgeschäft immer mehr Migranten aus Vichaycocha in seinen Bann. Bei Qu selbst sind in den 20 Jahren seiner Tätigkeit mehr als 20 Personen länger als zwei Jahre beschäftigt gewesen. Andere erfolgreiche Händler aus dem Ort bringen es immerhin in weniger Zeit auf zehn bis fünfzehn von ihnen irgendwann angestellten Cochanos. Daran läßt sich erahnen, welchen Sogeffekt diese Tätigkeit auf Dorfbewohner hat, die für sich eine Chance zur Wiederholung des Erfolgs ihrer Vorgänger sehen.

Natürlich sind nicht alle so erfolgreich gewesen wie Qu, dennoch haben einige der Jüngeren ihn überrundet. P z.B. hat zwei Werkstätten mit insgesamt 30 Angestellten, die exklusiv für seine Geschäfte produzieren. Die Modelle entwirft seine Frau unter Mithilfe von Angestellten nach Vorlage internationaler Modezeitschriften. Da er aber nicht nur in einem ökonomischen Bereich tätig sein mochte, öffnete er ein weiteres Investitionsfeld. Er mietete sich zwei Sendestunden pro Tag in Radio La Unión, einer der bekanntesten Stationen Limas. Dort verbreitet er Folklore und *Chicha*-Musik.[4] Oft wird die Musik von Gruppen oder Personen gemacht, die er unter Vertrag hat, da sein zweites Standbein in dieser Sparte die Aufnahme und der Verkauf von Platten und bespielten Musikkassetten ist. Um seinen Stars und sich selbst zu besserem Absatz zu verhelfen, veranstaltet er öfters große Folkloreveranstaltungen.

---

4 *Chicha* ist eigentlich die Bezeichnung für Maisbier. In den letzten 15 Jahren bildete sich aber eine Musikrichtung unter den *provincianos* heraus, die sie selbst als Mischung zwischen *Huaynos* (traditionelle Musik in den Dörfern) und *Salsa* (als progressiv geltende Musik der städtischen Mittel- und Oberschichten) begreifen und als *Chicha* bezeichnen.

R hat zwei große Geschäfte, die er mit einem *primo*, zwei *sobrinas* (die nebenbei studieren) und seiner Frau betreibt. Er hat zwei Kleinbetriebe mit insgesamt 38 Angestellten unter Vertrag, die exklusiv für ihn Modelle entwerfen und herstellen. Aber auch er schaute sich 1988 nach neuen Investitionsmöglichkeiten um. Im September des Jahres stand er in Verhandlungen, um zusammen mit einigen anderen ein Bürohochhaus in der Innenstadt zu kaufen, das insgesamt 1,5 Millionen Dollar kosten sollte. Wieviel davon R bezahlen sollte, wollte er nicht sagen.

Allerdings gibt es auch mannigfaltige Gründe, die zum Scheitern führen. J z.B. hatte 1975, nachdem er einige Zeit bei Qu gearbeitet hatte, sein eigenes Geschäft in der *Galeria Ucayali* aufgemacht. Nach drei Jahren mußte er aufgeben, weil der Eigentümer des Gebäudes ihm die Miete drastisch erhöhen wollte. Da J noch keine Stammkundschaft hatte, andererseits aber bei den Herstellern seiner Waren hoch verschuldet war, gab er auf und nahm das Angebot seines *primo* R an, bei ihm zu arbeiten.

O war, neben Qu und dessen Bruder, der Dritte, der ein eigenes Geschäft eröffnete. Wegen Mieterhöhungen und mangelnder Kundschaft kam er ab 1977 zunehmend in Schwierigkeiten und mußte 1980 sein Geschäft auflösen. Er kaufte sich von dem übrigen Geld zwei alte Nähmaschinen, stellte sie in seiner engen Wohnung auf und produzierte nun mit seiner Frau selbst die Ware, die er anschließend als Straßenhändler auf der Abancay (eine der großen, mit ambulanten Händlern übersäten Straßen im Zentrum) verkaufte. Inzwischen arbeiten für ihn zwei Frauen an den Maschinen (eine *prima* und eine Bekannte aus Ayacucho), während er und seine Frau mit dem Verkauf beschäftigt sind.[5]

Deutlich wird daran, wie stark einerseits die Eroberung einer Nische vom Zufall abhängen kann, daß sie andererseits natürlich auch stark bedingt ist sowohl durch die nationale und internationale Wirtschaft, als auch durch die durch den massiven Zustrom geschaffene Binnenstruktur der Stadt Lima. Beide Aspekte schließen sich nicht aus, sondern sind komplementär zueinander. Die wirtschaftlichen Bedingungen schaffen (oder zerstören) Möglichkeiten des Überlebens oder der Prosperität, der Zufall führt Menschen an die eine oder andere dieser Möglichkeiten heran und entwickelt

---

5 Weitere Lebensgeschichten der Cochanos befinden sich im Anhang II. Ich hielt es für angebracht sie in diese Arbeit einzubeziehen, weil sie mit wünschenswerter Deutlichkeit zeigen, wie sich ein Eingliederungsprozeß vollziehen kann.

sich, wo Erfolge verbucht werden können, zur Struktur, die nur unter Schwierigkeiten wieder beseitigt werden kann.[6]

Doch zurück zu den Cochanos.

Nimmt man zum Vergleich Personen, die nach 1965 nach Lima kamen, werden die Unterschiede zur obigen Auflistung deutlich:

Tabelle II: Migranten nach 1965

Nr	1	2	3	4	5	6	7
1	66	40	Arbeiter	Händler-B	Rechtsanw.	Studium	–
2	68	36	Verkäufer-B		Bekleidg-G	Ausb/Arbeit	–
3	69	41	Händler-B		Straßenh-B	Lebensbeding	–
4	69	38	Händler-B		Bekleidg-G	Studium	–
5	69	32	Verkäufer-B		Bekleidg-G	Ausb/Arbeit	–
6	70	32	Verk.-Laden		Bekleidg-G	Ausb/Arbeit	–
7	73	32	Straßenh.	Angestellt	Bierhandlg.	Studium	4
8	74	32	Verkäufer-B		Bekleidg-G	Ausb/Arbeit	–
9	79	28	Verkäufer-B		Dekorateur	Studium	–
10	87	43			Straßenh-Es	Krankheit	–

Symbole, Abkürzungen u. Quelle vgl. Tabelle I (Straßenh-Es = Straßenhandel mit zubereitetem Essen)

Von den zehn befragten Personen begannen nicht weniger als sechs sofort im Bekleidungsgeschäft, ebenso viele arbeiten noch heute darin. Der Dekorateur dekoriert die Schaufenster seiner *paisanos* in den Geschäften um den *Mercado Central*; er ist damit ebenfalls dieser Sparte zuzurechnen. Aber auch die Variation der Beschäftigungen hat deutlich nachgelassen, da die nun Ankommenden bereits relativ klare Vorstellungen von ihrer zukünftigen Beschäftigung in Lima haben. Nr. 10 ist übrigens in vieler Hinsicht eine Ausnahme. Nicht nur ist sie eine alleinstehende Mutter und hängt einer evangelisch-fundamentalistischen Glaubensrichtung an (dies tun ca. 10% der Cochanos im Dorf selbst und anderswo), sie wohnt auch weitab der sonstigen Migranten. Ihren Unterhalt verdient sie damit, daß sie auf einer *carretilla* (wörtl.: Wägelchen) Essen zubereitet und verkauft.

Bezüglich der Motive läßt sich dagegen kaum eine Variation erkennen. Zwar gaben hier mehr Personen als Grund die Aufnahme eines Studiums an. Oft wird dies aber abgebrochen oder, wo beendet, bevorzugen die Betreffenden dann doch, sich im Bekleidungsgeschäft niederzulassen, da dies in aller Regel mehr Einnahmen verspricht als die Anstellung im Staatsdienst der unteren Hierarchie.

---

[6] Vgl. hierzu insbesondere die Ausführungen in Kap. III.

Die vorhergehenden Ausführungen werfen eine Frage auf, die hier nicht erschöpfend wird beantwortet werden können, zu deren Beantwortung sich aber doch einige Hinweise finden: Woher stammt das Kapital, das notwendig ist, ein Bekleidungsgeschäft zu eröffnen? Dies verlangt nicht nur einen Raum und die Ausstattung (Tresen, Regale, Schreibtisch etc.), sondern v.a. einen Grundstock an Waren, der Kapital bindet. Betrachtet man den nicht unerheblichen Viehreichtum im Dorf, liegt die Vermutung nahe, daß oft von dort Gelder in den Bekleidungssektor fließen. Zur Stützung dieser Vermutung fanden sich indes keine Hinweise. So wollen die Geschäftsleute des Textilsektors ohne Ausnahme keine größeren Summen aus dem Dorf erhalten haben. Berücksichtigt man die Möglichkeiten, die sich einer erfolgreich agierenden Geschäftsperson in diesem Sektor bieten, ist es jedoch auch zweifelhaft, ob solche Geschenke aus Vichaycocha eine Vorbedingung für die Eröffnung eines Geschäftes sind. Von Bedeutung für diesen Zweck scheint, neben der Akkumulation von Kapital aus eigenen Geschäften, eher die Erlangung von Krediten zu sein, sei es von *paisanos* aus derselben Branche (mit denen die Kreditnehmer immer geschäftlich und verwandtschaftlich verbunden sind) oder von den Zulieferern der Geschäfte, die sich durch die Vergabe von Krediten einen neuen Großkunden sichern wollen.[7]

Soweit ein Vergleich zwischen Eltern in Vichaycocha und ihren Kindern in Lima möglich war, gibt auch dies keine konkreteren Hinweise auf eine Investition aus dem Dorf in den Textilsektor. Die im Dorf angesammelten Gelder gehen wohl eher in die Ausbildung der Kinder und den Hausbau. Lediglich in zwei Fällen ist bekannt, daß eine direkte Investition zugunsten eines Bekleidungsgeschäfts stattfand. Im ersten Fall kaufte ein Vater seiner Tochter in der Parada einen kleinen Laden, im zweiten Fall gab ein Vater seinem Sohn eine größere Summe Geld, nachdem dessen Laden von Dieben geplündert worden war.

Um die eben ausgeführten Gedanken zu stützen, wurde, soweit bekannt, eine Beziehung hergestellt zwischen dem Besitz der Eltern in *unidades ovinos* im Jahre 1987 und den Berufen ihrer Kinder in Lima. Leider ist nicht von allen Migranten der wirtschaftliche Hintergrund in ihrem Dorf im einzelnen bekannt, so daß in diese Betrachtung lediglich 50 der insgesamt 238 Migranten (das entspricht 21%) berücksichtigt werden konnten.

---

[7] Vgl. dazu den informativen Artikel von Grompone in: QUEHACER, No.21, 1983:107-127.

Tabelle III: Beziehung Viehbesitz - Beruf von Migranten

u.o.	M	F	( ) Alter	Berufe 1	2	3	4	5	6	7	8
100-199	11	7	26,9	6	3	1	3	2	1	2	0
200-299	8	12	30,5	5	0	1	4	4	2	3	1
300-399	2	5	22,0	0	0	0	1	0	2	3	1
+ 400	2	3	31,5	1	0	0	1	1	2	0	0
SUMME	23	27	27,7	12	3	2	9	7	7	8	2

Symbole: 1= Bekleidungsgeschäft, 2= sonstige im Bekleidungssektor (Näher, ambulante Händler), 3= Arbeiter, 4= Angestellter, 5= sonstige Händler, 6= Student, 7= Hausfrau/Hausangestellte, 8= akademischer Beruf.
Quellen: Padrones de la Comunidad de Vichaycocha; Zensus vom 15.6.1988, Umfrage in Lima 1988

Zunächst ist zu bemerken, daß das völlige Fehlen der Sparten unter 100 u.o. sowohl dem Zufall als auch dem Umstand zu verdanken sein dürfte, daß die Haushalte, die über sehr wenig Ressourcen verfügen, weniger nach Lima migrieren, da ihnen das Dorf immer noch eine gewisse Sicherheit bietet. Die Bekleidungsgeschäfte finden sich in den beiden untersten Sparten ziemlich häufig, die restlichen Sparten dürften aber zu wenig Fälle beinhalten, um irgendwelche Aussagen zuzulassen. Ansonsten ist in keiner Sparte eine signifikante Ansammlung von Berufen zu erkennen. Wie gesagt sollte die Tabelle in erster Linie zeigen, daß die Einrichtung eines Bekleidungsgeschäftes nicht daran gebunden ist, daß die Eltern in Vichaycocha ihre Viehherden verkaufen müssen. Dies mag zwar da und dort der Fall gewesen sein, wichtiger für einen erfolgreichen Beginn und das Überleben in diesem Geschäft dürften indessen die Konjunktur sowie die vielfältigen Möglichkeiten der Akkumulation und Kreditvergabe sein.

Nach diesen mehr speziellen Ausführungen sollen im folgenden einige generelle Aspekte der Migration von Vichaycocha nach Lima beleuchtet werden. Zu diesem Zweck wurden die Basisdaten, die zu allen in Lima befindlichen Migranten zu erhalten waren, in Tabellen zusammengefaßt. Es ergibt sich folgendes Resultat:

Tabelle IV: Alter, Geschlechterverteilung und Berufe

Alter	Zahl	%	M	F	Berufe 1	2	3	4	5	6	7	% von Ber.1
10-19	8	3,4	1	7	1	-	5	-	-	-	2	12,5
20-29	69	29,0	35	34	19	8	11	10	7	4	10	27,5
30-39	69	29,0	38	31	27	18	2	3	3	7	9	39,1
40-49	55	23,1	35	20	23	11	-	4	3	7	7	41,8
50-59	29	12,2	21	8	13	6	-	1	4	4	1	44,8
60 +	8	3,4	4	4	-	2	-	-	1	3	2	0,0
SUMME	238	100,1	134	104	83	45	18	18	18	25	31	34,9

<u>Symbole für Berufe</u>: 1= Tätigkeiten im Konfektionsbereich: Näher/innen, Straßenhändler, Zwischenhändler, Besitzer/Eigentümer von Geschäften; 2= Selbstbeschäftigte außer Konfektionsbereich: Gemischtwarenladen, Verkauf von Autoteilen, Verkauf/Reparatur von Haushaltsmaschinen, Herstellung/Verkauf von Lederwaren, Straßenhandel mit Obst und Gemüse; 3= Studenten; 4= Arbeiter, 5= Angestellte 6= akademische Berufe 7= Sonstige (Hausfrau, Hausangestellte etc.).
<u>Quelle</u>: Befragung in Lima 1988

Wie sich erkennen läßt, setzt die Wanderung nach Lima verstärkt ab dem zwanzigsten Lebensjahr ein. Es ist hier eine gewisse Bildungsmigration vorhanden, mit 16% machen die Studenten aber lediglich einen kleineren Teil auch dieser Altersgruppe aus. Schon hier stellen die im Konfektionsbereich Tätigen fast ein Drittel, die Beschäftigungen insgesamt sind jedoch noch relativ breit gestreut. Unter den 10 Personen der Spalte 7 befinden sich hauptsächlich Hausangestellte, die öfters bei ihren Verwandten oder *paisanos* arbeiten. Im Alter zwischen 30 und 60 Jahren dominieren dann die Tätigkeiten im Bekleidungsgeschäft. Dieses Faktum belegt die obigen Feststellungen bezüglich der Bedeutung dieses Sektors für die in Lima wohnhaften Cochanos. Auffällig ist die relativ geringe Bedeutung akademischer Berufe, da doch Ausbildung der häufigst genannte Grund zur Abwanderung ist. In der Tat ist es für die Cochanos zwar von Wichtigkeit, die *secundaria* zu absolvieren, einer universitären Ausbildung messen sie jedoch vergleichsweise wenig Bedeutung bei. Oft fangen sie mit einem Studium an, lassen es aber bald danach zugunsten einer Tätigkeit im Handel sein. Viele der in der Tabelle erscheinenden Studenten arbeiten nebenbei bei Verwandten in einem Bekleidungsgeschäft, wodurch die Wahrscheinlichkeit gegeben ist, daß sie in absehbarer Zeit ebenfalls in diesem Bereich tätig sein werden.

Die Tabelle zeigt ferner, daß mit zunehmendem Alter der Gruppen immer weniger Frauen vorhanden sind (mit Ausnahme jener über 60 Jahre). Damit erklärt sich das Fehlen von Männern im Dorf selbst, da sie offenbar in größerer Zahl migriert sind als dies die Frauen getan haben.

Der allgemeinen Struktur folgend lassen sich auch für die Cochanos in Lima gewisse Wohngebiete in der Stadt ausmachen, die von ihnen bevorzugt werden. Es gibt viele Personen, die zunächst im Zentrum von Lima wohnten, um von da aus im Laufe der Zeit ein Haus in einem der neuen Stadtteile zu bauen. Die Tabelle V zeigt die Verteilung auf die einzelnen Wohngegenden.

Tabelle V: Wohnviertel in Lima

Wohnviertel	Zahl	%
Comas/Collique	75	31,5
Zarate	35	14,7
Cercado	35	14,7
San Martin Porres	24	10,1
Rimac	21	8,8
La Victoria	16	6,7
Andere	32	13,4
SUMME	238	99,9

Tabelle VI: Herkunftsregion der Ehepartner

Herkunftsregion	Zahl	%
Vichaycocha	59	24,8
Sierra Chancay	18	7,6
Sonstige Sierra	27	11,3
Küste/Lima	15	6,3
Ledig	86	36,1
Unbekannt	33	13,9
SUMME	238	100,0

Quelle für beide Tabellen: Befragung in Lima 1988

Die weitaus meisten Migranten aus Vichaycocha wohnen in den nördlichen Vororten Comas und Collique, die in den siebziger Jahren entstanden. Demzufolge wohnen dort v.a. Cochanos, die in den letzten 15 Jahren nach Lima zogen, bzw. solche, die anfangs im Zentrum wohnten und sich nach einiger Zeit ein eigenes Haus in den genannten Stadtteilen bauen konnten. Ähnliches gilt für Zarate, während die in San Martin de Porres, entlang der Avenida Perú wohnenden Cochanos meist in den 60er Jahren dorthin zogen. Unter den ersten Migranten gingen jene, die nicht im Zentrum Wohnung fanden, in den Stadtteil Rimac. Dort wohnen heute noch ca. 9%, meist in eigenen Häusern bzw. bei Verwandten. Die unter der Rubrik "Andere" zusammengefaßten Personen verteilen sich auf das gesamte Stadtgebiet. Zwischen der Ankunft in Lima und der definitiven Wohnsitznahme in einem Stadtteil verstreichen im Durchschnitt zehn Jahre.

Im Vergleich zu Quinches verfügen die Cochanos seltener über eigene Wohnungen. Von den in der Befragung ermittelten Haushaltsvorständen waren es 72% Eigentümer gegenüber 28% Mieter. Angesichts der relativ späten Abwanderung der Cochanos kann man darin eine weitere Bestätigung der in Kapitel VI formulierten These sehen, derzufolge die Migranten nach einiger Zeit der Ansiedlung in Lima eigene Häuser bauen, zunächst jedoch oft bei Verwandten unterkommen.

Endlich läßt sich, wie Tabelle VI zeigt, ein hoher Anteil dorfendogamer Ehen feststellen. Dafür gibt es zwei Gründe. Oft waren die Paare bereits verheiratet, als sie nach Lima kamen oder sie trafen sich in Lima im Kreis ihrer Verwandten und *paisanos* mit ihren zukünftigen Ehepartnern. Betrachtet man lediglich die tatsächlich verheirateten Personen der Tabelle VI, ergibt sich ein Anteil von 50% Ehen zwischen Cochanos plus 15% mit Personen aus den Dörfern des oberen Chancaytals. Auch hier also folgen die Cochanos dem allgemein festzustellenden Trend der *provincianos*, zumindest in der ersten Generation auch in Lima noch relativ viele dorfendogame Ehen einzugehen. Oft hat die Heirat mit einem Partner aus dem eigenen Ursprungsdorf - in der Generation der Migranten - den Vorteil einer engeren Zusammenarbeit, insbesondere in der erfolgreichen "Eroberung" einer ökonomischen Nische. Sie kann aber auch verstanden werden als eine Eingliederungsstrategie, die die psychologischen Anstrengungen und Konflikte einer Ortsveränderung relativ niedrig hält. Der Umstand, daß lediglich 13% aller Ehen einen Partner aufweisen, der an der Küste geboren wurde, stützt dieses Argument. Finden die *provincianos* keinen Heiratspartner aus ihrem Ursprungsdorf, zeigen sie eine ausgeprägte Tendenz, sich mit *provincianos* aus anderen Regionen zu verbinden.

2. Die Kooperation der Cochanos in Lima
2.1 Die "Asociación Cultural San Miguel de Vichaycocha"

Die Cochanos in Lima verfügen über eine einzige Vereinigung, die den Namen "Asociación Cultural San Miguel de Vichaycocha" trägt. Diese Vereinigung wurde 1966 gegründet, als Nachfolgeorganisation des ehemaligen "Club Porvenir Vichaycocha", dessen Gründung auf das Jahr 1956 zurückgeht. Damals hatten sich alle in Lima befindlichen Cochanos (ca. 20 Personen) zusammengefunden, um diesen Klub zu gründen und damit sowohl den Zusammenhalt des Dorfes in Lima zu dokumentieren, als auch zum "Fortschritt" in Vichaycocha selbst beizutragen. Aufgrund interner Schwierigkeiten (die Hauptinitiatoren verließen Lima für etliche Jahre, der Rest konnte sich nicht zu einer kontinuierlichen Arbeit zusammenfinden) zerfiel dieser Klub jedoch rasch wieder.

Die 1966 gegründete *Asociación* hatte zunächst 30 Mitglieder. Es waren vor allem junge Leute, die über sportliche Aktivitäten einen Rahmen schaffen wollten, um sich mit *paisanos* zu treffen. Außerdem wurden aus Vichaycocha stammende Migranten oft von anderen Klubs der Provinz Huaral angesprochen, verfügten aber über keine Organisation, die sie hätte vertreten können. Aus den genannten Gründen schien es den Cochanos angemessen, eine eigene Institution aufzubauen. Die *Asociación* wandelte sich im Laufe der Zeit von einem reinen Sportklub zu einem, der auch auf kulturellem Gebiet aktiv ist und v.a. zu einer Vereinigung auf Gegenseitigkeit. Wird z.B. ein Mitglied krank und kann nicht selbst für die Kosten der medizinischen Behandlung aufkommen, wird unter den Klubmitgliedern gesammelt; ähnlich beim Tod eines Mitglieds, wenn seine Angehörigen nicht über genügend finanzielle Mittel verfügen, um die Kosten der Beerdigung zu tragen. Wenn größere Feste im Dorf anstehen, organisiert der Klub Busse, um die *residentes* aus Lima nach Vichaycocha zu befördern. Ganz allgemein dient die Institution mit ihren Aktivitäten dazu, das Zusammengehörigkeitsgefühl unter den Cochanos in Lima zu stärken, indem sie durch ihre Existenz ständig darauf aufmerksam macht, daß man eine gemeinsame Herkunft hat.

Daneben versucht der Klub, Gemeinschaftsprojekte zu fördern. So konnte durch seine Hilfe die Schule im Dorf verbessert werden. 1985 kauften die Cochanos über ihre Institution ein Stück Land in Naranjal (im Norden der Stadt), um dort ein Versammlungshaus zu bauen, das gleichzeitig als Unterkunft für Neuankömmlinge dienen sollte. Aufgrund interner Differenzen und Nachlässigkeiten war das Projekt 1988 jedoch noch immer nicht über das Planungsstadium hinaus gediehen.

Es gab zwar mehrere Versuche einzelner *residentes*, einen eigenen Klub zu gründen, sie verliefen bisher allerdings erfolglos. Obwohl heute zwei Fußballklubs existieren, stellen diese keine Gefahr für die *Asociación* dar, da sie von ihr institutionell absorbiert wurden. Ihre Fähigkeit zur Integration potentieller Konkurrenzklubs hat wohl vor allem zwei Gründe: erstens ist die Zahl der *residentes* in Lima noch überschaubar, zweitens gruppieren sich die Cochanos wirtschaftlich zum großen Teil um die Textilbranche, in der sich viele Querverbindungen von Cochanos untereinander ergeben. Beide Umstände würden bei einer Gründung neuer Klubs zu starken Spannungen führen. Es müßte also das Interesse zu ihrer Gründung - angesichts der Gefahr, die dieser Schritt birgt - seitens der möglichen Mitglieder erheblich sein.

2.2 Alltägliche Kooperation

Bei der Beschreibung der Geschichte der Öffnung einer ökonomischen Nische durch die Cochanos wurde bereits deutlich, daß sie zumindest im Kleidergeschäft sehr eng zusammenarbeiten. Neuankömmlinge, die bei ihren

Verwandten und *paisanos* zunächst auf Anstellung (oft auch auf Unterkunft) rechnen können, sind ein Aspekt davon. Mehrere der heute erfolgreichen Händler gaben an, Kredite von Qu, auch von anderen Geschäftsleuten aus Vichaycocha erhalten zu haben, womit sie ihr eigenes Geschäft aufbauen konnten. Zum Kauf größerer Warenkontingente schließen sich oft zwei und mehrere (verwandte) Geschäftsleute zusammen, damit sie durch die Abnahme größerer Mengen in den Genuß von Rabatten kommen. Da 1988 eine starke Inflation die Wirtschaft des Landes schüttelte, wechselten die Geschäftsleute ihre Tageseinnahmen sofort in Dollar, um damit Inflationsverlusten vorzubeugen. Auch für diese Geschäfte schlossen sich nahe Verwandte zusammen, um mit hohen Beträgen eine bessere Verhandlungsposition bei den Geldwechslern zu erlangen.

Nicht zuletzt helfen sich die Textilhändler mit Krediten aus. Diese Art Kreditvergabe hat für sie den Vorteil, daß sie vollkommen unbürokratisch abläuft. Die Sicherheit der Rückzahlung erhält der Gläubiger einzig aus den engen sozialen Beziehungen, in die sowohl er, als auch der Schuldner verwoben sind. Letzterer kann sich einen Betrug am Gläubiger nur um den Preis der Verachtung und sozialen Vernichtung erlauben. Eine von mir beobachtete Kreditvergabe lief folgendermaßen: R begab sich zu J in dessen Geschäft, begrüßte ihn freundlich und bat ihn ziemlich unvermittelt um eine größere Summe in Dollar, weil er Stoffe kaufen wollte, um sie an zwei für ihn arbeitende Werkstätten weiterzugeben, die daraus für ihn Textilien fertigen sollten. Da die Summe vielleicht etwas außergewöhnlich war, war J anfangs ein wenig verlegen, griff dann jedoch unter den Tresen und zählte das gewünschte Geld ab, ohne weiter um Rückzahlung etc. nachzufragen. Offenbar waren solche Geschäfte zwischen den beiden Partnern üblich.

Die Zusammenarbeit der Geschäftsleute der Textilbranche wird erleichtert durch den Umstand, daß fast alle Geschäfte um den *Mercado Central* herum liegen. Sogar die Straßenhändler sind dort zu finden, weil sie ihre Ware entweder direkt im Umkreis des Marktes verkaufen, oder sie in der Abancay auf dem Boden ausgebreitet feilbieten.

Betrachtet man die enge Kooperation der *residentes* in Lima, ist es umso auffälliger, daß eine wirtschaftlich motivierte Verbindung zwischen jenen in Lima wohnenden Cochanos und den Dorfbewohnern kaum existiert. Zwar besitzen einige wenige Personen noch etwas Land im Dorf, es ist für sie jedoch schwierig, Produkte von denen einzufordern, die ihre Felder bearbeiten, da, wie erwähnt, die *comunidad* bestrebt ist, sie wieder unter ihre Obhut zu bekommen, um sie an junge *comuneros* weiterzugeben. Sehr streng wird von der *comunidad* darauf geachtet, daß kein Migrant Vieh in Vichaycocha hält.

Auf diese Weise finden sich dann zwar Migranten, die Produkte aus dem Ort als Geschenk erhalten bzw. sie bei ihren Besuchen mit nach Lima nehmen und ihrerseits Gegengeschenke machen. Dieser Austausch ist aber vom Umfang her eng begrenzt, da er nicht durch andere Faktoren gestützt und gespeist wird.

Die Cochanos in Lima, genauso wie jene im Dorf, lassen sich daher als zwei relativ eng durch gegenseitige Interessen verwobene Gruppen auffassen; zwischen beiden Gruppen jedoch sind die Relationen eher sekundärer Natur.

Nach diesen Ausführungen drängt sich die Frage auf, was denn den Unterschied des Migrationsprozesses der beiden Dörfer bedingt? Das folgende Kapitel versucht, eine Antwort darauf zu geben.

X. Quinches und Vichaycocha im Vergleich

Nachdem im bisherigen zweiten Teil der Arbeit die Struktur der beiden Dörfer sowie die Gründe und Ziele der Abwanderung ihrer Bewohner vorgestellt wurden, ist der Gegenstand des folgenden Kapitels ein Vergleich. Er bietet sich umso mehr an, als die Orte ursprünglich gerade wegen ihrer augenscheinlichen Gemeinsamkeiten für eine Untersuchung ausgewählt wurden. Wie demgegenüber aus den vorhergehenden Kapiteln erhellt, finden sich sowohl zwischen den beiden Dörfern als auch deren Migranten erhebliche Unterschiede in der sozioökonomischen Struktur sowie der Eingliederung in die Gesellschaft der Küste. Die Gründe für die Differenzen aufzudecken und sie zu erklären wird es erlauben, Einsichten bezüglich des Zusammenhangs zwischen ökologischer und sozialer Umwelt einerseits und Migration andererseits unter der Perspektive der in den Kapiteln I und II entwickelten Prämissen zu gewinnen.

Zum Zweck des Vergleichs wird es notwendig sein, die vorhergehenden Kapitel zusammenzufassen und die aus ihnen destillierbaren Thesen vorzustellen, um die Unterschiede herausarbeiten zu können. Die Vorgehensweise lehnt sich an die Struktur des Textes des zweiten Teils an. Die Punkte, die in Kapitel II als Thesen zur Migration formuliert wurden, werden jedoch ebenfalls aufgenommen.

1. Dorfstruktur und Migration: Quinches

Quinches, in Kapitel IV vorgestellt, läßt sich folgendermaßen charakterisieren: Die Ökonomie ist geprägt von Ackerbau und Viehzucht, die sich in der Wertigkeit bezüglich der Reproduktion der einzelnen Haushalte annähernd die Waage halten, bezüglich ihrer Chancen einer Eingliederung in einen monetären Markt hingegen stark differieren. Der vergleichsweise geringe Umfang und die schlechte Qualität der Weiden sind <u>eine</u> Ursache für Polarisierung innerhalb des Dorfes: Viehzüchter auf einer, Ackerbauern auf der anderen Seite. Gestützt wird der Gegensatz durch die (von den rezenten Experimenten mit Apfelanbau in den unteren Höhenlagen abgesehen) begrenzten Möglichkeiten, über Agrarprodukte einen Marktzugang zu erhalten.

Zudem geraten Viehzüchter sowohl untereinander als auch mit den Ackerbauern in Konflikte durch ihr Bestreben, möglichst viele *potreros* anzupflanzen, womit sie die Wasserressourcen anderer gefährden. Endlich sind auch die bewässerbaren Anbauflächen nicht groß und fruchtbar genug, um alle Haushalte ausreichend damit zu versorgen.

Aus den unterschiedlichen Weisen der Sicherung der Reproduktion erwachsen unterschiedliche Interessen. In der Praxis führt das bei Gemeinschaftsprojekten wie etwa dem Straßenbau, der Installation von elektrischem Licht oder neuen Bewässerungsprojekten zu gegensätzlichen Einschätzungen hinsichtlich der Wichtigkeit der in Angriff zu nehmenden Aufgaben. Das Resultat ist die regelmäßige Weigerung einer größeren Zahl von Haushalten, Mitglieder zu den *faenas* zu entsenden, was zur Demotivierung auch der Übrigen beiträgt. Dadurch wird die Durchführung von Infrastrukturmaßnahmen, die eigentlich von vielen gewünscht werden, behindert.

Dieser Prozeß wird verkompliziert durch die starken Unterschiede in den Besitzverhältnissen, die ihrerseits zu verschiedenen Strategien der Reproduktionssicherung führen. So gibt es Haushalte, die neben der Ressource Arbeitskraft wenig mehr zu bieten haben. Andere verfügen über beträchtliche Rinderherden und sind schon deshalb z.B. sehr am Bau und Unterhalt von Straßen interessiert. Ackerbauern, die große Flächen kontrollieren, harmonisieren oft mit den Absichten der großen Viehzüchter, da auch sie Alfalfa in größerem Umfang anbauen und von deren Verkauf an Rinderhalter profitieren. Bauern, die lediglich kleine Flächen bearbeiten bzw. kleine Herden besitzen, sind vorwiegend auf eine Subsistenzlandwirtschaft hin orientiert.

Endlich gibt es Gruppen, die um bestimmte soziale und ökonomische Bereiche herum gruppiert sind und gewöhnlich durch verwandtschaftliche Bindungen gefestigt werden. In diesem Zusammenhang etwa läßt sich beobachten, daß die Verwandtschaftsgruppe des Fuhrunternehmers R. bei einem *huayco* (Erdrutsch) bemüht ist, die Straße so schnell wie möglich wieder befahrbar zu machen, während die übrigen Dorfbewohner gelassen abwarten. Immer wieder auch gelingt es einer Gruppe von Männern, die *comunidad* für ihre Zwecke zu benutzen. Sie lassen sich in die höheren Ämter wählen und erhalten so die Gelegenheit, Schiebergeschäfte mit Vieh vorzunehmen, die sie über mit ihnen verwandte Händler abwickeln.

Diese Struktur hat eine für das Dorf negative Konsequenz. Seinen Bewohnern gelingt es nicht, eine starke Institution zu schaffen, die in der Lage wäre, die Interessen Einzelner zu bündeln und in einer Weise umzusetzen, die der Mehrheit der Bauern die Vorteile kooperativen Handelns vor Augen führen könnte. Das Resultat ist ein von Mißtrauen geprägtes soziales Klima, welches Kooperation auf Dorfebene noch schwieriger macht. So bleibt die

Zusammenarbeit, unabdingbar für die Produktion und Reproduktion der Haushalte, meist auf kleinere Gruppen beschränkt, was seinerseits die Verfolgung von Partikularinteressen verstärkt.

Die Fraktionierung der Dorfbevölkerung hat sicherlich mehrere Ursachen. Die Aufteilung in Viehzüchter und Ackerbauern wurde genannt. Ein weiterer Grund ist die allgemeine Ressourcenknappheit im Ort, die ihre Wurzeln wahrscheinlich in der Entwicklung zwischen 1920 und 1960 hat. Wie in Kapitel IV gezeigt wurde, hatte die Bevölkerungszahl von Quinches zwischen 1850 und 1920 nicht wesentlich zugenommen, wenn sie auch auf einem relativ hohen Stand gewesen sein dürfte.[1] Danach setzte jedoch ein rapides Wachstum ein und trieb die Einwohnerzahl auf ein Niveau, das in krassem Mißverhältnis zu den im Ort vorhandenen Ressourcen stand. Aus dieser Zeit (1920-1960) wissen die älteren Bauern unzählige Begebenheiten zu berichten, die von Konflikten zwischen Nachbarn, Vettern, ja Geschwistern und auch Eltern und Kindern handeln. Des öfteren wurden sie gewaltsam ausgetragen, und immer ging es um Landstreitigkeiten. Die Bereitschaft, Konflikte gewaltsam auszutragen - erwachsen aus der Notwendigkeit, Land zu bearbeiten, um davon leben zu können - hat bis heute ihre Spuren in eben jenem Mißtrauen hinterlassen, auf das oben angesprochen wurde.[2]

Der Komplex dieser Situation - Bevölkerungsdruck, Ressourcenknappheit, gespannte soziale Situation - hatte früh zu einer Abwanderung an die Küste, insbesondere nach Lima, geführt. Migration wurde umsomehr als Chance begriffen, als den Quinchinos die Welt der Küste nicht unbekannt war, ja, sie unter Umständen auf Freundschaften dort zurückgreifen konnten. In Lima wartete auf sie nicht, wie oft suggeriert wird, Armut und Hoffnungslosigkeit. Die ursprünglichen Abwanderer hatten insbesondere zwei Ziele vor Augen. Entweder waren sie Schüler, die in Lima studierten und anschließend Lehrer etc. wurden, oder es handelte sich um Viehhändler bzw. Bauern, die größere Viehherden in den *lomas* gehalten haben. Sie hatten durch ihre Beziehungen zum Schlachthaus Callao die Möglichkeit, sich bereits vor einer definitiven Migration an ihrem Zielort Lima Arbeit zu be-

---

[1] Darauf deutet allein schon die intensive Nutzung der *lomas*, auf die die alten Bauern immer und immer wieder verweisen.
[2] Ein tragisches Beispiel dafür ist der Überfall von Sendero Luminoso auf Quinches am 14.8.89. Dabei wurden die Dorfbewohner auf dem Dorfplatz versammelt, wo von Sendero Luminoso ein Schauprozeß veranstaltet wurde. SL klagte, aufgrund von Hinweisen einiger Bauern, die Dorfautoritäten des Verrats an der Revolution an und erschoß sie öffentlich. Eine Analyse der Beteiligten ergibt, daß die Helfer von SL in Landstreitigkeiten mit den Autoritäten verwickelt waren. Dieser Zusammenhang ist im übrigen den Dorfbewohnern vollkommen durchsichtig, sehr viel mehr jedenfalls als manchen Intellektuellen.

schaffen und eine Wohnmöglichkeit zu sichern. In beiden Fällen waren es Dorfbewohner, deren gute Ressourcenausstattung es überhaupt erst zuließ, den in jedem Fall risikoreichen Schritt einer Migration zu tun.

Dabei muß ferner berücksichtigt werden, daß in der Region um Quinches kaum Möglichkeiten temporärer Migration bestanden bzw. bestehen. In Ermangelung von Minen in der näheren Umgebung blieben die Quellen für zusätzliches Einkommen auf saisonale Arbeit in den Baumwollfeldern an der Küste beschränkt. Dadurch konnte nicht, wie in anderen Orten üblich, ein Teil der jungen Männer einen Lebensabschnitt außerhalb des Dorfes verbringen um dann, wenn ihre Eltern alt bzw. tot waren, zurückzukehren und deren Felder und/oder Vieh zu übernehmen.

Die frühe definitive Abwanderung von Menschen hatte ihrerseits mehrere Konsequenzen für das Dorf. Vielleicht auch, weil die ersten Migranten eher wohlhabende Bauern waren, konnte sich in einem in unterschiedliche Gruppen gespaltenen Dorf ein Muster herausbilden, wonach die an der Küste siedelnden ehemaligen Quinchinos ihre Felder im Dorf behielten und an ihre Verwandten in *compania* gaben. Gleichermaßen konnten sie in Lima schon sehr früh eine "ökonomische Nische" für sich und für nachfolgende *paisanos* besetzen. Einerseits war dies die Arbeit im Fleischmarkt und daran angelagerte Tätigkeiten wie etwa Fleischverkauf, andererseits die akademische Laufbahn. Sie führte zwar Neuankömmlinge nicht direkt in eine Beschäftigung, zeigte aber den in Quinches zur Migration bereiten Jugendlichen einen möglichen Weg, ihr eigenes Glück zu versuchen. Nicht zuletzt wurde durch die schon in Lima residierenden Quinchinos das Problem der Unterkunft für Nachkommende gelöst.

Der Umstand, daß jetzt in Quinches geborene Menschen nicht nur über An- und Verkaufsgeschäfte mit dem Schlachthaus Callao in Kontakt standen, sondern in dessen Inneres vordrangen, erweiterte und festigte die Verbindungen der Viehzüchter im Dorf mit den Händlern und Schlachtern, die nun ihre Verwandten und *paisanos* waren. Dadurch wurde einerseits eine Migration abermals erleichtert, weil sich mit der Expansion des Schlachthauses - die einherging mit dem Wachstum der Stadt Lima - dort immer mehr Beschäftigungsmöglichkeiten eröffneten, andererseits wurde die Viehzucht in Quinches lukrativer, weil immer mehr sonst an ortsfremde Zwischenhändler und Aufkäufer wandernde Gewinne innerhalb der eigenen Verwandtschaftsgruppe verblieben. Nicht zuletzt diese Entwicklung dürfte für die Unterstützung verantwortlich sein, die die Migranten in Lima den Viehzüchtern bei der Gründung der *comunidad* zukommen ließen.

Führte dieser Prozeß zu einer Entlastung der Ressourcen in Quinches, so konnte er doch nicht zu einer größeren Einheitlichkeit beitragen, im Gegenteil. Nun waren jene Konflikte, die ehemals innerhalb des Dorfes ausgefochten wurden, über dessen relativ enge und überschaubare Grenzen hinausgeraten und konnten mit Unterstützung von Abwanderern ausgetragen werden. Daß dies der Fall war und ist, zeigt auch die Zahl der Klubs der Migranten in Lima, die in den 40er Jahren sogar in zwei feindliche Lager aufgespalten waren.

Aus dieser Situation heraus wird verständlich, warum die Bauern in Quinches so wenig Anstrengungen unternehmen, den schon vor langer Zeit abgewanderten Migranten ihren Landbesitz streitig zu machen. Sie sind, aufgrund mangelnder Interessenskohärenz innerhalb des Dorfes darauf angewiesen, potentielle und reale Verbündete außerhalb zu haben. Andererseits ist es für einen Teil der *residentes* in Lima vorteilhaft, auf Verbündete in Quinches zu zählen, die nicht nur die öffentliche Meinung dort beeinflussen, sondern auch ihre Felder schützen und die im Dorf produzierten Güter aufkaufen und über sie vermarkten können.

Im ferneren Verlauf der Migrationsgeschichte bildete sich ein weiteres Muster heraus. Angestachelt durch den Erfolg der Migranten, der schon allein an der großen Zahl von in Quinches geborenen Lehrern dort (sie alle sind ja Rückkehrmigranten und erfolgreiche Beispiele eines sozialen und wirtschaftlichen Aufstiegs) sichtbar wurde, gilt heute als Versager, wer nicht nach Absolvierung der *secundaria* wenigstens einige Jahre außerhalb des Ortes verbringt. Daß die "Dummen" im Dorf bleiben, ist nicht nur die Meinung vieler Abgewanderter, sondern auch jener "Dummen" selbst. Deshalb unternehmen die Elterngenerationen im Dorf gewaltige Anstrengungen dahingehend, möglichst viele ihrer Kinder auf höhere Schulen an der Küste zu schicken. Die damit verbundenen enormen Kosten dürften zu einem guten Teil die ständige Ausdehnung der Rinderzucht, bei gleichzeitig fallender Bevölkerungszahl, erklären. Infolge der besseren Ausbildung für eine wachsende Zahl der jugendlichen Migranten wird die Polarisierung auf die beiden hauptsächlichen Beschäftigungen in Lima - Lehrer und Fleischgeschäft - allmählich aufgehoben, zumal es nicht wenigen Eltern gelang, ihre Kinder bei fehlender Ausbildung bzw. bei drohender Arbeitslosigkeit mit einem Verkaufsstand in einem der zahllosen Märkte Limas auszustatten.

Nicht zuletzt ist auch der andere Pol der Migration, die Situation am Zielort, zu berücksichtigen. Für Lima wurde im Kapitel III deutlich, daß zur Abwanderung entschlossene Menschen dort schon relativ früh Beschäftigungsmöglichkeiten fanden, ja sogar mit einigem Recht davon ausgehen konnten, daß es ihnen in der Stadt in absehbarer Zeit besser ergehen würde als im Dorf.

Deutlicher als für Lima wird der Zusammenhang zwischen sozioökonomischer Situation am Zielort und Eingliederung der Migranten dort für die Region Mala. Aus demselben Grund wie in Lima, allerdings mit zeitlicher Verzögerung, fingen die Quinchinos hier damit an, sich im Fleischmarkt Beschäftigung und Einkommen zu suchen. Aufgrund der begrenzten Kapazitäten waren hier indessen schnell die Grenzen der Aufnahmefähigkeit erreicht. Da die für die *hacendados* instabile politische Konjunktur dieselben veranlaßte, nach und nach ihre Ländereien zu verkaufen, gingen in den 60er und zu Beginn der 70er Jahre neuankommende Quinchinos dazu über, Land zu kaufen, um sich weiterhin als Bauern ihre Existenz zu sichern. Nicht wegen einer vertikalen, aber aus Gründen der rationalen Nutzung von Ressourcen, die sich aus dieser speziellen Situation ergaben, behielten sie Land (und eventuell auch Vieh) in Quinches. Derart können sie heute einen großen Teil der von ihnen konsumierten Güter entweder aus eigenem Anbau oder aus dem Tausch ihrer Produkte gegen solche des Hochlandes decken.

Nachdem die kurzlebige Konjunktur der Landverkäufe vorbei war, fingen später ankommende Migranten damit an, Bretterbuden am Straßenrand für Verkaufszwecke zu errichten. Sie profitieren von einer Entwicklung, die immer mehr Limeños und zunehmend auch *serranos* zu Einkäufen nach Mala fahren läßt, um dort ihre Einkäufe zu tätigen. Erst wenn auch diese "Nische" geschlossen ist, werden spätere Abwanderer sich andere Beschäftigungsmöglichkeiten suchen müssen.

Die Dorfstruktur hat den Migrationsprozeß somit in mehrere Richtungen beeinflußt: Die geringen und ungleich verteilten Ressourcen veranlaßten die Menschen (allerdings eher die Reichen) schon früh, an die Küste zu migrieren und dort ihr Glück zu versuchen. Die Zerrissenheit der Dorfbewohner in rivalisierende Fraktionen machte es den Abgewanderten möglich, ihre Ländereien zu behalten und gab ihnen so die Sicherheit, jederzeit zurückkehren und neu wieder beginnen zu können (nur sehr wenige taten dies tatsächlich). Am jeweiligen Zielort ergab sich indessen auch die Chance einer engeren Kooperation, nicht nur innerhalb der einzelnen Verwandtschaftsgruppen, sondern auch darüberhinaus. So bot der Fleischmarkt etwa die Gelegenheit, sich entlang von *paisanazgo* Beziehungen zu organisieren und sich dadurch Vorteile (z.B. im Aufkauf großer Viehkontingente) zu erhalten oder zu verschaffen.

Die letztgenannte Entwicklung, die sowohl für Lima als auch für Mala und zwischen beiden gezeigt werden konnte,[3] ist Indiz für die These, daß Menschen kooperatives Verhalten lernen, wenn ihnen einsichtig wird, daß daraus Vorteile erwachsen. Zwar können die Quinchinos auf solche Erfahrungen zurückgreifen, da es innerhalb des Dorfes eng kooperierende Gruppen gibt, die Zusammenarbeit an den Zielorten verläuft jedoch in anderen, den dortigen Anforderungen angemesseneren Bahnen. Das Thema Kooperation und ihre Ursachen wird weiter unten nochmals behandelt.

Es stellt sich die Frage, wie die Quinchinos zur Besetzung "ihrer" ökonomischen Nische, dem Fleischmarkt, gelangten. So ließe sich etwa die Hypothese aufstellen, sie hätten aufgrund der Erfahrungen mit Viehzucht eine besondere Affinität zum Fleischgeschäft. Diese Hypothese trägt indessen nicht weit. Birgt sie schon das Problem in sich, erklären zu müssen, warum die Migranten anderer Dörfer mit wesentlich intensiverer Viehzucht nicht in ähnlichen Bereichen tätig sind (Vichaycocha ist ein Beispiel), zeigt auch die Migrationsgeschichte, daß die Wurzeln nur indirekt in der Betätigung als Viehzüchter liegen. Wie gezeigt wurde, kamen die Bauern aus Quinches nicht aufgrund einer besonderen Vorliebe für Vieh bzw. Fleisch ins Schlachthaus, sondern weil sie dort ihre in den *lomas* fett gefütterten Tiere verkauften. Über diese Verbindung eröffnete sich dann für migrationswillige Menschen eine Arbeitsmöglichkeit. Sowohl aufgrund der Sicherheit, die eine feste Arbeitsstelle bietet, als auch wegen der nicht unbeträchtlichen Gewinnmöglichkeiten, verblieben jene ersten Migranten nicht nur im Schlachthaus und in daran angelagerten Tätigkeiten, sondern zogen immer neue Migranten nach.

Die Eröffnung einer ökonomischen Nische ist also, und dies wird im Fall von Vichaycocha überdeutlich werden, drei Faktoren geschuldet: a) der ökologischen, ökonomischen und sozialen Struktur des Heimatdorfes, b) einer bestimmten Konjunktur am jeweiligen Zielort und c) dem "Zufall" des Entdecktwerdens der Beschäftigungsmöglichkeiten (der sich allerdings erst nach langen Kontakten, wie im Fall der Quinchinos oder nach intensiver Suche, wie im Fall der Vichaycochanos, einstellt) durch die Migranten andererseits.

Einmal besetzt, wird diese Nische solange genutzt, bis sie in ihrer Kapazität, die Ansprüche der neuankommenden Migranten zu befriedigen, erschöpft ist. Ihre "Nutzung" erfolgt dabei, wie anhand der Beispiele gezeigt werden konnte, in erster Linie entlang der verwandtschaftlichen Bindungen,

---

3 Vgl. Kapitel V und VI.

in zweiter Linie entlang der *paisanazgo*-Beziehungen. Beide verpflichten sie die Protagonisten aufgrund des Geflechts der gegenseitigen Erwartungen und Forderungen. Aus diesem Geflecht kann sich nur lösen, wer sich von moralisch-ethisch untermauerten Beziehungen zu bestimmten Gruppen nichts mehr verspricht, damit dann auch seinerseits frei von Verpflichtungen wird. Das dürfte indessen nur den ökonomisch vollkommen Unabhängigen gelingen.

Ein letzter Aspekt ist auffällig an der Wanderungsbewegung von Quinches zur Küste. Obwohl sehr viele Migranten ihre Felder und damit Reproduktionsmöglichkeiten in Quinches behalten, kehrt von ihnen kaum jemand zurück. Das zeigt ebenfalls deutlich, daß die Chancen, im Dorf die Vorstellungen eines angemessenen Lebens zu verwirklichen, eher begrenzt sind. Ferner ist dies ein Hinweis darauf, daß es den meisten Migranten tatsächlich gelingt, zumindest ihre subjektiv wahrgenommene Situation in der Stadt zu verbessern.

Nach diesen Ausführungen drängt sich die Frage auf, wer jene Menschen sind, die das Dorf nicht verlassen. Wie die Bevölkerungspyramide zeigt, bleiben überdurchschnittlich viele Frauen in Quinches. Dies hängt sicherlich damit zusammen, daß Frauen an der Küste oft ein wesentlich geringeres Einkommen erzielen als Männer. Außerdem ist ihre Ausbildung tendenziell schlechter. Endlich ist es wesentlich billiger, Kinder im Dorf aufzuziehen, wo sie leichter in den Arbeitsprozeß eingespannt werden können, als in der Stadt. Diese Gründe gelten indessen eher für ältere Frauen. Junge Frauen gehen heute nach Absolvierung der *secundaria* in Quinches ebenso häufig wie Männer nach Lima oder Mala, um dort entweder zu arbeiten oder sich weiterzubilden.

Bei den im Dorf verbleibenden Männern zeigen sich zwei Extrempositionen. Einerseits sind es jene, die mit beträchtlicher Dynamik versuchen, die Viehzucht voranzutreiben, als Händler tätig sind oder die Terrassenfelder mit neuen Kulturen bepflanzen.[4] Andererseits jene, die in Lima lediglich die Chance hätten, als Handlanger beschäftigt zu werden. Sie ziehen es oft vor, im Dorf als Tagelöhner zu arbeiten und daneben ein Stückchen eigenes bzw. *compania*-Land zu bebauen. Das Dorf gibt ihnen größere Sicherheit als die Stadt, in der es keine Möglichkeiten eines Subsistenzanbaus gibt.

---

[4] Die Apfelbäume sind nur ein Beispiel. Unter der Anleitung und Unterstützung von "Valle Grande de Cañete", einer von Opus Dei gegründeten Hilfsorganisation, besuchen erfahrene Agraringenieure regelmäßig die Dörfer der Provinz Yauyos und haben auch in Quinches Felder sowohl mit Saatkartoffeln als auch mit *Quinua*, eine bis dahin in der Region nicht kultivierte andine Körnerfrucht, bebauen lassen.

Die zuletzt erwähnten sind auch bei den jungen Menschen diejenigen, die den Ort nicht verlassen. Ansonsten gehen fast alle Absolventen der *secundaria* an die Küste. Nur wenige dynamische Jugendliche bleiben im Dorf, nicht um in der Landwirtschaft zu arbeiten, sondern um *tiendas* zu betreiben oder um als Lehrer tätig zu werden. Als Bauern haben sie oft schon deshalb kaum Möglichkeiten, weil sie noch wenig Land von ihren Eltern geerbt haben.

Quinches wurde dadurch zu einem Ort, der auch von seinen Einwohnern als Rückzugsgebiet für Menschen betrachtet wird, die nicht in Städten leben wollen bzw. können. Eine prosperierende Zukunft für den Ort zu sehen, fällt den meisten schwer. Nur wenige sind überzeugt, daß Apfelplantagen bzw. die Einführung von Ställen und neuen Rinderrassen einen Verbleib auch für jene vorteilhaft macht, die an der Küste ebenfalls Chancen einer Eingliederung hätten.

2. Dorfstruktur und Migration: Vichaycocha

Vichaycocha, in Kapitel VII behandelt, zeigt eine lediglich oberflächliche Ähnlichkeit mit Quinches hinsichtlich der sozioökonomischen Struktur. Bei genauerer Betrachtung ergeben sich starke Differenzen, die die unterschiedliche Geschichte der Abwanderung beider Orte erklären.

Vichaycocha ist charakterisiert durch seine besondere Sozialstruktur. Der Ort verfügt über eine *comunidad*, die in der Lage ist, partikulare- und Gruppeninteressen zu bündeln und Gemeinschaftsaufgaben ohne große Verzögerung durchzuführen. Die in Quinches vorhandene Aufsplitterung der Dorfbewohner in Kleingruppen, die sich gegenseitig behindern, fehlt in Vichaycocha fast vollständig. Wo sie sich bilden, gelingt es der Mehrheit der *comuneros* doch immer wieder, deren Einfluß zurückzudrängen und ihre eigenen Ziele durchzusetzen. Zwar gibt es innerhalb der *comunidad* beträchtliche Unterschiede hinsichtlich der Zahl der von den jeweiligen *comuneros* gehaltenen Tiere, es gelang den Besitzern großer Herden jedoch nie, sich ein Monopol auf den Zugang zu den lokalen Weiden zu sichern. Selbst die bewässerbaren Terrassenfelder sind nicht im selben Maße ungleich verteilt, wie dies für Quinches der Fall ist. Nun ist es keineswegs so, daß die Bauern nicht realisieren könnten, daß die Kooperation den Besitzern großer Viehherden mehr nützt, als dies für Andere der Fall ist. Aus diesem Grund sind jene auch immer wieder auf Ausgleich bedacht und angewiesen, um nicht den Zorn der Übrigen zu wecken. Dennoch zeigt die tägliche Erfahrung und der Vergleich, den die Dorfbewohner mit anderen Dörfern anstellen, ihnen immer wieder neu, daß Kooperation für alle sinnvoll ist, wenn ihr Ergebnis von allen kontrolliert und eingesehen werden kann. Letztlich sichert ihnen die Mitgliedschaft in dieser Institution zumindest ein Anrecht auf die zur Produktion der lebensnotwendigen Güter erforderlichen Ressourcen. Sogar die nicht der *comunidad* angehörenden Haushalte sind um Kooperation mit ihr bemüht, da sie sich davon Vorteile erhoffen können (elektrisches Licht, billige Grundnahrungsmittel, Anbau auf der *moya* in *compania* etc.) während ihnen bei Kooperationsverweigerung schwere Nachteile drohen.

Es fragt sich indessen, wie die Einrichtung und Reproduktion dieser vorteilhaften Sozialstruktur möglich war bzw. ist. Darauf lassen sich mehrere Antworten geben; vergegenwärtigen wir uns zunächst nochmals die ökonomische Struktur des Ortes.

Die Bauern leben in erster Linie von der Viehzucht. Sie beschränken sich dabei nicht auf eine Tierspezies, sondern versuchen möglichst Rinder, Schafe, Lamas und Esel zu halten, um alle zur Verfügung stehenden ökologischen Höhenstufen nutzen zu können, und sich den Zugang zu verschiedenen Märkten offenzuhalten. Gleichzeitig sichert ihnen diese Diversifizierung Einkommensquellen auch innerhalb der Region durch die Nutzung der Esel und Lamas als Lasttiere. Vichaycocha verfügt, im Verhältnis zu seiner Einwohnerzahl, über umfangreiche Weideflächen, deren Qualität vergleichsweise gut ist. Die meisten Bauern halten zumindest etwas Vieh, nur wenige sind stark auf den Verkauf ihrer Arbeitskraft angewiesen.

Der Ackerbau des Ortes unterscheidet sich ebenfalls erheblich von dem in Quinches üblichen. Durch den Anbau auf den temporären Feldern, den *moyas*, wird eine gleichmäßigere Verteilung der Möglichkeiten der Subsistenzproduktion gewährleistet. Da reichere Bauern des Dorfes nicht auf die Bebauung der *moyas* angewiesen sind, weil sie die notwendigen Produkte mit ihren Einkünften aus der Viehwirtschaft bezahlen können, ergeben sich für die nicht der *comunidad* angehörenden sowie für die armen Bauern Chancen, größere Flächen in *compania* zu bepflanzen. Die sukzessive Aufteilung der bewässerbaren Terrassenfelder durch die *comunidad* führte zu einer im Vergleich zu Quinches besseren Verteilung dieser Ressource. Zudem dienen sie hier nicht in erster Linie der Subsistenz, sondern dem Anbau von Alfalfa für die Rinderzucht.

Ein Grund für die Stärke der *comunidad* ist demnach die relativ ausgeglichene Ressourcenverteilung, die zumindest die Subsistenz der einzelnen

Haushalte gewährleistet. Dadurch ist jedoch noch kein Argument dafür gefunden, warum diese Struktur in der beschriebenen Weise existiert. Für eine Antwort darauf muß in die Geschichte des Ortes zurückgegangen werden.

Wie in Kapitel VII Abschnitt 2.2 ausgeführt wurde, verfügt Vichaycocha auch heute noch über ausreichend Weidegebiete, *moyas* und Terrassenfelder, um jedem *comunero* wenigstens eine Reproduktionsbasis zu sichern. Noch in den 20er Jahren, bei einer weit geringeren Bevölkerungszahl, waren die Viehzüchter nicht an einer Nutzung der Weidegebiete der Puna interessiert, da sie mit der Rinderzucht und der saisonalen Migration an die Küste genügend Einkünfte erzielen konnten. Dies verweist darauf, daß die Absicht, Viehzucht zu betreiben, damals keinem Mitglied der *comunidad* verwehrt wurde, da sich keine Gruppe gebildet hatte, die einen exklusiven Zugang auf solche Ressourcen beansprucht hätte. Versuche, dieses nachträglich zu tun (es gab sie) sind auf den heftigen Widerstand der durch solche Maßnahmen Benachteiligten gestoßen, die immerhin die große Mehrheit stellten.[5] Zudem muß berücksichtigt werden, daß Vichaycocha ein kleiner Ort ist, dessen Bewohner tagtäglich engen Umgang miteinander haben. In einer solchen Situation ein Monopol durchzusetzen und zu verteidigen erfordert nicht nur rücksichtslose Entschlossenheit, sondern auch Gewalt gegen solche, die andere Ziele vertreten. Letztlich sind auch die Bauern mit großen Viehherden auf die Zusammenarbeit mit Anderen angewiesen, um die Infrastruktur zu erhalten und auszubauen, Tagelöhner und Hirten zu bekommen etc. Als der Bevölkerungsdruck langsam zunahm, war die *comunidad* eine in ihrer langen Geschichte gefestigte Institution, unter deren Schirm auch dieses Problem in Angriff genommen werden konnte. So wurden nach und nach die Weiderechte, die ehemals an andere Orte verpachtet waren, in eigene Nutzung überführt. Dann drängten die *comuneros* die Anzahl der Hirten aus anderen Dörfer und die Zahl der ihnen erlaubten Tiere zurück, um dadurch mehr Weide für eigene Zwecke zu erhalten. Erst wenn die Bevölkerung dramatisch zunähme, ohne daß sich etwas an der Dorfökonomie veränderte, könnte die Sozialstruktur in ihrem Bestand gefährdet werden.

Ein weiterer Grund für die Stärke der *comunidad* ist somit in der geschichtlichen Entwicklung zu suchen. Es gibt jedoch einen dritten, die beiden eben genannten wesentlich beeinflussenden Grund: die physische Umwelt.

---

[5] Ein Beispiel dafür ist jener heute in Huaral lebende Bauer, der sich anerkanntermaßen in seinen verschiedenen *cargos* um Vichaycocha verdient gemacht hatte. Als er aber versuchte, sich Teile des durch einen Prozeß gewonnenen Weidelandes der Hazienda Carmen anzueignen, wurde er von den Dorfbewohnern durch Konfiszierung seiner Felder und seines Viehs bestraft.

Die geographische und klimatische Lage Vichaycochas macht es zu einem für andine Viehzucht hervorragend geeigneten Ort, der Mangel an Ackerfläche verstärkt nur den Trend zur Viehhaltung. Dies führt zu relativ gleichartigen Interessen der Bauern. Die Existenz der *moyas* verstärkt die Notwendigkeit kollektiven Handelns, da eine private Bearbeitung unter den existierenden Verhältnissen einen enormen Aufwand an Zeit und Kosten erfordern würde.[6] Die Einheitlichkeit der wesentlichen Ressourcen und der Möglichkeiten ihrer Nutzung sind damit ein entscheidender Faktor für die Entstehung und Perpetuierung der sozioökonomischen Organisation von Vichaycocha.

Alle drei Faktoren zusammen haben offenbar in einer Situation, in der sich jeder Einzelne ständig von den Vorteilen der Kooperation überzeugen kann, in der andererseits "Trittbrettfahrer" relativ schnell erkannt und hart bestraft werden, die Bauern von Vichaycocha dafür optieren lassen, die Institution *comunidad* zu stärken und zu reproduzieren.

Vichaycocha hatte noch einen weiteren Vorteil gegenüber Quinches. Anfang des Jahrhunderts eröffneten sich, wie ausgeführt wurde, Chancen der saisonalen Migration und damit des Zuverdienstes durch den verstärkten Baumwollanbau im Delta des Chancay. Dadurch konnten die Ressourcen des Ortes geschont werden. Ähnliches gilt für die Arbeit in den Minen, die seit den 20er Jahren eine wesentliche Einkommensquelle für junge Männer wurde. Durch sie war ein Teil der ökonomisch aktiven Bevölkerung dem Ort solange entzogen, bis das Sterben der Elterngeneration Ressourcen für die Nachkommenden freimachte. Beide Faktoren - saisonale Migration an die Küste und temporäre Migration in die Minen - dürften dazu beigetragen haben, die Ökonomie des Ortes einerseits zu entlasten, andererseits diese Migranten nicht definitiv zu verlieren, so daß heftige Schwankungen der Bevölkerungszahl in Vichaycocha vermieden werden konnten.

Aus beiden Gründen, dem geringen Bevölkerungsdruck innerhalb des Ortes und der teilweisen Absorbierung von Menschen durch temporäre und saisonale Migration, setzte definitive Migration spät ein. Da sich zudem noch an keinem Ort eine ökonomische Nische herausgebildet hatte, die Vichaycochanos schon lange Kontakte nicht nur zur Küste, sondern auch in das

---

[6] So müßte ein Privatbesitzer von *moya*-Flächen diese zunächst einzäunen, um den Zugang für fremde Tiere zu versperren. Er wäre darüberhinaus der ständigen Gefahr des Diebstahls seiner Produkte ausgesetzt - jetzt stellt die *comunidad comuneros* ab, deren Aufgabe es ist, die Felder zu bewachen. Bedenkt man, daß die *moyas* wenig produktiv sind (was sich darin zeigt, daß viele *comuneros* ihre Parzelle nicht bebauen) so wird einsichtig, warum eine Privatisierung dieser Gebiete bis heute auf sich warten läßt.

Hochland und zum Ostabhang hatten, war zu Beginn nicht einmal eine eindeutige Migrationsrichtung auszumachen. Erst Mitte der 50er Jahre bildete sich Lima immer mehr als primäres Abwanderungsziel heraus. Da hier nicht, wie für Quinches der Fall, schon zu Anfang des Prozesses ein bestimmter Wirtschaftsbereich "besetzt" wurde, war der Nachzug neuer Migranten nach Lima zunächst gering. Außerdem verließen etliche Abwanderer mehrmals die Stadt mit dem Ziel, sich anderswo bessere Möglichkeiten zu suchen, bevor sie wieder nach Lima zurückkehrten.[7]

Das Problem der Vichaycochanos zu Beginn ihrer Migration nach Lima war jedoch nicht, wie man aufgrund der Vielzahl der ursprünglichen Beschäftigungen vermuten könnte, ein Mangel an Kooperation. Wie die vorausgegangenen Ausführungen zeigen waren gerade sie in besonderer Weise mit Kooperation vertraut, hatten sie doch im Dorf deren Vorteile erfahren können. Ihre Situation ergab sich vielmehr aus zwei Umständen: a) ihrer generell schlechten Ausbildung, b) den damals für sie zugänglichen Arbeiten, die in ihrer Qualität und ihrer Entlohnung nicht derart waren, daß eine bestimmte Beschäftigung andere zur Nachahmung verlockt hätte.[8]

Die schließliche Herausbildung einer Nische brachte dann auch sehr schnell das gewohnte Muster mit sich: Kooperation der ehemaligen Dorfbewohner untereinander und Nachzug anderer Migranten, die in derselben Sparte ihr Glück versuchen wollten. Im Fall von Vichaycocha läßt sich keinerlei Verbindung zwischen der Wirtschaft des Dorfes und der von den Vichaycochanos besetzten ökonomischen Nische feststellen. Gerade sie, die ja erheblich mehr mit der Viehzucht beschäftigt waren als z.B. die Quinchinos, haben weder mit dem Fleischmarkt noch mit dem Handel sonstiger Tierderivate an der Küste etwas zu tun. Das mag daran liegen, daß ein erheblicher Teil des Viehs direkt vom Dorf aus in die Minen verkauft wird und sicherlich auch daran, daß die Bauern dieses Dorfes nie darauf angewiesen waren, die *lomas* zu nutzen, von wo aus sie Kontakte zu den Schlachthäusern der Küste hätten knüpfen können. Deshalb entstand in diesem Fall die Nische lange nach dem Zuzug der ersten Migranten nach Lima, und sie war ein "Zufallsprodukt". Zunächst nämlich suchten die Vichaycochanos in Lima immer aufs neue nach lukrativen und vorteilhaften Beschäftigungen. Als dann die Politik der Ausweitung des internen Konsums einerseits, das

---

7 Vgl. dazu auch die Fallbeispiele im Anhang 2.
8 Erinnern wir uns daran, daß die Vichaycochanos alle möglichen Arbeiten annahmen, darunter Kellner, Hausmeister, Arbeiter, fliegender Händler etc. Das Einkommensniveau in diesen Jobs differiert nicht sehr, so daß, wenn überhaupt Arbeit vorhanden ist (was nach Auskunft der Protagonisten in jener Zeit kein Problem war), keine Beschäftigung der anderen vorzuziehen war.

schiere Wachstum der Stadt Lima andererseits immer mehr Chancen für die Konsumgüterwirtschaft boten, waren etliche von ihnen als fliegende Händler im Textilbereich verankert und konnten ihre dort geknüpften Verbindungen nutzen.

Hierbei half ihnen ihre frühere Erfahrung der Kooperation im Dorf, die es ihnen erleichterte, sich gegenseitig zu unterstützen. Außerdem unterstützten die jeweils Etablierten ihre nachkommenden *paisanos* indem sie ihnen Unterkunft und oft auch Arbeit gaben. Damit wurde diesen der Zugang zum Textilgeschäft wesentlich erleichtert, jene fanden in ihnen fleißige und zuverlässige Mitarbeiter. Ende der 60er Jahre läßt sich dann nachvollziehen, daß ein Teil der jungen Menschen (v.a. Männer) Vichaycocha in Richtung Lima mit dem Ziel verläßt, dort ebenfalls ins Textilgeschäft einzusteigen und dadurch wohlhabend zu werden. Einigen gelang es, wie wir anhand der Fallbeispiele in Kap.IX sehen konnten, andere blieben zurück und mußten sich als fliegende Händler, Arbeiter oder kleine Angestellte verdingen.

Nur wenige schafften den Sprung in einen akademischen Beruf. Einer der Gründe liegt darin, daß es in Vichaycocha weder leuchtende Vorbilder noch je eine gute Schule gab. So wird auch heute, wie erwähnt, der Schulausbildung wesentlich weniger Wert beigemessen, als dies für Quinches gilt. Zudem finden sich im Textilgeschäft etliche Personen mit Universitätsausbildung, die jedoch aufgrund des höheren Einkommens hier keine akademische Laufbahn anstrebten.

Weshalb sich in Huaral keine Nische herausbilden konnte, kann mit denselben Argumenten beantwortet werden, die auch für die Migration nach Lima angeführt wurden. Die Migration setzte hier noch später ein, so daß die Besetzung eines Wirtschaftsbereichs kaum Entwicklungsmöglichkeiten besaß. Die Kontakte der Bewohner Vichaycochas mit der Region Huaral waren zu Anfang des Jahrhunderts zwar stark entwickelt (führten damals aber aufgrund mangelnder Attraktivität der Küste zu keiner Massenmigration), ließen später jedoch nach, als die Minenzentren immer mehr in den Vordergrund rückten. Die Kooperation der Migranten in Huaral ist sehr schwach entwickelt, da ihr das angemessene Feld, eben ein bestimmter Wirtschaftsbereich, fehlt. Erst die Zukunft könnte eine Nische und damit verstärkte Kooperation der *paisanos* untereinander mit sich bringen.

Die Migranten aus Vichaycocha haben kaum Besitztümer im Dorf behalten. Einige wenige haben, halb unter der Hand, noch einige Parzellen Land, ein paar mehr noch Häuser. Ihr Besitz fällt jedoch gegenüber dem der Dorfbewohner und im Vergleich zu jenem, den die Migranten aus Quinches in ihrem Dorf halten, nicht ins Gewicht. Die Ursache dafür dürfte wiederum in der spezifischen Sozialstruktur des Dorfes zu suchen sein. Durch die Interessenskohärenz in der *comunidad* gelingt es den in ihr organisierten Bauern, Ansprüche von Migranten abzuwehren. Sie bedienen sich dabei sowohl der nationalen Gesetze, die diesem Anliegen förderlich sind, da sie Landbesitz innerhalb einer *comunidad* von außerhalb ihrer Grenzen wohnenden Menschen verbieten, als auch des Arguments, daß die Migranten keinen Beitrag mehr zur Aufrechterhaltung der Infrastruktur des Ortes leisteten und deshalb keinen Anspruch auf die Nutzung seiner Ressourcen hätten.

Der fehlende Besitz im Dorf ist der hauptsächliche Grund dafür, daß in diesem Fall die Verbindungen zwischen Dorf und Migranten relativ schwach ausgeprägt sind. Wohl kommen zum Fest des Señor de los Milagros (Mitte Oktober), das hauptsächlich von Migranten organisiert und durchgeführt wird, Abwanderer aus allen Richtungen in Vichaycocha zusammen. Zum Fest des Dorfheiligen San Miguel (Ende September) finden sich aber kaum Auswärtige ein, ihre Besuche sind auch sonst eher sporadisch.[9]

Es läßt sich somit für Vichaycocha und seine Migranten folgende Struktur erkennen: innerhalb des Dorfes gibt es eine enge Kooperation der Bauern untereinander, die es erlaubt, aufbrechende Konflikte auf eine Weise zu lösen, die den Interessen der Mehrheit keinen Schaden zufügt. Die Migranten aus Vichaycocha in Lima kooperieren, soweit sie am Textilgeschäft beteiligt sind, ebenfalls eng miteinander. Zwischen beiden, dem Dorf und der Stadt, sind die Verbindungen jedoch sekundärer Natur und erreichen auch nicht annähernd die Intensität, die sich innerhalb der ortsüberspannenden Gruppen zwischen Quinches und dessen Migranten in Lima zeigt. In Huaral fehlt, von den Autoreparaturwerkstätten abgesehen, sogar die Zusammenarbeit zwischen den Migranten in dieser Stadt. Auch hier ist die Verbindung zu Vichaycocha schwach ausgeprägt.

---

[9] Die von C. Lentz (1988) für die Migranten eines ecuadorianischen Dorfes getroffene Feststellung: "Von seiner Heimat kann man nicht lassen", hat also für die beiden hier behandelten Dörfer dort, wo sie zutrifft, durchaus seinen nachvollziehbaren Hintergrund. Bei der genannten Autorin dagegen erscheint die Haltung der Menschen zu ihrem Ursprungsdorf eher unter Hochlandbewohnern allgemein verbreiteten Sentimentalität zu entspringen. Mir scheint die Argumentation von Lentz bezüglich der Verbindungen zwischen dem Dorf und seinen Migranten wenig überzeugend. Erstens erwähnt sie in Kapitel 4, daß Migranten Land im Dorf behalten, was ja wohl ein starker Anreiz zum Unterhalt von Beziehungen sein dürfte. Zweitens aber vermitteln ihre Ausführungen den Eindruck, als würden die Abwanderer gedanklich und emotional eng ans Dorf gebunden bleiben - eine schlichte Behauptung, die einige Passagen der Arbeit von Lentz gegen sich hat. Zu einer Bewertung vgl. auch die Rezension zu ihrer Arbeit in ANTHROPOS Nr.85, April 1990.

Und trotzdem ist es Vichaycocha und nicht Quinches, das etliche Rückkehrmigranten aufweist. Wie gezeigt wurde (Kap.VII), ist das deshalb der Fall, weil der Ort jeder dort aufgewachsenen Person das Recht zugesteht, Mitglied in der *comunidad* zu werden, vorausgesetzt, sie bemüht sich um die Ableistung der *cargos*. Durch diese Möglichkeit können Migranten, die an anderen Orten entweder weniger erfolgreich waren oder die aus anderen Gründen nicht mehr dort leben wollen versuchen, in Vichaycocha eine neue Existenz aufzubauen.

Es fragt sich auch hier, wer jene sind, die im Dorf verbleiben. Zwar läßt sich auch für Vichaycocha, wie die Alterspyramide zeigt, feststellen, daß ein großer Teil der jungen Menschen entweder nach der *primaria*, spätestens aber nach der *secundaria* den Ort verläßt. In Vichaycocha gibt es aber, anders als in Quinches, einen Anteil Jugendlicher, die sich entweder im Dorf selbst oder in einer der beiden nahegelegenen Minen Chungar und Huarón eine Zukunftsperspektive aufbauen. D.h. sie entscheiden sich bewußt für ein Verbleiben im Dorf oder dessen Nähe, um entweder sofort oder später als *comunero* in die vollen Rechte eines Dorfbewohners eintreten zu können und sich über die Viehzucht einen bescheidenen Reichtum zu verschaffen. Aufgrund dieser Möglichkeiten und weil deshalb nicht so viel Wert auf eine akademische Ausbildung der Jugendlichen gelegt wird, gibt es in Vichaycocha sehr viel weniger sozialen Druck auf junge Menschen, an die Küste zu ziehen, um dort Erfahrungen zu sammeln.

Im Fall von Vichaycocha ist sehr deutlich, daß die armen Bauern im Dorf verbleiben, solange sie nicht eine sichere Zukunftsperspektive an der Küste haben. Innerhalb des Dorfes finden sie zumindest die Mittel, ihren Unterhalt zu sichern, auch wenn ihnen eine aussichtsreiche Zukunft verwehrt bleiben mag.

Ebenso deutlich und an der Alterspyramide ablesbar ist, daß Frauen sehr viel häufiger im Dorf bleiben, als dies Männer tun. Dafür dürften dieselben Gründe verantwortlich sein, die im Fall Quinches schon angeführt wurden: Das Verdienstniveau von Frauen ist an der Küste generell niedriger als jenes der Männer, die Aufzucht von Kindern dagegen im Dorf billiger als in der Stadt.

Die sozioökonomische Situation in Vichaycocha bietet eine Reihe von Möglichkeiten auch für dynamische Individuen, die durchaus eine Zukunftsperspektive innerhalb des Dorfes haben. Neben Minenarbeitern finden sich Viehhändler, *tienda*-Besitzer, einige experimentieren mit dem Anbau von Kartoffeln für den Verkauf, Andere arbeiten im Transportwesen mit Lastern bzw. Eseln und Lamas und natürlich finden sich Besitzer großer Viehherden. Damit können auch Menschen, die für sich und ihre Familien eine bessere Zukunft suchen, hoffen, diese im Dorf selbst zu finden.

Schließlich ist der Schritt zur Migration eines Vichaycochanos mit zunehmendem Alter schwerer umzusetzen, als dies für Quinchinos der Fall ist. Letztere verlassen ihr Dorf, ohne dort je viel investiert zu haben und können zudem weiterhin über ihr Eigentum verfügen. Die Vichaycochanos beginnen generell schon in jungen Jahren, Aufgaben für das Dorf zu übernehmen und werden derart daran gebunden. Außerdem verlieren sie bei einer Migration sofort ihr Vieh sowie den Zugang zu den *moyas* und laufen Gefahr, auch ihre bewässerbaren Parzellen an die *comunidad* zurückgeben zu müssen. Es wird also jemand, der schon *cargos* übernommen hatte sich gut überlegen, ob er zugunsten einer Migration dies alles aufs Spiel setzten soll.

Allgemein kann für Vichaycocha vermerkt werden, daß die Lebensbedingungen der Menschen vergleichsweise gut sind. Zwar fehlen Zahlen bezüglich der Ernährungslage der Bevölkerung, etwa ob Mangelerscheinungen vorliegen oder nicht. Dennoch zeigt schon ein Blick auf die Häuser, die oft aus gebrannten Ziegeln sind und immer einen Anstrich haben, die Differenz. Auch in der täglichen Diät fällt auf, daß die Menschen in Vichaycocha mehr Fleisch zu sich nehmen (v.a. tun dies alle Haushalte!) als dies für Quinches gilt. Schließlich verfügen sie über elektrisches Licht und fließendes Wasser im Haus, zwei Errungenschaften, auf die die Menschen der Sierra allgemein großen Wert legen und deren Abwesenheit sie beklagen.

Die obigen Ausführungen lassen erkennen, wie die spezifische Struktur von Vichaycocha die Abwanderung aus dem Dorf beeinflußt hat. Seine im Verhältnis zur Anzahl der Einwohner immer noch reichen Ressourcen dämpfen den Abwanderungsdruck bis heute. Im Verbund mit den Möglichkeiten saisonaler und temporärer Migration waren sie der wesentliche Faktor für das späte Einsetzen einer massiveren Migration: Die Anzahl der Abgewanderten liegt aber noch heute deutlich unter der Zahl der Dorfbewohner. Da vor den 60er Jahren niemand vermochte, eine erfolgversprechende Nische zu besetzen, andererseits die Kontakte der Vichaycochanos sowohl zur Küste als auch an den Ostabhang gingen, war die Wanderungsrichtung anfangs noch undeutlich. Erst mit der Zeit bildete sich beides heraus: eine eindeutige Wanderungsrichtung, nämlich Lima und eine ökonomische Nische, der Bekleidungs- und Textilsektor. Beide Entwicklungen zogen in ihrer Folge neue Migranten nach, da es nun immer leichter wurde, in Lima Unterkunft zu finden und die Chance, Arbeit bei einem *paisano* zu erhalten, stieg. In diesem Prozeß half den ehemaligen Dorfbewohnern die Erfahrung, daß Kooperation vorteilhaft für alle sein kann. Ähnlich wie im Dorf ist die Zusammenarbeit in Lima einheitlich, unter dem Dach der Organisation und in informellen Bahnen. Das liegt sicherlich an der relativ kleinen Gruppe; daran, daß hier die Mehrheit der Menschen eng miteinander verwandt sind, aber auch daran, daß kaum Gruppenbündnisse zwischen Vichaycocha und dessen Migranten in Lima entstehen können. Die Migranten sind aufgrund fehlender Besitz- und Handelsinteressen kaum auf Bündnisse im Dorf aus. Es gibt immer wieder versuche, in Lima Konkurrenzklubs zur "Asociación Cultural San Miguel" aufzumachen, sie werden jedoch ziemlich schnell von der Hauptgruppe der Migranten verhindert und integriert.

In Huaral läßt die Kooperation, wie gesagt, noch auf sich warten, weil sie hier kein Feld hat, auf dem sie zur Anwendung kommen könnte. Für die Wanderung nach Huaral ist die Struktur in Vichaycocha kaum von Belang. Die in diese Stadt abgewanderten Menschen hatten lediglich frühere Kontakte hierher, entweder durch Arbeitssuche, ihre Handelsgeschäfte oder aufgrund administrativer Belange. Durch seine Nähe macht Vichaycocha es jedoch möglich, sich vor einer definitiven Migration nach Huaral um Arbeit und Unterkunft zu bemühen.

Die Abwanderung an den Ostabhang der Anden ist mit vielleicht 10% der Migranten nicht ganz unbeträchtlich. Sie ist jedoch nur für solche Bauern möglich, die über genügend Kapital verfügen, um dort Land zu erwerben und urbar zu machen oder, wie in zwei Fällen, Reparatur- und Verkaufsbetriebe für Motorräder zu eröffnen. Hier hat die Dorfstruktur insofern Einfluß, als die Ressourcen in Vichaycocha es einigen Bauern erlaubt, ausreichend Kapital zu bilden und anschließend in solche Geschäfte zu investieren.

Schließlich wird die Abwanderung negativ beeinflußt durch den schon erwähnten Umstand, daß die Vichaycochanos relativ früh Aufgaben für das Dorf übernehmen müssen, als auch dadurch, daß sie bei einem solchen Schritt ihre Besitztümer aufzugeben haben. Andererseits erlaubt die Garantie seitens der *comunidad*, jedem ehemaligen Dorfbewohner Zutritt zu dieser Institution zu gewährleisten, solange er nur die von ihm geforderten *cargos* ableistet, daß auch lange Zeit abwesende Personen ins Dorf zurückkehren können, um sich dort eine neue Existenz aufzubauen.

3. Dorfstruktur und Migration: ein Vergleich

Im folgenden Abschnitt sollen nun die beiden Fallbeispiele auf die im II. Kapitel aufgestellten Prämissen zur Migration bezogen und derart ein Vergleich zwischen ihnen angestellt werden.

A: Die individuelle Ebene

1) Das Streben nach Optima der Befindlichkeit führte im Fall von Quinches dazu, daß zunächst einige, später immer mehr Bewohner ihre Informationen und Kontakte zur Küste dahingehend nutzten, sich Arbeit und Unterkunft zu suchen mit dem Ziel, in absehbarer Zeit ihre persönliche Situation zu verbessern. Bei den Vichaycochanos hingegen erlaubte dasselbe Streben, die Menschen länger in ihrem Dorf zu halten und Abwanderung erst spät einsetzen zu lassen.

2) Da Menschen als strategische Akteure handeln, beziehen sie die erwarteten Handlungen anderer in ihr eigenes Handeln mit ein. Dies brachte die Quinchinos dazu, sowohl im Dorf als auch an den einzelnen Migrationszielen in Gruppen zusammenzuarbeiten. Das Verwandtschaftssystem, so wie es im Dorf praktiziert wird, ist dabei der Garant, daß die gegenseitig gehegten Erwartungen auch erfüllt werden. In Vichaycocha ist das Produkt dieser menschlichen Eigenschaft die Kooperation innerhalb der *comunidad*; wobei es hier eher die Angewiesenheit auf diese Institution ist, die die Erfüllung der gehegten Erwartungen garantiert. Im Migrationsprozeß ist die Erfahrung, die mit Kooperation im Dorf gemacht wurde, dem Einzelnen hilfreich hinsichtlich des Vertrauens, das er in seine *paisanos* setzt. Unter den Migranten aus Vichaycocha erleichtert - neben der gemeinsamen Herkunft aus einem Dorf und die damit einhergehende Verwandtschaftsbeziehung - die Beschäftigung im Textilsektor und die Vorteile, die sich aus einer Zusammenarbeit hier ergeben, das Vertrauen darauf, sich auf seinen Nächsten verlassen zu können.

3) Die persönlichen Charakteristika der Migranten weisen sie, soweit dies bekannt ist, für beide Dörfer als dynamische, unternehmungsfreudige Menschen aus. In neuerer Zeit spielt dieser Umstand jedoch immer weniger eine Rolle, weil in den Städten bereits genügend vertraute Personen wohnen, die eine Abwanderung relativ risiko- und streßfrei gestalten helfen. Ein Indiz für den immer noch vorhandenen Einfluß der Persön-

lichkeit des Einzelnen auf die Migrationsentscheidung zeigt sich für Quinches darin, daß Jugendliche, die in der Schule schlecht abgeschnitten haben, sich demnach dort nicht durchsetzen konnten, tendenziell auch eher im Dorf verbleiben als andere. Für Vichaycocha gilt das weniger, weil sich hier auch junge, dynamische Menschen finden, die eine Zukunft im Dorf aufbauen.

4) Der Faktor der Ich-Identität dürfte im Fall von Quinches mit dafür verantwortlich sein, daß bis zu den 40er Jahren die Abwanderung noch verhalten war, während sie heute dramatische Ausmaße angenommen hat. Die Stadt Lima ist heute eine Stadt der *provincianos*, und sich von Quinches aus zur Migration zu entschließen ist inzwischen ein alltäglicher Vorgang. Heute muß sich kein *serrano* mehr verkleiden aufgrund seiner Entscheidung, in die Stadt zu ziehen, weder in seinem Ursprungsdorf noch in Lima selbst. Deshalb wird dieser Faktor für die Vichaycochanos weniger Einfluß gehabt haben, da sie mit der Migration nach Lima begannen, als dort bereits die Mehrheit der Bewohner *provincianos* waren. Aufgrund der besseren Zukunftsaussichten innerhalb von Vichaycocha müssen sich andererseits seine Bewohner nicht so sehr gegenüber den Stadtbewohnern unterlegen fühlen, wie dies für Quinches der Fall ist.

5) Welch entscheidende Rolle das Alter für die Mobilität einer Person spielt, wird schon an den Bevölkerungspyramiden beider Orte deutlich. Sie zeigen, daß primär junge Menschen bis zum dreißigsten Lebensjahr abwandern. Es gibt jedoch auch einige alte Menschen, die, wenn sie sich im Dorf nicht mehr auf ausreichende soziale Beziehungen stützen können, zu ihren Kindern an die Küste ziehen.

6) Die Rolle der Schule klang bereits darin an, daß junge, besser ausgebildete Menschen eher zu Migration tendieren als solche mit weniger Ausbildung. Gerade in Quinches muß diese Institution auch als eine primäre Instanz zur vorzeitigen Akkulturation an städtische Lebensmuster gesehen werden. In Vichaycocha führt das Fehlen einer *secundaria* im Ort dazu, daß mehr Heranwachsende nach Huaral bzw. Lima ziehen, um dort die notwendige Bildung zu erhalten. Dadurch werden sie mit der Stadt vertraut und können die Chancen in ihr realistischer abschätzen.

B: Die soziale Ebene

1) Auch die soziale Ebene, d.h. die Stellung eines Individuums in der Familie und im weiteren Dorfrahmen, drückt sich in der vorzugsweisen Mi-

gration junger Menschen aus. Einerseits sind sie noch insoweit frei von familiären Verpflichtungen, als sie keine eigenen Kinder zu ernähren haben, andererseits sind sie ihren Eltern und Geschwistern gegenüber verpflichtet. Deshalb werden sie in Quinches oft gedrängt, an der Küste eine Weiterbildung zu machen mit dem Ziel, später über bessere Einkommen zu verfügen und so das Ansehen der Familie und deren soziale Sicherheit zu mehren. In Vichaycocha geht der Druck eher dahin, daß von jungen Menschen erwartet wird, entweder einige Jahre in den Minen zu arbeiten oder sich nach der *secundaria* ein kleines Kapital in Lima zu bilden. Allgemein aber wird von ihnen erwartet, sich eine Arbeit zu suchen, damit die Familie von der Last eines Essers befreit ist, wenn sie keinen Gebrauch für das jeweilige Mitglied hat. Die soziale Ebene findet ihren Ausdruck ferner darin, daß Menschen sich infolge familiärer Ursachen zur Migration entschließen. Dies ist der Fall, wenn alte oder kranke Familienmitglieder gepflegt werden müssen, wenn Eltern ihren Kindern nahe sein wollen oder wenn sonstige Gründe Einzelne zu einem Ortswechsel bewegen, damit sie mit dem Rest ihrer Familie zusammen sein können.

2) Das System der Werte und Normen ist in Quinches dahingehend ausgerichtet, daß von einem Jugendlichen ein längerer Aufenthalt in der Stadt erwartet wird, will er nicht als "dumm" gelten. In Vichaycocha ist diese Erwartung nicht so ausgeprägt Junge Menschen gehen hier aus anderen Gründen ohnehin meist weg (Schule, Arbeit), kehren aber auch wieder zurück, ohne das sie als Versager gelten würden.

3) Die Beschreibung der sozialen und politischen Strukturen der Dörfer erhellt, daß junge Menschen generell weder über nennenswerte Ländereien bzw. Vieh verfügen (aufgrund der späten Vererbung durch die Eltern) noch wesentliche Aufgaben innerhalb der örtlichen Institutionen wahrzunehmen haben. Sie sind demnach "freier", das Dorf zu verlassen, als ältere Menschen es sind. Wie erwähnt gilt dies weniger für die Vichaycochanos, deren Jugend sich früher für das Dorf engagiert.

4) Das demographische Wachstum hat in Quinches lange Zeit eine entscheidende Rolle für die Migration gespielt, da der Ort im Verhältnis zu den vorhandenen Ressourcen und deren Nutzungsweise übervölkert war. Inzwischen gilt dies infolge der starken Abwanderung abstrakt gesehen nicht mehr. Konkret ergeben sich allerdings immer öfter Schwierigkeiten für in Quinches verbleibende Bauern, die Felder der Abgewanderten zu nutzen. Dies hat einmal mit der immer stärker um sich greifenden Arbeitskräfte-Knappheit zu tun, zum anderen ist es aufgrund der fehlenden Technisierung nur bedingt möglich, aus Feldern, die in *compania* bear-

beitet werden müssen, Gewinne zu ziehen. In Vichaycocha dagegen ist das Bevölkerungswachstum nie der entscheidende Grund für die Abwanderung gewesen. Die Ressourcenbasis des Dorfes würde noch zusätzliche Einwohner tragen können.
5) Bezüglich der Ressourcen ist für Quinches festzuhalten, daß sie sehr ungleich verteilt sind. Wie Cotlear (1984) feststellte, sind solche Dörfer anfälliger für Migration als andere. Die Daten zu Quinches deuten zudem darauf hin, daß ehemals die mittleren und reicheren Bauern und deren Angehörige abwanderten. Die sehr Wohlhabenden und die Armen verblieben dagegen eher im Ort. Heute indessen versuchen auch viele der oberen und unteren Schichten, sich an der Küste anzusiedeln. In Vichaycocha hingegen sind die Ressourcen im Verhältnis gleichmäßiger verteilt, was zum Teil die geringere Abwanderungsrate aus diesem Dorf erklären kann. Auch für Vichaycocha finden sich jedoch Hinweise, denen zufolge eher die Bessergestellten abwandern, während die armen Bauern und die großen Viehzüchter im Dorf verbleiben.
6) Ein breites Netzwerk sozialer Beziehungen macht inzwischen die Abwanderung aus Quinches zu einem wenig risikoreichen Schritt. Ursprünglich galt dies nur für einen Teil der Quinchinos, was ein weiterer Grund für die bis zu den 50er Jahren zurückhaltende Migration gewesen sein dürfte. Wir sahen, daß heutige Migranten oft schon ihr eigenes Haus in Lima besitzen, bevor sie das Dorf definitiv verlassen. Die Vichaycochanos verfügen ebenfalls über ein Netz sozialer Beziehungen, welches in diesem Fall aber eher bipolar (*comunidad* in Vichaycocha, Migranten in Lima) ist, während sich für Quinches eine ganze Reihe von sich überlagernden Gruppen finden. Die Abwanderer aus Vichaycocha erfahren, soweit sie nach Lima gehen, oft durch die Möglichkeiten einer Arbeitsaufnahme im Textilsektor einen starken Anreiz, eine Umsiedlung zu wagen. Diese Möglichkeiten werden ihnen über die Netze verwandtschaftlicher und *paisanazgo*-Beziehungen geboten.

C: Die gesellschaftliche Ebene

1) In Kapitel III wurde gezeigt, wie in einer sich industrialisierenden Weltwirtschaft, deren Dynamik von den hochentwickelten Ländern determiniert wird, die Ökonomie eines abhängigen Landes Wandlungen unterliegt. Konjunktureinbrüche in den Industrieländern, Veränderungen der Industrie- und Konsumstruktur und Änderungen im Investitionsverhalten können zu Nachfragebooms für bestimmte Rohstoffe oder Agrarer-

zeugnisse in den abhängigen Ländern führen, deren Wirtschaft sich darauf einstellen muß. Ebenso kann die Nachfrage unter bestimmten Bedingungen ausbleiben, die Investitionen zurückgehen etc., was regelmäßig zu ökonomischen Katastrophen in den abhängigen Ländern führt. Die Auswirkungen der nationalen und internationalen Wirtschaft machten sich für die Quinchinos nicht direkt, sondern mittelbar bemerkbar. Durch die Arbeit im Fleischmarkt hatten sie eine Nische gefunden, die zwar ebenso wie andere Wirtschaftszweige ihre Prosperitäts- bzw. Flautephasen hat. Bei einer ständig steigenden Einwohnerzahl ist ein Einbruch in der Kaufkraft der einzelnen Haushalte aber durch die steigende Zahl der Käufer auszugleichen. Das Hereindrängen in diesen Bereich durch Migranten anderer Regionen kann kontrolliert werden, wenn die Lobby eines Dorfes stark genug ist. Für Quinches ist dies der Fall. Bezüglich der zweiten Nische, den akademischen Berufen, läßt sich ähnliches feststellen. In einer Stadt mit einem stetig steigenden Bedarf an Lehrern, Ärzten, Rechtsanwälten etc. findet sich auch in Krisenzeiten eine Beschäftigung, die zumindest einen besseren Lebensstandard erlaubt, als er von derselben Person in Quinches erreichbar wäre. Der angesprochene mittelbare Einfluß ergibt sich demnach aus einer allgemeinen Entwicklung hin zur Verstädterung, die ihrerseits Resultat einerseits des enormen Bevölkerungswachstums aufgrund zurückgehender Sterblichkeit, andererseits der zunehmenden Industrialisierung auch der armen Länder der Welt ist. Wie die Ausführungen in Kap. III zeigten, bot und bietet Lima bzw. die Küste allgemein eine große Zahl von Beschäftigungsmöglichkeiten für Menschen, die hauptsächlich in der nicht staatlich kontrollierten Wirtschaft arbeiten.
In ihr fanden die Vichaycochanos ihre Chancen. Die ständige Ausweitung des Weltmarktes in den 50er und 60er Jahren, die verstärkten Anstrengungen einer Industrialisierung und die damit einhergehende Zunahme der heimischen Konsumgüterproduktion, verbunden mit einer Ausweitung des internen Marktes, erlaubte ihnen den Einstieg in eine anfangs äußerst lukrative Branche. Als Mitte der 70er Jahre erstmals Probleme auftauchten, waren etliche in diesem Geschäft tätige Vichaycochanos bereits so weit etabliert, daß sie sich liquide halten und Verwandten und *paisanos* Hilfe leisten konnten. In den Jahrzehnten zuvor hatte die Weltwirtschaft indessen eine sehr direkte Auswirkung auf das Migrationsverhalten und damit die Dorfentwicklung in Vichaycocha. Der Baumwollboom zu Beginn des Jahrhunderts bescherte den Bauern die Möglichkeit eines jährlichen Zuverdienstes durch saisonale Migration. Der

anschließende Aufschwung der Minenwirtschaft, die ausschließlich für den Export und damit den Weltmarkt arbeitet, brachte den Dorfbewohnern neben einem lukrativen Markt für ihre Produkte auch Beschäftigung für die jungen Männer.

2) Der peruanische Staat hat nie effektive Maßnahmen zur Lenkung der Bevölkerungsströme ergriffen. Wohl gab es Pläne, die Gebiete des östlichen Andenabhanges verstärkt zu besiedeln,[10] es gelang jedoch nie, einen geplanten und geordneten Migrationsprozeß in Gang zu setzen. Die an den Ostabhang abgewanderten Vichaycochanos taten dies, weil sie diese Region aus persönlichen Kontakten über Handelsgeschäfte bzw. saisonale Migration schon kannten. Wenn andererseits die sporadischen Vertreibungen von Menschen aus illegal besetzten Grundstücken in Lima überhaupt eine Wirkung zeigen dann die, potentiellen Besetzern zu demonstrieren, wie eine Besetzung effektiver zu organisieren sei. Als Abschreckungsmittel jedenfalls sind sie höchst ungeeignet. Die Rolle des Staates im Migrationsprozeß muß demnach als primär negativ eingestuft werden.

3) Quinches ist ein Beispiel für die Tendenz der Sozialwissenschaftler, die modernen Transportmittel als Ursache für Abwanderung stark überzubewerten. Die Massenabwanderung aus diesem Dorf nämlich setzte ein, lange bevor die Straße irgendwelche Spuren hinterlassen konnte. Erst in den 70er Jahren gab es eine Straße ins drei Stunden Fußmarsch entfernte Nachbardorf, erst 1980 erhielt Quinches selbst Anschluß. Lange vorher jedoch hatten die Bauern Kontakt zur Küste und zu Lima, Abwanderung als alltägliches Phänomen gab es bereits in den 40er und 50er Jahren. Für Vichaycocha läßt sich das Gegenteil beobachten. Zwar ließen sich die Bauern vom Fehlen der Straße auch hier nicht davon abhalten, Jahr für Jahr an die Küste zu ziehen, um dort einige Monate zu arbeiten. Als die Straße dann, vergleichsweise früh (1953), vorhanden war, führte dies keineswegs zu einer stärkeren definitiven Migration. Im Fall von Quinches haben Infrastrukturmaßnahmen einen Einfluß auf Migrationsentscheidungen durch ihre Abwesenheit. D.h., fehlende Einrichtungen wie z.B. elektrisches Licht, Trinkwasserversorgung, annehmbare Verkehrsmittel etc. sind Teil der Überlegungen, die Quinchinos zu einer Abwanderung veranlassen. Die Vichaycochanos andererseits be-

---

[10] Die Regierungen unter Belaúnde hatten solche Absichten, weshalb sie großangelegte Pläne zum Straßenbau in diesem Gebiet entwarfen. Tatsächlich wurde in den 60er Jahren die *carretera marginal* gebaut, die einer Erschließung und Besiedlung der *montaña* förderlich war. Die Ineffiziens des Staates und ökologische Schwierigkeiten verhinderten indessen, daß aus der beabsichtigten geplanten Bevölkerungsumstrukturierung Realität wurde.

werten die Lebensqualität ihres Dorfes relativ hoch und sind zudem davon überzeugt, sie in Zukunft noch zu steigern.

D: Die Umweltebene

1) Die Region Quinches weist bezüglich der physikalischen und klimatischen Beschaffenheit einige Besonderheiten auf, die ihre Bewohner für eine Abwanderung anfällig machen. So erlaubt die Höhenlage der bewässerten Parzellen keinen Anbau lukrativer Produkte, die kultivierbaren Pflanzen wie Mais, Weizen und Kartoffeln erbringen aufgrund der schlechten Bodenqualität und der traditionellen Anbauweise zu geringe Erträge, um sie lohnend auf dem Markt abzusetzen. In den letzten zwanzig Jahren setzte zudem eine allgemeine Erwärmung und zunehmende Trockenheit der Zone ein, wodurch der früher übliche regenabhängige Anbau heute unmöglich geworden ist. Die Erwärmung macht jedoch heute Obstanbau bis 2.600 m.ü.M. möglich, wodurch sich zumindest für einige Bauern eine neue Einkommensquelle eröffnete. Ebenfalls aufgrund der allgemeinen und seit zwanzig Jahren noch verstärkten Trockenheit sind die Weidegebiete um Quinches von vergleichsweise schlechter Qualität. Die schlechten Weiden zwangen die Bauern, die *lomas* der Küste zu nutzen, wodurch sie Kontakte dorthin hatten. Sie führten auch dazu, daß die schon etablierten Viehzüchter den Zugang für neue Viehhalter erschwerten. Letzlich sind die Möglichkeiten der Viehzucht aufgrund des fehlenden Futters begrenzt. All diese Faktoren sind sowohl Mitverursacher der oben beschriebenen sozialen Struktur des Dorfes als auch Anreiz, wegen fehlender Möglichkeiten der Prosperität andere Einkommensquellen zu suchen.

Wiederum führt die physikalische und klimatische Beschaffenheit der Region um Vichaycocha zu einem anderen Effekt, nämlich dem, Abwanderung einzudämmen. Zwar läßt sich auch hier die zunehmende Trockenheit registrieren, aufgrund der Höhenlage und der relativ weiten Entfernung von der Küste sind die Niederschläge dennoch ausreichend, genügend Weide für eine gleichbleibend hohe Zahl an Vieh hervorzubringen und den regenabhängigen Anbau zu sichern. Beide Faktoren erlauben eine gleichmäßigere Ressourcenaufteilung. Die Viehzucht garantiert einem großen Teil der Dorfbewohner ausreichend monetäres Einkommen, um ihre Bedürfnisse zu befriedigen, der regenabhängige Anbau unterstützt die Versorgung mit den notwendigen Nahrungsmitteln. Aufgrund dieser Faktoren ist Vichaycocha weniger anfällig für die massive

Abwanderung seiner Bewohner.

Bezüglich der Ansiedlung in Lima, mehr noch in Mala, Cañete und Huaral, ist festzuhalten, daß das relativ günstige Klima den Menschen erlaubt, über Jahre hin in provisorischen Hütten zu leben und sich erst nach und nach ein festes Haus zu bauen. Auch wohlhabendere Migranten begnügen sich mit durchaus bescheidenen Unterkünften, wenn sie ihre Mittel zunächst für wichtigere Vorhaben ausgeben wollen.

2) Da die Wanderung der Migranten aus beiden Dörfern an die Küste innerhalb einer Nation, ja sogar innerhalb eines einzigen Departments stattfindet, haben nationale Grenzen keinerlei Einfluß auf ihre Mobilität. Niemand hindert sie, sich dort anzusiedeln, wo sie für sich bessere Möglichkeiten des Überlebens sehen. Stand das soziale System der Küstenstädte einer Ansiedlung von *serranos* bis Mitte des Jahrhunderts noch relativ feindlich gegenüber, bilden sie heute die erdrückende Mehrheit Limas und anderer Gebiete der Küste, so daß es kaum mehr soziale Barrieren für eine Umsiedlung vom Hochland hierher gibt. Dies fördert natürlich die Beweglichkeit der Menschen.

4. Zusammenfassung

Der Vergleich der sozioökonomischen Organisation, der Umwelt und der Migrationsgeschichte der beiden Orte zeigte einige Besonderheiten, die festzuhalten sind.

So wurde primär deutlich, daß Menschen aus vielerlei Ursachen zu einer Abwanderung aus ihren Dörfern veranlaßt werden können, und daß eine Vereinfachung auf einige wenige Gründe lediglich aus analytischen Gründen sinnvoll und vertretbar ist. Damit sind aber jene Auffassungen zurückzuweisen, die vorgeben, Bevölkerungsmobilität ließe sich mit der Angabe eines einzigen Faktors erklären.[11] Weil dem so ist, weil also viele Gründe zu Mobilität führen können, muß Migration in ihrem jeweiligen Kontext gesehen werden.

Sicherlich ergeben sich für die Bevölkerungsbewegungen in den Anden, die zur Zeit der inkaischen Herrschaft oder jene, die nach der spanischen Eroberung Perus stattfanden, vollkommen andere Ursachen, als sie eine Ge-

---

[11] Es soll nochmals darauf hingewiesen werden, daß ich hier Ursachen wie Krieg, Vertreibung etc. beiseite lassen will, sie sind natürlich, was den Wanderungsgrund angeht, unikausal. Für die hier geführte Diskussion sind sie jedoch nicht sehr relevant.

sellschaft aufweist, deren Ökonomie von einer abhängigen Industrialisierung geprägt ist.

Es lassen sich zu analytischen Zwecken bezüglich der Migration aus den beiden untersuchten Dörfern einige Hauptgründe angeben:

1) Die Dorfstruktur. Wenn darunter das sozioökonomische System verstanden wird, sind Ursachen einer Migration bzw. eines Verbleibens am Ort in folgenden Bereichen zu suchen:
a) Das soziale System, je nachdem, ob Kohärenz oder Konflikte den Umgang der Menschen untereinander bestimmen, ob eher junge oder alte Menschen, mehr Frauen oder mehr Männer Eigentum und Macht besitzen, welches System der gegenseitigen Beziehungen den Umgang der Menschen untereinander regelt (Verwandtschaft, *paisanazgo*, etc.).
b) Die Wirtschaft auf Dorfebene verursacht bzw. verhindert Migration durch die Art ihrer Organisation, die Verteilung lebenswichtiger Ressourcen und die Distribution des Reichtums.
c) Die Umwelt erlaubt oder behindert in einer bäuerlichen Gesellschaft entscheidend die Prosperität der Menschen, die Möglichkeiten der Technisierung, bestimmt die Produkte, die angebaut werden können etc. Sie ist deshalb ein wesentlicher Faktor zum Verständnis von Migration.
d) Die Infrastruktur eines Dorfes ist primär wichtig für die Wirtschaft, indem z.B. Straßen den Zugang zu Märkten sichern können. Sie ist aber auch, z.B. im Fall des elektrischen Lichts, ein wesentliches Moment der persönlichen Zufriedenheit bzw. Unzufriedenheit mit den Lebensverhältnissen der Menschen an ihrem Ort.

2) Das demographische Wachstum sowohl eines Ortes als auch einer Nation erklärt, bei Abwesenheit einer harmonischen nationalen Wirtschaftsstruktur, zu einem guten Teil die Notwendigkeit räumlicher Mobilität. Kleine Dörfer mit stagnierender Produktivität in der Landwirtschaft erreichen bei einem anhaltenden Wachstum schnell die Grenzen der Tragfähigkeit zusätzlicher Bevölkerung. Andererseits führt das Wachstum auf nationaler Ebene zur Herausbildung größerer Poblationszentren, die Möglichkeiten der Beschäftigung bieten können.

3) Die nationale Ökonomie und das politische System eines Landes sind wichtige Bezugsgrößen für die Analyse des Migrationsprozesses. Die Industrialisierung in diesem Jahrhundert einerseits, die starke Konzentration der wirtschaftlichen Entwicklung Perus auf die Küste und hier insbesondere auf Lima andererseits, sind wesentliche Gründe dafür, warum

immer größere relative und absolute Bevölkerungsteile an der Küste leben.
4) Das Vorhandensein eines Bevölkerungszentrums in einem Land führt regelmäßig dazu, daß dieses auch das Migrationszentrum wird, weil die ökonomischen und sozialen Chancen dort gehäuft vorhanden sind. Im Verbund damit bildet sich oft eine ökonomische Nische heraus, in welcher ein beträchtlicher Teil der Abwanderer aus einem Ort bzw. einer Region Beschäftigung finden. Diese Nische selbst ist Indikator dafür, daß Migration auch ein sozialer Prozeß ist, in dem über besondere Sozialbeziehungen untereinander verbundene Individuen sich gegenseitig unterstützen und zur Umsiedlung motivieren.
5) In diesem Prozeß spielt die Weltwirtschaft eine wesentliche Rolle insofern, als sie in Ländern wie Peru den größeren Teil der nationalen Wirtschaft determiniert und darüber das Schicksal der einzelnen Regionen und Dörfer mitbestimmt.
6) Die oben aufgeführten Punkte zusammen konstituieren im wesentlichen die Erwartungen der Menschen an ihr Leben. Gleichzeitig sind diese wiederum, da sie sich ändern (ein alter Bauer hat andere Vorstellungen von dem, was sein Leben ausmachen soll, als sie ein Schüler der *secundaria* hat), ein wichtiger Grund für die Suche nach besseren Chancen in anderen Regionen.

Aus den Fallbeispielen lassen sich indessen nicht nur Migrationsgründe herausschälen. Es zeigt sich ferner, welche Rolle die Kooperation zwischen Individuen und zwischen Haushalten auf allen Ebenen spielt. Sie findet sich in den jeweiligen Dörfern genauso, wie sie an den Migrationszielen wieder nachzuweisen ist. Lediglich für die Migration in Huaral scheint sie weniger ins Gewicht zu fallen.

Mit diesem Beispiel, Huaral, kommen wir zum entscheidenden Punkt betreffs der Kooperation. Wie aus den Ausführungen zu den beiden Fallbeispielen deutlich wurde, hängt die Art, wie die Menschen kooperieren, eng mit den jeweiligen Umständen zusammen, in denen sie dies tun und wird darüberhinaus von den Zielen bestimmt, die mit Hilfe der Kooperation erreicht werden sollen.

Es wurde gezeigt, daß in Quinches eine dorfumfassende Zusammenarbeit fehlt, dort findet sie sich stattdessen dorfübergreifend insofern, als mehrere Gruppen innerhalb des Ortes mit mehreren Gruppen in Mala bzw. Lima kooperieren. Dasselbe ließ sich wiederum in Mala und in Lima finden. In Vichaycocha dagegen gibt es diese dorfumfassende Zusammenarbeit, die in der *comunidad* ihren institutionellen Ausdruck hat. Allerdings fehlt dort weitgehend die dorfübergreifende Kooperation. In Lima wiederum findet sich eine relativ enge Zusammenarbeit bei den in der Textilbranche Tätigen, die in der Lage sind, auch die restlichen Migranten an ihren Klub anzubinden. Die Vichaycochanos in Huaral weisen abgesehen von den Reparaturwerkstätten überhaupt keine Kooperation auf.

Dieses komplexe Bild vorhandener und fehlender Kooperation hat mit den unterschiedlichen Kontexten zu tun, in denen die Menschen leben, arbeiten und auch abwandern. Sie ist demnach nicht etwas den andinen Menschen eingegebenes bzw. eine eigenständige Sozialstruktur, sondern ergibt sich, wie gezeigt wurde, aus den je spezifischen Umständen, den Erwartungen der Individuen und den Zielen, die sie mit ihrer Hilfe durchsetzen wollen. Dabei sind Menschen, die auf frühere Kooperationserfahrung zurückgreifen können, durchaus im Vorteil.

XI. Schlußbemerkungen

Rekapitulieren wir nochmals, im Lichte der vorhergehenden Ausführungen, das Phänomen Migration. Im ersten Kapitel wurde gezeigt, daß menschliche Handlungen nicht als von kollektiven Wesenheiten herrührend verstanden werden können, sondern daß sie vom Individuum als dem Handlungsträger ausgehen. Menschliche Individualität wurde derart gefaßt, daß nicht etwa ein der bürgerlichen Freiheits- bzw. der neoliberalen Wirtschaftsideologie verhaftetes Wesen angenommen wurde. Ein Individuum besteht vielmehr aus seiner sozialen, geschichtlichen und physischen Umwelt, in die es hineingestellt ist. Dadurch als umweltabhängiges, soziales Wesen gefaßt, muß es sich darin bewähren, indem es die Erwartungen anderer Menschen in seinen eigenen Handlungen berücksichtigt, antizipiert und sie miteinbezieht. Es wurde argumentiert, diese Betrachtungsweise menschlichen Handelns sei einer kollektivistisch geprägten Betrachtungsweise vorzuziehen.

Anhand der beiden Fallbeispiele, die in dieser Arbeit vorgestellt und analysiert wurden, wurde diese Auffassung bestätigt. Gerade andine Dörfer mit ihrer spezifischen Sozialordnung galten und gelten als Prototypen einer kollektivistischen Organisation von Menschen, auch wenn sich die Autoren im einzelnen nicht einig darüber sind, ob dies nun positiv oder negativ zu bewerten sei.[1] Als Handlungsträger wird in ihnen oft die Dorfgemeinschaft postuliert, ohne das gezeigt würde, wie diese Institution denn handlungsfähig sein kann.

Die Fallbeispiele zeichneten indessen ein anderes Bild. Zwar muß darauf bestanden werden, daß die je spezifische Struktur der Dörfer ein zentraler Aspekt ist, der Menschen entweder zur Abwanderung oder zum Verbleib be-

---

[1] In diesem Zusammenhang sei nochmals verwiesen auf Moßbrucker 1989. Dem am Problem interessierten Leser sei empfohlen, z.B. die Ausführungen von Wolf (1955) oder Metraux (1959) zu lesen, in denen die ganze ideologische Last deutlich wird, die die kollektivistische Auffassung zu diesem Thema beisteuert. Sehr deutlich zeigt die Arbeit von Mayer (1974) die aus einer kollektivistischen Auffassung gespeisten Interpretationsprobleme eines von der Wesenheit Dorfgemeinschaft überzeugten Autors. Endlich bringen neuere Beispiele, wie etwa Paerregaard (1987) dasselbe Dilemma zum Ausdruck. Molinié-Fioravanti (1986), die eine Kritik des Begriffs der andinen Dorfgemeinschaft und gleichzeitig seine Typologie geben will, ist sich nicht einmal des Problems bewußt, das sich ergibt, wenn vor der Kritik eines Begriffs nicht klar gemacht wurde, warum er existiert und welche Aufgaben er möglicherweise erfüllt. Sie hätte sich sonst nicht so sehr darauf konzentriert zu zeigen, welche Typen von Dorfgemeinschaften existieren, sondern in erster Linie, warum Menschen sich überhaupt in solchen Institutionen organisieren. Diese Frage hätte sie (wie so viele andere) auf die Notwendigkeit zur Kooperation geführt und dadurch auf eine Reihe von Umständen verwiesen, die wegen dieser Notwendigkeit bestimmte Formen der Kooperation hervorbringen.

wegt. Ebenso ist die je spezifische Struktur der Eingliederung in die Gesellschaft der Zielorte wesentlich im Hinblick auf ein Verständnis von Migration. Diese je spezifischen Strukturen sind aber nicht etwas den Menschen von jeher vorgegebenes, worin sie sich nur noch zu bewegen hätten. Sie sind vielmehr Produkt der Faktoren, die ein Individuum konstituieren, zusammen mit dem Umstand, daß Menschen untereinander zu unterschiedlichen Zwecken in Kontakt treten müssen. Die sich schon daraus ergebende Interdependenz der Individuen, die durch die Auseinandersetzung mit der Umwelt noch verstärkt wird, macht eine irgendwie geartete Regelung des täglichen Verhaltens der Einzelnen und des Umgangs miteinander notwendig. Sie drücken sich in dem aus, was als Sozialstrukturen bezeichnet werden kann. Auf diese Weise gefaßt wird begreiflich, warum Sozialstrukturen manchmal eine erstaunliche Kontinuität zeigen können, in anderen Fällen einer raschen Wandlung unterliegen. Da sie gebunden sind an einzelne Menschen mit ihren Erwartungen und Ansprüchen, können sich innerhalb kürzester Zeit, wenn sich neue Chancen eröffnen, andersgeartete Verhaltensweisen durchsetzen, die dann ihrerseits eine neue Sozialstruktur begründen. D.h. eine Sozialstruktur ist nie ein festgefügtes System, das aus sich heraus bestehen würde. Sie existiert nur insoweit, als sie ein interdependentes Netz von Erwartungen und Ansprüchen (auch Normen und Werten) Einzelner ist, das ständig von den sie konstituierenden Individuen reproduziert werden muß, um seine Gültigkeit zu behalten.

Würde etwa die *comunidad* in Vichaycocha als eigenständig handelnde Entität begriffen, wäre es schlicht unverständlich, wie diese Institution zu der Entscheidung gelangen sollte, einige Menschen des Dorfes migrieren zu lassen und dafür zu sorgen, daß andere bleiben. Betrachtet man dagegen einen individuellen Menschen, der mit seinem ökonomischen, sozialen und intellektuellen Hintergrund die Welt daraufhin abschätzt, wo sich seine Erwartungen an das Leben (die ja ihrerseits aus der sozialen Umwelt, der Geschichte und der physischen Umwelt stammen) am ehesten durchsetzen lassen, löst sich dieses Dilemma auf.

In der sozioökonomischen Organisation des Dorfes Quinches und seiner Migranten findet sich ein weiteres Beispiel dafür, daß die Thesen in Kapitel I Ergebnisse liefern, die denen einer kollektivistischen Auffassung vorzuziehen sind. Sowohl innerhalb der jeweiligen Lokalgruppen (Dorf, Küstenstädte, Lima) als auch zwischen ihnen gibt es mannigfaltige, sich überlappende Beziehungen. Sie werden jedoch nicht von einem kollektiven Interesse etwa an der Heimat oder ähnlichem, sondern von wohlverstandenem Streben nach ökonomisch-sozialer Sicherheit getragen. Gerade im Fall von Quinches und seinen Migranten wird deutlich, wie sich Kooperation unter der Annahme "rationaler Egoisten" dennoch, oder gerade deswegen, als vorteilhaft erweisen kann und deshalb von den Beteiligten Formen der Zusammenarbeit entwickelt und reproduziert werden.

In ähnlicher Weise muß man die Organisation und die spezifische Eingliederung der Migranten an ihren Zielorten verstehen. Nicht wenige Autoren etwa sind der Ansicht, die aus den Anden an die Küste wandernden Menschen würden sich hier so verhalten, weil sie einen kollektiven Hintergrund in ihren Dörfern hätten.[2] Diese Auffassung ist insofern korrekt, als diese Menschen in ihrer Sozialisation regelmäßig die Chance haben, zu lernen, daß Kooperation für sie vorteilhaft sein kann, weshalb sie immer wieder und in verschiedenen Kontexten auf unterschiedliche Weise auf kooperatives Verhalten zurückgreifen. Es ist aber falsch, anzunehmen, ein solches Verhalten sei diesen Menschen quasi "natürlich" und müsse sich nicht in jedem neuen Kontext von neuem bewähren. Aus diesem Grund zeigt sich bei einer vergleichenden Betrachtung das, was in bezug auf Lima oft als spezifisch andines Element der Stadt begriffen wird - nämlich die gegenseitige Hilfe, die vielfältige Organisierung der Menschen in den einzelnen *barrios*, mit deren Hilfe sie ihre Infrastruktur aufbauen und ihr tägliches Überleben organisieren und sichern -, gerade nicht als solches, sondern als allgemeines Phänomen der menschlichen Organisation in den Städten der armen Länder der Welt. Die dort stattfindende Kooperation ergibt sich aus der Notwendigkeit heraus, die ineffizienten (und nicht selten feindlich eingestellten) staatlichen Agenturen zu ersetzen und die Grundbedürfnisse der Menschen einigermaßen zu befriedigen. Das "spezifisch andine" Element der *provincianos* ist, soweit vorhanden, in ihren spezifischen kulturellen Neigungen zu sehen. Sie mögen dazu führen, daß bestimmte Probleme in Lima anders gelöst werden als etwa in Mexiko oder in Kairo.[3]

Gerade die Kontextgebundenheit von Kooperation und damit eben ihre Notwendigkeit, aus der heraus sie erst verständlich wird, erwies sich an den Fallbeispielen. Es ließ sich daran zeigen, daß enge Kooperation im Ursprungsdorf bei Migranten nicht in jedem Fall zu Zusammenarbeit am Zielort führen, und das umgekehrt eine konfliktive Situation im Ursprungs-

---

[2] Vgl. z.B. J. Parodi (1985), S. Lobo (1984) und Golte/Adams (1987).
[3] Es ist hier nicht der Ort, diesen Vergleich anzustellen, er würde eine eigene Arbeit verlangen. Daß aber in den genannten Städten - und in so vielen anderen - dieselben Notwendigkeiten vorhanden sind und das diese ihre Lösung finden, ist evident. Mag der Hausbau z.B. in Mexiko oder Kairo im einzelnen anders organisiert sein als in Lima, auf jeden Fall aber wird er organisiert und die Menschen dort sind ebenso zur Kooperation gezwungen wie jene in Lima.

dorf die Menschen an ihrem Migrationsziel dennoch nicht an einer Zusammenarbeit hindern muß. Allerdings verlangt Gegenseitigkeit Sicherheiten, die die Gruppe und den Einzelnen davor schützen, von "Trittbrettfahrern" ausgenutzt zu werden. Für die betrachteten Fälle ist in erster Linie die verwandtschaftliche Bindung das ethisch moralische Unterpfand, auf dessen Hintergrund die Menschen Vertrauen in eine Zusammenarbeit entwickeln. Sie mag deshalb so einflußreich und bevorzugt sein, weil sie die immer prekären sozialen Beziehungen der Menschen untereinander, die ständig vom Zerfall und Betrug bedroht sind, gedanklich auf ein "außerhalb" der menschlichen Wünsche liegendes biologisches Konzept zurückführt. Daß dieses Konzept selbst eine von Menschen gemachte - wenn auch an biologische Fakten angelehnte - Ideologie ist, tut ihm keinen Abbruch, solange es gebraucht wird und funktioniert. Wie wir an unserer eigenen Gesellschaft feststellen können, verliert es seine organisierende Kraft und seine Stabilität, wenn vorteilhaftere Varianten wie etwa die Ideologie des Sozialstaates an seine Stelle treten.

Anhand eines auffälligen Phänomens, der "überzufälligen Verteilung" von Migranten derselben Region in einem bestimmten Beruf einer bestimmten Stadt, läßt sich zeigen, daß der Zusammenhang von Kooperation und Verwandtschaft aus den Annahmen erklärt werden kann, die in Kapitel I.3. dargelegt wurden. Die in der Graphik I in diesem Kapitel aufgestellte Hypothese legt nahe, daß Menschen, aus ihrem je spezifischen Hintergrund heraus, nach Optima des Wohlbefindens streben, wobei jede getroffene Entscheidung die nachfolgenden Entscheidungen beeinflußt. Es läßt sich in vielen Fällen beobachten, wie dies auch für die Migranten aus Vichaycocha und Quinches demonstriert wurde, daß diese überzufällige Verteilung stattfindet und das sie ihre Wurzeln in dem Interdependenzgeflecht hat, welches die aufeinander bezogenen Individuen unterhalten. Der neuankommende Migrant sucht Sicherheit, derjenige Verwandte oder *paisano*, der ihm Arbeit vermittelt, sucht einen billigen und zuverlässigen Arbeiter und/oder er versucht, das Netz der ihm Verpflichteten zu erweitern bzw. löst damit Verpflichtungen gegenüber einem Dritten ein. Die Beteiligten sind sich dieser Zusammenhänge durchaus bewußt, was u.U. zu Konflikten führen kann, wenn einzelne Akteure der Ansicht sind, sie würden größere Beiträge leisten als sie zurückbekämen.

In einem Artikel entwickelt H. Esser[4] ein Modell, das die Segmentierung ethnischer Gruppen innerhalb einer Aufnahmegesellschaft aus individualistischer Sicht erklären soll. Zwar ist sein Modell nicht einfach auf die vorlie-

---

4 H. Esser; in: Zeitschrift für Soziologie, Jg.14, Heft 6, Oktober 1985.

genden Fälle übertragbar, weil zuviele seiner Voraussetzungen für unseren Fall nicht zutreffen. So handelt es sich bei den Fallbeispielen der vorliegenden Arbeit nicht um eine überzufällige Verteilung von Ethnien, sondern um dörfliche und/oder regionale Segmentierung. Die Migranten der beiden Dörfer kommen auch nicht in eine fremde Aufnahmegesellschaft, sondern (zumindest heute) in Städte, die von ihresgleichen wesentlich mitgeprägt sind. Dennoch lassen sich Einsichten aus Essers Ausführungen gewinnen. Er setzt zunächst folgendes voraus:

> "Menschen wählen die Handlung, von der sie annehmen, daß sie ihnen im Vergleich zu den anderen, vorstellbaren Alternativen die relativ höchste Nutzenerwartung gewährleistet." (:439).

Er beschreibt anschließend den Prozeß von den Pionierwanderern, die noch stark auf eine Assimilation angewiesen seien, bis hin zur Bildung einer ethnischen Binnenstruktur, die sich dadurch auszeichne, daß nun nachwandernde Individuen sich in ihrer eigenen Gruppe aufhalten könnten, also nicht mehr die "Kosten" der Assimilation zu tragen hätten. Dafür allerdings befänden sie sich in einem Bereich eingegrenzter Möglichkeiten, weil die "ethnische Binnenstruktur" nicht dieselbe Variationsbreite an Chancen böte, wie dies die Aufnahmegesellschaft als Ganzes könne. Was sich schließlich als Ergebnis herausbilden müsse, seien Strukturen, die sich aus stabilen und systematischen Relationen der Akteure bildeten, nämlich hier aus der überzufälligen Orientierung von Handlungen, Ressourcenverteilung, Bewertungen und Planungen an ethnischen Kriterien (:438-447).

Das Modell Essers kann zumindest als Erklärungshilfe dafür genommen werden, warum die Quinchinos im Fleischmarkt und in akademischen Berufen "überzufällig" vertreten waren und sind, und warum dieselbe Überzufälligkeit für die Vichaycochanos bezüglich der Textilbranche auftaucht. Der Zutritt zu beiden Nischen senkt die "Kosten" (soziale und ökonomische) für Neuankömmlinge und erhöht die Sicherheit, eine Arbeit zu finden. Ähnlich verhält es sich im übrigen mit der Suche nach Unterkunft, wo die Migranten der beiden Dörfer ja wiederum eine überzufällige Konzentration in bestimmten Stadtteilen zeigen. Auch hier ist es die größere Wahrscheinlichkeit, überhaupt ein Stück Land zu erhalten und die Angewiesenheit auf Gegenseitigkeit, die die Menschen bestimmter Regionen bestimmte Stadtteile bevorzugen läßt. Die Betonung, die Esser auf den Umstand der ungeplanten Folge absichtsvollen Handelns legt,[5] läßt sich für einen Teil der Abwanderer

---

5 Ein Thema, das ausführlich bei Elster (1987a) behandelt wird.

auch im vorliegenden Fall feststellen. Sie kamen ursprünglich nach Lima mit der Absicht, die Schule zu besuchen, sich zu "Limeños" zu wandeln, nicht mehr mit dem Andenhochland identifiziert zu werden. Aufgrund ihrer Handlungen, die zwar situationsrational sind (jemand der keinen Unterhalt hat, muß ihn sich verdienen) dennoch nicht mit ihren Plänen übereinstimmen, nimmt ihr späteres Leben einen anderen Verlauf, als er ursprünglich intendiert war.[6]

Wir können somit feststellen, daß für eine Analyse des Phänomens der Massenmigration das Individuum die Einheit ist, von der Erklärungen ausgehen müssen, es muß allerdings seine (historische, soziale und physische) Umgebung miteinbezogen werden. Da für das Leben der Menschen wirtschaftliche Faktoren eine sehr wesentliche Rolle spielen, müssen diese nicht nur im Ursprungsdorf, sondern auch am Zielort der Migranten Eingang in die Betrachtung finden. Im vorliegenden Fall konnte gezeigt werden, daß es einen engen Zusammenhang gibt zwischen der ökonomischen Struktur eines Dorfes (Ressourcenbasis- und Verteilung und in Verbindung damit demographische Entwicklung), der ökonomischen Struktur der Küstenorte und der Entscheidung der Menschen abzuwandern oder in ihrem Dorf zu bleiben.

Weil andererseits die nationale Wirtschaft, die sich mehr und mehr auf den Küstenstreifen konzentriert (sieht man von der Kolonisation der Regenwaldgebiete ab, die lediglich einen Bruchteil aller in der Binnenwanderung mobilisierten Menschen aufnehmen) in weiten Teilen abhängig ist von weltwirtschaftlichen Vorgängen, wird die Binnenmigration in Peru wesentlich

---

[6] Ein interessantes Beispiel zum Thema ethnischer Affiliation und ökonomischer Nische stammt von H. V. Herman (1979). In einem Artikel beschreibt er den Aufstieg makedonischer Migranten in Toronto (Canada), die sich zunächst in allen möglichen niedrigeren Arbeiten verdingten, um dann aus einer Reihe von Gründen mehr und mehr erst als Tellerwäscher, dann als Restaurantbesitzer Fuß zu fassen. Herman erklärt die Konzentration der Makedonier auf diese Beschäftigung einerseits mit dem Sozialprestige und der "Aufwärtsmobilität", welches sie mit sich bringe, andererseits werden immer mehr Makedonier durch die traditionelle Loyalität zur Familie und Lokalgruppe, in Verbindung mit der ethnischen Identität, in diesen Beruf gezogen. Er führt aus: "It must be stressed that persons with the same ethnic identity do not automatically constitute a social group, although they might use this identity as a basis for the formation of a variety of social, political, economic or recreational groups. Thus ethnic identity is potentially a resource. It is a resource not only in that it facilitates some kind of group formation, but in that it can be utilised in inter-personal relationships. An individual can reinforce or shift his ethnic boundary to suit the demands of a specific situation."(:86). Dieses Zitat ließe sich, mit leichten Variationen, auf die Migranten sowohl von Quinches als auch von Vichaycocha an ihren jeweiligen Zielorten übertragen. Beide Beispiele zeigen die (hier) Lokalidentität und Loyalität zur Verwandtschaftsgruppe als potentielle Ressourcen, die dann genutzt werden, wenn die Situationen es verlangen.

von der Weltwirtschaft mitbestimmt. Dies konnte z.B. anhand des Baumwollbooms zu Beginn des Jahrhunderts gezeigt werden, der die Bauern aus Vichaycocha zu saisonalen Migranten werden ließ und mitverantwortlich dafür gewesen sein dürfte, daß die ersten Quinchinos im expandierenden Fleischmarkt (aufgrund der zunehmenden Anziehungskraft der Küste und damit einer wachsenden Nachfrage nach Nahrungsmitteln) Beschäftigung fanden. Ebenso war die starke Migration nach Lima seit den 50er Jahren auch durch die Politik der Importsubstitution, die Ende der 60er Jahre noch verstärkt wurde, möglich geworden. Anlaß dieser Politik waren, wie in Kapitel III ausgeführt wurde, die Exportschwierigkeiten seit den 30er Jahren, die zu einer Devisenknappheit und damit der Notwendigkeit führten, bestimmte Güter selbst herzustellen. In den 50er bis Mitte der 60er Jahre war sie dann der Suche nach Investitionen v.a. durch die multinationalen Unternehmen angeregt, während danach die Vergabe von Krediten einen letzten Aufschwung dieser Politik möglich machte, bevor sie in eine schwere Krise führte, die sich z. Zt., nicht nur in Peru, immer noch vertieft.

Ist damit der Zusammenhang zwischen der Abwanderung von Menschen auch noch so kleiner Dörfer in den Anden und der Entscheidungen, die in New York, Tokyo, London oder Frankfurt getroffen werden deutlich, so kann und darf doch nicht davon ausgegangen werden, es handle sich hier um eine geplante und bewußte Aktion des "internationalen Kapitals".[7]

Migration ist somit in einen weltweiten Zusammenhang gestellt, in dem sie erst vollständig begreiflich werden kann. Für eine vollständige Analyse der Abwanderung von Menschen aus bestimmten Regionen ist das Problem also nicht so sehr, ob nun die Mikro- oder die Makroperspektive der angemessene Bezugsrahmen sei. Soweit dies vom Ziel und vom Thema her angemessen ist, müssen beide Ebenen einbezogen werden. Die Makroperspektive zeigt den Rahmen auf, in dem die in der Mikroperspektive handelnden Menschen erst zu ihren je bestimmten Handlungen befähigt werden. Die Mikroperspektive ihrerseits macht verständlich, warum Menschen gerade dieses bestimmte Verhalten und nicht andere, ebenfalls mögliche Varianten wählen. Jeder Akteur (nicht nur der heutigen Welt - vgl. F.Braudel [1986]) ist in einen weltweiten Kontext eingebunden, der ihm zwar oft verborgen bleibt, welcher dennoch eine große Rolle in seinen alltäglichen Entscheidungen spielt. Migration ist eine solche Entscheidung, die der Einzelne wohl mit sei-

---

[7] Eine solche "Verschwörungstheorie" hatten ja, wie wir in Kapitel II sahen, Amin und auch Mayer/Schmidt vertreten.

nen Angehörigen und seinen Nachbarn und Freunden beraten wird, die er aber letztlich nur selbst treffen kann.

Damit wird Migration, neben den genannten Ursachen der demographischen Explosion, des dörflichen Hintergrunds, der zunehmenden Industrialisierung und der Einbindung aller Länder in den Weltmarkt auch von anderen Faktoren bestimmt. Dazu gehört in Peru in erster Linie die Schwäche des Staates, die es ihm nicht erlaubt, kohärente Pläne zu entwerfen und umzusetzen, mit deren Hilfe eine Lenkung der Bevölkerungsbewegungen möglich würde. Dazu gehören aber auch die internationalen Finanz- und Kapitalanleger, die sich wenig um die Auswirkungen ihrer Transaktionen und ihres Profitstrebens kümmern.

Wenn die in diesem Kapitel gemachten Feststellungen zutreffend sind, ergeben sich daraus einige Schlußfolgerungen hinsichtlich einer möglichen Lenkung von Migrationsströmen.

Das Problem der Megastädte der armen Länder der Welt ist kein Problem, welches nur diese selbst angehen würde. Die internationale Staatengemeinschaft ist, sowohl aufgrund des "Verursacherprinzips" als auch aus wohlverstandenem Eigeninteresse[8] dazu verpflichtet, sich der Massenmigration in den armen Ländern der Welt anzunehmen. Die heute noch unkontrolliert "im freien Welthandel" zirkulierenden Kapitalströme müssen gezielter eingesetzt werden, damit sie nicht nur Anreize zur Bereicherung finanzkräftiger Akteure in den hochindustrialisierten Ländern bieten, sondern der gezielten Entwicklung verarmter Regionen dienen können, die so eine Alternative für ihre ursprünglichen Bewohner bleiben, weil sie ihnen Lebensperspektiven zu bieten imstande sind.

Zweitens sind die staatstragenden Parteien und Institutionen der betroffenen Länder selbst verantwortlich zu machen. Die begreifliche Neigung, den Weg des kleinsten Widerstands zu gehen, macht das Problem für die Zukunft nur noch größer und vielleicht sogar unlösbar. Es sind gezielte Maßnahmen der politischen und wirtschaftlichen Dezentralisierung dringend erforderlich, auch auf die Gefahr hin, daß die eine oder andere Regierung die Macht verlieren könnte. Dezentralisierung darf dabei nicht nur auf dem Papier stattfinden, sondern es müssen Nachteile bzw. Vorteile geschaffen wer-

---

8 Man denke an die verstärkten Abschottungstendenzen, die sich in allen Industrienationen feststellen lassen. Die Menschen der armen Länder werden längst nicht mehr als billige Arbeitskräfte willkommen geheißen, sondern mehr und mehr als eine Bedrohung des Wohlstands der reichen Staaten aufgefaßt. Andererseits ist nicht zu verkennen das viele Menschen der armen Länder natürlich hoffen, ihre Situation in den hochindustrialisierten Staaten zu verbessern und deshalb versuchen, sich dort anzusiedeln.

den, die die Menschen im Fall von Peru aus Lima weg in andere Regionen locken, und dies muß gezielt und geplant geschehen. Machbar wäre eine solche Umschichtung durch die Erhöhung der landwirtschaftlichen Erzeugerpreise für die Produkte der Kleinbauern, durch die gezielte Ansiedlung von Handwerk und Industrie in ländlichen Regionen, durch den Ausbau der Infrastruktur und die Bereitstellung von Bildungseinrichtungen und Gesundheitsversorgung. All diese Maßnahmen müssen ebenfalls von internationalen Organisationen unterstützt und getragen werden, um derart die Interessenskonflikte im Land selbst zu verringern.

Wie wir gesehen haben, waren und sind die Hochlandbewohner in der Regel gut informiert über die Möglichkeiten und Chancen, die sich ihnen außerhalb ihrer engeren Region bieten. Und sie nehmen Chancen dort wahr, wo sie sich Vorteile davon versprechen. Es müssen also die faktischen Lebensperspektiven ländlicher Regionen, auch zu Lasten der Großstädte, verbessert werden. Wenn dies in ausreichendem Umfang geschieht, wird die Bevölkerung ruraler Gebiete sehr bald die Vorteile eines Verbleibs in ihren angestammten Regionen erkennen und sich hier um Zukunftschancen und Entwicklung bemühen. Dies wäre nicht nur für die jeweils unmittelbar Betroffenen, sondern für das Land als Ganzes und endlich auch für eine friedliche Entwicklung der Welt von Vorteil.

Anhang

Anhang I

Tabelle A I: Landbesitzverteilung in Quinches

Personen Zahl	%	Peon Eigentümer Total	(/)	%	Peon in compania Total	(/)	%	Besitzklassen in Peon
490	77,5	242,75	0,50	31,23	164,75	0,34	58,6	0,00- 1,50
125	19,8	368,75	2,95	47,43	72,75	0,58	25,9	1,75- 6,00
14	2,2	111,50	7,96	14,34	24,00	1,71	8,5	6,25-10,00
4	0,7	54,50	13,63	7,01	20,25	5,06	7,2	10,25- X
633	1002	777,50	1,56	100,01	281,75	0,45	100,2	S U M M E

Quelle: Padrones de Regantes de Quinches

Tabelle A II: Verhältnis von Alter und Besitz in Quinches

Personen Zahl	%	Alter (/	Peon Eigent Total	%	Peon comp. Total	%	Rinder Total	(/	Besitzklassen Peon
77	34,5	42,4	0,00	00,0	28,25	15,5	101	1,3	0,00
16	7,2	53,2	4,00	1,1	6,25	3,4	19	1,2	0,25
20	9,0	54,1	10,00	2,7	14,75	8,1	42	2,1	0,50
9	4,0	50,3	6,75	1,8	1,25	0,7	70	7,8	0,75
9	4,0	60,0	9,00	2,4	14,50	8,0	25	2,8	1,00
16	7,2	58,2	22,25	5,9	24,00	13,2	170	10,6	1,25- 1,50
18	8,1	58,9	33,00	8,8	17,75	9,8	104	5,8	1,75- 2,00
16	7,2	61,1	41,00	10,9	15,75	8,7	73	4,6	2,25- 3,00
15	6,7	56,7	54,25	14,5	14,00	7,7	177	11,8	3,25- 4,00
13	5,8	67,0	65,50	17,4	11,50	6,3	111	8,5	4,25- 6,00
9	4,0	66,7	67,25	17,9	20,25	11,1	148	16,4	6,25- 8,00
2	0,9	68,5	18,50	4,9	3,75	2,1	26	13,0	8,25-10,00
2	0,9	66,0	23,50	6,3	9,75	5,4	11	5,5	10,25-15,00
1	0,5	82,0	20,50	5,5	0,00	0,0	80	80,0	15,25- X
223	100	52,9	375,50	100,1	181,75	100	1157	5,2	S U M M E

Quelle: Padrones de Regantes de Quinches; Padrones del ganado de la comunidad; Zensus vom 22.11.1987

Tabelle A III: Berufe und Abwanderungsmotive der Haushaltsvorstände der Migranten aus Quinches (114 Personen)

B E R U F E		%				MOTIVE		%
			Angestellter	5	4,2			
			Apotheker	3	2,5			
Rechtsanw.	2	1,7	Unternehmer	2	1,7	Abenteuer	3	2,0
Landwirt	2	1,7	Großhandel	5	4,2	Studium	53	35,6
Hausfrau	6	5,0	Arbeiter	8	6,7	Familie	31	20,8
Gemischtw-H	4	3,4	Polizist	3	2,5	angen.Leben	13	8,7
Fleisch-H	19	16,0	Lehrer	19	16,0	Arbeit	45	30,2
Händler allg	35	29,4	Sonstige	6	5,0	Gesundheit	4	2,7
Zws.Händler	58	48,7	SUMME	119	100	Erw.Gesamt	149	100

Quelle: Eigene Erhebung; Umfrage in Lima, 1988

Quelle: Eigene Erhebung; Umfrage in Lima, 1988

Tabelle A IV: Personen über 16 Jahre, die in der Umfrage unter den Migranten aus Quinches in Lima erfaßt wurden; ausgenommen Familienvorstände

Beruf	Personen #	%	Gesch M	F	*	Ausbildg 1	2	3	Geburtsort Lima	Küste	Sierra
Hausfrau	11	6,0	1	10	32	1	10	-	8	1	2
Händler	12	6,5	9	3	36	2	8	2	9	1	2
Angestellte	10	5,4	6	4	27	-	9	1	7	2	1
Schüler	12	6,5	8	4	16	-	12	-	12	-	-
Student	90	48,7	41	49	22	-	43	47	80	3	7
Inginieur	4	2,2	3	1	36	-	-	4	2	1	1
Arbeiter	3	1,6	3	-	28	-	3	-	3	-	-
Lehrer	4	2,2	3	1	28	-	-	4	3	-	1
Sonstige	25	13,5	9	16	29	3	13	9	20	-	5
?	14	7,6	5	9	30	-	13	1	12	-	2
SUMME	185	100,2	88	97	28	6	111	68	156	8	21

Symbole: *= Durchschnittsalter; Ausbildung: 1= *primaria*, 2= *secundaria*, 3= *superior*.
Quelle: Eigene Erhebung; Umfrage in Lima 1988

Tabelle A V: Regionale Verteilung der Bevölkerung, Oberfläche und des Bruttoinlandprodukts Perus im Jahr 1981

Region	Oberfläche Hektar	%	Bevölkerung Anzahl	%	B I P Mio.Soles	%	I	II
Küste	13637000	10,6	8477687	49,9	373483	74,2	0,62	44.055
Sierra	39198000	30,5	6716012	39,5	101421	20,2	0,17	15.101
Selva	75686560	58,9	1811511	10,6	28011	5,6	0,02	15.463
SUMME	128521560	100	17005210	100	502915	100	0,13	29.574

Symbole: I= Bevölkerungsdichte (Einwohner pro Hektar), II= Bruttoinlandsprodukt (BIP) pro Einwohner in Soles.
Quelle: ONERN, Cuadro N° 2-I,; 1985.

Tabelle A VI: Bruttoinlandsprodukt nach Wirtschaftssektoren,
verteilt auf Departements (Angaben in %)

Nr	*	I	II	III	IV	V	VI	VII	VIII	IX
1	0,56	55,98	0,00	0,00	10,22	1,71	3,63	9,08	10,90	8,48
2	2,44	22,36	5,36	5,76	22,97	5,00	4,31	9,06	10,45	14,73
3	0,53	46,45	0,00	0,30	11,13	3,87	0,82	10,83	16,70	9,90
4	3,96	18,42	1,24	8,45	19,09	6,91	11,69	4,61	7,30	22,29
5	0,84	43,98	0,00	3,62	11,23	2,65	1,58	10,95	13,10	12,89
6	2,01	48,70	0,00	5,53	11,47	4,26	1,92	8,84	12,53	6,75
7	1,83	22,88	0,00	1,04	17,96	5,25	7,36	7,15	14,96	23,40
8	0,94	22,40	0,00	41,26	6,52	10,98	0,34	5,01	9,09	4,40
9	1,19	31,36	0,00	23,04	9,85	4,29	3,33	11,10	9,43	7,60
10	2,36	21,36	1,78	19,53	8,95	3,03	8,67	4,21	9,49	22,98
11	4,61	16,95	0,02	13,44	32,69	4,66	4,92	4,79	10,91	11,62
12	3,76	17,46	1,34	2,61	30,80	6,87	6,83	7,32	10,12	16,65
13	2,72	17,25	3,24	0,26	18,26	7,28	15,87	3,68	14,28	19,88
14	57,14	3,63	0,25	1,10	29,61	2,04	19,67	5,42	11,81	26,47
15	2,83	30,28	1,10	10,75	8,75	9,60	11,00	4,02	7,96	16,54
16	0,09	32,90	0,00	3,49	6,32	20,04	2,83	7,41	12,85	14,16
17	2,30	3,65	2,89	51,86	33,23	1,09	0,52	1,73	2,15	2,88
18	1,21	16,72	0,00	64,10	3,13	0,48	1,62	3,00	4,03	6,92
19	4,51	19,12	5,30	21,87	13,13	10,62	7,19	3,81	6,09	12,87
20	1,47	24,49	0,08	5,75	13,84	5,89	5,78	11,28	16,02	16,87
21	0,79	40,75	0,00	0,20	8,64	13,89	7,24	7,71	7,31	14,26
22	1,68	11,92	0,15	63,70	3,39	0,58	4,23	3,39	4,39	8,25
23	0,23	28,00	8,77	0,00	7,83	8,68	7,66	6,21	14,98	17,87
24	100	11,65	0,87	7,53	24,55	3,72	14,08	5,55	10,78	21,27

*= Anteil des Departements am Bruttoinlandsprodukt Perus

Nr. der Departements:
1 Amazonas	9 Huánuco	17 Moquegua
2 Ancash	10 Ica	18 Pasco
3 Apurímac	11 Junín	19 Piura
4 Arequipa	12 La Libertad	20 Puno
5 Ayacucho	13 Lambayeque	21 San Martin
6 Cajamarca	14 Lima + Callao	22 Tacna
7 Cusco	15 Loreto + Ucayali	23 Tumbes
8 Huancavelica	16 Madre de Dios	24 Summe

Wirtschaftssektor:
I	Landwirtsch., Jagd + Forsten	V	Baugewerbe
II	Fischerei	VI	Handel und Gaststätten
III	Bergbau	VII	Wohnungsbau
IV	Manufakturproduktion	VIII	Öffentliche Dienste
		IX	Andere Dienstleistungen

Quelle: ONERN, Cuadro N° 3-I,; 1985.

Anhang II: Vichaycochanos in Lima: 7 Fallbeispiele

Die im folgenden gemachten Angaben beziehen sich alle auf das Jahr 1988. Die Umfragen, denen sie entstammen, wurden von September bis November 1988 getätigt.

Don Fi, 65 Jahre alt, verheiratet.

Don Fi wurde im Jahr 1939 von seinen (vermögenden) Eltern nach Lima geschickt, um hier die *secundaria* zu besuchen, da eine solche Einrichtung zu jener Zeit noch nicht einmal in Huaral existierte. Er lebte in einer Pension und verdiente sich nebenbei etwas Geld als Laufbursche für das Büro der Methodistenkirche in Lima. Diese Arbeit fand er über einen Onkel, der Kontakt zu den Methodisten hatte.

Nach Absolvierung der *secundaria* ging Don Fi nach Huarón, da ihm die dortige Minengesellschaft, über die vielfältigen Kontakte der paisanos aus Vichaycocha, eine Arbeit im Büro offerierte. Nach siebenjähriger Tätigkeit in Huarón ging Don Fi zurück in die Hauptstadt. Er hatte sich vorgenommen, Buchhaltung zu studieren und sich deshalb bei der Huarón benachbarten Minengesellschaft in Chungar Arbeit in deren Hauptbüro in Lima besorgt. Die folgenden sechs Jahre arbeitete Don Fi im Büro dieser Gesellschaft und studierte gleichzeitig an der Universität San Marcos.

Nach Beendigung seines Studiums (1954) erhielt er über seine anhaltenden Verbindungen zur Methodistenkirche (allerdings war er dort nie Mitglied) den Hinweis, daß die (damals in der Hand einer US-Gesellschaft befindliche) Cerro de Pasco Corporation einen Buchhalter für eine Mine nahe Huaraz sucht. Don Fi bewarb sich um den Posten und erhielt den Zuschlag, da seiner Auskunft nach sich niemand bewerben wollte, weil die Mine auf über 4.500 m.ü.M. lag. Dort war Don Fi bis 1959 beschäftigt; als die Gesellschaft die Mine schließen mußte, ging Don Fi in die Hauptstadt zurück. Inzwischen war er mit einer aus Vichaycocha stammenden Frau verheiratet, die die meiste Zeit in Lima blieb und seit 1958 das in San Martín de Porres errichtete eigene Haus bewohnte.

Don Fi fand gleich darauf eine neue Arbeit als Buchhalter in einer Kohlenmine im Valle de Omas (Provinz Cañete), wo er weitere sechs Jahre arbeitete. Seinen Hauptwohnsitz behielt er jedoch in Lima. 1960 eröffnete er im Zentrum der Stadt ein Steuerberaterbüro, das er zusammen mit einigen

Hilfskräften bis heute betreibt. Kunden seines Büros sind u.a. der Großteil der im Textilgeschäft tätigen Cochanos.

Don Fi blieb sechs Jahre bei der Minengesellschaft im Valle de Omas, dann wechselte er zur Mine Condestable, die in Mala tätig ist, ihr Hauptbüro aber in Lima hat, wo auch Don Fi in Zukunft arbeitete, da er die Stadt wegen der offensichtlichen Vorteile, die sie ihm brachte (Wohnung, Steuerbüro) bevorzugte. 1980 wurde Don Fi pensioniert, seither betreibt er sein Büro ganztägig.

Don Fi und seine Frau haben insgesamt fünf Kinder, wovon drei Söhne noch in ihrem Haushalt leben. Einer von ihnen ist 39 Jahre alt und als Lehrer an der Universität, ein weiterer 34 Jahre alt und als Ingenieur bei Electrolima tätig. Der letztgenannte hat eine Frau und zwei Kinder, die ebenfalls zum Haushalt von Don Fi gehören. Die Schwiegertochter geht einige Stunden am Tag mit einer *carretilla* auf die Straße, um zu Hause zubereitetes Essen zu verkaufen. Außerdem gehört zum Haushalt ein dritter Sohn, der 30 Jahre alt ist und als studierter Buchhalter mit Don Fi zusammen in dessen Steuerberater-Büro arbeitet. Ebenfalls Mitglied im Haushalt sind zwei Nichten aus Vichaycocha (24 J. und 14 J.), von denen die ältere als Angestellte im Büro von Don Fi beschäftigt ist, während die jüngere die *secundaria* besucht und als Dienstmädchen für den Haushalt fungiert.

Im Haushalt von Don Fi haben im Lauf der Jahre viele aus Vichaycocha stammende Jugendliche eine Zeitlang Aufnahme gefunden.

Don He, 52 Jahre, ledig.

Don He kam erstmals im Alter von 16 Jahren nach Lima, um die *secundaria* zu beenden. Unterkunft fand er, zusammen mit einem *paisano*, in einer Pension. Zunächst arbeitete er zwei Jahre in einer Schlosserei, dann sechs Jahre in einer Schuhfabrik.

Da er sich 1960 in eine Frau aus Vichaycocha verliebte, ging er als Minenarbeiter erst nach Huarón, dann nach Chungar, damit er ihr näher sein konnte. Nach dem Bruch seiner Beziehung zu dieser Frau ging er nach Lima zurück. Der Vater von Don He stammte aus Pacaraos, viele der Abwanderer aus diesem Dorf haben Juwelierwerkstätten aufgemacht. Don He wurde nach seiner Rückkehr in die Stadt von einem Cousin in dessen Juwelierwerkstatt beschäftigt. Schon ein Jahr später machte er sein eigenes Juweliergeschäft auf, das er zusammen mit seiner inzwischen ebenfalls nach Lima migrierten Schwester bis 1980 betrieb.

Ende der 70er Jahre zog der Preis für die Rohstoffe der Juweliere (Gold, Silber) stark an, so daß die Gewinnspanne immer kleiner wurde. Deshalb verkauften Don He und seine Schwester das Geschäft und eröffneten mit dem Erlös eine eigene *tienda* für Bekleidung in der *Galería Ayacucho*. 1985 mietete er sich in der *Galería Abancay* eine zweite *tienda*. Beide *tiendas* befinden sich in Nachbarschaft zu *tiendas*, die von *paisanos* geführt werden.

Inzwischen waren aus Vichaycocha zwei Personen angekommen, die sich die Arbeit in beiden *tiendas* mit Don He und seiner Schwester teilen. Bei den Neuankömmlingen handelt es sich um ein Geschwisterpaar (29 und 19 Jahre alt), die Don Hes Verwandte zweiten Grades sind. Seine Ware holt Don He sich direkt aus den Fabriken. Neben den Warenkontingenten, die er für seine eigenen *tiendas* braucht, nimmt er immer auch weitere Ware mit, die er an andere *tiendas* weiterverkauft.

Don He, seine Schwester und die *sobrinos* wohnen zusammen in einer Mietwohnung im Stadtzentrum.

Don Lo, 47 Jahre, verheiratet.

Don Lo kam 1958 nach Lima mit dem Ziel, seine Schulausbildung zu beenden. Er zog zunächst in eine Pension, in der andere *paisanos* schon Unterkunft hatten. Anfangs ging er noch zur Schule, um die *secundaria* zu beenden, arbeitete aber gleichzeitig. Er fing an als ambulanter Gemüsehändler. Da er aber öfter von der Polizei erwischt wurde, die ihm seine Waren wegnahm, zog er es vor, in einer Reparaturwerkstatt für Nähmaschinen zu arbeiten. Nach fast zwei Jahren wechselte er in eine Großküche, wo er als Tellerwäscher tätig wurde, da er dort mehr verdienen konnte. Endlich fand er, über seine Kontakte mit *paisanos*, Arbeit bei einem aus Pacaraos stammenden Juwelier, bei dem er zwei Jahre tätig war. Da ihm diese Beschäftigung nicht zusagte, arbeitete er danach etliche Jahre in einer Schreibwarenhandlung als Angestellter, bis er sich zusammen mit seiner Frau 1975 entschloß, in der Stadt Cerro de Pasco eine eigene Schreibwarenhandlung aufzumachen. Die Idee dazu kam ihm durch einen ihm bekannten Priester, der in jener Stadt tätig war und Don Lo versicherte, daß dort ein solches Geschäft gute Erfolgsaussichten hätte. Er mietete sich also ein Geschäft und betrieb es, zusammen mit seiner Frau, 11 Jahre lang. In dieser Zeit prosperierte das Unternehmen leidlich. Gefallen an der Stadt indessen konnten weder Don Lo noch seine Familie finden, da es nachts sehr kalt wird.

1984 geriet Don Lo in einen heftigen Rechtsstreit mit dem Eigentümer seines Geschäfts, wodurch sein Kapital aufgezehrt wurde und er Bankrott machte. 1986 kehrte er mit seiner Familie nach Lima zurück und suchte sich Arbeit bei seinen *paisanos*. Seither arbeitet er als Händler en gros. Er kauft Kleidung in den Fabriken auf und verkauft sie an die einzelnen *tiendas* um den *Mercado Central* weiter. Die notwendigen Kontakte und das Vertrauen sowohl der Fabriken als auch der *tiendas* in seine Person wurden ihm durch die kräftige Unterstützung seiner *paisanos* und der ebenfalls im Bekleidungsgeschäft tätigen Brüder zuteil. Seine Frau, die ebenfalls aus Vichaycocha stammt und ein Jahr nach Don Lo nach Lima migrierte, hilft ihm oft bei seinen Geschäften und ist damit ca. die Hälfte des Tages beschäftigt, während sie sich die andere Hälfte ihrem Haushalt widmet.

Don Lo und seine Frau haben zwei Kinder im Alter von 17 und sechs Jahren. Sie bewohnen eine Eigentumswohnung in einem Gebäudekomplex der Innenstadt.

Don Ma, 48 Jahre, verheiratet.

Don Ma ging 1957 nach Huaral, wo er einen Onkel hatte, der ihm Unterkunft gewährte. Sein Ziel war es zunächst, die *secundaria* zu absolvieren. Nebenbei arbeitete er in der Küche eines Restaurants, um sich seinen Lebensunterhalt zu verdienen.

1959 zog er um nach Lima, weil es dort Abendschulen gab. Er fand Arbeit als Kellner in einem Hotel und wohnte anfangs in einer Pension. Nach einigen Jahren fand er Arbeit im Reinigungsdienst des Krankenhauses "Dos de Mayo". Mit der Zeit konnte er sich bis zum Krankenpfleger hocharbeiten und ist noch heute dort beschäftigt.

Allerdings reichte Don Ma das Gehalt nicht aus, weshalb er zu Beginn der 70er Jahre bei seinem *paisano* Don Qu um Arbeit nachfragte. Der beschäftigte ihn mit seiner Ware als Straßenhändler auf Kommissionsbasis. D.h., Don Ma holte sich ein bestimmtes Kontingent Textilien aus Don Qus Bestand und brachte, was er nicht verkaufen konnte, wieder zurück. Don Qu gab ihm die Ware und verlangte Geld nur für die tatsächlich verkauften Stücke. Bei dieser Arbeit lernte Don Ma seine aus Lima stammende Frau (deren Eltern aus Pacaraos sind) kennen, die ebenfalls für Don Qu als Straßenhändlerin arbeitete. Mit dem Kapital ihrer Arbeit konnten sie sich 1981 eine eigene *tienda* in der *Galería Ayacucho* einrichten. Hauptsächlich wird dieses Geschäft von Don Ma's Frau betrieben, er hilft aber, soweit ihm seine Arbeit im Hospital dazu Zeit läßt. Außerdem ist eine Nichte, die 1981 aus diesem Grund aus Vichaycocha wegging, in der tienda von Don Ma und seiner Frau beschäftigt.

Die Eheleute besitzen eine Eigentumswohnung im Stadtzentrum, in der sie mit der eben erwähnten Nichte, einer weiteren Nichte, die als Hausangestellte fungiert und mit ihren drei erwachsenen Kindern (zwischen 24 und 20 J.) wohnen. Ihre Kinder besuchen alle die Universität.

Don Ag, 40 Jahre alt, verheiratet.

Don Ag kam 1966 nach Lima, weil er Jura studieren wollte. Er wohnte anfangs in einer Pension in der Innenstadt. Don Ag stammt zwar aus einer relativ wohlhabenden Familie, mußte dennoch nebenbei arbeiten; anfangs in einer Gerberei, später in einer Alkoholfabrik. Ab 1969 verkaufte er drei Jahre lang Bekleidung auf Kommissionsbasis für Don Qu, welcher zu jener Zeit schon mit seinem Geschäft prosperierte.

1972 fing Don Ag an, als Rechtsanwalt tätig zu werden. Nach einigen Jahren gelang es ihm, sich ein Büro im Zentrum von Lima zu mieten, in dem er noch heute seinen Beruf ausübt. Don Ag, der ein überzeugter Anhänger linker Ideen ist, nahm an einer Landbesetzung in Mangomarca teil und sicherte sich so einen Bauplatz, auf dem er sein 1980 fertiggestelltes Haus errichtete. Da er in seinem Beruf ziemlich erfolgreich ist, konnte er sich Anfang der 80er Jahre eine Viehkoppel in Pachacamac, im Süden von Lima, kaufen. In ihr hat er eine Schweinemast eingerichtet; die Tiere werden von einem von Don Ag angestellten Arbeiter versorgt und bewacht.

Außerdem besitzt Don Ag einen Kleinlastwagen, den er sowohl für seine eigenen Zwecke benötigt (Futter- und Viehtransport) als auch an Dritte weitervermietet. Die Administration dieser Fuhrgeschäfte, für die er einen Fahrer engagiert hat, hat seine Frau übernommen. Ferner hat Don Ag sich 1985 in seinem Haus einen Gemischtwarenladen eingerichtet, der von seiner 26 Jahre alten Schwägerin geführt wird.

Don Ags Frau (35 J.) stammt aus Huaral und ist, neben ihrer Tätigkeit als Fuhrunternehmerin, als Lehrerin tätig. Das Ehepaar hat drei Kinder im Alter von 17 bis zwei Jahren. Neben der bereits erwähnten Schwägerin und den Kindern wohnt noch eine Nichte aus Vichaycocha (22 J.) im Haushalt, die neben ihrer Tätigkeit als Dienstmädchen die Universität besucht.

Don Jac, 37 Jahre, verheiratet.

Don Jac verließ Vichaycocha 1968, weil er in Lima arbeiten und die *secundaria* besuchen wollte. Anfangs wohnte Don Jac in einer Pension in der Innenstadt, zusammen mit anderen *paisanos*. Arbeit fand er bei Don Qu, für den er zunächst als Verkäufer in einem der Bekleidungsgeschäfte arbeitete, später als von Don Qu angestellter Verkäufer von Bekleidung en gros. Durch diese Arbeit bekam er Kontakt zu den Textilfabriken und begann, nebenbei Ware auf eigene Rechnung zu kaufen und an Bekleidungsgeschäfte weiterzuveräußern.

Mit dem aus seiner Arbeit angesparten Geld richtete er 1974 ein eigenes Bekleidungsgeschäft ein, das von seiner Frau beaufsichtigt wurde. Er selbst verkaufte zunächst noch Textilien en gros auf eigene Rechnung. Da sowohl das Geschäft als auch seine Tätigkeit als Händler prosperierten, richtete er 1981 einen eigenen *taller* (handwerkliche Fertigungsstätte) ein, wo er anfangs sieben Personen beschäftigte. Heute ist die Zahl der Arbeiter auf 14 angewachsen, die den Angaben Don Jacs zufolge 40 Stunden die Woche beschäftigt sind (von den Arbeitern stammt lediglich einer aus Vichaycocha). Don Jacs Absicht bei der Einrichtung seines *taller* war, auf diese Weise exklusive Ware nur für sein Geschäft herstellen zu können. Nach seinen Angaben stammen heute ca. 80% der in seinem Geschäft verkauften Textilien aus eigener Produktion.

Don Jac bezog 1975 mit seiner Familie ein eigenes Haus in Zárate. Seine Familie umfaßt neben seiner 1970 aus Huánuco nach Lima gekommenen Frau noch vier Kinder im Alter von 13 bis drei Jahren. Er nimmt aber auch immer wieder Verwandte aus Vichaycocha in seinen Haushalt auf, die dann eine Zeitlang für ihn arbeiten, bis sie sich selbständig gemacht haben. Zur Zeit leben so neben seiner Familie noch sein 25 Jahre alter *sobrino*, der in Don Jacs *taller* arbeitet, der 16 Jahre alte Bruder seiner Frau, der die Schule besucht und eine 19 Jahre alte *sobrina* aus Vichaycocha, die als Hausangestellte in seinem Haushalt beschäftigt ist.

Don Jac, der neben einem Auto auch eine *camioneta* für Fahrten in die Sierra besitzt, geht mehrmals im Jahr mit seiner Familie und Freunden nach Vichaycocha. Er ist im Ort beliebt, weil er bei Festen als Sponsor tätig ist. Don Jac gilt als eines **der** Beispiele von Menschen, die den Aufstieg geschafft haben, verließ er doch das Dorf als relativ arme Halbwaise.

Don Pe, 32 Jahre, verheiratet.

Don Pe ging, 14jährig, zu seinem Bruder (Don Lo) nach Lima, um dort die *secundaria* zu besuchen. Um zu seinem Unterhalt beizutragen, verkaufte er anfangs Zeitungen. Nach seiner Schulzeit arbeitete er, vermittelt über seinen Bruder, in einem Schreibwarengeschäft als Verkäufer und besuchte nebenbei die Universität, wo er Verwaltung studierte. Da er aber 1977 heiratete (seine Frau stammt aus Vichaycocha und migrierte 1973 nach Lima), brach er sein Studium ab und fing als Textilverkäufer bei einem anderen Bruder an, der damals gerade seine erste eigene *tienda* eröffnet hatte. Don Pe wechselte die Beschäftigung, weil der Textilsektor höhere Einnahmen versprach als die Tätigkeit im Schreibwarengeschäft. Kurze Zeit später begann er damit, Textilien in den Fabriken aufzukaufen und sie an die *tiendas* um den *Mercado Central* weiterzuveräußern.

Mit den Ersparnissen aus seinen Geschäften und unter der Mithilfe seines Bruders und einer Tante, die ihm eine Wohnung zur Verfügung stellte, richtete Don Pe sich 1986 eine kleine Werkstätte zur Fabrikation von leichter Oberbekleidung (Blusen, Polohemden, Röcke, etc.) ein. Heute hat er insgesamt sieben Nähmaschinen in Betrieb, die von Angestellten bedient werden, während Don Pe sich um die Administration des Geschäfts kümmert. Ca. 20% seiner Ware geht an seinen Bruder und andere Textilhändler aus Vichaycocha, den Rest verkauft er anderweitig.

Von Don Pes Angestellten stammt niemand aus Vichaycocha, er lernte sie über seine Tätigkeit als Textilhändler kennen.

Don Pes Frau hilft manchmal im Geschäft, meist kümmert sie sich jedoch um ihre Hausarbeiten. Die Eheleute haben zusammen drei Kinder im Alter zwischen 15 und neun Jahren. Seit 1985 verfügen sie über ein eigenes Haus im Stadtteil San Juan de Luringancho.

GLOSSAR

abarrotes	-	Lebensmittel (-Geschäft)
ají	-	Chilipfeffer, Ajípfeffer (Capsicum)
ambulante	-	fliegender Händler
anexo	-	Ortsteil
arrendatario	-	Pächter
arriero	-	Maultiertreiber
arrieraje	-	Maultiertreibergewerbe
asociación	-	Verein, Vereinigung
ayllu	-	Verwandtschaftsgruppe, (dörflicher) Sozialverband
ayudante	-	Gehilfe, Helfer
barriada	-	Stadtviertel, in Lima: neue, teils illegal entstandene Stadtteile, in denen sich vor allem Migranten der Sierra ansiedeln
barrio	-	Stadtviertel
bayeta	-	grob gewebter Wollstoff aus Schafwolle
camioneta	-	Pritschenauto; dient in Peru zur Beförderung von Gütern und Personen
camote	-	Süßkartoffel (Batate)
cargo	-	hier: Amt innerhalb des kommunalen (politi-sche und religiöse Ämter umfassenden) Ämtersystems andiner Dörfer
carretera central	-	östliche Ausfallstraße aus Lima, die die Stadt mit dem andinen Hochland verbindet
carretilla	-	"Wägelchen"; ein auf Rädern montierter Kasten, der als Handwagen vielseitige Verwendung im ambulanten Straßenhandel Perus findet
chala	-	Maisstroh
chaquitaclla	-	peruanischer Fußpflug
charki	-	konserviertes, frostgetrocknetes oder sonnengedörrtes Fleisch, meist von Auqueniden
chicha	-	a) Getränk aus Körnerfrüchten, meist Mais und Gerste, oft fermentiert; b) von den *provincianos* entwickelte und bevorzugte Musikrichtung
chuño	-	gefriergetrocknete Kartoffeln

chusco	-	Bezeichnung für die im Andenhochland gehaltene Rinderspezies, eine Mischung verschiedenster Arten, oft schwarz-weiß gefleckt, klein, sehr genügsam und resistent gegen die Klimaschwankungen des andinen Hochlandes
ciudadano	-	hier: Dorfbewohner, der nicht Mitglied der örtlichen *comunidad* ist
compadre	-	ritueller Verwandter, Gevatter
compania	-	Ernteteilhabe; spezifische Form der Feldpacht
comunero	-	Mitglied der örtlichen *comunidad*
comunidad	-	Dorfgemeinschaft; in den Anden verbreitete Organisationsform der Bauern
coolie	-	chinesischer oder japanischer Zwangsarbeiter im letzten Jahrhundert. Sie wurden v.a. auf den Küstenhazienden eingesetzt.
corregimiento	-	Verwaltungsgebiet im kolonialen Peru
criollo	-	hier: a) Peruaner europäischer Abstammung, b) der westlichen Kultur zugewandter Peruaner, im Gegensatz zu *serrano*
curandero	-	Heiler, Schamane
encomienda	-	Abhängigkeitsverhältnis während der Kolonialzeit zwischen Spaniern und Indianern, wobei den Spaniern Personen, nicht Land, zur Ausbeutung "anvertraut" wurden, mit der ideologischen Rechtfertigung, so für die "Zivilisierung" der Abhängigen zu sorgen
estancia	-	hier: Weideland mit Hütte in der Puna, wo Vieh von einem Hirten beaufsichtigt wird.
estera	-	Schilfmatte
estudiante	-	Student; Sekundarschüler
exonerado	-	Bezeichnung für *comuneros*, die alle *cargos* durchlaufen haben und deshalb von allen Pflichten entbunden sind
faena	-	Gemeinschaftsarbeit
familiar	-	Familienangehöriger; hier: zum eigenen Verwandtschaftsverband zugehöriger (abhängig vom Kontext)
galería	-	hier: großes Gebäude, in dem eine Vielzahl kleiner Geschäfte untergebracht ist
gamonal	-	Mitglied von einflußreicher Clique einer Provinzstadt

ganado menudo	-	"Kleinvieh"; Schafe und Ziegen
granja	-	Farm, Gut
haba	-	schwarze Bohne (Saubohne)
hacendado	-	Eigentümer einer Hazienda
hermandad	-	(religiöse) Bruderschaft
huaca	-	vorspanisches Heiligtum in Peru
huayco	-	Erdrutsch
ichu	-	harte Grasart der Puna (Stipa Ichu)
indígena	-	Angehöriger der indianischen Kultur Perus
junta directiva	-	mit der Verwaltung der *comunidad* beauftragtes Direktorium
lomas	-	Aus diversen Gräsern bestehender Bewuchs der peruanischen Küstenwüste. *Lomas* bilden sich auf grund der dichten Küstennebel und der seltenen Nieselregen, die zwischen Juni und September fallen
manta	-	Schulterdecke, meist von Frauen benutzt
mashua	-	andine Knollenfrucht (tropaelum tuberosum)
matricula	-	Register, Liste
mayordomo	-	hier: Verwalter eines religiösen Amtes, verbunden mit der Verpflichtung, das Jahresfest zu Ehren des jeweiligen Heiligen abzuhalten
mercado central	-	Zentralmarkt im Zentrum von Lima
mercado mayorista	-	-Großmarkt (in Lima: für Gemüse in der Parada, für Obst im Stadtteil Yerbateros)
mercado minorista	-	Markt für Nahrungsmittel- und Konsumgüter in der Parada (Lima)
mita	-	Arbeitstribut, den die indianische Bevölkerung in vorspanischer und der kolonialer Zeit in Peru abzuleisten hatte
montaña	-	hier: tiefere Lagen des Ostabhangs der Anden
moya	-	im Brachezyklus bearbeitetes, kommunal kontrolliertes Land; nicht bewässert
municipalidad	-	Gemeindeverwaltung
oca	-	andine Knollenfrucht (oxalis tuberosa)
olluco	-	andine Knollenfrucht (ollucus tuberosus)
padrón	-	Verzeichnis, Liste
padrón de regantes	-	Verzeichnis der an einem Kanal (Bewässerungssystem) beteiligten Bauern

paisano	-	Landsmann; aus dem gleichen Dorf (der gleichen Region etc.) kommende Person
paisanazgo	-	Gefühl der Verbundenheit mit Personen gleicher regionaler Herkunft
patrón	-	a) Beschützer, Schutzheiliger; b) Arbeitgeber
peon	-	a) Tagelöhner; b) Flächenmaß (ca. 0,5 - 1 ha)
potrero	-	Alfalfafeld
primaria	-	Grundschule
primo/a	-	Vetter, Kousine (der Begriff wird manchmal sehr weit gefaßt)
provinciano	-	"aus der Provinz kommend". In Peru heute Bezeichnung für Migranten aus den Bergen und ihre Kinder
profesional	-	jemand, der einen Beruf erlernt hat
pueblo joven	-	"Junges Dorf". Euphemistische Bezeichnung für die neuenstandenen Stadtteile in und um die großen Städte Perus
puesto	-	Verkaufsstand
reducción	-	im 16. Jhd. von der spanischen Kolonialverwaltung aus verstreuten Einzelgehöften und Weilern der indianischen Bevölkerung gegründete Dörfer; Maßnahme zu deren Kontrolle.
regalo	-	Geschenk
repartidor	-	Verteiler (de aguas: Wasserverteiler)
residente	-	hier: an anderen Orten wohnhafte Person aus einem andinen Dorf
secundaria	-	Sekundarschule
secretario	-	Sekretär, Schriftführer
serrano	-	(ehemaliger) Bewohner der Sierra
sierra	-	Bergland
sobrino/a	-	Neffe/Nichte (kann sehr weit ausgelegt werden)
socio	-	Teilhaber, Partner
tienda	-	Geschäft, Laden
tía/o	-	Tante/Onkel (kann sehr weit ausgelegt werden)
trinche	-	hier: sechsfingerige spatenähnliche Forke
tronco	-	Stamm, Abstammung
tugurio	-	Altstadtslum
turnapeon	-	Form der gegenseitigen Arbeitshilfe
vaquería	-	Aufenthaltsort der Rinder, mit Melkhütte

vendedor ambulante	-	Straßenhändler, fliegender Händler
visitador	-	königlicher Inspektionsbeamter der Kolonialzeit
wakcha	-	"Waise"; v.a. Bezeichnung für Menschen mit wenigen bzw. keinen Verwandten; gleichgesetzt mit "arm"
yanacona	-	a) in inkaischer Zeit: direkt dem inkaischen Staat bzw. der Oberschicht unterstehendes Dienstpersonal; b) in einem Pachtverhältnis, ähnlich der Ernteteilhabe, stehende Person
yuca	-	Maniokwurzel, Jukka
yunga	-	ökologische, warme Zone

LITERATURVERZEICHNIS

Albert, Bill
1983　　Yanaconaje and Cotton Production on the Peruvian Coast: Sharecropping in the Cañete Valley during World War I. In: Bulletin of Latin American Research, Vol.2, No.2 :107-116. Oxford.

Alberti, Giorgio und Enrique Mayer (Hrsg.)
1974　　Reciprocidad e intercambio en los Andes peruanos. Lima.

Altamirano, Teófilo
1984　　Presencia Andina en Lima Metropolitana. Estudio sobre migrantes y clubes de provincianos. Lima.

Altamirano, Teófilo
1985　　Migración de Retorno. Lima.

Amin, Samir
1974　　Introduction. In: Samir Amin (Hrsg.), Modern Migrations in Western Africa. London u.a.

Aramburú López de Romaña, Carlos Eduardo und Ana Ponce Alegre
1983　　Familia y trabajo en el Perú rural. Lima.

Archivo Comunal
o.D.　　Archivo Comunal de la Comunidad San Miguel de Vichaycocha.

Arguedas, José Maria
1958　　Yawar Fiesta. Lima

Arguedas, José Maria
1980　　Todas las sangres. Lima.

Arroyo, Eduardo
1981　　La Hacienda Costeña en el Perú. Mala - Cañete, 1532-1968. Lima.

Balbi, Carmen Rosa
1989　　La Recesion Silenciosa. In: QUEHACER, N° 59:12-22. Lima.

Banton, Michael
1983　　Racial and Ethnic Competition. Cambridge, New York.

Barlett, Peggy F.
1980　　Cost-Benefit Analysis: A Test of Alternative Methodologies. In: Agricultural Decision Making; Barlett, P.F. (Hrsg.). New York, London, Toronto.

Becker, Gary
1986　　The Economic Approach to Human Behavior. Oxford.

Berg, Ronald H.
1984   The Effects of Return Migration on a Highland Peruvian Community. Ann Arbour, Michigan.

Blum, Volkmar
1989   Zur Organisation kleinbäuerlichen Wirtschaftens. Entwicklungstendenzen, Erklärungsansätze und Fallstudien aus den östlichen Anden Südperus. Saarbrücken.

Bolton, Ralph
1980   El proceso matrimonial Qolla. In: Parentesco y Matrimonio en los Andes; Enrique Mayer und Ralph Bolton (Hrsg.). Lima.

Bourdieu, Pierre
1979   Entwurf einer Theorie der Praxis. Frankfurt a.M..

Braudel, Fernand
1986a   Die Dynamik des Kapitalismus. Stuttgart.

Braudel, Fernand
1986b   Sozialgeschichte des 15.-18. Jahrhunderts. 3 Bände: I.Der Alltag. II. Der Handel. III. Aufbruch zur Weltwirtschaft. München.

Brown, Lawrence A. und Rickie L. Sanders
1981   Toward a Development Paradigm of Migration, with Particular Reference to Third World Settings. In: Migration Decision Making; G. De Jong/R. Gardner (Hrsg.). New York u.a.

Burchard, Roderick R.
1980   Exogamia como estrategia de acceso a recursos interzonales: un caso en los Andes centrales del Perú. In: Parentesco y Matrimonio en los Andes; Enrique Mayer/Ralph Bolton (Hrsg.). Lima.

Butterworth, Douglas
1971   Migración rural-urbana en America Latina: nuestro estado de conocimiento. In: America Indígena, Vol. XXXI, N°1 :85-105.

Byres, Terry J.
1983   Historical Perspectives on Sharecropping. In: The Journal of Peasant Studies, Vol.10, Nr. 2 und 3 :7-41. London.

Caballero, José María
1980   Agricultura, reforma agraria y pobreza campesina. Lima.

Caballero, José María
1981   Economia Agraria de la Sierra Peruana. Antes de la reforma agraria de 1969. Lima.

Caballero, José Maria
1983　Sharecropping as an Efficient System: Further Answers to an Old Puzzle. In: The Journal of Peasant Studies, Vol.10, Nr. 2 und 3 :107-119. London.

Carbonetto, Daniel; Carazo de Cabellos, Inés und César Ferrari
1987　Consecuencias en el Perú de una politica economica heterodoxa. In: Justicia Social, N° 6, año 3:38-57. Lima.

Cardona, Ramiro und Alan Simmons
1975　Toward a Model of Migration in Latin America. In: Migration and Urbanization. Models and Adaptive Strategies; B. Du Toit/H. Safa (Hrsg.). The Hague, Paris.

Casas, Juan E.
1973　Diferenciación interna en una comunidad ganadera: San Miguel de Vichaycocha. Tesis de Bachillerato, UNMSM. Lima.

Casaverde R., Juvenal
1977　El trueque en la economía pastoril. In: Pastores de Puna. Uywamichiq Punarunakuna; Jorge A. Flores Ochoa (Hrsg.). Lima.

Casaverde, Juvenal
o.D.　Ganadería, desarrollo mercantil y vitalidad comunal: el ejemplo de Vichaycocha. Unveröffentlichtes Manuskript. Lima.

Celestino, Olinda
1972　Migración y cambio estructural. La comunidad Lampian. Lima.

Censos Nacionales, Perú
1962　República del Perú. Ministerio de Hacienda y Comercio. Dirección Nacional de Estadistica y Censos. Resultados preliminares del censo de población de 1961. Lima.

Censos Nacionales, Perú
1972　Oficina Nacional de Estadistica. Población del Perú. Censo del 4.6.72. Resultados provisionales. Lima.

Censos Nacionales, Perú
1981　República del Perú. Presidencia de la República. Oficina Nacional de Estadistica 8. de población 3. de vivienda, 12.7.81. Lima.

Centro Peruano de Estudios Internacionales
1988　La Economía Peruana en el Contexto Internacional: informe de coyuntura. Consejo editorial: Drago Kisic, Lorena Alcazar, Veronica Ruiz de Castilla. Vol.1, N° 1. Lima.

Charney, Paul John
1980　The urban Indian. A case study of the Indian population of Lima in 1613. Austin.

Chávez O'Brien, Eliana
1988   El Sector Informal Urbano: De reproducción de la fuerza de trabajo a posibilidades de producción. Lima.

Cheung, Steven N.S.
1969   The theory of share tenancy. Chicago.

Cobo, Bernabé
1882   Historia de la fundación de Lima. Lima.

Connell, John et al.
1976   Migration from Rural Areas. The Evidence from Village Studies. Oxford u.a.

Corno, Robert
1983   The Adjustment of Migrants to Bogotá, Colombia. In: Urban Migrants in Developing Nations. Patterns and Problems of Adjustment; C. Goldscheider (Hrsg.). Boulder, Colorado.

Cotlear, Daniel
1984   Desigualidad, derechos de propiedad y migración en las comunidades andinas: un estudio de caso de siete comunidades campesinas de la Sierra Sur. In: Revista Andina, Año 2, N° 2 :435-475. Cusco.

Cotler, Julio
1978   Clases, Estado y Nación en el Perú. Lima.

De Jong, Gordon F. und Robert W. Gardener (Hrsg.)
1981   Migration Decision Making. Multidisciplinary Approaches to Microlevel Studies in Developed and Developing Countries. New York u.a.

De Jong, Gordon F. und James T. Fawcett
1981   Motivations for Migration: An Assesment and a Value-Expectancy Research Model. In: Migracion Decision Making; G. De Jong/R. Gardner (Hrsg.). New York u.a.

De la Cadena, Marisol
1986   Cooperacion y Mercado en la Organización Comunal Andina. In: Revista Andina, Año 4,No.1 :31-58. Cusco.

De la Cadena, Marisol
1988   Comuneros en Huancayo. Migración campesina a ciudades serranas. Documento de Trabajo No. 26, IEP, Lima.

Degregori, Carlos Iván und Jürgen Golte
1973   Dependencia y Desintegration Estructural en la Comunidad de Pacaraos. Lima.

Degregori, Carlos Iván, Cecilia Blondet und Nicolás Lynch
1986   Conquistadores de un nuevo mundo. De invasores a ciudadanos en San Martín de Porres. Lima.

Degregori, Carlos Iván
1986   "Sendero Luminoso": I. Los hondos y mortales desencuentros II. Lucha armada y utopía autoritaria. Lima.

Degregori, Carlos Iván
1989   Que Difícil es ser Dios. Ideología y violencia política en Sendero Luminoso. Lima.

De Soto, Hernando
1986   El Otro Sendero. Lima.

Doughty, Paul L.
1969   La cultura del regionalismo en la vida urbana de Lima, Perú. In: América Indígena, Vol.XXIX, No.4 :949-980. Mexico.

Durkheim, Emile
1983   Die Regeln der soziologischen Methode. Frankfurt a.M.

Du Toit, Brian M.
1975   A Decision-Making Model for the Study of Migration. In: Migration and Urbanization. Models and Adaptive Strategies; B. Du Toit/H. Safa (Hrsg.). The Hague; Paris.

Elster, Jon (Hrsg.)
1985   The Multiple Self. Cambridge.

Elster, Jon (Hrsg.)
1986   Rational Choice. Oxford.

Elster, Jon
1986   Introduction. In: Rational Choice; J. Elster (Hrsg.). Oxford.

Elster, Jon
1987   Subversion der Rationalität. Frankfurt a.M..

Elwert, Georg et al.
1983   Die Suche nach Sicherheit: Kombinierte Produktionsformen im sogenannten Informellen Sektor. In: Zeitschrift für Soziologie, Jg.12, Heft 4 :281-296.

Espinoza Soriano, Waldemar
1980   La Sociedad Andina Colonial. In: Historia del Perú, Tomo IV. Lima.

Esser, Hartmut
1984   Figurationssoziologie und Methodologischer Individualismus. Zur Methodologie des Ansatzes von Norbert Elias. In: Kölner Zeitschrift für Soziologie und Sozialpsychologie, Jg.36 :641-666. Köln/Opladen.

Esser, Hartmut
1985   Soziale Differenzierung als ungeplante Folge absichtsvollen Handelns: Der Fall der ethnischen Segmentation. In: Zeitschrift für Soziologie, Jg.14, Heft 6 :435-449. Stuttgart,

Fawcett, James T. (Hrsg.)
1986   Migration Intentions and Behaviour. Third World Perspectives. New York.

Finkler, Kaja
1980   Agrarian Reform and Economic Development: When is a Landlord a Client and a Sharecropper his Patron? In: Agricultural Decision-Making; P. Barlett (Hrsg.). New York, London, Toronto.

FitzGerald, Edmund V.K.
1979   The Political Economy of Peru 1956-1978. Economic Development and the Restructuring of Capital. Cambridge u.a.

FitzGerald, Edmund V.K.
1983   State Capitalism in Peru: A Model of Economic Development and Its Limitations. In: The Peruvian Experiment Reconsidered. Princeton, N.Y.

Flannery, Kent V.; Joyce Marcus und Robert G. Reynolds
1989   The Flocks of the Wamani. A Study of Llama Herders on the Punas of Ayacucho, Peru. San Diego.

Fonseca Martell, Cesar
1972   La Economia Vertical y la Economia del Mercado en las Comunidades Alteñas del Perú. In: La Visita de la Provincia de Leon de Huánuco en 1562. Visita de Ortiz de Zuñiga; John V. Murra (Hrsg.). Huanuco.

Fonseca Martel, César
1974   Modalidades de la minka. In: Reciprocidad e intercambio en los Andes peruanos; G. Alberti, E. Mayer (Hrsg.). Lima.

Fonseca Martel, César und Enrique Mayer
1978   Sistemas Agrarios y Ecologia en la Cuenca del Rio Cañete. Lima.

Fox, Robin
1967   Kinship and Marriage. Harmondsworth.

Fuenzalida, Fernando
1976<1969> Estructuras de la Comunidad de Indígenas Traditional. Una Hipótesis de Trabajo. In: Hacienda, comunidad y campesinado en el Perú; J. Matos Mar (Hrsg.). Lima.

Fuenzalida, Fernando et al.
1982<1968> El Desafío de Huayopampa. Comuneros y Empresarios. Lima.

Galín, Pedro, Julio Carrión und Oscar Castillo
1986   Asalariados y clases populares en Lima. Lima.

Gamero Requena, Julio
1988   Cómo - y por qué - se gestó la crisis: Del shock heterodoxo ... al ajuste ortodoxo. In: QUEHACER, N° 55 :16-25. Lima.

Gamero Requena, Julio
1989   La preocupación de los empresarios. In: QUEHACER, N° 60 :24-29. Lima.

Garcia Sayan, Diego
1982   Tomas de tierras en el Perú. Lima.

Gardner, Robert W.
1981   Macrolevel Influences on the Migration Decision Process. In: Migration Decision Making; G. De Jong/R. Gardner (Hrsg.). New York u.a.

Germani, Gino
1965   Migration and acculturation. In: Philip M. Hauser (Hrsg.), Handbook for Social Research in Urban Areas. Paris.

Goldscheider, Calvin
1983   The Adjustment of Migrants in Large Cities of Less Developed Countries: Some Comparative Observations. In: Urban Migrants in Developing Nations; C. Goldscheider (Hrsg.) Boulder, Colorado.

Golte, Jürgen
1973   Bauern in Peru. Berlin.

Golte, Jürgen
1980a   La Racionalidad de la Organización Andina. Lima.

Golte, Jürgen
1980b   Repartos y Rebeliones. Túpac Amaru y las contradicciones de la economía colonial. Lima.

Golte, Jürgen
1982   Kultur und Natur in den Anden. In: Peripherie Nr.9, 3. Jg. :27-38. Berlin.

Golte, Jürgen und Marisol de la Cadena
1983   La Codeterminación de la Organización Social Andina. In: Allpanchis, No.22, año XIII, Vol.XIX :7-33. Cusco.

Golte, Jürgen und Norma Adams
1987   Los Caballos de Troya de los Invasores. Estrategias campesinas en la conquista de la Gran Lima. Lima.

Gonzales de Olarte, Efraín
1984   Economía de la comunidad campesina. Lima.

Grompone, Romeo
1985   Talleristas y vendedores ambulantes en Lima. Lima.

Grompone, Romeo und Luis Olivera
1983   Talleres de Confecciones: una economía en la sombra. In: QUEHACER, N° 21 :107-127. Lima.

Haitin, Marcel Manuel
1983   Late colonial Lima. Economy and society in an era of reform and revolution. Ann Arbor, Michigan. Berkeley.

Halperin, Rhoda und James Dow (Hrsg.)
1977   Peasant Livelihood. Studies in economic anthropology and cultural ecology. New York.

Harbison, Sarah F.
1981   Family Structure and Family Strategy in Migration Decision Making. In: Migration Decision Making; G. De Jong/R. Gardner (Hrsg.). New York u.a.

Harris, John R. und Michael P. Todaro
1985<1970> Migration, Unemployment and Development: A Two-Sector Analysis. In: Economic Development in the Third World; M. Todaro (Hrsg.). New York, London.

Harris, Marvin
1979   Cultural Materialism: The Struggle for a Science of Culture. New York.

Heine, Wolfgang
1983   Methodologischer Individualismus. Zur geschichtsphilosophischen Begründung eines sozialwissenschaftlichen Konzeptes. Würzburg.

Henríquez, Narda und Victoria Ponce
1985   Lima: Población y política. In: Lima: Población, Trabajo y Política. Lima.

Herman, Harry Vjekoslav
1979 Dishwashers and Proprietors. Macedonians in Toronto's restaurant trade. In: Ethnicity at Work; Sandra Wallman (Hrsg.). London.

Herrick, Bruce H.
1965 Urban Migration and Economic Development in Chile. Cambridge/Mass., London.

Hess, Carmen
1986 Die Entwicklung der Marktintegration andiner Dorfgemeinschaften. Das Beispiel der Comunidad 'La Merced' / Provinz Chimborazo, Ecuador. Bonn.

Hirabayashi, Lane Ryo
1985 Formación de Asociaciones de Pueblos Migrantes a Mexico: Mixtecos y Zapotecos. In: America Indígena, Vol. XLV, No.3 :579-598. Mexico.

Hirabayashi, Lane Ryo
1986 The Migrant Village Association in Latin America: A Comparative Analysis. In: Latin American Research Review, Vol.XXI,No.3 :7-29.

Horkheimer, Max und Theodor W. Adorno
1981 "Dialektik der Aufklärung". Frankfurt a.M.

Hugo, Graeme J.
1981 Village-Community Ties, Village Norms, and Ethnic and Social Networks: A Review of Evidence from the Third World. In: Migration Decision Making; G. De Jong/R. Gardner (Hrsg.). New York u.a.

Iguiñiz Echeverría, Javier
1985 Crisis y fluctuaciones en la economía peruana 1950-1983. Lima.

Isbell, Billie Jean
1974 Parentesco andino y reciprocidad. Kukaq: los que nos aman. In: Reciprocidad e intercambio en los Andes peruanos, G. Alberti/E. Mayer (Hrsg.). Lima.

Isbell, Billie Jean
1980 Estructura del Parentesco y del Matrimonio. In: Parentesco y Matrimonio en los Andes; E. Mayer/R. Bolton (Hrsg.). Lima.

Jarvie, I.C.
1974 Die Logik der Gesellschaft. München.

Jiménez de la Espada, Marcos
1965 Relaciónes geográficas de Indias: Perú. Tomo 1-3. Madrid.

Jiménez, Félix und Edward J. Nell
1986   La economía política de la deuda externa y el Plan Baker: el caso peruano. In: Socialismo y Participación, N° 34 :57-99. Lima.

Jongkind, Fred
1986   Ethnic Solidarity and Social Stratification: Migrant Organizations in Peru and Argentina. In: Boletín de Estudios Latinoamericanos y del Caribe, No.40, Junio 1986 :37-48.

Keith, Robert G.
1976   Origen del sistema de hacienda. El valle de Chancay. In: Hacienda, comunidad y campesinado en el Perú; J. Matos Mar (Hrsg.). Lima.

Kroeber, Alfred Louis
1952   The Nature of Culture. Chicago.

Kubler, George
1946   The Quechua in the Colonial World. In: Handbook of South American Indians, Vol.2 :331-410; J. H. Steward (Hrsg.). Washington D.C.

Kubler, George
1952   The Indian Caste of Peru, 1795-1940. A population study based upon tax records and census reports. Washington D.C.

Korff, Rüdiger
1988   Informeller Sektor oder Marktwirtschaft? Märkte und Händler in Bangkok. In: Zeitschrift für Soziologie, Jg. 17, Heft 4 :296-307. Stuttgart.

Lenin, Vladimir I.
1929<1899> Die Entwicklung des Kapitalismus in Rußland. Werke, Bd.3. Wien, Berlin.

León Castillo, Janina V.
1987   Inserción Ocupacional en Lima Metropolitana: 1967 - 1984. In: Perú: la población migrante; D. Cotlear et al. Lima.

Lambert, Berndt
1980   Bilateralidad en los Andes. In: Parentesco y Matrimonio en los Andes; E. Mayer/R. Bolton. Lima.

Larson, Magali Sarfatti und Arlene Eisen Bergmann
1969   Social Stratification in Peru. Berkeley.

Lausent, Isabelle
1983   Pequeña propiedad, poder y economía de mercado: Acos. Valle de Chancay. Lima.

Lee, Everett S.
1966   A Theory of Migration. In: Demography, Vol.3, No.1 :47-57. Chicago.

Lehmann, David
1985   Sharecropping and the Capitalist Transition in Agriculture: Some Evidence from the Highlands of Ecuador. Cambridge.

Lentz, Carola
1988   >Von seiner Heimat kann man nicht lassen<. Migration in einer Dorfgemeinde in Ecuador. Frankfurt a.M..

Lévi-Strauss, Claude
1984<1949> Die elementaren Strukturen der Verwandtschaft. Frankfurt a.M.

Lévi-Strauss, Claude
1973<1962> Das wilde Denken. Frankfurt a.M.

Lewis, Arthur
1954   Economic development with unlimited supply of labour. In: The Manchester School of Economic and Social Studies, No. 22 :139-191.

Libros de Bautizo
       Libros de Bautizo de la Parroquia Santiago de Quinches.

Libros de Defunción
       Libros de Defunción de la Parroquia Santiago de Quinches.

Lloyd, Peter
1980   The "young Towns" of Lima. Aspects of urbanization in Peru. Cambridge, London, New York.

Lloyd, Peter Cutt
1972   Clases, Crises and Coups; themes in the sociology of developing countries. New York.

Lobo, Susan B.
1984   Tengo casa propia. Lima.

Mangin, William
1959   The Role of Regional Associations in the Adaptation of the Rural Population of Peru. In: Sociologus, No.9 :23-35. Berlin.

Mangin, William
1973   Sociological, Cultural, and Political Characteristics of Some Urban Migrants in Peru. In: Urban Anthropology. A. Southall (Hrsg.). New York u.a.

Martínez, Héctor
1980　　Migraciones Internas en el Perú. Aproximación crítica y bibliografía. Lima.

Martínez-Alier, Juan
1983　　Sharecropping: Some Illustrations. In: Journal of Peasant Studies, Vol.10, Nr. 2 und 3 :94-106. London.

Matos Mar, José
1966　　Estudio de las barriadas Limeñas. Informe presentado a Naciones Unidas en diciembre de 1955. Lima.

Matos Mar, José und Fernando Fuenzalida V.
1976　　Proceso de la sociedad rural. In: Hacienda, comunidad y campesinado en el Perú; J. Matos Mar (Hrsg.). Lima.

Matos Mar, José und José Manuel Mejía
1980a　　La reforma agraria en el Perú. Lima.

Matos Mar, José und José Manuel Mejía
1980b　　Reforma Agraria: Logros y contradicciones 1969-1979. Lima.

Matos Mar, José und José Manuel Mejía
1980c　　Temporary Work, Seasonal Migration and Land Reform in Peru. In: Why People Move; J. Balan (Hrsg.) :245-269. Paris.

Mauss, Marcel
1984　　Die Gabe. Form und Funktion des Austauschs in archaischen Gesellschaften. Frankfurt a.M.

Mayer, Enrique
1974　　Reciprocity, Self-Sufficiency and Market Relations in a Contemporary Community in the Central Andes of Peru. Diss. Cornell University. Cornell.

Mayer, Enrique und Ralph Bolton (Hrsg.)
1980　　Parentesco y Matrimonio en los Andes. Lima.

Mayer, Wolfgang und Alfred Schmidt
1978　　Kapitalistische Durchdringung und Mobilität von Arbeitskraft in Westafrika. In: Migration und Wirtschaftsentwicklung; H. Elsenhans (Hrsg.). Frankfurt, New York.

Métraux, Alfred
1959　　The Social and Economic Structure of the Indian Communities of the Andean Region. In: International Labour Review. Vol LXXIX, No.3 :225-243. Genf.

Michuy Baltazar, Teófanes Melecio
1986   Apuntes para la historia del Colegio Nacional Mixto "Apostol Santiago" de Quinches (1964-1985). Lima.

Mishkin, Bernard
1946   The Contemporary Quechua. In: Handbook of South American Indians, Vol.2 :411-470; Julian H. Steward (Hrsg.). Washington D.C.

Molinié-Fioravanti, Antoinette
1986   The Andean community today. In: Anthropological History of Andean Polities; J. V. Murra et al. (Hrsg.). Cambridge u.a.

Montoya Rojas, Rodrigo
1967   La migración interna en el Perú: un caso concreto. In: América Latina, Ano 10, N°4 :83-108. Rio de Janeiro.

Moßbrucker, Harald
1987   QUINCHES: Zur Diskussion um dörfliche Wirtschaft und 'comunidad' in den Anden. Bonn.

Moßbrucker, Harald
1988   Migración y el concepto de la producción vertical: hypótesis acerca de una reformulación campesina de las estructurasandinas en una economía codeterminada. Unveröffentlichter Vortrag auf dem 46. Amerikanistenkongreß 1988. Amsterdam.

Moßbrucker, Harald
1989   The "Comunidad Andina". A Critical Examination. In: ANTHROPOS, Nr. 84 :385-404. Fribourg.

Murra, John V.
1975   Formaciones económicas y políticas del mundo andino. Lima.

Murra, John V.
1978   La Organización Económica del Estado Inca. (Spanische Version der Diss. von 1956: The Economic Organisation of the Inca State). Mexiko.

Nueva Economía, La
1988   Evolución de la Economía Peruana. Documento. In: La Nueva Economía, año 1, Vol. 1:12-17. Lima.

Oficina Nacional de Evaluación de Recursos Naturales (ONERN).
1985   Los Recursos Naturales del Perú. República del Perú. Lima.

Orellana S., Carlos L.
1973   Mixtec Migrants in Mexico City: A Case Study of Urbanization. In: Human Organization, No. 32 :273-283.

Ortiz, Sutti
1983	What is Decision Analysis about? The Problem of Formal Representations. In: Economic Anthropology; S. Ortiz (Hrsg.). Lanham.

Ossio Acuña, Juan M.
1983	La Propiedad en las Comunidades Andinas. In: Allpanchis, No.22, año XIII, Vol.XIX :35-59. Cusco.

Ossio Acuña, Juan und Oswaldo Medina Garcia
1985	Familia Campesina y Economia de Mercado. Lima.

Osterling, Jorge P.
1980	De Campesinos a Profesionales. Migrantes de Huayopampa en Lima. Lima.

Padrón General
	Padrones generales de ganaderos de la comunidad Santiago de Quinches.

Padrón de Regantes
	Padrones de Regantes de Quinches.

Paerregaard, Karsten
1987	Nuevas Organizaciones en Comunidades Campesinas. Lima.

Parfit, Derek
1986	Prudence, Morality, and the Prisoner's Dilemma. In: Rational Choice :34-59; J. Elster (Hrsg.). Oxford.

Parodi, Jorge
1986	"Ser obrero es algo relativo...". Obreros, Clasismo y Politica. Lima.

Pearce, R.
1983	Sharecropping: Towards a Marxist View. In: The Journal of Peasant Studies, Vol.10, Nr. 2 und 3 :42-70. London.

Pérez Cantó, María Pilar
1985	Lima en el siglo XVIII. Estudio socioeconómico. Madrid.

Pertev, Rashid
1986	A New Model for Sharecropping and Peasant Holdings. In: The Journal of Peasant Studies; Vol. 14, No.1 :27-49. London.

Platt, Tristan
1982a	Estado boliviano y ayllu andino. Tierra y tributo en el norte de Potosí. Lima.

Platt, Tristan
1982b   The Role of the Andean ayllu in the reproduction of the petty commodity regime in Northern Potosí (Bolivia). In: Ecology and exchange in the Andes; D. Lehmann (Hrsg.). Cambridge (u.a.).

Platt, Tristan
1986   El Rol del Ayllu Andino en la Reproducción del Régimen Mercantil Simple en el Norte de Potosí (Bolivia). In: Identidades andinas y lógicas del campesinado; Briggs, L.T. et al. Lima.

Polaniy, Karl
1979   Ökonomie und Gesellschaft. Frankfurt a.M..

Popkin, Samuel
1986   The Political Economy of Peasant Society. In: Rational Choice; J. Elster (Hrsg.) :197-247. Oxford.

Popper, Karl R.
1950   The Open Society and its Enemies. Princeton, New Jersey.

Pulgar Vidal, Javier
1946   Historia y geografía del Perú. (Las 8 regiones naturales del Perú). Lima.

Radcliffe-Brown, A.R.
1931   The present position of anthropological studies. In: M.N. Srinvas (Hrsg.) :42-95.

Raimondi, Antonio
1880   El Perú. Tomo 2. Lima.

Ravenstein, E.G.
1885/1889 The Laws of Migration. In: Journal of the Royal Statistical Society, No.48 :167-235 und No.52 :242-305. London.

Reid, Joseph D.
1976   Sharecropping and Agricultural Uncertainty. In: Economic Development and Cultural Change. April 1976.

Rostworowski de Diez Canseco, Maria
1978   Señoríos indígenas de Lima y Canta. Lima.

Rostworoswki de Diez Canseco, Maria
1981   Recursos Naturales Renovables y Pesca, Siglos XVI y XVII. Lima.

Rummenhöller, Klaus
1985   Vom Kautschukboom zum Goldrausch. Die Tieflandindios im peruanischen Department Madre de Dios als Spielball von Abenteurern und Weltmarkt. Bonn.

Safa, Helen Icken
1975   Introduction. In: Migration and Development; H. Safa//B. Du Toit (Hrsg.). The Hague.

Sahlins, Marshall D.
1972   Stone Age Economics. Chicago.

Salcedo, José María
1989   El Laberinto de la Coca. In: QUEHACER; N°59 :36-67. Lima.

Sánchez Enríquez, Rodrigo
1981   Toma de tierras y conciencia politica campesina. Lima.

Sato, Nobuyuki
1981   El Concepto de Ayllu, y Qata/Qacun: Un Estudio de la Familia, el Parentesco y el Ayllu. In: Estudios Etnograficos del Perú Meridional; Shozo Masuda (Hrsg.). Lima.

Sempat Assadourian, Carlos
1982   El Sistema de la Economia Colonial. Mercado Interno, Regiones y Espacio Economico. Lima.

Sen, Amartya
1986   Behaviour and the Concept of Preference. In: Rational Choice; Jon Elster (Hrsg.). Oxford.

Senghaas, Dieter (Hrsg.)
1972   Imperialismus und strukturelle Gewalt. Analysen über abhängige Reproduktion. Frankfurt a.M.

Senghaas, Dieter (Hrsg.)
1974   Peripherer Kapitalismus. Analysen über Abhängigkeit und Unterentwicklung. Frankfurt a.M.

Skar, Harald Olav
1982   The Warm Valley People. Oslo, Bergen, Tromsö.

Spalding, Karen
1984   Huarochirí, an Andean Society under Inca and Spanish Rule. Stanford/California.

Stallings, Barbara
1983   International Capitalism and the Peruvian Military Government. In: The Peruvian Experiment Reconsidered. Princeton, New York.

Starnberger Studien 4
1980   Strukturveränderungen in der kapitalistischen Weltwirtschaft. Frankfurt a.M.

Stein, Steve
1986 Lima Obrera, 1900-1930. Lima.

Taylor, Gerald
1987 Ritos y Tradiciones de Huarochirí del Siglo XVII. Lima.

Thorp, Rosemary und Geoffrey Bertram
1978 Peru 1890-1977. Growth and policy in an open economy. London, Basingstoke.

Thorp, Rosemary
1983 The Evolution of Peru's Economy. In: The Peruvian Experiment Reconsidered. Princeton, N.Y.

Todaro, Michael P.
1969 A Model of Labor Migration and Urban Unemployment in Less Developed Countries. In: American Economic Review, No.59 :138-148.

Todaro, Michael P. (Hrsg.)
1983 The Struggle for Economic Development. Readings in Problems and Policies. New York, London.

Todaro, Michael P. (Hrsg.)
1985 Economic Development in the Third World. New York, London.

Tosi, Joseph A.
1960 Zonas de vida natural en el Perú. Memoria explicativa sobre el mapa ecológico del Perú. Lima.

Tschajanow, Alexander
1923 Die Lehre der bäuerlichen Wirtschaft. Versuch einer Theorie der Familienwirtschaft im Landbau. Berlin.

Tversky, Amos und Daniel Kahneman
1986 The Framing of Decisions and the Psychology of Choice. In: Rational Choice; J. Elster (Hrsg.). Oxford.

Verdera, Francisco
1986 Migracion, Empleo e Ingresos en Lima Metropolitana. In: Emprego Rural e Migrações Na América Latina :133-153. Recife.

Vidaurre Delgado, Pedro Hernán
1987 La inversión pública y redistribución espacial de la población en el Perú 1970-1986. Lima.

Vokral, Edita Vera
1989 Küchenorganisation und Agrarzyklus auf dem Altiplano. Nahrungsgewinnung, Zubereitung und Konsum in der ländlichen Gesellschaft bei Juliaca (Südperu). Bonn.

Watkins, J. W. N.
1952   Ideal Types and Historical Explanation (:22-43). The Principle of Methodological Individualism (:186-189). In: British Journal for the Philosophy of Science, No. 3.

Weinreich, Peter
1985   Rationality and irrationality in racial and ethnic relations: a metatheoretical framework. In: Ethnic and Racial Studies, Vol. 8, No.4 :500-515.

White, Leslie A.
1949   The Science of Culture. A study of man and civilization. New York.

Wiesenthal, Helmut
1987   Rational Choice. Ein Überblick über Grundlinien, Theoriefelder und neuere Themenakquisition eines sozialwissenschaftlichen Paradigmas. In: Zeitschrift für Soziologie, Jg. 16, Heft 6 :434-449.

Wolf, Eric
1955   Types of Latin American Peasantry: A Preliminary Discussion. In: American Anthropologist, Vol. 57.

Zuidema, Tom
1980   Parentesco Inca. In: Parentesco y Matrimonio en los Andes; E. Mayer/R. Bolton (Hrsg.). Lima.

Forschungen zu Lateinamerika

Herausgegeben von
Prof. Dr. Peter Waldmann, Augsburg
Prof. Dr. Andreas Boeckh, Essen
Prof. Dr. Ernesto Garzón Valdés, Mainz
Prof. Dr. Gerd Kohlhepp, Tübingen
Prof. Dr. Dieter Nohlen, Heidelberg
Prof. Dr. Hans-Werner Tobler, Zürich

1. Lauth: Der Staat in Lateinamerika. Die Staatskonzeption von Guillermo O'Donnell. 1985. 163 S. ISBN 3-88156-301-6.
2. Hoffmann: Militärherrschaft und Entwicklung in der Dritten Welt. Der Fall Ecuador unter besonderer Berücksichtigung des Militärregimes 1972-1979. 1985. X, 670 S. ISBN 3-88156-303-2.
3. Wolf: Soziopolitische Konflikte in Nicaragua 1979-1982. 1985. 390 S. ISBN 3-88156-304-0.
4. Nolte: Zwischen Rebellion und Integration – Gewerkschaften in der chilenischen Politik. 1986. XIII, 659 S. ISBN 3-88156-326-1.
5. Maihold: Identitätssuche in Lateinamerika: Das indigenistische Denken in Mexiko. 1986. VI, 235 S. ISBN 3-88156-338-5.
6. Nohlen/Fernández/Bareiro (Hg.): Kooperation und Konflikt im La-Plata-Becken. Cooperación y conflicto en la Cuenca del Plata. 1986. 488 S. ISBN 3-88156-340-7.
7. Bohmann: Massenmedien und Nachrichtengebung in Mexiko. 1986. IX, 434 S. ISBN 3-88156-343-1.
8. Mirek: Voraussetzungen, Entwicklung und Probleme regionaler Kernwaffenfreiheit in Lateinamerika. 1986. VIII, 550 S. ISBN 3-88156-344-X.
9. Sahr: Agroecosystems of Smallfarmers and their Socio-economic Impact. A case Study from Tête Chemin, St. Lucia, W.I. 1987. IX, 201 S. + 24 S. Anhang. ISBN 3-88156-359-8.
10. Fuhr: Bauern und Parteifunktionäre – eine Untersuchung zur politischen Dynamik des peruanischen Agrarsektors 1969-1981. 1987. V, 387 S. ISBN 3-88156-369-5.
11. Gerdes: Mexikanisches Banditentum (1821-76) als sozialgeschichtliches Phänomen. 1987. 146 S. ISBN 3-88156-374-1
12. Mansilla: Ausdehnung staatlicher Funktionen und Bürokratisierungstendenzen in Bolivien. 1987. 221 S. ISBN 3-88156-375-X

13 Bernecker: Industrie und Außenhandel. Zur politischen Ökonomie Mexikos im 19. Jahrhundert. 1987. 301 S. ISBN 3-88156-388-1

14 Dietrich: Dignidad. Menschenrechte und Menschenrechtsschutz in Zentralamerika. 1988. 244 S. ISBN 3-88156-395-4

15 Orozco Abad: Die Gestaltung des Ausnahmezustandes in Kolumbien im 19. Jahrhundert. 1988. 518 S. ISBN 3-88156-402-0

16 Schmidt: Desamortisationspolitik und staatliche Schuldentilgung in Hispanoamerika am Ende der Kolonialzeit. Zum Problem Staat und neue Besitzideologie in der iberischen Welt. 1988. 148 S. ISBN 3-88156-403-9

17 Liehr: Katholizismus und Demokratisierung in Brasilien. Stimulierung von sozialen Lernprozessen als kirchliche Reformpolitik. 1988. XVII, 468 S. ISBN 3-88156-409-8.

18 Thielen: Nicaragua – Entwicklung der Agrarreform und Umweltpolitik seit 1979. 1988, VI, 429 S. zahlr. Tabellen + Karten. ISBN 3-88156-425-X.

19 Kruip: Entwicklung oder Befreiung? Elemente einer Ethik sozialer Strukturen am Beispiel ausgewählter Stellungnahmen aus der katholischen Kirche Mexikos (1982-1987). 1988. VI, 597 S. ISBN 3-88156-426-8.

20 Krempin: Keine Zukunft für Bolivien? Bedingungen und Ursachen für das Scheitern der Regierung Siles Zuazo sowie Schlußfolgerungen im Hinblick auf die ökonomischen, sozialen und politischen Perspektiven Boliviens. 1989. III, 166 S. ISBN 3-88156-435-7.

21 Speiser: Leben ist mehr als Überleben. Afroamerikanische Totenriten in Esmeraldas (Ekuador) und ihr Beitrag zur kulturellen Kontinuität. 1989. 250 S. ISBN 3-88156-437-3.

22 Varnhorn: Die Technologiepolitik des Andenpakts. Möglichkeiten und Grenzen wissenschaftlich-technologischer Zusammenarbeit zwischen Entwicklungsländern. Das »Andine Projekt für Technologieentwicklung im Bereich der Lebensmittelindustrie« (PADT-Alimentos). 1990. X, 349 S. ISBN 3-88156-466-7.

23 Reitmeier: Unabhängige Campesinobewegungen in Mexiko 1920–1988. Entstehungsbedingungen, Handlungsspielräume und Einflußmöglichkeiten nicht-staatlicher Campesinoorganisationen im nach- und postrevolutionären Mexiko. 1990. XXIV, 713 S. ISBN 3-88156-478-0.

24 Urban: Großbewässerungsanlagen in Peru. Politische, wirtschaftliche und institutionelle Aspekte der Planung und ihrer Umsetzung. 1990. XI, 320 S. ISBN 3-88156-483-7.

25 Suter: Die ersten Jahre des Trujillato. Prozesse der Entstehung und Institutionalisierung diktatorialer Machtausübung in der Dominikanischen Republik, 1930–1938, 1990, 287 S. ISBN 3-88156-488-8.

26 Moßbrucker: Dorfstruktur und Migration in Peru. Eine vergleichende Fallstudie aus dem Departement Lima. 1991. VI, 346 S. ISBN 3-88156-495-0.

Verlag **breitenbach** Publishers
Memeler Str. 50, 6600 Saarbrücken, Germany
P.O.B. 16243, Fort Lauderdale/Plantation
Fla. 33318-6243, USA